contemporâneos do serviço social

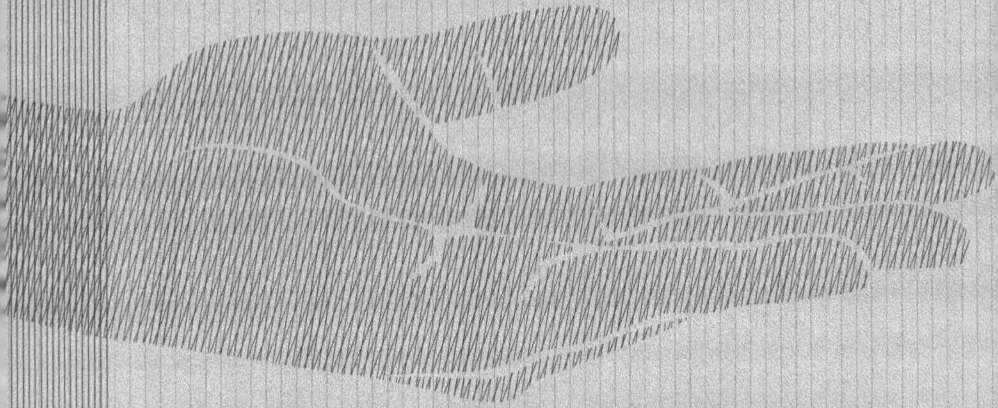

SÉRIE METODOLOGIA DO SERVIÇO SOCIAL

Debates contemporâneos do serviço social

Renato Tadeu Veroneze

inter
saberes

Conselho editorial
Dr. Alexandre Coutinho Pagliarini
Dra Elena Godoy
Dr. Neri dos Santos
Dr. Ulf Gregor Baranow

Editora-chefe
Lindsay Azambuja

Gerente editorial
Ariadne Nunes Wenger

Assistente editorial
Daniela Viroli Pereira Pinto

Preparação de originais
Luciana Franscico

Edição de texto
Natasha Saboredo
Letra & Língua Ltda.
Guilherme Conde Moura Pereira

Capa e projeto gráfico
Laís Galvão

Diagramação
Andreia Rasmussen

Equipe de *design*
Débora Gipiela
Iná Trigo

Iconografia
Sandra Lopis da Silveira
Regina Claudia Cruz Prestes

Dados Internacionais de Catalogação na Publicação (CIP)
(Câmara Brasileira do Livro, SP, Brasil)

Veroneze, Renato Tadeu
  Debates contemporâneos do serviço social/Renato Tadeu Veroneze. Curitiba: InterSaberes, 2022. (Série Metodologia do Serviço Social)

  Bibliografia.
  ISBN 978-65-5517-378-9

  1. Assistência social 2. Serviço social 3. Serviço social – História 4. Serviço social como profissão I. Título. II. Série.

21-84711   CDU-361.3

Índices para catálogo sistemático:
1. Serviço social   361.3
    Cibele Maria Dias – Bibliotecária – CRB-8/9427

1ª edição, 2022.
Foi feito o depósito legal.

Informamos que é de inteira responsabilidade do autor a emissão de conceitos.

Nenhuma parte desta publicação poderá ser reproduzida por qualquer meio ou forma sem a prévia autorização da Editora InterSaberes.

A violação dos direitos autorais é crime estabelecido na Lei n. 9.610/1998 e punido pelo art. 184 do Código Penal.

Rua Clara Vendramin, 58 ▪ Mossunguê ▪ CEP 81200-170 ▪ Curitiba ▪ PR ▪ Brasil
Fone: (41) 2106-4170 ▪ www.intersaberes.com ▪ editora@intersaberes.com

Sumário

Prefácio | 11
Apresentação | 19
Como aproveitar ao máximo este livro | 26

1. **Particularidades do desenvolvimento sócio-histórico brasileiro | 33**
   1.1 Heranças do passado | 35
   1.2 Ideias de um Brasil moderno | 39
   1.3 As marcas do trabalho escravo no Brasil | 50
   1.4 Desenvolvimento desigual e combinado | 58

2. **Demandas e tendências teórico-metodológicas contemporâneas do serviço social | 69**
   2.1 A contribuição do pensamento marxista para o serviço social | 71
   2.2 Alguns pressupostos da visão marxista | 76
   2.3 A vida como ela é | 80
   2.4 O pensamento marxista no mundo contemporâneo | 88
   2.5 Principais tendências teóricas e metodológicas para a intervenção profissional em serviço social | 93
   2.6 Debates e desafios contemporâneos | 99

3. **Trabalho, atribuições, competências e redimensionamento do serviço social diante das transformações societárias | 115**
   3.1 Processos de trabalho, identidade e condições materiais para o exercício profissional | 117
   3.2 Condicionantes do mercado de trabalho do assistente social | 130
   3.3 Entre a sanidade e a loucura | 140

4. **O cenário atual e suas incidências no trato da "questão social": implicações no exercício profissional | 151**
    4.1 Desafios contemporâneos do serviço social | 153
    4.2 Antecedentes históricos | 155
    4.3 Contexto da crise estrutural do capital | 167
    4.4 O Estado neoliberal e suas consequências no trabalho do assistente social | 173
    4.5 No contexto da financeirização da economia | 182
    4.6 Entre o público e o privado: privatização das políticas públicas e sociais | 188
    4.7 O "precariado" e a luta de classes | 197

5. **Redimensionamento dos campos de atuação profissional em tempos neoliberais e neoconservadores | 209**
    5.1 O assistente social e a interdisciplinaridade: a arte como um elo nas correntes do saber | 211
    5.2 O serviço social e a interface com a educação | 237
    5.3 Serviço social sociojurídico | 252

6. **O trabalho do assistente social nas esferas organizacional e empresarial | 271**
    6.1 A crise da materialidade do serviço social e a expansão dos setores privados | 273
    6.2 Filantropia empresarial | 276
    6.3 Assessoria, consultoria, auditoria e supervisão técnica | 290
    6.4 Serviço social e o exercício da docência | 294

7. Particularidades do serviço social e a questão socioambiental | 309

7.1 A crise ambiental e o serviço social | 311
7.2 Consciência ética e política na preservação do meio ambiente: caminhos para o desenvolvimento sustentável | 317
7.3 Ecossocialismo contra a barbárie ambiental | 325
7.4 Sustentabilidade ou insustentabilidade? | 329
7.5 Serviço social e a responsabilidade socioambiental | 337
7.6 Respostas do serviço social aos conflitos socioambientais | 343
7.7 O excesso de resíduos e a "questão socioambiental" | 347
7.8 Educação e gestão socioambiental | 353
7.9 Serviço social e os povos da floresta | 356

Considerações finais | 363
Lista de siglas | 369
Referências | 371
Respostas | 397
Sobre o autor | 403

Dedicatória

Dedico este livro a Gustavo
da Silva Valderramas.

Prefácio

Ao tomar contato com a obra *Serviço social e o debate contemporâneo*, que neste momento chega às suas mãos, leitor, é possível perceber a sensibilidade, a lucidez e a propriedade com que o autor e talentoso pesquisador Renato Tadeu Veroneze trata dos conteúdos. Os temas propostos representam o movimento de entrelaçamento das várias dimensões da vida e da esfera social.

O autor, com sensibilidade e maestria, procurou dar movimento aos temas contemporâneos que constituem nossa sociedade em suas mais diversas configurações, atentando para os debates contemporâneos do serviço social presentes nos eventos nacionais e internacionais e nas diversas pesquisas acadêmicas da atualidade. Além disso, deu vida à realidade e ao movimento que alimenta o cotidiano, que, nas palavras de Agnes Heller (2004, p. 39), é "carregado de alternativas, de escolhas" objetivas e subjetivas. Caracteriza, também, o trabalho do assistente social, constituindo-se na dimensão da investigação e da intervenção profissional, tendo na "questão social" e suas múltiplas facetas, nos mais diversos espaços sociointitucionais, sua matéria-prima de trabalho. Mediado pela dimensão da crítica à sociedade do capital e com fundamentos no debate da teoria social crítica da realidade sócio-histórica, da ética e dos princípios que norteiam a profissão, Veroneze busca enfatizar, nesta obra, aspectos como a formação social do Brasil, sua colonização e as relações entre o Brasil Colônia e o escravismo, perpassando os aspectos sociais, políticos, econômicos e culturais que nortearam o mito fundante mercantilista para a expansão do capitalismo periférico e de exploração, não deixando de destacar, no presente, as marcas de nosso passado.

Cabe destacar que esta obra também contribui para a apreensão das expressões contemporâneas da realidade viva e vivida pelos sujeitos sociais, ativos e pulsantes, em sua trajetória histórica de luta e resistência pela vida e pelos desafios postos à profissão em um mundo marcado por profundas transformações societárias em diferentes esferas das relações, da cultura e da resistência. Além do mais, desenha-se pela pesquisa científica e pelo debate qualificado e consistente.

As bases teórico-metodológicas utilizadas pelo autor explicitam sistematicamente seu ponto de partida e a pretensão de reflexões ampliadas, com perspectiva de apontamentos e contribuições em seus aspectos pedagógicos e técnico-operacionais na atenção às demandas ético-políticas da sociedade do capital e que estão presentes no trabalho do assistente social diante das mudanças e transformações que o planeta vem passando.

Como assistente social, pesquisador e professor, Renato Tadeu Veroneze atentou para detalhes sensíveis e fundantes que perpassam a perspectiva da práxis interventiva e transformadora. Uma obra séria e ética, recomendada aos estudantes e futuros profissionais de serviço social e aos assistentes sociais que já atuam nas diversas áreas em que a profissão se insere.

Nessa direção, a obra *Serviço social e o debate contemporâneo* apresenta conteúdo e reflexões instigantes na perspectiva de desvendar questões do cotidiano profissional atual.

Sinta-se convidado(a) a desfrutar do prazer desta leitura e das descobertas que esta obra lhe proporcionará!

Cleci Elisa Albiero
Professora do curso de Bacharelado
em Serviço Social do Centro Universitário
Internacional Uninter

Agradecimentos

Agradeço imensamente a todos os meus professores e professoras pelo carinho e pela amizade, bem como por compartilharem seus conhecimentos comigo ao longo de toda a minha trajetória acadêmico-profissional.

O grande desafio na atualidade é, pois, transitar da bagagem teórica acumulada ao enraizamento da profissão na realidade, atribuindo, ao mesmo tempo, uma maior atenção às estratégias, táticas e técnicas do trabalho profissional, em função das particularidades dos temas que são objetos de estudo e ação do assistente social.

Marilda Iamamoto

Apresentação

Apresentamos, nesta obra, algumas reflexões sobre os debates contemporâneos do serviço social, objetivando dar maior visibilidade aos desafios encontrados por muitos assistentes sociais em seus diversos espaços cotidianos de trabalho. Evidentemente, não temos a pretensão de esgotar o tema ou mesmo de atender a todas as áreas de atuação profissional, tampouco abranger a totalidade de debates e pesquisas atuais, mas sim de destacar as principais discussões dos eventos nacionais e internacionais provenientes do enfrentamento e da busca por respostas às expressões multifacetadas da "questão social".

Abordar o serviço social como uma profissão socialmente determinada na história da sociedade brasileira, nos marcos do desenvolvimento do capitalismo, das forças societárias de resistência à lógica do capital e à hegemonia de uma classe dominante (a burguesia), supõe discutir os modos de atuar e pensar dos assistentes sociais, no sentido de buscar respostas aos principais desafios encontrados nos processos de intervenção profissional, com vistas a efetivar direitos historicamente conquistados e emancipar os sujeitos sociais, cidadãos de direito, principalmente os mais subalternizados.

Diante dos desafios postos à profissão na contemporaneidade, levantamos o seguinte questionamento: Quais são os pressupostos do trabalho do assistente social para a emancipação civil, política, econômica e social dos sujeitos sociais diante dos desmontes da esfera pública? A pergunta norteadora desta obra tem implicações teórico-metodológicas, ético-políticas e técnico-operativas, fundamentadas no significado sócio-histórico da profissão, o que demanda implicações éticas, políticas e prático-profissionais.

Fundamentados em bases teóricas e ético-políticas sólidas, impulsionamos para uma leitura de sociedade, firmadas em suas contradições, na busca por respostas às expressões multifacetadas da "questão social" e que afetam, sobremaneira, as classes mais pauperizadas. O serviço social consolidou-se como uma profissão que acumulou significativos avanços históricos, teóricos, metodológicos, organizacionais e ético-políticos em meados dos anos de 1980. Contudo, ainda enfrenta um grande desafio na atualidade, que é transitar da bagagem teórica acumulada ao processo de intervenção profissional (Iamamoto, 2005).

Segundo Serra (2000, p. 22), "não é a 'questão social' que funda o Serviço Social", mas é o "elemento desencadeador das respostas sociais dadas pelo Estado capitalista, por meio de políticas sociais que se constituíram a base institucional da ação da profissão no âmbito do Estado", mediante às quais o serviço social desenvolve sua ação profissional por meio da prestação de serviços socioassistenciais e que se constitui sua primeira dimensão profissional.

Nesse sentido, "as políticas sociais, como uma das principais estratégias de intervenção sobre a 'questão social', exercem também uma função política de legitimação e controle da força de trabalho expressando bem a relação indissociável das funções econômicas e políticas do Estado capitalista monopolista" (Serra, 2000, p. 22). Essas políticas são fruto das lutas sociais e de classe empreendidas pela sociedade e pelos movimentos sociais, as quais pressionam o Estado para o enfrentamento das desigualdades sociais e o exercício da cidadania.

Os fundamentos históricos, teóricos, metodológicos e técnico-operativos firmam a formação cultural e a identidade profissional em modos de pensar e agir que buscam estratégias e técnicas[1] de operacionalização articuladas, críticas, criativas e propositivas para intervir em situações/problemas da realidade social. A consolidação dessas dimensões são expressões da materialidade do projeto ético-político do serviço social na cotidianidade.

Nessa direção, a cultura profissional está intimamente liga à história da sociedade, conforme esclarece Iamamoto (2005), e o trabalho do assistente social situa-se em um campo contraditório das relações sociais do capitalismo, cuja direção e função social estão historicamente determinadas pela divisão sociotécnica do trabalho, o que implica conhecimentos sistematizados disfarçados de disciplinas que capacitam o profissional a intervir nessa realidade social.

Em sua gênese, o serviço social estava pautado na visão vocacional e caritativa, ou seja, de "ajuda aos menos favorecidos". Atualmente, a assistência social se consolidou como política pública, garantida pela Constituição Federal de 1988, no campo da seguridade social, compondo o tripé: saúde, assistência social e previdência social. O trabalho profissional tornou-se subsidiado por referenciais críticos, propositivos e instrumentos legais firmados no legado marxiano e na tradição marxista, pensamento hegemônico do serviço social brasileiro.

O processo de intervenção tem como base o conhecimento da realidade em sua totalidade, integrando, de maneira específica, várias dimensões e esferas da sociedade, públicas ou privadas, o que exige conhecimento especializado das leis de movimento e da sociedade para atuar nos diversos espaços socioassistenciais,

---

1 Aqui, entende-se *técnica* como "um instrumento de libertação humana" que "não existe desvinculada das condições históricas em que ela se desenvolve" (Melo; Almeida, 1999, p. 232).

na prestação de serviços, nos espaços democráticos de direito e nos diversos movimentos e organizações sociais.

Esta realidade social e cultural provoca o questionamento e a formulação de respostas capazes de impulsionar a produção de conhecimento e elaborações intelectuais dos profissionais orgânicos, permitindo que a profissão materialize novas conquistas teórico-práticas e técnico-operativas e, dessa maneira, rompa com as implicações filosóficas tradicional e conservadora das práticas assistencialistas e redefina seu perfil cotidianamente, substituindo, assim, o agente subalterno e executivo por um profissional competente, teórico, crítico, técnico, propositivo e proativo.

Além disso, a opção por trabalhar com referenciais críticos implica uma postura ética e política de cunho classista (opção pelas classes subalterna e trabalhadora), o que exige compreender os complexos fenômenos da lógica capitalista, do pensamento burguês e das esferas públicas e privadas diante da "autonomia relativa que construímos e consolidamos ao longo destas quatro décadas" (Abramides, 2019, p. 23) e os desafios sociopolíticos do projeto ético-político profissional para a transformação social, rumo à emancipação humana e para uma nova sociabilidade.

É nesse contexto que, no Capítulo 1, tratamos da formação sócio-histórica brasileira, a fim de situar as discussões contemporâneas do serviço social consoante o sentido da colonização, do trabalho escravo e do desenvolvimento desigual e combinado, destacando suas principais consequências no cenário nacional que sobrevivem e reverberam até os dias atuais, gênese das desigualdades sociais e da "questão social" no Brasil.

No Capítulo 2, buscamos esclarecer as demandas atuais postas à profissão e as principais tendências teórico-metodológicas que têm composto as discussões no âmbito das ciências humanas e sociais, enfatizando as contribuições do legado marxiano e da tradição marxista no serviço social, diante das transformações societárias da atualidade.

No Capítulo 3, evidenciamos as demandas atuais: o trabalho, as atribuições e competências do assistente social nas esferas pública e privada, em seus diversos espaços sócio-ocupacionais, e as condições materiais para o exercício profissional perante os avanços do neoconservadorismo e das políticas neoliberais.

No Capítulo 4, analisamos o serviço social no cenário atual das transformações societárias e suas implicações consideráveis no exercício profissional, destacando os agravantes da crise estrutural do capital e seu rebatimento no serviço social. Além disso, refletimos sobre a financeirização da economia e a privatização dos serviços sociais públicos, finalizando o capítulo com a discussão sobre o "precariado", uma nova classe social em formação.

No Capítulo 5, buscamos entrelaçar questões referentes ao serviço social, à educação e à cultura, de modo a redimensionar os campos de intervenção profissional como novos espaços sócio-ocupacionais para a atuação profissional. Abordamos o trabalho do assistente social nas áreas cultural, educacional e sociojurídica, buscando pontuar suas maiores possibilidades e desafios, bem como a importância do trabalho interdisciplinar.

No Capítulo 6, examinamos o trabalho do assistente social nas esferas organizacional e empresarial, ou seja, em empresas capitalistas, fundações empresariais, organizações privadas sem fins lucrativos, entre outros espaços sócio-ocupacionais dessa área. Além disso, refletimos sobre o significado da filantropia empresarial, a formação do "terceiro setor", a prestação de consultoria, assessoria, auditoria e supervisão técnica e o trabalho do assistente social na docência em Serviço Social, enfatizando os principais dilemas e desafios dessas áreas.

Por fim, no Capítulo 7, discutimos sobre o serviço social e as particularidades da questão socioambiental, de modo a despertar a consciência ética e política para a preservação do meio ambiente, bem como analisamos os caminhos para o desenvolvimento sustentável, no sentido de desenvolver uma nova mentalidade cultural de responsabilidade e gestão ambiental. A educação ambiental tem um papel importante na luta pela preservação do meio ambiente. Também abordamos os principais problemas enfrentados pelos povos da floresta, mais especificamente os povos indígenas brasileiros, destacando a importância da educação ambiental e os desafios contemporâneos do serviço social no contexto indígena.

Para finalizar, refletimos sobre a capacidade de indignação e a possibilidade da revolução permanente da vida cotidiana. É preciso lutar e resistir sempre diante da barbárie provocada pelo capitalismo. Desejamos a você, caro leitor e cara leitora, que o conteúdo aqui trabalhado propicie maiores reflexões sobre os desafios contemporâneos do serviço social e que os objetivos deste livro sejam plenamente alcançados.

Boa leitura e bons estudos!

Como aproveitar ao máximo este livro

Empregamos nesta obra recursos que visam enriquecer seu aprendizado, facilitar a compreensão dos conteúdos e tornar a leitura mais dinâmica. Conheça a seguir cada uma dessas ferramentas e saiba como elas estão distribuídas no decorrer deste livro para bem aproveitá-las.

Conteúdos do capítulo

Logo na abertura do capítulo, relacionamos os conteúdos que nele serão abordados.

Após o estudo deste capítulo, você será capaz de:

Antes de iniciarmos nossa abordagem, listamos as habilidades trabalhadas no capítulo e os conhecimentos que você assimilará no decorrer do texto.

Mito fundador: "é aquele que não cessa de encontrar novos meios para exprimir-se, novas linguagens, novos valores e ideias, de tal modo que, quanto mais parece ser outra coisa, tanto mais é a repetição de si mesmo" (Chauí, 2000, p. 9).

Teocracia: do grego *Teo* (Deus) e *Kratos* (governo) – governo de Deus ou daqueles que O representam. De acordo com o *Dicionário de filosofia*, de Abbagnano (2007, p. 1.118), teocracia é um "regime político em que o governo é exercido pela casta sacerdotal. [...] Mais em geral, qualquer doutrina segundo a qual toda autoridade provém de Deus".

Esse paraíso afrodisíaco descrito na Carta de Pero Vaz de Caminha escondia o verdadeiro interesse que impulsionou os mercantilistas dos séculos XV e XVI, ou seja, a expansão do capitalismo. Os interesses puramente comerciais e exploratórios visavam à expansão de novos mercados e à exploração dos recursos naturais dessas terras bem-aventuradas.

Para saber mais

O filme 1492: a conquista do paraíso demonstra como o mito fundador se concretizou no Mundo Novo. O longa-metragem é uma aventura épica, produzido em 1992, sob a direção de Ridley Scott. O filme aborda a ocupação da América pelos espanhóis e o processo de colonização dos povos indígenas.

1492: A CONQUISTA do paraíso. Direção: Ridley Scott. EUA/ França/Espanha: Versátil, 1992. 154 min.

O processo de colonização do Brasil "Eldorado" logo encontrou sua primeira riqueza: o pau-brasil, que foi amplamente explorado, quase até sua completa extinção. Foi necessário, há alguns anos, uma verdadeira campanha de replantio dessa espécie para que as futuras gerações pudessem conhecê-la. A natureza farta e exuberante oferecia recursos naturais em abundância, servindo aos propósitos dos colonizadores. Além do mais, as pessoas belas,

Para saber mais

Sugerimos a leitura de diferentes conteúdos digitais e impressos para que você aprofunde sua aprendizagem e siga buscando conhecimento.

Importante!

Algumas das informações centrais para a compreensão da obra aparecem nesta seção. Aproveite para refletir sobre os conteúdos apresentados.

Importante!

Segundo Lessa (1999), em conformidade com a **teoria social** de Marx, o processo de produção/reprodução material e social situa-se na compreensão da totalidade do movimento da sociedade, sendo a categoria produção compreendida mediante as relações estabelecidas para produção das condições que satisfazem as carências e as necessidades humanas por meio do trabalho, e a reprodução configurada como o fator que dá continuidade ao conjunto da vida social, o que possibilita o desenvolvimento das forças reprodutivas, das relações sociais e da complexidade da vida produtiva e social.

Nessa direção, como premissa das discussões críticas da ocupação de assistente social e do ponto de vista da intervenção profissional, ainda é necessária a organização da categoria profissional no sentido de incorporar o pensamento hegemônico exposto pelo projeto ético-político profissional diante das exigências do avanço do capitalismo, das mudanças no e do mundo do trabalho, da afirmação do Estado burguês e da luta de classes.

Os referenciais teórico-críticos chegaram ao Brasil por meio de diversos pensadores que, fundamentados na teoria social de Marx, trouxeram uma nova visão de mundo, de sociedade e de ser humano, diferente das teorias neotomistas, funcionalistas/positivistas e fenomenológicas, de caráter conservador/tradicional, que alimentaram o ensino, as discussões, a produção do conhecimento e a prática dos profissionais do serviço social no decorrer de sua história.

Nesse sentido, destacamos a influência de autores vinculados, direta ou indiretamente, à tradição marxista e estudiosos de suas problemáticas, fornecendo, sob perspectivas diferenciadas, elementos para uma profunda revisão do *ethos* profissional, entendido aqui como o modo de ser do assistente social, impulsionado pelos valores e princípios ético-políticos inscritos no Código de Ética profissional e em sua práxis profissional, voltada à transformação da sociedade (Machado, 2012).

altivas, simples e inocentes atendiam aos interesses do comércio, bem como eram alvo de estupros, tráficos, violências, exploração e dominação.

O direito natural de posse, sob as bênçãos do poder teocrático, naturalizou a subordinação e o cativeiro dos indígenas e, posteriormente, dos negros africanos, sob a alegação de que esses povos não tinham alma nem religião. Na terra paradisíaca, onde "se plantando tudo dá", o escravismo se impôs como uma exigência econômica e mercantil.

A ordem jurídica da época impunha aos nativos, considerados inferiores, a ideia da propriedade privada. A vida, o corpo e a liberdade, sobretudo das mulheres indígenas e negras, passaram juridicamente a ser propriedades naturais de seus senhores. Além do mais, os indígenas e os negros, tratados como gente "sem fé, sem lei e sem rei" (Chauí, 2000, p. 14), precisavam ser domados e catequizados sob as bênçãos da Igreja Católica e de seu poder temporal. Apesar da aparente inocência dos indígenas brasileiros, eles não se deixaram submeter à "servidão voluntária"[1]. Ao se rebelarem, foram considerados selvagens e, como tal, deveriam ser castigados, caçados, aprisionados, domesticados ou mortos. Em seu lugar, naturalizou-se a subjugação dos povos africanos. Escravizados e comercializados, também foram considerados inferiores aos brancos.

Preste atenção!

O tráfico negreiro abriu um novo e importante setor do comércio colonial. Apesar de os negros conseguirem sua libertação e o trabalho escravo ser proibido no país, ainda encontramos, nos dias atuais, trabalho análogo à escravidão, impostos a muitos colombianos, haitianos, cubanos, peruanos, venezuelanos, sírios, entre outros refugiados que vieram e ainda vêm para o Brasil em busca de liberdade, melhores condições de vida, trabalho e esperança de dias melhores.

1 Referência ao texto memorável do jovem Etienne de la Boétie (1563).

Preste atenção!

Apresentamos informações complementares a respeito do assunto que está sendo tratado.

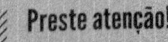

Desde o surgimento do capitalismo, o modo de produção e os processos de concentração e centralização do capital se desenvolveram em escala mundial, considerando-se que as crises atuais estão relacionadas às suas transformações e à "forma como o capitalismo está se desenvolvendo, naquilo que alguns economistas chamam de financeirização do processo capitalista" (Nagoya, 2012, p. 20).

Para refletir

Grandes volumes de capital acumulado e concentração e centralização de capital financeiro são tendências objetivas do desenvolvimento capitalista, em que empresas transnacionais espalham-se por todo o mundo, gerando cada vez mais monopólios e aumento das taxas de juros. Marx (2005), em *O rendimento e suas fontes*, demonstra como o capital a juros, na base da produção capitalista, provoca a fetichização das relações sociais e econômicas do modo capitalista de produção e traz importantes esclarecimentos sobre esse processo. Esses pressupostos foram desenvolvidos em seus escritos posteriores (Veroneze, 2018).

Não podemos desconsiderar que o desenvolvimento sócio-histórico do Brasil passou por várias fases. Primeiramente, o país, na condição de Colônia de Portugal, serviu aos interesses da exploração comercial extensiva das potencialidades do território, e os colonos não vieram para ser somente trabalhadores, mas sim dirigentes, empresários comerciais, latifundiários e exploradores. A escassez de mão de obra corroborou o processo de escravização da população nativa e, posteriormente, da população negra africana, o que ocasionou, ainda, um rentável negócio para os lusitanos (Soares Santos, 2012).

Nos séculos XVII e XVIII, o foco produtivo tornou-se a extração de ouro e diamantes nas recém-descobertas jazidas de Minas Gerais e nos entornos do Estado do Rio de Janeiro. A atividade mineradora retardou o desenvolvimento da produção de manufaturas e da indústria.

Para refletir

Aqui propomos reflexões dirigidas com base na leitura de excertos de obras dos principais autores comentados neste livro.

Particularidades do desenvolvimento sócio-histórico brasileiro

Por isso, pensar a "questão social" brasileira sem passar pela sua particularidade mais marcante é desconsiderar seu processo sócio-histórico e seu passado recente.

Fique atento!

A escravidão dos indivíduos resulta tanto do fenômeno objetivo da exploração econômica (de que a propriedade privada é o índice mais evidente) quanto da internalização psicossocial dos efeitos dela decorrentes, cujo resultado é a sua desvinculação do todo da sociedade, do todo da existência social enquanto são agentes sociais particulares. Através do conceito de alienação, o que Marx aponta é a cisão operada entre o indivíduo, que se toma a si mesmo como unidade autonomizada e atomizada, e a coletividade, que é percepcionada como uma natureza estranha – a alienação conota exatamente esta fratura, este estranhamento, esta despossessão individual das forças sociais que são atribuídas a objetos exteriores nos quais o sujeito não se reconhece.

Fonte: Netto, 1981, p. 69.

Nesse sentido, no regime escravocrata, os negros foram totalmente subordinados aos mecanismos e processos colonizadores que não controlaram ou sequer reconheceram neles sua própria força, produzindo e reproduzindo a dominação e a exploração firmada pelo poder hegemônico da burguesia latifundiária.

1.4 Desenvolvimento desigual e combinado

Conforme demonstramos, o sentido da colonização e o trabalho escravo nos levam para outra característica destacada por Ianni (2004, p. 59), que é o desenvolvimento desigual e combinado:

Fique atento!

Ao longo de nossa explanação, destacamos informações essenciais para a compreensão dos temas tratados nos capítulos.

Debates contemporâneos do serviço social

o Poder Judiciário; fornecer subsídios técnicos como perito nas áreas de sua competência; atender aos requisitos dos diversos processos e peças judiciais; assessorar, supervisionar e planejar ações e programas nas áreas de sua competência, entre outras atividades (Chuairi, 2001).

Mais do que nunca, é necessário estabelecer estratégias, levantar bandeiras, efetivar ações, mobilizar a sociedade a lutar e resistir contra a barbárie e a banalização da vida humana, não perdendo de vista a perspectiva da noção de direito social e ações coletivas.

Para saber mais

Para mais informações sobre atribuições e competências, sugerimos a leitura a seguir.
BORGIANNI, E. Para entender o serviço social na área sociojurídica. **Revista Serviço Social e Sociedade**, São Paulo, n. 115, p. 407-442, jul./set. 2013. Disponível em: <http://www.scielo.br/pdf/sssoc/n115/02.pdf>. Acesso em: 20 dez. 2021.

Síntese

Neste capítulo, discorremos sobre alguns dos campos de atuação do assistente social que têm composto debates, estudos e pesquisas na atualidade. Destacamos a importância do trabalho interdisciplinar no trato dos problemas e desafios cotidianos. Analisamos a arte como elo irradiador de cultura e o trabalho do assistente social como agente fomentador de políticas públicas culturais. Além disso, demonstramos o serviço social e sua interface com a educação, bem como os vários debates sobre a atuação nessa área, com suas implicações e desafios. Por fim, refletimos sobre o serviço social na área sociojurídica, seus pressupostos no sistema prisional e os desafios e dilemas sobre as questões de violência que têm atingido a sociedade atual, principalmente as violências perpetradas pelo Estado burguês às classes subalternas e trabalhadoras.

Síntese

Ao final de cada capítulo, relacionamos as principais informações nele abordadas a fim de que você avalie as conclusões a que chegou, confirmando-as ou redefinindo-as.

Particularidades do desenvolvimento sócio-histórico brasileiro

principais agravantes que levaram a questão racial a suas mais duras consequências e a implicações do capitalismo mercantilista na formação sócio-histórica do país.

Questões para revisão

1. Com relação ao desenvolvimento sócio-histórico do Brasil, assinale a alternativa **incorreta**:
   a) O Brasil, assim como a América, é criação dos conquistadores europeus.
   b) A ordem jurídica da época impunha aos nativos, considerados inferiores, a ideia de propriedade privada.
   c) Os indigenas e os negros eram tratados como gente "sem fé, sem lei e sem rei".
   d) O mito fundador remete ao mito como a realização do plano dos europeus ou da vontade de seus colonizadores.
   e) Os governantes não representam os governados, mas a vontade de Deus materializada no poder teocrático do Estado.

2. Relacione os termos da primeira coluna às definições da segunda coluna.
   1) Mito fundador
   2) Teocracia
   3) Imperialismo
   4) Capital
   5) Forças produtivas
   6) Humano-genérico

   ( ) Processo acumulativo do desenvolvimento histórico-social do ser humano.
   ( ) Regime político em que o governo é exercido pela casta sacerdotal.
   ( ) Relação social que se caracteriza pela expropriação da riqueza produzida pelos trabalhadores, a qual deu origem a uma forma de propriedade privada que se distingue de outras formas anteriores pela sua necessidade intrínseca de expansão.

Questões para revisão

Ao realizar estas atividades, você poderá rever os principais conceitos analisados. Ao final do livro, disponibilizamos as respostas às questões para a verificação de sua aprendizagem.

Particularidades do desenvolvimento sócio-histórico brasileiro

Agora, assinale a alternativa que corresponde à sequência correta:
a) V – V – F – V – V –V.
b) V – V – V – F – V – F.
c) V – F – V – V – F – V.
d) F – V – V – V – F – V.
e) V – V – V – V – F – V.

4. Quais os principais fatores que marcaram o desenvolvimento sócio-histórico do Brasil?
5. O desenvolvimento sócio-histórico do Brasil está atrelado a três vetores significativos. Quais são eles?

Questões para reflexão

1. Explique os principais vetores discutidos neste capítulo em conformidade com as expressões da "questão social" no atual estágio da situação política do Brasil.
2. Segundo Serra (2000, p. 22), "a 'questão social' não só constitui por si só matéria-prima do Serviço Social, mas é elemento desencadeador das respostas dadas pelo Estado capitalista". Explique essa afirmação.

Questões para reflexão

Ao propor estas questões, pretendemos estimular sua reflexão crítica sobre temas que ampliam a discussão dos conteúdos tratados no capítulo, contemplando ideias e experiências que podem ser compartilhadas com seus pares.

CAPÍTULO 1

Particularidades do desenvolvimento sócio-histórico brasileiro

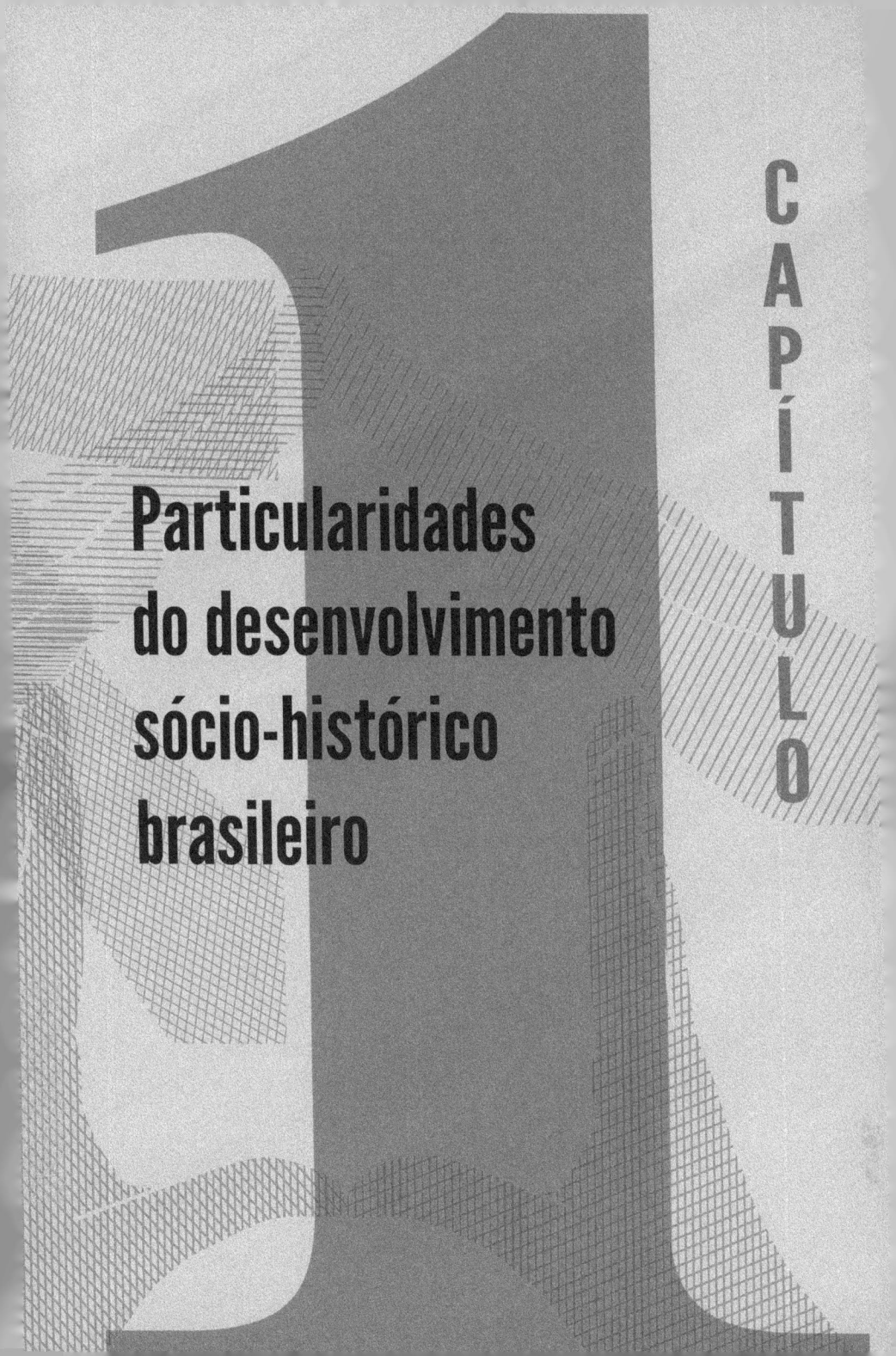

Conteúdos do capítulo:

- Contexto sócio-histórico brasileiro.
- A herança do sentido da colonização, do trabalho escravo e do desenvolvimento desigual e combinado.
- Fundamentos teórico-metodológicos e ético-políticos da intervenção profissional.
- Produção do conhecimento na área social.
- Embates e desafios para a intervenção profissional.

Após o estudo deste capítulo, você será capaz de:

1. identificar as principais demandas da prática profissional;
2. reconhecer a importância dos referenciais teórico-metodológicos e ético-políticos do serviço social brasileiro;
3. identificar os principais desafios e demandas da intervenção profissional perante a realidade social.

> "Muita gente a mandar não me parece bem; um só chefe, um só rei, é o que mais nos convém".
> Etienne de la Boétie

1.1 Heranças do passado

Ao olharmos para o presente, não podemos desprezar nosso passado. De certo modo, uma ideia não é descoberta, mas inventada ou construída. O Brasil, assim como a América, é uma criação dos conquistadores europeus, fruto do imperialismo colonial. Não há como analisarmos nossa história, os fundamentos da "questão social" e seus rebatimentos sem levarmos em conta três fatores fundamentais elencados por Ianni (2004): o sentido da colonização, o peso do regime escravagista e a peculiaridade do desenvolvimento desigual e combinado.

Além desses três fatores, é válido destacar que as cartas do fidalgo português Pero Vaz de Caminha e do navegador e explorador italiano Cristóvão Colombo descrevem as terras brasileiras e sul-americanas recém-descobertas impregnadas de signos paradisíacos. Nesses textos, verifica-se que um **mito fundador**, descrito por Marilena Chaui (2000), alimentou – e, de certa forma, ainda alimenta – toda a história nacional e sul-americana.

O descobrimento (ou invenção) é comparado pela autora como o Jardim do Éden Bíblico, descrito em prosa e verso como uma terra da qual corre "leite e mel", cortada por rios cujos leitos são de ouro, prata, safiras e rubis, e montanhas que derramam pedras preciosas. Terras habitadas por gente bela, indômita, doce e inocente, comparadas à mitologia do "Dia da Criação". Tais descrições são incorporadas à promessa de felicidade perene e de redenção.

Esse mito fundador remonta à visão do paraíso na Terra, obra de Deus, em que Sua palavra guiará a história e Sua vontade será consubstanciada naqueles que O representem, ou seja, impera-se aquilo que o filósofo Espinosa designou como "poder teológico-político" ou **teocracia**.

> **Mito fundador**: "é aquele que não cessa de encontrar novos meios para exprimir-se, novas linguagens, novos valores e ideias, de tal modo que, quanto mais parece ser outra coisa, tanto mais é a repetição de si mesmo" (Chaui, 2000, p. 9).
> **Teocracia**: do grego *Teo* (Deus) e *Kratos* (governo) – governo de Deus ou daqueles que O representam. De acordo com o *Dicionário de filosofia*, de Abbagnano (2007, p. 1.118), teocracia é um "regime político em que o governo é exercido pela casta sacerdotal. [...] Mais em geral, qualquer doutrina segundo a qual toda autoridade provém de Deus".

Esse paraíso afrodisíaco descrito na Carta de Pero Vaz de Caminha escondia o verdadeiro interesse que impulsionou os mercantilistas dos séculos XV e XVI, ou seja, a expansão do capitalismo. Os interesses puramente comerciais e exploratórios visavam à expansão de novos mercados e à exploração dos recursos naturais dessas terras bem-aventuradas.

Para saber mais

O filme 1492: a conquista do paraíso demonstra como o mito fundador se concretizou no Mundo Novo. O longa-metragem é uma aventura épica, produzido em 1992, sob a direção de Ridley Scott. O filme aborda a ocupação da América pelos espanhóis e o processo de colonização dos povos indígenas.
1492: A CONQUISTA do paraíso. Direção: Ridley Scott. EUA/França/Espanha: Versátil, 1992. 154 min.

O processo de colonização do Brasil "Eldorado" logo encontrou sua primeira riqueza: o pau-brasil, que foi amplamente explorado, quase até sua completa extinção. Foi necessário, há alguns anos, uma verdadeira campanha de replantio dessa espécie para que as futuras gerações pudessem conhecê-la. A natureza farta e exuberante oferecia recursos naturais em abundância, servindo aos propósitos dos colonizadores. Além do mais, as pessoas belas,

altivas, simples e inocentes atendiam aos interesses do comércio, bem como eram alvo de estupros, tráficos, violências, exploração e dominação.

O direito natural de posse, sob as bênçãos do poder teocrático, naturalizou a subordinação e o cativeiro dos indígenas e, posteriormente, dos negros africanos, sob a alegação de que esses povos não tinham alma nem religião. Na terra paradisíaca, onde "se plantando tudo dá", o escravismo se impôs como uma exigência econômica e mercantil.

A ordem jurídica da época impunha aos nativos, considerados inferiores, a ideia da propriedade privada. A vida, o corpo e a liberdade, sobretudo das mulheres indígenas e negras, passaram juridicamente a ser propriedades naturais de seus senhores. Além do mais, os indígenas e os negros, tratados como gente "sem fé, sem lei e sem rei" (Chaui, 2000, p. 14), precisavam ser domados e catequizados sob as bênçãos da Igreja Católica e de seu poder temporal.

Apesar da aparente inocência dos indígenas brasileiros, eles não se deixaram submeter à "servidão voluntária"[1]. Ao se rebelarem, foram considerados selvagens e, como tal, deveriam ser castigados, caçados, aprisionados, domesticados ou mortos. Em seu lugar, naturalizou-se a subjugação dos povos africanos. Escravizados e comercializados, também foram considerados inferiores aos brancos.

Preste atenção!

O tráfico negreiro abriu um novo e importante setor do comércio colonial. Apesar de os negros conseguirem sua libertação e de o trabalho escravo ser proibido no país, ainda encontramos, nos dias atuais, trabalho análogo à escravidão, impostos a muitos colombianos, haitianos, cubanos, peruanos, venezuelanos, sírios, entre outros refugiados que vieram e ainda vêm para o Brasil em busca de liberdade, melhores condições de vida, trabalho e esperança de dias melhores.

---

1 Referência ao texto memorável do jovem Etienne de la Boétie (1563).

O mito fundador remete à lenda de como a realização do plano de Deus ou da vontade divina se firmou nas terras sacrossantas. Nesse sentido, o Brasil entra para a história pela porta providencial. Nessa "terra, mãe gentil", a política foi fundamentada na troca de favores, nos cargos comissionados, nas concessões das mercês (privilégios, benefícios) às elites que usufruíam das riquezas naturais, enquanto o peso dos impostos recaía sobre as massas mais empobrecidas da nação, não sendo casual que os coletores de impostos viessem acompanhados de fuzileiros e que as revoltas populares fossem caladas pelas forças militares. Na maioria das vezes, o povo não se via representado pelos seus governantes, que teoricamente representavam a vontade de Deus, materializada no poder teocrático do Estado, ao passo que homens e mulheres livres, pobres, negros, mulatos e mestiços eram considerados escória, raça suja e imunda que precisava ser controlada, doutrinada e moralizada.

Por outro lado, as mulheres, despidas dos tradicionais trajes europeus, atiçavam a possibilidade dos colonizadores de impor o poder de dominação machista e patrimonialista. A naturalização do sentimento de posse, do escravismo e do tráfico negreiro ainda hoje alimentam as violências impostas às mulheres, às crianças e aos adolescentes, bem como o massacre de negros, povos indígenas e outras minorias.

Para saber mais

Sugerimos a leitura do texto de Michael Löwy (1995), o qual aponta que a teoria do desenvolvimento desigual e combinado, elaborada pelo revolucionário Léon Trotsky, é uma interessante contribuição para refletir sobre o imperialismo, bem como uma das tentativas mais significativas de romper com o evolucionismo.

> Löwy discute os principais fundamentos dessa teoria, considerada por Ernest Mandel uma das maiores contribuições de Trotsky à teoria marxista.
> LÖWY, M. A teoria do desenvolvimento desigual e combinado. Tradução de Henrique Carneiro. **Actuel Marx**, n. 18, 1995. Disponível em: <http://www.afoiceeomartelo.com.br/posfsa/Autores/Lowy,%20Michael/a%20teoria%20do%20desenvolvimento%20desigual%20e%20combinado.pdf>. Acesso em: 20 dez. 2021.

Ianni (2004) também faz uso dos apontamentos de Trotsky para explicar as características fundamentais da formação social brasileira. Desse modo, em uma tentativa de explicar as modificações ocorridas brusca e desordenadamente pelo capitalismo mercantilista europeu, buscamos, neste capítulo, dar conta da lógica das contradições econômicas, políticas, sociais e culturais impostas pela dominação e pelo **imperialismo** colonial europeu.

Imperialismo: refere-se ao "ressurgimento de rivalidades territoriais entre estados e o desenvolvimento do capitalismo em escala mundial" (Outhwaite; Bottomore, 1996, p. 377).

1.2 Ideias de um Brasil moderno

A materialidade do serviço social está firmada no enfrentamento das múltiplas expressões da "questão social". Gênese das desigualdades sociais e objeto do trabalho profissional do assistente social, a "questão social" está intimamente ligada à concentração de renda, à propriedade privada e ao poder concentrado nas mãos de uma elite minoritária capitalista que detém e controla os meios de produção e a sociedade. Tais vetores geram violências, pauperização, desigualdades sociais, preconceitos, discriminações, exclusão social, entre outros fatores.

> **Preste atenção!**
>
> De acordo com o relatório do Credit Suisse de 2019, 1% dos mais ricos detém 45% de toda a riqueza global, ao passo que os 50% mais pobres ficam com menos de 1%, sendo que metade dessa população vive com 3% a 4% da riqueza mundial e socialmente produzida. Em outras palavras, cerca de 500 famílias mais ricas ao redor do mundo concentram todo o controle da economia mundial, ganhando 36 vezes mais que a metade dos mais pobres. Em 2020, a riqueza global cresceu cerca de 6%, atingindo o patamar de US$ 431 trilhões (Global..., 2021).

Conforme salienta Iamamoto (2005, p. 27, grifo do original), a "questão social" compreende "**o conjunto das** expressões das desigualdades da sociedade capitalista madura", expressão de uma produção social cada vez mais coletiva, em que o trabalho se torna amplamente social, embora a apropriação de seus frutos e resultados mantenha-se privada, monopolizada por uma parte da sociedade: a burguesia.

No Brasil, sua particularidade diz respeito à

> generalização do trabalho livre numa sociedade em que a escravidão marca profundamente seu passado recente. Trabalho livre que se generaliza em circunstâncias históricas nas quais a separação entre homens e meios de produção se dá em grande medida fora dos limites da formação econômico-social. (Iamamoto, 2004, p. 125)

Com as alterações no padrão de acumulação do capitalismo industrial na Europa Ocidental do século XVIII e no mundo do trabalho, "a pobreza crescia na razão direta em que aumentava a capacidade social de produzir riquezas" (Netto, 2001, p. 42). Além do mais, os trabalhadores foram despossuídos de seus bens materiais, dos meios de produção e de seus produtos, não tendo outra maneira de sobreviver a não ser por meio da venda de sua força de trabalho. Essa situação gerou uma série de expressões multifacetadas referentes à "questão social", como *desigualdade*, *desemprego*, *fome*, *doença* e *desamparo*, condições econômico-sociais adversas provenientes da conjuntura histórico-político-cultural do capitalismo.

Decifrar os determinantes e suas expressões multifacetadas na sociedade contemporânea é requisito básico para avançar na compreensão e no significado das transformações sociais atuais, bem como em suas implicações e transformações referentes ao mundo do trabalho. Tais fatores encontram-se historicamente enraizados nas contradições fundamentais que demarcam a sociedade regida pela lógica do **capital** e pelo poder hegemônico da burguesia, assumindo roupagens distintas em cada época e lugar.

Capital

Segundo Lessa (1999, p. 30), trata-se de

> uma relação social que se caracteriza pela expropriação da riqueza produzida pelos trabalhadores, dando origem a uma forma de propriedade privada que se distingue das outras formas anteriores pela sua necessidade intrínseca de expansão. Ao capital é impossível qualquer reprodução que não seja a sua reprodução ampliada.

Em outras palavras, o capital é uma forma de propriedade privada na qual a riqueza produzida pelo trabalho é apropriada não pelos trabalhadores, mas por indivíduos de outra classe social.

Analisar as digressões da "questão social" na perspectiva teórico-analítica marxista não implica relacionar suas expressões ao desdobramento dos problemas sociais próprios da sociedade humana, mas tem a ver exclusivamente com o próprio desenvolvimento do capitalismo. Cunha (2014, p. 15-16, grifo nosso) argumenta que "nos modos de produção anteriores as desigualdades eram forjadas pelas limitações das **forças produtivas** e que, diversamente, no modo de produção capitalista, erguem-se como efeito das contradições entre as forças produtivas e as relações sociais de produção".

Forças produtivas

[São] todas as relações sociais que entram no processo de reprodução material da sociedade. Incluem não apenas a dimensão imediatamente técnica, os elementos materiais da produção (ferramentas, fábricas etc.), mas também a divisão social do trabalho e os elementos de ideologia, política, direito, costumes etc.

Fonte: Lessa, 1999, p. 28.

Contudo, no Brasil, a gênese da "questão social" está implicitamente vinculada a algumas particularidades bem marcantes, tendo em vista o caráter exploratório e mercantil dos séculos XV e XVI, cujo processo de colonização, a ordem escravocrata e o desenvolvimento desigual e combinado trouxeram implicações próprias e fundantes para nossa história. Entender esses vetores sócio-históricos implica assinalar os traços mais marcantes do colonialismo/imperialismo europeu na história recente deste país, o que determina a correlação de forças que predominam, interna e externamente, no processo de expansão do capitalismo, na formação e no desenvolvimento da classe operária, bem como em seu ingresso no cenário político, econômico, social e cultural da sociedade.

De acordo com Soares Santos (2012, p. 26),

> a gênese da "questão social" é explicitada pelo processo de acumulação ou reprodução ampliada do capital. Esse processo remete à incorporação permanente de inovações tecnológicas pelos capitalistas, tendo em vista o aumento da produtividade do trabalho social e a diminuição do tempo de trabalho socialmente necessário à produção de mercadorias.

Para Ianni (2004), o sentido da colonização do Brasil está marcado pelo imperialismo europeu. Seu sentido não é unilateral e não se limita à economia e à política, mas altera-se, de tempos em tempos, "desdobrando-se em forma de pensamento, ideias, doutrinas ou explicações" (Ianni, 2004, p. 55), atingindo também as esferas sociais e culturais.

O imperialismo europeu marca o sentido que a colonização teve para a história deste país, isto é, a colonização ocorreu mediante a exploração e a mercantilização das riquezas naturais e humanas encontradas aqui. Essa perspectiva predatória trouxe consequências irreparáveis para a história do Brasil.

Do ponto de vista econômico, as riquezas naturais extraídas do solo brasileiro, como açúcar, tabaco, pimenta, madeira, algodão, café, borracha e produtos manufaturados, alimentaram os luxos europeus. Nossa riqueza natural, como o ouro e as pedras preciosas, corroboraram o pagamento de dívidas de Portugal à Inglaterra, financiando, assim, o desenvolvimento da Revolução Industrial daquele país.

Para Soares Santos (2012, p. 55, grifo do original), a colonização buscou atender aos interesses comerciais e da metrópole, voltados, principalmente, ao mercado externo europeu. O Brasil sempre foi visto pela "**metrópole como um fornecedor de artigos de exportação, na forma de matéria-prima**, uma vez que o desenvolvimento, mesmo incipiente, das manufaturas foi castrado no século XVIII".

De acordo com Ianni (2004, p. 56-57),

> o sentido da colonização desvenda as peculiaridades da Colônia, Império e República. Mostra como o capitalismo surge e desenvolve-se, sob forma de um modo de produção mundial. A reprodução ampliada do capital é comandada pelos processos de concentração e centralização do capital, em escala mundial. Os monopólios, trustes, cartéis e conglomerados, assim como as multinacionais e transnacionais, constituem espaços internacionais nos quais se realiza a acumulação do capital. E cada país, dependente, subordinado ou associado, se revela, mais uma vez, um sistema altamente determinado pelos movimentos internacionais do grande capital.

Desde o surgimento do capitalismo, o modo de produção e os processos de concentração e centralização do capital se desenvolveram em escala mundial, considerando-se que as crises atuais estão relacionadas às suas transformações e à "forma como o capitalismo está se desenvolvendo, naquilo que alguns economistas chamam de financeirização do processo capitalista" (Nagoya, 2012, p. 20).

Para refletir

Grandes volumes de capital acumulado e concentração e centralização de capital financeiro são tendências objetivas do desenvolvimento capitalista, em que empresas transnacionais espalham-se por todo o mundo, gerando cada vez mais monopólios e aumento das taxas de juros. Marx (2005), em *O rendimento e suas fontes*, demonstra como o capital a juros, na base da produção capitalista, provoca a fetichização das relações sociais e econômicas do modo capitalista de produção e traz importantes esclarecimentos sobre esse processo. Esses pressupostos foram desenvolvidos em seus escritos posteriores (Veroneze, 2018).

Não podemos desconsiderar que o desenvolvimento sócio-histórico do Brasil passou por várias fases. Primeiramente, o país, na condição de Colônia de Portugal, serviu aos interesses da exploração comercial extensiva das potencialidades do território, e os colonos não vieram para ser somente trabalhadores, mas sim dirigentes, empresários comerciais, latifundiários e exploradores. A escassez de mão de obra corroborou o processo de escravização da população nativa e, posteriormente, da população negra africana, o que ocasionou, ainda, um rentável negócio para os lusitanos (Soares Santos, 2012).

Nos séculos XVII e XVIII, o foco produtivo tornou-se a extração de ouro e diamantes nas recém-descobertas jazidas de Minas Gerais e nos entornos do Estado do Rio de Janeiro. A atividade mineradora retardou o desenvolvimento da produção de manufaturas e da indústria.

> O fim do período colonial brasileiro se deve, principalmente, à configuração do contexto econômico mundial que já não comportava o colonialismo naqueles moldes. Era a transição do capitalismo comercial para o industrial, que colocava na ordem do dia a remoção das barreiras ao livre acesso aos mercados mundiais para escoar sua crescente produção, revolucionada por descobertas técnico-científicas. (Soares Santos, 2012, p. 59)

A passagem do século XVIII para o XIX foi assinalada pela emergência política de Napoleão Bonaparte, imperador francês. Esse fato, além de representar a consolidação da burguesia na Europa, registrou uma política externa marcada por guerras contínuas, principalmente contra a Inglaterra. A ofensiva napoleônica sobre Portugal fez com que a Corte Portuguesa se deslocasse para o Brasil em 1808.

Com a vinda da Corte Portuguesa, D. João VI decretou a abertura dos portos brasileiros às nações amigas, servindo aos interesses de expansão do capitalismo industrial europeu, favorecendo os comerciantes ingleses em detrimento da burguesia mercantil portuguesa. A vinda da Família Real para o Brasil acelerou o processo de independência com relação à Portugal. A aristocracia rural brasileira (senhores de terras e de escravos) conduziu o processo de ruptura com a Metrópole, com o cuidado de não abalar as estruturas de privilégios, fundada na organização econômico-político-social definida no decorrer da colonização, o que garantiu que a independência fosse efetuada de cima para baixo, com vistas a manter o poder da classe dominante.

A aristocracia, principalmente a cafeeira, deixou suas marcas na formação sócio-histórica do país. O aumento da produtividade da economia cafeeira ocasionou melhoras significativas nos preços, impulsionando grandes investimentos na expansão das plantações, mas sem nenhum investimento na melhoria dos métodos de cultivos. Consequentemente, anos mais tarde, crises de superprodução minimizaram a valorização do café, provocando altos e baixos na produção e na economia do país.

Com a decadência da mineração no século XVIII, o Brasil retomou a agricultura, concentrando e acumulando grandes somas de capital nesse setor. A expansão das vias de transporte (principalmente o ferroviário, o que implicou a ampliação do beneficiamento do ferro), a criação de bancos e a expansão do comércio, entre outros fatores, propiciaram a criação de um mercado de trabalho assalariado. Com o fim do tráfico de escravos, o setor manufatureiro expandiu-se nos centros urbanos, e a elevada disponibilidade de mão de obra barata marcou novos traços na composição das classes sociais nesse período (Soares Santos, 2012).

De acordo com Fausto (1995, p. 221),

> a abolição da escravatura não eliminou o problema do negro. A opção pelo trabalho imigrante, nas áreas mais dinâmicas da economia, e as escassas oportunidades abertas ao ex-escravo, em outras áreas, resultaram em uma profunda desigualdade social da população negra. Fruto em parte do preconceito, essa desigualdade acabou por reforçar o próprio processo contra o negro. Sobretudo nas regiões de forte imigração, ele foi considerado um ser inferior, perigoso, vadio e propenso ao crime; mas útil quando subserviente.

Em meados do século XIX, a economia e a sociedade imperial passaram por profundas transformações. O país deixou os estreitos limites coloniais, realizando sua lenta gestação como uma nação moderna. Contudo, os anos iniciais do século XIX foram de uma grave crise econômica que abalou os alicerces do Império. A baixa de preços dos produtos agrícolas (açúcar, algodão e tabaco) ocasionou sensível redução nas exportações. A crise se arrastou até meados dos anos de 1850, tendo como principais fatores a retração das exportações agrícolas e a forte dependência financeira com relação à Inglaterra. Por outro lado, o consumo de café alcançou altos níveis de aprovação do mercado europeu, culminando em sua expansão em detrimento da cana-de-açúcar e do algodão.

A expansão cafeeira corroborou o surgimento de um novo grupo, cujo comportamento econômico e político se diferenciava daquele dos latifundiários ligados aos ciclos anteriores. Esse novo grupo econômico, mais flexível e consciente de sua posição dominante, atendia diretamente aos interesses do Império. Como empresários rurais, os cafeeiros solucionaram o problema da mão de obra com a imigração, substituindo o trabalho escravo pelo assalariado. Já os empresários capitalistas desenvolveram atividades industriais, comerciais e financeiras.

Ainda assim, uma nova crise estava por vir. Com a abolição da escravatura, sem indenização aos proprietários e a aristocracia escravagista arruinada, culpava-se a monarquia pelas desgraças, com essa classe passando a engrossar as fileiras do movimento republicano. Com relação aos antigos escravizados, a liberdade jurídica não correspondia às demais liberdades essenciais à sua integração na sociedade, sendo estes cotidianamente discriminados, marginalizados e submetidos à situação de subalternizados.

Para Soares Santos (2012, p. 67), a Proclamação da República, "do ponto de vista econômico, é um período importante para a consolidação do capitalismo no Brasil, pois sucede a abolição do trabalho escravo, instituindo, efetivamente, o trabalho assalariado como regime de trabalho no país", o que, de certo modo, impulsionou o processo de industrialização e a expansão do modelo agroexportador com base no café. Contudo, esse modelo sofreu com a queda da Bolsa de Nova York e a crise mundial de 1929, o que ocasionou grandes prejuízos à economia nacional.

Os anos subsequentes são considerados muito relevantes para o desenvolvimento sócio-histórico e econômico do país. O modelo agroexportador passou a ser substituído paulatinamente pela industrialização nacional, que corroborava uma série de fatores que impulsionavam a deliberação da política nacionalista, dando início ao desenvolvimento dos setores mais importantes da indústria de base, de modo a expandir tanto o setor industrial quanto o setor financeiro mediante políticas cambiais e de valorização dos produtos brasileiros em âmbito mundial.

A partir dos anos 1970, o capitalismo passou por uma série de transformações que alteraram a agenda política, econômica, social e cultural no contexto internacional, consolidando, assim, um novo processo denominado **mundialização e financeirização da economia**[2], o qual expressa formas mais acentuadas do imperialismo dos países desenvolvidos sobre os que estavam em desenvolvimento.

---

2 Para mais informações, consultar Iamamoto (2008), em seu livro *Serviço social em tempo de capital fetiche: capital financeiro, trabalho e questão social*.

> A **financeirização da economia** diz respeito à complexidade da vida financeira cotidiana. Está relacionada ao aumento das possibilidades de créditos, financiamentos, investimentos e rendimentos a juros, de modo a impor sua lógica quantitativa como riqueza abstrata e que busca incessantemente seu crescimento.

> Segundo Lupatini (s/d, p. 1), nos últimos anos, dos mais de 1 trilhão de dólares do mercado de câmbio mundial, menos de 10% desse montante têm relação direta com o "fluxo real" de mercadorias, ou seja, com o comércio de mercadorias. Isto implica afirmar que, nas últimas décadas, há um aumento elevadíssimo na circulação de capital financeiro em relação à produção, circulação e distribuição de mercadorias. (Veroneze, 2018, p. 278)

Nesse sentido, historicamente, a lógica do capital, em âmbito mundial, passou a influenciar, direta e indiretamente, as relações, os processos, as estruturas e os movimentos da sociedade, o que afetou significativamente a vida social e os processos de trabalho e produção, bem como as relações contratuais de trabalho.

Com o aumento da complexidade financeira da vida cotidiana da sociedade atual, os assuntos financeiros começaram a fazer parte do dia a dia das pessoas. Por exemplo, uma simples compra de determinada mercadoria implica tomar decisões financeiras além do pagamento, isto é, a compra passa a ser uma transação financeira que pode ser paga à vista com desconto ou parcelada no cartão de crédito (Veroneze, 2018).

Na atualidade, várias opções de créditos, investimentos, previdência privada, planos de saúde, entre outros serviços, têm exigido das pessoas certa educação financeira e disciplina orçamentária. A necessidade de planejamento e de consumo consciente passou a permear a vida cotidiana, de modo que os consumidores não caiam em dívidas, ciladas e dificuldades econômicas difíceis de serem resolvidas ou mesmo que entrem em um círculo vicioso de endividamento – o que implica pagamento de juros sobre juros, com taxas muitas vezes altíssimas. Tais fatores levam as pessoas a ter uma atenção maior na hora de comprar alguma mercadoria ou fazer algum investimento.

Nos dias atuais, observamos o aumento das taxas de desemprego, a flexibilização das leis e dos contratos trabalhistas, a precarização do trabalho, o aumento das jornadas, o crescimento da informalidade, a aceleração das desigualdades, conjugadas com políticas econômicas de austeridade, flexibilização da economia, entre outros fatores, o que demonstra, de fato, um crescimento exponencial do "mercado financeiro global".

De outro modo, essas inseguranças do e no trabalho, na renda, nas relações contratuais, nas representações do trabalho, geram incertezas na organização política, sindical e na defesa do trabalho, o que implica novos níveis e índices de desigualdades e vulnerabilidades sociais. Hoje, a chantagem do desemprego é sempre mais convincente que a iminência da morte.

Tal processo é acentuado pelas crises constantes do capitalismo, necessárias à sua manutenção e à dominação do imperialismo econômico em contextos mundiais, conhecido como *mundialização da economia* – isto é, grandes conglomerados de capital financeiro espalhados pelo mundo comandam um ciclo vicioso de rendimentos a todo custo. Além disso, podemos destacar o agravamento das expressões multifacetadas da "questão social".

Capital financeiro

Podemos definir *capital financeiro* como o capital resultante da movimentação técnica e periódica do capital industrial e do capital comercial na forma do capitalismo. São pagamentos, recebimentos de dinheiro, operações de compensação, escriturações de contas-correntes, guarda do dinheiro, enfim, todas as operações técnicas, separadas dos atos que as tornam necessárias, e que transformam em capital financeiro o capital nelas adiantados. Essas operações se convertem em "negócios especiais", o que dá origem ao comércio monetário resultante das diversas destinações do próprio dinheiro e de suas funções. Tais fatores são desenvolvidos por Marx (2017) e editados por Engels, nos volumes finais de *O Capital*, posterior à sua morte (Veroneze, 2018).

O endividamento financeiro e a dependência de capital estrangeiro são fatores preponderantes na formação sócio-histórica do Brasil, o que revela um país marcado pelo colonialismo/imperialismo predatório europeu e, posteriormente, estadunidense, firmado no desenvolvimento das forças produtivas e na relação de produção. O capital nacional, de modo geral, constituiu-se no âmbito mundial, e não no da nação, afetando significativamente o movimento e a formação da sociedade e da política brasileira.

1.3 As marcas do trabalho escravo no Brasil

Ianni (2004) também aborda a questão do trabalho escravo, que compôs a organização da sociedade colonial e imperial brasileira, algo que, segundo Iamamoto (2004), marca profundamente nosso passado histórico e é fator determinante na organização do trabalho, da vida social, econômica, política e cultural do país.

> Os séculos de trabalho escravizado produziram todo um universo de valores, padrões, ideias, doutrinas, modos de ser, pensar e agir. Na Colônia e no Império nem tudo era diretamente baseado no regime de trabalho escravo, mas esse regime influenciava bastante o conjunto da sociedade. O que não era escravista estava adjetivo, dependente, referido, influenciado – ou permanecia à parte. O "norte" da sociedade e do poder, da economia e política da cultura e ideologia estava assinalado pelo escravismo. (Ianni, 2004, p. 57-58)

Em meio ao trabalho escravo, é importante destacar a existência de homens e mulheres livres e pobres ligados à estrutura agrária arcaica e à vida urbana nacional, vinculada ao imperialismo europeu e às formas tradicionais de poder econômico e político geradas durante o processo de colonização.

De acordo com Franco (1997, p. 14), a produção mercantil do século XV implicou a exploração de trabalhadores livres e pobres[3] que "não conheceram os rigores do trabalho forçado e não se proletarizaram". Nesses termos, a escravidão possibilitava flexibilizar a mão de obra e fornecer outros contingentes adicionais necessários para a produção, principalmente nos processos básicos de fabricação de açúcar e, mais tarde, nas lavouras de café, algodão e tabaco.

A produção e o consumo se estabeleceram por meio da atividade mercantil, definindo-se de maneira conjunta com a extensão das terras apropriadas, as técnicas rudimentares e a escravaria (Franco, 1997). Assim, a organização do trabalho desenvolvida na grande propriedade fundiária conciliou dois princípios reguladores da atividade econômica essencialmente opostos, isto é, "produção direta de meios de vida e produção de mercadorias" (Franco, 1997, p. 11).

Além disso, essa organização do trabalho culminou em expressões e relações antagônicas entre seus representantes: de um lado, estavam os "senhores", latifundiários capitalistas que detinham o poder, os meios de produção e o capital; do outro, os negros que trabalhavam em regime escravista e eram explorados pelos seus "senhores". Também havia um contingente de homens e mulheres livres que, na maioria das vezes, reproduziam o comportamento hostil e violento dos "senhores de escravos".

Sertanejos, viajantes, mascates, capatazes, entre outros, marcaram o cenário rural, ao passo que escriturários, artesãos, funcionários públicos, vendedores ambulantes, comerciantes etc. compunham

---

3 População predominantemente campesina, composta por famílias independentes, pequenos sitiantes, em sua maioria posseiros que viviam, sobretudo, em pequenos roçados ou no interior das matas e florestas, vivendo da extração de produtos naturais, da agricultura de subsistência, da caça e da pesca. Eram também denominados de *caipira, capiau, matuto, caboclo* etc. Ainda podemos designar dessa maneira a população de capatazes, peões, agregados, camaradas, sertanejos, tropeiros, mascates, andarilhos, vendeiros, servidores públicos, padres, entre outros pequenos grupos análogos ao que Marx (2002) definiu como *lúmpenporletariado*, bem como os grupos formados por aventureiros, soldados rebaixados, libertinos, marujos, donos ou donas de bordéis, estivadores, carregadores, jornaleiros, saltimbancos, jogadores etc.

a população de homens e mulheres brancos e mestiços livres e pobres dos centros urbanos, retrato "direto e vivo" da composição populacional da Colônia, do Império e da República. Obviamente, não podemos deixar de citar o poder eclesiástico, que também compunha a formação das cidades brasileiras.

Toda a estrutura social era mantida pelo trabalho escravo. Além do mais, Franco (1997, p. 13) aponta que "a partir dos séculos XV e XVI, quando a escravidão aparece suportando um estilo de produção vinculado ao sistema capitalista, o escravo surgiu redefinido como categoria puramente econômica, assim integrando-se como mercadoria de troca às sociedades coloniais", ou seja, não era compreendido somente como mão de obra, mas também como mercadoria.

Para saber mais

O livro de Maria Sylvia de Carvalho Franco (1997), Homens livres na ordem escravocrata, *aborda a formação social do Brasil a partir do ciclo cafeeiro, florescente no século XIX, entre as regiões do Rio de Janeiro e São Paulo. Esse evento gerou uma intrincada rede de fenômenos que teve implicação direta na economia, na política e na vida social e cultural do país.*

FRANCO, M. S. de C. **Homens livres na ordem escravocrata**. 4. ed. São Paulo: Ed. da Unesp, 1997.

De acordo com Ianni (2004, p. 59),

> Boa parte da cultura, em seus valores, padrões, ideias, doutrinas, explicações, ideologias, ficou vincada por essa determinação essencial. As relações e estruturas fortemente marcadas pelas linhas de casta influenciam também o pensamento, o imaginário de senhores, fazendeiros, comerciantes, governantes, militares, bispos, populares, escritores. Acontece que há sempre alguma contemporaneidade entre as formas de pensamento e as de ser, os modos de vida e trabalho e os de pensar, sentir e agir.

É inegável, atualmente, a carga negativa que recai principalmente sobre a população negra, pobre e de periferia neste país. A marginalização e a discriminação aos mais vulneráveis é visível. Nas "batidas" policiais, por exemplo, geralmente são parados negros, pobres, motociclistas ou motoristas de automóveis mais velhos e em pior estado de conservação. Jovens de escolas públicas e trabalhadores braçais também sofrem com as ações "preventivas" da polícia, ou com o preconceito, a exclusão e a discriminação social. Mulheres trabalhadoras domésticas, negras em sua maioria, sofrem com os abusos, assédios, exploração do trabalho, violências, preconceitos e discriminações.

> A cidade tradicional foi morta pelo desenvolvimento capitalista descontrolado, vitimado por sua interminável necessidade de dispor da acumulação desenfreada de capital capaz de financiar a expansão interminável e desordenada do crescimento urbano, sejam quais forem suas consequências sociais, ambientais ou políticas. [...] Somente quando a política se concentrar na produção e reprodução da vida urbana como processo de trabalho essencial que dê origem a impulsos revolucionários será possível concretizar lutas anticapitalistas capazes de transformar radicalmente a vida cotidiana. Somente quanto se entender que os que constroem e mantêm a vida urbana têm uma exigência fundamental sobre o que eles produziram, e que uma delas é o direito inalienável de criar uma cidade mais em conformidade com seus verdadeiros desejos, chegaremos a uma política do urbano que venha a fazer sentido. (Harvey, 2014, p. 20-21)

Fica evidente que as lutas políticas e sociais da atualidade são animadas tanto por intenções visionárias quanto por carências e necessidades primordiais para a manutenção da vida cotidiana. A multiplicidade dessas carências e necessidades práticas transbordam em alternativas e possibilidades de mobilização social, chegando, muitas vezes, ao extremismo de revoltas violentas contra as instituições públicas e empresariais deste país.

As ações de políticos corruptos que visam somente aos interesses próprios vêm desconstruindo direitos, desrespeitando culturas, massacrando grupos historicamente estigmatizados, espalhando e afirmando o ódio, a opressão, a exploração, o preconceito, a discriminação e a violência, provocando, muitas vezes, reações incontroláveis e que afetam, sobretudo, a vida de pobres, negros, mulheres, indígenas, homossexuais, imigrantes, nordestinos, ciganos, entre outros grupos minoritários. Geralmente, o linchamento é aplicado como sentença de morte, dada a intolerância, a insanidade coletiva, entre outras ações despendidas contra as minorias e as camadas mais empobrecidas e subalternizadas da população deste país – expressões próprias do irracionalismo, do reacionarismo, do fundamentalismo, da eugenia, do racismo, do sexismo, da xenofobia e da homofobia.

Segundo dados divulgados pelo Instituto Brasileiro de Geografia e Estatística (IBGE, 2011), a população geral do Brasil, em 2010, era de 191 milhões de pessoas. Estimativas demonstram que esse número aumentou para 211,8 milhões de pessoas em 2020 (IBGE, 2020). Com relação ao quesito raça/etnia, em 2010, 47,7% da população se reconhecia como branca; 7,6%, como preta; 43,1%, como parda; 1,1%, como amarela; e 0,4%, como indígena (IBGE, 2011). Em 2020, as estimativas são de 42,7% de brancos; 9,4% de pretos; 46,8% de pardos; 1,1% de amarelos e 1,1% de indígenas (IBGE, 2020). Em 2010, havia 51% de mulheres e 49% de homens (IBGE, 2011). As estimativas para o ano de 2020 são de 48,2% para homens e 51,8% para mulheres (IBGE, 2020).

Entre outros dados, podemos citar que, a cada cinco brasileiros que procuram o Sistema Único de Saúde (SUS), um desiste mesmo precisando de socorro, e é justamente a população negra que deixa de procurar atendimento em virtude do preconceito e da discriminação. A cada nove minutos, uma pessoa morre vítima de arma de fogo no país; deste total, 54% são jovens, entre 15 e 24 anos, e 73% são negros e pardos. A juventude negra é a maior vítima neste país. Além do mais, o percentual de mortes de mulheres negras e pardas cresceu 19,5% nos últimos anos (São Paulo, 2020). Outro dado relevante é que 60,8% das trabalhadoras domésticas no Brasil são negras, ou seja, o dobro do número de brancas. Essas questões têm raízes em nosso passado escravocrata recente (São Paulo, 2020).

Para saber mais

Apesar de muitas pessoas afirmarem que nosso país desconhece o preconceito de raça/etnia, os indicadores socioeconômicos revelam uma realidade oposta. Os dados do IBGE e de outros órgãos nacionais e internacionais apontam que essa propagada ideia de democracia racial é, na realidade, um mito. Afinal, as desigualdades étnico-raciais atravessam todas as esferas da vida social, estabelecendo um abismo entre a população preta e parda e a população branca no que diz respeito ao gozo de direitos humanos básicos.

Para saber um pouco mais sobre o racismo e as desigualdades raciais, sugerimos a leitura da Cartilha voltada para mulheres negras e população geral, *produzida pela Defensoria Pública do Estado de São Paulo (São Paulo, 2020).*

SÃO PAULO (Estado). Defensoria Pública do Estado de São Paulo. Vamos falar sobre a saúde das mulheres negras? Mulheres negras, acesso à saúde e racismo. **Cartilha voltada para mulheres negras e população geral.** São Paulo: DPESP, 2020. Disponível em: <https://www.defensoria.sp.def.br/dpesp/repositorio/39/cartilha_SaudeMulheresNegras_Internet.pdf>. Acesso em: 20 dez. 2021.

Desse modo, entendemos a escravidão como a categoria que reside na condição de propriedade de outro ser humano para a produção de bens e serviços. Nessa concepção, o escravizado é considerado um instrumento vivo que está sujeito ao seu senhor (seu dono). Sua condição de vida é desapropriada arbitrariamente em virtude de ser propriedade (mercadoria) de alguém. Além disso, o escravizado passou a ser uma mercadoria altamente rendável aos interesses mercantilistas. Assim, a propriedade se sujeita ao proprietário (Gorender, 2010).

Em sua condição de propriedade/mercadoria, o escravizado assumiu a concepção de coisa, um bem-objetivo, descaracterizado de sua condição de humano. Seu corpo, sua força de trabalho e suas aptidões eram propriedades. Sua identidade foi impregnada pela contradição de ser coisa e ser humano, coisificando-se na cultura social como instrumento servil, animal de trabalho, comparado, muitas vezes, à condição de asno ou quadrúpede doméstico.

A sociedade escravista deixou cicatrizes profundas de uma estrutura hierárquica determinada pela situação de subordinação e exploração, em que um superior manda e o inferior obedece. As características de subalternidade e de inferioridade impregnadas na identidade dos negros e indígenas deste país são expressões das atitudes discriminatórias, preconceituosas, excludentes e de violências direcionadas a essa população, que, em sua maioria, é subalternizada e marginalizada nos dias atuais.

De acordo com Chaui (2000, p. 87-88),

> As diferenças e as simetrias são sempre transformadas em desigualdades que reforçam a relação mando-obediência. O outro jamais é reconhecido como sujeito nem como sujeito de direitos, jamais é reconhecido como subjetividade nem como alteridade. As relações entre os que se julgam iguais são de "parentesco", isto é, de cumplicidade ou de compadrio; e entre os que são vistos como desiguais o relacionamento assume a forma do favor, da clientela, da tutela ou da cooptação. Enfim, quando a desigualdade é muito marcada, a relação social assume a forma nua de opressão física e/ou psíquica. A divisão social das classes é naturalizada por um conjunto de práticas que ocultam a determinação histórica ou material da exploração, da discriminação e da dominação, e que, imaginariamente, estrutura a sociedade sob o signo da nação una e indivisa, sobreposta como um manto protetor que recobre as divisões reais que a constituem.

O autoritarismo e o poder de dominação foram impostos como um poder político, social e cultural, afetando, sobremaneira, todas as esferas heterogêneas da sociedade. Essa fratura antiga na história deste país alarga a divisão social de classes, naturalizando as desigualdades e desproteções sociais, expondo minorias e permitindo a naturalização de todas as formas invisíveis e visíveis de violência causadas, sobretudo, pela cultura do preconceito, da discriminação e das violências.

A rebeldia das classes subalternizadas diante desta situação gerou outro fenômeno muito presente na sociedade atual: sua hostilidade com relação aos seus senhores/dominadores, fenômeno que transcende o relacionamento passado entre o senhor e os subalternizados, entre crime e castigo, entre delito e penas, entre vida e morte. Não vamos entrar no mérito da questão por não ser esse o objeto de estudo desta obra; porém, "embora a legislação positiva portuguesa e brasileira nunca tivesse admitido o direito de vida e morte sobre o escravo, os senhores e feitores assassinos de escravos sequer eram incomodados no Brasil colonial" (Gorender, 2010, p. 97). Esse fator gerou um clima de impunidade aos infratores e agressores, senhores do mando, com relação aos seus subordinados.

Do ponto de vista formal, trabalho e castigo se constituíram como termos indissociáveis no sistema escravocrata. O trabalho assumiu a condição de castigo, submissão e dominação, não incorporando sua forma humanizadora. De acordo com Gorender (2010, p. 99), o escravizado "exterioriza sua revolta mais embrionária e indefinida na resistência passiva ao trabalho para o senhor. O que, aos olhos deste último, aparece como vício ou intolerância inata. Daí se tornaram indispensável a ameaça permanente do castigo e sua execução exemplar, conforme o arbítrio do senhor", o que dava o direito privado de castigar fisicamente o escravo, levando-o, muitas vezes, à morte. Desse modo, o castigo e a vigilância eram levados à condição de necessidade justificada.

Apesar da abolição da escravatura ocorrer em 1888, a população negra foi deixada à própria sorte, sem amparo do Estado, formação, integração social ou trabalho, ou seja, sem condições mínimas de sobrevivência. Além disso, a política de imigração, decretada pelos governos da época, deu prioridade aos imigrantes como trabalhadores assalariados em detrimento dos negros, de modo que estes acabaram se sujeitando a trabalhos subumanos e degradantes para poder sobreviver, pois, culturalmente, não se acreditava que os negros eram qualificados para exercer outro tipo de trabalho além daqueles que exigiam o emprego da força física.

A "questão racial" no Brasil não só perpassa pelos agravantes da "questão social" como também cria uma ideologia racista e eugenista que se assenta no processo de desenvolvimento e organização da classe trabalhadora e da sociedade brasileira. Além disso, a cor da pele está implicitamente relacionada às desigualdades econômico-sociais, culturais e raciais.

Por isso, pensar a "questão social" brasileira sem passar pela sua particularidade mais marcante é desconsiderar seu processo sócio-histórico e seu passado recente.

> **Fique atento!**
>
> A escravidão dos indivíduos resulta tanto do fenômeno objetivo da exploração econômica (de que a propriedade privada é o índice mais evidente) quanto da internalização psicossocial dos efeitos dela decorrentes, cujo resultado é a sua desvinculação do todo da sociedade, do todo da existência social enquanto são agentes sociais particulares. Através do conceito de alienação, o que Marx aponta é a cisão operada entre o indivíduo, que se toma a si mesmo como unidade autonomizada e atomizada, e a coletividade, que é percepcionada como uma natureza estranha – a alienação conota exatamente esta fratura, este estranhamento, esta despossessão individual das forças sociais que são atribuídas a objetos exteriores nos quais o sujeito não se reconhece.
>
> Fonte: Netto, 1981, p. 69.

Nesse sentido, no regime escravocrata, os negros foram totalmente subordinados aos mecanismos e processos colonizadores que não controlaram ou sequer reconheceram neles sua própria força, produzindo e reproduzindo a dominação e a exploração firmada pelo poder hegemônico da burguesia latifundiária.

1.4 Desenvolvimento desigual e combinado

Conforme demonstramos, o sentido da colonização e o trabalho escravo nos levam para outra característica destacada por Ianni (2004, p. 59), que é o desenvolvimento desigual e combinado:

a sucessão dos "ciclos" econômicos, em combinação com os surtos de povoamento, expansões das frentes pioneiras, organização do extrativismo, pecuária e agricultura, urbanização e industrialização, tudo isso resultará numa sucessão e combinação de formas as mais diversas e contraditórias da vida e do trabalho.

As características coloniais e escravocratas proporcionaram uma formação social irregular, espasmódica, desencontrada e contraditória. Atrelada aos ciclos extrativistas e exploratórios do território nacional, a economia gestou-se em ciclos de alta e baixa de determinados produtos, o que gerou uma sucessão de episódios muito semelhantes entre si, mas de diferentes implicações. O pau-brasil, o açúcar, as especiarias, o gado, o ouro, a borracha, o café, o cacau, o tabaco, o algodão, entre outros produtos da exploração primária, permitiram a primazia das importações e exportações em vez da industrialização, desenvolvida tardiamente e associada aos capitais estrangeiros em detrimento do capital nacional. A aliança entre capital e Estado subjugado às nações estrangeiras demonstra o caráter imperialista da dominação.

> O Brasil Moderno parece um caleidoscópio de muitas épocas, formas de vida e trabalho, modos de ser e pensar. Mas é possível perceber as heranças do escravismo predominante sobre todas as heranças. As comunidades indígenas, afro-brasileiras e camponesas (estas de base cabocla e imigrante) também estão muito presentes no interior da formação social brasileira no século XX. As culturas gaúcha, caipira, mineira, baiana, amazônica e outras parecem relembrar "ciclos" de açúcar, ouro, tabaco, gado, borracha, café e outros. Subsistem e impregnam o modo de ser urbano, burguês, moderno da cultura brasileira, dominante, oficial. (Ianni, 2004, p. 61)

Além desses fatores, a cultura brasileira soma-se à cultura de outros povos que aqui aportaram em busca de melhores condições de vida, trabalho e esperança de dias melhores. Sobre os braços dessa "terra, mãe gentil", o Brasil foi se construindo (ou inventando-se) à maneira de seus colonizadores/exploradores, compreendendo momentos e processos simultâneos de atraso e avanço político-econômico.

É inegável que a lógica capitalista impele a ampliação de mercados, regado pelos interesses da burguesia mercantilista em expandir e ocupar espaços em todo o território nacional e em todo lugar. Essa é uma necessidade do capitalismo. O fato mais crucial dessa força imperialista é que a burguesia necessitava, a todo momento, expandir seu poder de dominação e criar novos mercados para a produção de valor de troca, explorando todas as possibilidades de ampliação.

Como resultado dessa necessidade, atualmente, a expansão e a exploração do mercado mundial vêm conferindo um caráter cosmopolita à produção e ao consumo, criando carências e necessidades a todo momento, interferindo, sobremaneira, na vida econômica, política, cultural, social e, até mesmo, espiritual das nações e da população em geral.

Essa configuração espacial e exponencial de expansão representa um paradoxo entre desenvolvimento, crescimento e desigualdades sociais de toda ordem, levando a um desenvolvimento desigual e combinado. Essa noção tem origem no pensamento de Lênin (1982), que examinou o desenvolvimento do capitalismo na Rússia, de modo a evidenciar suas desigualdades socioeconômicas. No entanto, a noção de **desenvolvimento desigual** abordada por Leon Trotsky ganhou maior notoriedade, passando a ser entendida como uma lei não só atribuída à dimensão econômica, mas englobando também as questões políticas e, de certo modo, as questões culturais e sociais.

De acordo com Trotsky (1977, p. 25), "o desenvolvimento de uma nação historicamente atrasada conduz, necessariamente, a uma combinação original das diversas fases do *processus* histórico". De outro modo, a formação de uma nação atrasada torna-se, em seu conjunto, irregular, complexa e combinada, composta por ciclos concomitantes de avanços e retrocessos.

Vamos entender melhor o pensamento trotskista: o desenvolvimento desigual está combinado na direção direta a determinada forma política. Ao pensarmos o sentido da colonização já discutido, veremos que a formação sócio-histórica brasileira estava impregnada por fatores externos, ou seja, havia a necessidade de produzir riquezas para o pagamento de dívidas contraídas pela Coroa Portuguesa com a Inglaterra. Nesse sentido, a principal preocupação era a extração e a exploração das riquezas naturais do Brasil, e não em desenvolver a riqueza nacional. Em um segundo momento, a produção se voltou à agroexportação, o que também implicou fatores externos vinculados à lei da oferta e da procura do mercado internacional. Seu fim sempre foi o exterior em detrimento do interior.

Desse modo, a formação geográfica, geopolítica, social e cultural ocorreu de modo periférico e atrasado, cujas bases produtivas não foram consolidadas pelo controle da burguesia nacional, mas se firmaram sobre os alicerces do mercado internacional, tendo o trabalho escravo como força motriz do processo de extração e produção. Há um distanciamento claro entre aqueles que produzem e seus senhores, bem como entre sua população e o poder real.

Com efeito, tudo o que está determinado entre processo de produção, local de trabalho, relação de trabalho e consumo está contido no interior de um processo amplo de acumulação e circulação de capital internacional e de trabalho escravo. No caso do trabalho escravo, além da força de trabalho ser desapropriada de seu agente, o processo aliena e estranha a condição de humanidade do sujeito escravizado. O trabalho escravo elimina as formas mais elementares do processo de **hominização** e **humanização**. O trabalho não incorpora o valor de troca, ou seja, uma relação de venda e compra da força de trabalho, mas se torna uma imposição, um castigo, uma relação de poder, cujo agente (o escravo) é totalmente dominado e explorado pelo seu senhor. Até mesmo a sua vida passa a não lhe pertencer, pois esta é propriedade de seu dono.

Nesse processo de alienação e estranhamento, o escravo acaba assumindo características inferiores à própria condição **humano--genérica**, passando a expressar sentimentos, atitudes, hábitos, desejos, costumes, culturas, formas de ser estranhas à sua própria natureza, gerando expressões das mais avassaladoras e que acabam sendo incorporadas às ideologias e à cultura do país.

> **Hominização**: passagem entre o reino animal e o reino hominal; processo que ocorreu na era primitiva.
> **Humanização**: tornar-se sociável (relações entre os indivíduos). Em outras palavras, é o **ente** que já passou do estado primitivo (ser natural) para o estado de **humano/social** (ser social).
> **Humano-genérico**: processo acumulativo no desenvolvimento histórico-social do ser humano, "um ser genérico [...] produto e expressão de suas relações sociais, herdeiro e preservador do desenvolvimento humano" (Heller, 2004, p. 21).

No âmbito deste debate, não podemos desconsiderar que o avanço geográfico, estrutural, econômico, político, social, cultural e espiritual do país, nos espaços rurais e urbanos, também gerou um desenvolvimento desigual e combinado. Essa questão é resultante da acumulação capitalista em seu processo de expansão, cujas expressões multifacetadas da "questão social" contêm, em sua transversalidade, elementos e características modernas e arcaicas do processo de formação sócio-histórico do Brasil, o que contribui para a incorporação desses fatores ideológicos e culturais no trato de nossas questões políticas, econômicas, sociais e culturais.

Esse movimento estrutural gerou movimentos nativistas, lutas sociais de toda ordem, revolta de indígenas, escravos, homens e mulheres livres, formação de quilombos, lutas contra as diversas invasões, anseios de independência, inconfidências, estruturas de poder e governo diferenciadas, arranjos políticos, econômicos, sociais e culturais, formas de sociabilidade e de cultura impregnadas por elementos de seu passado, geografias e histórias que mostram sua desorganização e eloquência, enfim, contornos diversos que abrem para uma vereda de implicações que deixaram suas marcas contraditórias na história de um Brasil Moderno.

Fique atento!

Costa (2001) esclarece que a categoria *alienação* se refere diretamente a uma relação de **separação** (apartamento), ao passo que a categoria *estranhamento* traduz-se como uma relação de **antagonismo**. "Ambas compõem um mesmo movimento que faz com que o trabalho humano produza e se exerça a partir da propriedade privada" (Costa, 2001, p. 88). Portanto, ao abordarmos as categorias referentes ao trabalho escravo, percebemos que, nesse caso, a apropriação privada vai além da força de trabalho, pois contempla também a vida do escravo.

Para saber mais

Para melhor compreender as categorias do pensamento marxiano e da tradição marxista, sugerimos a leitura dos seguintes textos:

COSTA, M. H. M. da. A diferença entre as categorias alienação e estranhamento nos Manuscritos Econômico-Filosóficos de Karl Marx de 1844. **Verinotio**, ano 2, n. 3, out. 2005. Disponível em: <http://www.verinotio.org/conteudo/0.5432116534032.pdf>. Acesso em: 20 dez. 2021.

Síntese

Neste capítulo, apresentamos os principais vetores que compõem as particularidades do desenvolvimento sócio-histórico do Brasil, os quais se firmaram como fundamento para entendermos as expressões multifacetadas da "questão social". Conforme demonstramos, o presente está intimamente ligado ao nosso passado histórico, cujas marcas da colonização, do trabalho escravo e do desenvolvimento desigual e combinado se sobressaem cotidianamente nas ideias de um Brasil moderno. Ainda, discutimos os principais agravantes que levaram a questão racial a suas mais duras consequências e a implicações do capitalismo mercantilista na formação sócio-histórica do país.

Questões para revisão

1. Com relação ao desenvolvimento sócio-histórico do Brasil, assinale a alternativa **incorreta**:
   a) O Brasil, assim como a América, é criação dos conquistadores europeus.
   b) A ordem jurídica da época impunha aos nativos, considerados inferiores, a ideia de propriedade privada.
   c) Os indígenas e os negros eram tratados como gente "sem fé, sem lei e sem rei".
   d) O mito fundador remete ao mito como a realização do plano dos europeus ou da vontade de seus colonizadores.
   e) Os governantes não representam os governados, mas a vontade de Deus materializada no poder teocrático do Estado

2. Relacione os termos da primeira coluna às definições da segunda coluna.
   1) Mito fundador
   2) Teocracia
   3) Imperialismo
   4) Capital
   5) Forças produtivas
   6) Humano-genérico

   ( ) Processo acumulativo do desenvolvimento histórico-social do ser humano.
   ( ) Regime político em que o governo é exercido pela casta sacerdotal.
   ( ) Relação social que se caracteriza pela expropriação da riqueza produzida pelos trabalhadores, a qual deu deu origem a uma forma de propriedade privada que se distingue de outras formas anteriores pela sua necessidade intrínseca de expansão.

( ) Aquele que não cessa de encontrar novos meios para exprimir-se, novas linguagens, novos valores e ideias, de tal modo que cada vez mais parece ser outra coisa.
( ) Todas as relações sociais que entram no processo de reprodução material da sociedade.
( ) Ressurgimento de rivalidades territoriais entre Estados e o desenvolvimento do capitalismo em escala mundial.

Agora, assinale a alternativa que corresponde à sequência correta:
a) 6 – 4 – 2 – 1 – 5 – 3.
b) 6 – 2 – 4 – 1 – 5 – 3.
c) 6 – 2 – 4 – 5 – 3 – 1.
d) 1 – 2 – 4 – 5 – 3 – 6.
e) 1 – 2 – 5 – 4 – 3 – 6.

3. Com relação ao trabalho escravo no Brasil, analise as afirmações a seguir e assinale V para as verdadeiras e F para as falsas.

( ) Com o fim do tráfico de escravos, o setor manufatureiro expandiu-se nos centros urbanos e a elevada disponibilidade de mão de obra mais barata marcou novos traços na composição das classes sociais
( ) A abolição da escravatura eliminou o problema do negro no Brasil.
( ) O escravizado era um instrumento vivo que estava sujeito ao seu senhor.
( ) O escravizado tornou-se coisificado, um bem-objetivo, sendo descaracterizado de sua condição de humano.
( ) A sociedade escravista deixou cicatrizes de uma estrutura hierárquica determinada pela situação de subordinação, mas não condicionou o mando de um superior a um inferior.
( ) A divisão social de classes é naturalizada por um conjunto de práticas que ocultam a determinação histórica ou material da exploração, da discriminação e da dominação.

Agora, assinale a alternativa que corresponde à sequência correta:
a) V – V – F – V – V –V.
b) V – V – V – F – V – F.
c) V – F – V – V – F – V.
d) F – V – V – V – F – V.
e) V – V – V – V – F – V.

4. Quais os principais fatores que marcaram o desenvolvimento sócio-histórico do Brasil?
5. O desenvolvimento sócio-histórico do Brasil está atrelado a três vetores significativos. Quais são eles?

Questões para reflexão

1. Explique os principais vetores discutidos neste capítulo em conformidade com as expressões da "questão social" no atual estágio da situação política do Brasil.
2. Segundo Serra (2000, p. 22), "a 'questão social' não só constitui por si só matéria-prima do Serviço Social, mas é elemento desencadeador das respostas dadas pelo Estado capitalista". Explique essa afirmação.

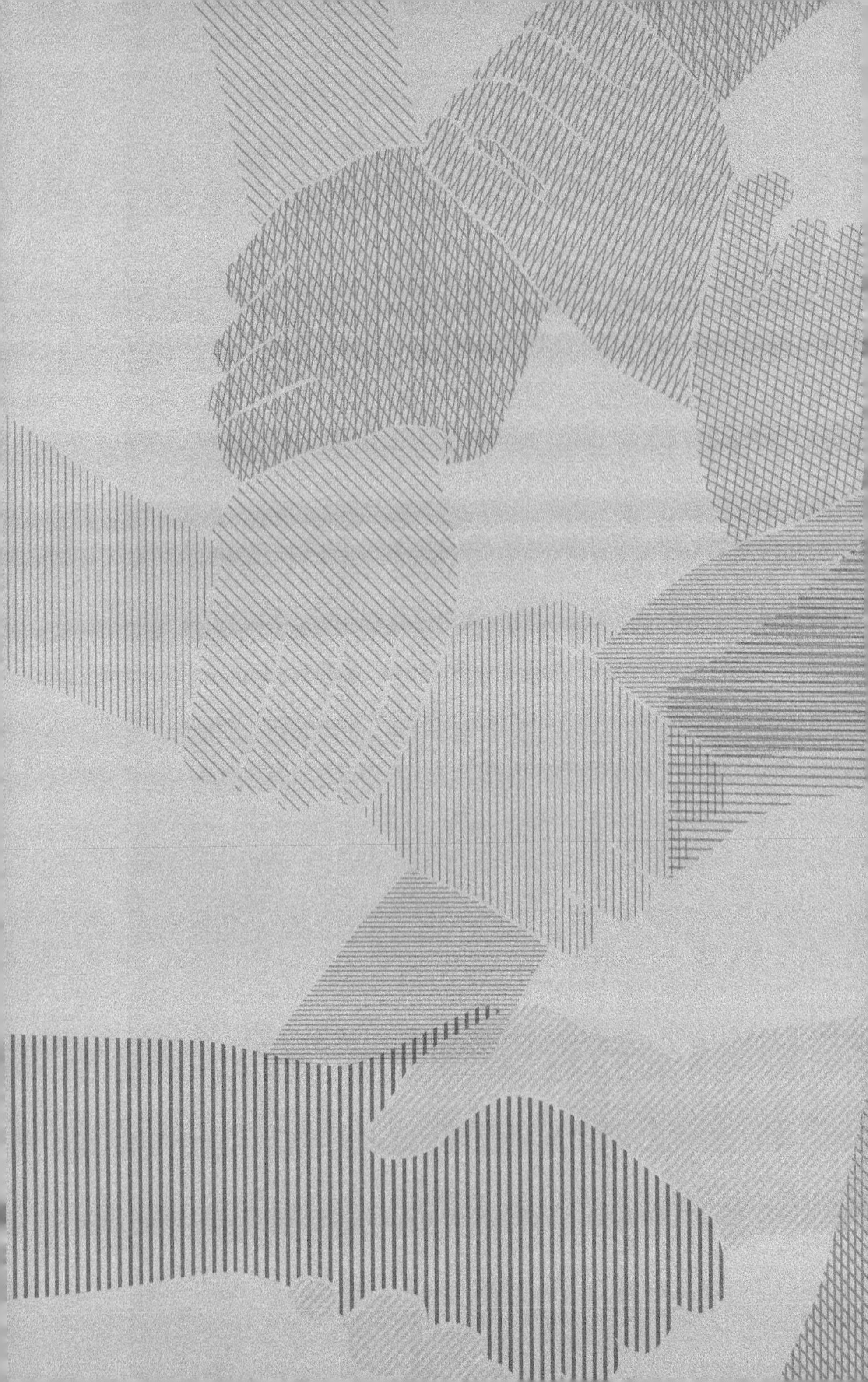

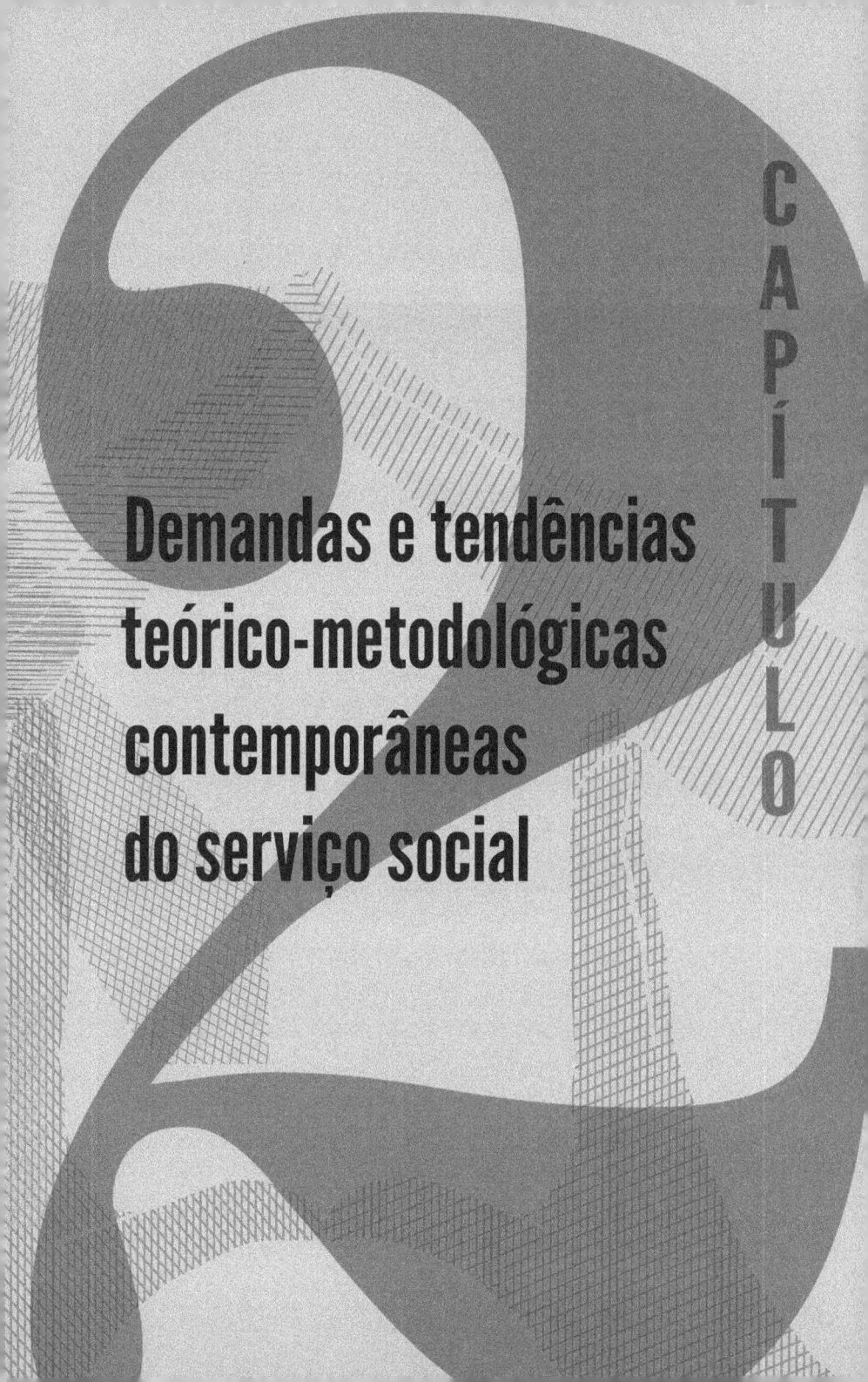

CAPÍTULO 2

Demandas e tendências teórico-metodológicas contemporâneas do serviço social

Conteúdos do capítulo:

- Demandas contemporâneas do serviço social e a produção do conhecimento.
- Contribuição do legado marxiano e da tradição marxista para o serviço social.
- Fundamentos teórico-metodológicos do serviço social.
- Desafios cotidianos da prática profissional diante da acumulação flexível.
- Principais tendências teóricas e correntes pós-modernas.

Após o estudo deste capítulo, você será capaz de:

1. identificar os principais desafios teórico-metodológicos do serviço social;
2. reconhecer a importância e a contribuição do legado marxiano e da tradição marxista para o serviço social brasileiro;
3. compreender os principais desafios que atingem o serviço social como categoria profissional na atualidade;
4. identificar as principais tendências e vertentes do pensamento pós-moderno nas ciências humanas e sociais.

> "O político em ato é um criador, um suscitador, mas não cria a partir do nada nem se move na vazia agitação de seus desejos e sonhos. Toma como base a realidade efetiva."
>
> Antonio Gramsci

2.1 A contribuição do pensamento marxista para o serviço social

A reconstrução teórico-metodológica, ético-política e técnico-operativa do serviço social brasileiro, com base em um referencial histórico-crítico, teve sua gênese nos idos das décadas de 1970 e 1980, anos coroados pelas fontes inspiradoras do Movimento de Reconceituação Latino-Americano, a Revolução Cubana e os eflúvios da Teologia da Libertação, que ofereceram subsídios teórico-filosóficos para a emergência de uma ala crítica no interior da profissão. Seu objetivo era lutar contra o conservadorismo e as práticas funcionalistas/clientelistas, que tratavam a "questão social" como problema moral ou disfunção social do indivíduo, pensamento que se firmou desde o surgimento do serviço social em terras brasileiras.

Pensar os elementos constitutivos da contribuição do legado **marxiano** e da tradição **marxista**, para a "intenção de ruptura" (Netto, 2005a) dos valores tradicionais conservadores do serviço social é, sem sombra de dúvidas, um desafio contemporâneo que temos de colocar na pauta das discussões e no debate atual da profissão de assistente social. Além do mais, é preciso revitalizar cotidianamente o ideário ético-político-profissional revolucionário e as particularidades sócio-históricas do processo de institucionalização e legitimação da profissão no Brasil, tendo como base a formação de profissionais que buscam intervir em uma realidade social desafiadora e contraditória, de maneira propositiva e proativa.

> **Marxiano**: referente à própria obra de Karl Marx.
> **Marxista**: referente aos estudiosos e defensores do pensamento de Karl Marx.

De acordo com Abreu (2002, p. 17-18), "a prática do assistente social insere-se no campo das atividades que incidem sobre a organização da cultura, constituindo-se elemento integrante da dimensão político-ideológica das relações de hegemonia". A formação profissional, como agente social de transformação, requer a capacitação de pessoas capazes de pensar, estudar, dirigir, organizar e intervir criticamente na realidade social dos indivíduos sociais subalternizados, discriminados, inferiorizados, desprotegidos e explorados, efetivando seus direitos e emancipando-os civil, política, social e culturalmente, lutando, assim, por uma sociedade justa, igualitária, democrática e libertária.

Considerando-se o contexto histórico e crítico da profissão, apesar dos avanços significativos no âmbito das políticas de proteção social e do próprio acervo teórico-metodológico produzido e consolidado pelos assistentes sociais, ainda não foi possível superar as veias do assistencialismo e do filantropismo/clientelista que atinge as classes subalternas (Abreu, 2002).

> Deste modo, a função pedagógica do assistente social, integrada a mediações que realizam a racionalização da produção e da reprodução social e o exercício do controle social – campo interventivo em que se vincula predominantemente a prática dos assistentes sociais –, principalmente via assistência social e demais políticas sociais, tende a manter-se mistificada, ao mesmo tempo em que é instrumento de mistificação das relações sociais, das quais a prática profissional é parte e sobre as quais esta prática se concretiza. (Abreu, 2002, p. 22)

> **Importante!**
>
> Segundo Lessa (1999), em conformidade com a **teoria social** de Marx, o processo de produção/reprodução material e social situa-se na compreensão da totalidade do movimento da sociedade, sendo a categoria *produção* compreendida mediante as relações estabelecidas para produção das condições que satisfazem as carências e as necessidades humanas por meio do trabalho, e a reprodução configurada como o fator que dá continuidade ao conjunto da vida social, o que possibilita o desenvolvimento das forças reprodutivas, das relações sociais e da complexidade da vida produtiva e social.

Nessa direção, como premissa das discussões críticas da ocupação de assistente social e do ponto de vista da intervenção profissional, ainda é necessária a organização da categoria profissional no sentido de incorporar o pensamento hegemônico exposto pelo projeto ético-político profissional diante das exigências do avanço do capitalismo, das mudanças no e do mundo do trabalho, da afirmação do Estado burguês e da luta de classes.

Os referenciais teórico-críticos chegaram ao Brasil por meio de diversos pensadores que, fundamentados na teoria social de Marx, trouxeram uma nova visão de mundo, de sociedade e de ser humano, diferente das teorias neotomistas, funcionalistas/positivistas e fenomenológicas, de caráter conservador/tradicional, que alimentaram o ensino, as discussões, a produção do conhecimento e a prática dos profissionais do serviço social no decorrer de sua história.

Nesse sentido, destacamos a influência de autores vinculados, direta ou indiretamente, à tradição marxista e estudiosos de suas problemáticas, fornecendo, sob perspectivas diferenciadas, elementos para uma profunda revisão do *ethos* profissional, entendido aqui como o modo de ser do assistente social, impulsionado pelos valores e princípios ético-políticos inscritos no Código de Ética profissional e em sua práxis profissional, voltada à transformação da sociedade (Machado, 2012).

Pensadores como Lukács, Gramsci, Bloch, Goldemann, Rubel, Lefebvre, Della Volpe, Garaudy, Marcuse, Vaz, Ash, Kosik, Habermas, Heller, Shaff, Márkus, Mészáros, Markovic, Sartre, Fromm, Kamenka, entre outros, inspiraram profissionais do serviço social a romper com o *ethos* conservador, alterando significativamente a práxis profissional, sobretudo em seus pressupostos teórico-metodológicos, ético-políticos e técnico-operativos (Barroco, 2005).

Foi no final da década de 1980, momento de grande efervescência na sociedade brasileira, em virtude do processo de redemocratização do país, e, principalmente, nos anos iniciais da década de 1990, que o serviço social brasileiro encontrou na teoria social de Marx os fundamentos teórico-metodológicos e ético-políticos para a formação e práxis profissional. A Lei n. 8.662, de 7 de junho de 1993 (Brasil, 1993), que regulamenta a profissão do serviço social no território nacional, firmou os princípios universais e tomou como base a ontologia do ser social, inserida no Código de Ética Profissional de 1993, como valores fundantes do projeto ético--político profissional. Esses instrumentos foram resultado de um amplo debate, construído histórica e socialmente no âmbito da profissão, e que visava à construção de um projeto emancipatório e revolucionário da classe trabalhadora e uma nova sociabilidade.

O Código de Ética Profissional do Serviço Social de 1993 não somente estabelecia normas e regras para a conduta profissional, mas carregava em si princípios norteadores para a ação profissional, garantindo a liberdade como valor ético-político central, comungada com os princípios da democracia, da igualdade, da equidade e da justiça social, na defesa intransigente dos direitos humanos, na luta constante contra qualquer forma de arbítrio, preconceito e discriminação social, visando à qualidade dos serviços prestados.

Essa reviravolta no modo de ser, pensar, fazer e agir da profissão fez com que os assistentes sociais passassem a enxergar a vida social em suas contradições, isto é, inscrita no campo das desigualdades e desproteções sociais, causadas principalmente pelas grandes transformações do mundo contemporâneo e da "questão social", tendo em vista o avanço da sociedade regida pela lógica do capital, do pensamento burguês, do modo de produção capitalista e da luta de classes.

O pensamento crítico permitiu enxergar homens e mulheres, sujeitos sociais inseridos em uma sociabilidade contraditória, firmada por relações sociais de exploração e dominação – tendo em vista a aceleração do processo de industrialização, mercantilização e mecanização, causado, sobretudo, pelo desenvolvimento tecnológico, pela robótica, pela globalização e pela financeirização da economia, assim como pela competitividade e pela imediaticidade da vida social e pelo consumismo e individualismo exacerbados –, cada vez mais como sujeitos sociais coisificados e/ou mercadorias (reificados).

Nesse processo, as relações sociais acabam sendo alienadas, alienantes e de exploração, geradas substancialmente pela lei do "mais forte", do "mais rápido" e do "menor custo". Essa violência e autoviolência na vida social contribuem para gerar uma autoflagelação paranoica que, em outras palavras, impulsiona homens e mulheres a serem vítimas de si mesmos.

Nesse sentido, a direção cultural e intelectual do serviço social tem sido influenciada pelo debate e pelas tendências teórico-metodológicas contraditórias e de caráter **neoconservador** e **neoliberal**, que buscam solapar o legado marxiano e a tradição marxista histórica e coletivamente construída por seus agentes profissionais.

> **Neoconservadorismo**: "busca legitimação pela repressão dos trabalhadores ou pela criminalização dos movimentos sociais, da pobreza e da militarização da vida cotidiana. Essas formas de repressão implicam violência contra o **outro**, e todas são mediadas moralmente, em diferentes graus, na medida em que se objetiva a negação do **outro**: quando o **outro** é discriminado lhe é negado o direito de existir como tal ou de existir com suas diferenças" (Barroco, 2011, p. 209, grifo do original).
>
> **Neoliberalismo**: "uma argumentação teórica que restaura o mercado como instância mediadora societal elementar e insuperável e uma proposição política que repõe o Estado mínimo como única alternativa e forma para a democracia" (Netto, 2007, p. 77).

O tecnicismo burocrático e as novas tendências teórico-metodológicas contemporâneas têm dado lugar à retomada do pensamento modernizador/conservador, que tem como base a integração social, a disfunção social, a solidariedade mecanicista e orgânica, as patologias sociais, entre outras tendências firmadas no pensamento de Durkheim, Parsons e Merton; ou do pensamento pós-moderno de Lyotard, Derrida, Morin, entre outros, além de outras vertentes estruturalistas ou ultraliberais e que acabam, na maioria das vezes, levando os profissionais a um conformismo dinâmico que não somente adapta e adéqua o indivíduo ao ambiente, mas o educa para ser dominado (Silva, 2017).

Portanto, a fim de contribuir para o debate contemporâneo e tendo em vista os desafios postos à profissão na atualidade, buscaremos, neste capítulo, discutir essas tendências, de modo a evidenciar a atualidade do pensamento histórico-crítico, que sustenta os alicerces do projeto ético-político profissional do serviço social e que alimenta a formação, a práxis social e a prática profissional no interior das contradições da vida cotidiana, na direção de uma sociedade justa, igualitária, democrática e libertária.

2.2 Alguns pressupostos da visão marxista

O materialismo histórico-dialético compreende homens e mulheres como seres sociais. Um ser real que se relaciona histórica e socialmente com a natureza e com outros sujeitos sociais, por meio de um processo de construção e autoconstrução dinâmico e dialético que apresenta uma dupla dimensão: a ontológica, concebida como uma natureza comum e inerente a todos os seres – portanto, genérica; e a reflexiva ou teleológica, que é elaborada pela mente humana, tendo o trabalho como categoria fundante e mediadora das relações e inter-relações sociais em qualquer sociedade, categoria condicionadora do processo de transformação, socialização, hominização e humanização do ser social.

Tendo em vista o processo de alienação/estranhamento produzido na sociedade do consumo e do descartável, em grande medida, o ser social pode assumir características inferiores à própria condição humano-genérica, ou mesmo passar a olhar os outros seres sociais e o próprio mundo em que se insere como algo estranho à sua natureza.

Nessa perspectiva, a lógica capitalista tem levado os indivíduos sociais a ficar cada vez mais alienados e alienantes, isto é, peremptoriamente estabelecendo relações sociais de caráter "coisal" e "objetual" (reificado). Ao reproduzir essas relações sociais de exploração, o indivíduo aliena a própria vida social. A alienação e a autoalienação apresentam-se como forma de violência que, consequentemente, possibilita a desumanização social.

Para Netto e Braz (2007, p. 93),

> o fenômeno da reificação (em latim, res = coisa; reificação, pois, é sinônimo de coisificação) é peculiar às sociedades capitalistas; é mesmo possível afirmar que a reificação é a forma típica da alienação (mas não a única) engendrada no modo de produção capitalista. O fetiche daquela mercadoria especial que é o dinheiro, nessas sociedades é talvez a expressão mais flagrante de como as relações sociais são deslocadas pelo seu poder ilimitado.

Dessa maneira, o ser social acaba desapropriado da própria condição de ser singular (ser social) e humano-genérico (espécie humana), assumindo a condição de ser particular. No mundo regido pela lógica do capital, a máquina e a produção não podem parar. Análogo a essa condição, o ser particular assume a função de apêndice da máquina e passa a produzir e reproduzir sua lógica, bem como sua ideologia.

Para Marx e Engels (2007), a natureza se transmuta em natureza humana, não apenas no sentido de reproduzir a existência genérica (individual e singular) do ser social de modo isolado, mas de essa existência estar particularmente nas relações e inter-relações sociais. O liame que separa o ser natural (homem/natureza e natureza/homem) e o ser social em seu processo de socialização é muito tênue.

Portanto, ao mesmo tempo em que o ser é singular (genérico), ele também é particular (vive em sociedade), carregando, em si, a totalidade (sua universalidade), que, mediada pela **práxis social**, emerge da própria atividade concreta, sendo o trabalho o elo mediador em seu processo de hominização e humanização (Veroneze, 2013).

> **Práxis**: do grego πράξις ("ação"), diz respeito ao conjunto de relações de produção e trabalho, que constituem a estrutura social. É a ação transformadora dos seres humanos por meio do trabalho. Em outras palavras, ao transformar a natureza, transforma-se, ao mesmo tempo, em uma relação dialética. É a ação transformadora como atividade específica do ser social. Atividade teórico-prática e prático-teórica consciente capaz de criar e recriar necessidades e capacidades materiais e espirituais, objetivas e concretas, antes inexistentes. Atividade livre, criativa e autocriativa, por meio da qual o ser humano transforma seu mundo, sua história e a si mesmo.
> **Práxis social**: significa a ação transformadora da realidade social (Veroneze, 2013).

Nessa direção, sua capacidade consciente é rarefeita ou, até mesmo, deixa de ser percebida. É na vida cotidiana que homens e mulheres participam de todos os aspectos de sua condição de individualidade, particularidade e generalidade, expondo seus sentidos, suas capacidades, suas habilidades, seus sentimentos, suas paixões e suas ideias. Em outras palavras, é a vida de todos os homens e de todas as mulheres por inteiro e em toda a sua intensidade. A vida cotidiana é a vida de todos nós:

> Todos a vivem, sem nenhuma exceção, qualquer que seja seu posto na divisão do trabalho intelectual e físico. Ninguém consegue identificar-se com sua atividade humano-genérica a ponto de poder desligar-se inteiramente da cotidianidade. E, ao contrário, não há nenhum homem, por mais "insubstancial" que seja, que viva tão-somente na cotidianidade, embora essa o absorva preponderantemente. (Heller, 2004, p. 17)

Ao nos apropriarmos dessa concepção de mundo referente ao processo de "modernização" societária, do desenvolvimento do capitalismo e da luta de classes, observamos que o ser social é constantemente devorado e subjugado pelo poder do capital. Homens e mulheres passam a viver cotidianamente relações sociais estranhas às próprias naturezas. A vida cotidiana é condicionada a assumir características próprias do processo de alienação e reificação, transformando indivíduos sociais em coisas e/ou mercadorias.

Para refletir

O capitalismo, em sua forma mais descomunal, permite

> desenvolver ao máximo, no trabalhador, as atitudes maquinais e automáticas, romper com o velho nexo psicofísico do trabalho profissional qualificado, que exigia uma determinada participação ativa da inteligência, da fantasia, da iniciativa do trabalhador, e reduzir as operações produtivas apenas ao aspecto maquinal. (Gramsci, 1976, p. 397)

Nessa perspectiva, somente uma teoria que traz em si as determinações constitutivas da sociedade burguesa e o modo de produção capitalista e, consequentemente, da luta de classes, é condição *sine qua non* para entender a natureza, as relações e inter-relações sociais, os valores, os costumes, enfim, as condições da vida social para uma profissão que tem como prerrogativa a intervenção e a transformação social.

2.3 A vida como ela é

Nos últimos anos, o uso de aplicativos e de plataformas digitais tem aumentado significativamente, gerando modificações culturais e sociais substanciais, negativas e excludentes para pessoas que não têm acesso às novas tecnologias ou aos aparelhos eletrônicos. Cotidianamente, a vida social está cada vez mais mecanizada e robotizada, o que aponta uma nova relação social entre indivíduos e máquinas. Nessa direção, as relações sociais acabam, cada vez mais, sendo intermediadas pela máquina, pelo automático, pelo uso de aplicativos e pelo virtual, alienando as pessoas de si mesmas. Para Lefebvre (2009, p. 42),

> A alienação do homem não é teórica e ideal, ou seja, algo que se representa exclusivamente no plano das ideias e dos sentimentos; ela também é, acima de tudo, prática e se encontra em todos os domínios da vida prática. O trabalho é alienado, escravizado, explorado, tornado exaustivo e esmagador. A vida social, a comunidade humana, tornou-se dissociada pelas classes sociais, arrancada de si mesma, deformada, transformada em vida política, enganada e empregada como meio de dominação do Estado. O poder do homem sobre a natureza, do mesmo modo que os bens produzidos por essa potência estão açambarcados, e a apropriação da natureza pelo homem social se transformou em propriedade privada dos meios de produção. O dinheiro, esse símbolo abstrato dos bens materiais criados pela mão do homem (isto é, pelo tempo de trabalho social, meio necessário para produzir este ou aquele bem de consumo), comanda e domina aqueles que trabalham e produzem. O capital, essa forma de riqueza social, essa abstração (que, em certo sentido, e em si mesmo, é somente um jogo de escritas comerciais e bancárias), impõe suas exigências à sociedade interna, implicando uma organização contraditória da sociedade, ou seja, a escravização e os empobrecimentos relativos da maior parte dela.

Temos a materialidade do processo de alienação com a ascensão da sociedade burguesa e do desenvolvimento do modo de produção capitalista dos séculos XVIII e XIX. Hegel foi o primeiro pensador a utilizar o termo *alienação* para indicar o estranhamento da consciência de si mesmo (a não consciência), colocando, assim, a categoria no campo do idealismo. Essa categoria foi retomada por Marx na descrição da situação do operariado diante do regime de exploração capitalista (Abbagnano, 2007), no sentido de separar (apartar) o produtor de seu produto (Costa, 2001, 2005a, 2005b), dando materialidade e objetividade a essa categoria relacional.

Preocupado com o desenvolvimento da sociedade burguesa, os meios de produção e a exploração capitalista, Marx trouxe à tona a concepção de ser humano como ser social, divergindo de seus contemporâneos que defendiam a perspectiva idealista. Para Marx e Engels (2007), a natureza se transmuta em natureza humana não apenas no sentido de reproduzir a existência genérica (individual e singular) do ser humano em sua forma isolada, mas também constituindo sua existência por meio das relações e inter-relações sociais.

Parafraseando Marx e Engels (2007), a própria existência humana é uma atividade social, conforme já dizia Aristóteles na Antiguidade Clássica. Sánchez Vázquez (2007, p. 28) aponta que "o marxismo é a filosofia da práxis", isto é, o marxismo não somente interpreta a realidade social, mas oferece subsídios para sua transformação. Lefebvre (2009, p. 9) acrescenta que o marxismo "não é somente um método e um programa de governo, nem uma solução técnica para os problemas econômicos, ainda menos um oportunismo inconstante ou a temática de declarações oratórias"; é, sobretudo, uma visão de mundo que exprime uma teoria social, isto é, seus pressupostos teórico-metodológicos buscam esclarecer os mecanismos da sociedade burguesa e do modo de produção capitalista.

Além do mais, Marx e Engels, ao analisarem a sociedade de seu tempo, desvelaram o processo de alienação e reificação diante da exploração da classe operária, gerada, principalmente, pelo antagonismo entre duas classes sociais: capitalistas e operários. No entanto, a "alienação nunca é absoluta" (Heller, 2004, p. 93). Há a possibilidade e a capacidade de darmos um sentido novo ao que parecia fatalidade, transformando a situação, de fato, em uma nova realidade (Chaui, 1999b).

Nos dizeres de Heller (2004, p. 94),

> na medida em que os modos de comportamentos convertem-se em papéis estereotipados, as transformações se mantêm como meras aparências (sem esquecer que, [...] essas transformações aparentes jamais são absolutamente aparentes, jamais absolutamente nulas). Quando os papéis são múltiplos e intensamente mutáveis, a situação exige do homem uma rica e mutável explicitação de suas habilidades técnicas, de sua capacidade de manipulação.

Nessa perspectiva, a capacidade de projetar antecipadamente em nossa mente mediações concretas e possíveis para nossas finalidades objetivas e reais permite dar um sentido novo para aquilo que parecia fatalidade. Entretanto, para isso, é necessário encontrarmos condições e possibilidades objetivas para nossas ações. É por meio da **teleologia** e da mediação que podemos criar alternativas e fazer escolhas. Portanto, não estamos fadados a um destino predeterminado instintivo e/ou pragmático/relativista estéril, visto que sempre temos a possibilidade de fazer algo novo.

> **Teleologia**: também chamada *prévia ideação*, é a "construção, na consciência, do resultado provável de uma determinada ação" (Lessa, 1999, p. 22). Para Sánchez Vázquez (2007, p. 77), "toda ação especificamente humana exige certa consciência de um fim, ou antecipação ideal do resultado que se pretende alcançar".

Exercer essa autonomia, mesmo que relativa, é recusar o "papel" (representação social), ou seja, é não se sentir à vontade com relação às alienações da vida social e manifestar uma atitude emancipatória e revolucionária para alterar essa realidade. Esse é o sentido da liberdade. Em outras palavras, é ter uma postura consciente e reflexiva diante da vida: "na realidade, os homens não são manipuláveis indefinidamente e em qualquer direção, pois sempre existe um ponto limite, um *limes*, no qual deixam de ser objetos e se transformam em sujeitos" (Heller, 2004, p. 99).

> **Para refletir**
>
> Para Heller (2004, p. 99), "um homem poderá ser arrastado a uma situação de desumanidade diante da qual outro já terá gritado 'basta!' [...]". A autoemanciapação se apresenta quando o ser social recusa o "papel" (ou a condição de alienação) que lhe é imposto, ou seja, recusa a representação e dela se distancia, não no sentido de omissão, mas de superação da alienação, preservando sua condição de individualidade objetiva e subjetiva.

Pensando nisso, um dos problemas da vida moderna, firmada sob a égide do capital, e que retrata bem o processo de alienação e estranhamento da vida social, é a indiferença e a insensibilidade das pessoas e dos poderes constituídos diante das desumanidades. Friedrich Engels, por exemplo, em 1844, já detectara isso e se assustava com a movimentação dos londrinos nas ruas ao vê-los passar uns pelos outros friamente. Com seu caderno de anotação sempre em mãos, ele anotava as principais situações que observava durante suas caminhadas e destacava que eram brutais os casos de indiferença, de insensibilidade e de isolamento das pessoas.

A dor existencial de uma crise devastadora da vida cotidiana na cidade é, atualmente, mais do que nunca, uma realidade, principalmente nas metrópoles. A exclusão, o abandono, a repressão policial, o desemprego estrutural, o aumento cada vez mais crescente de pessoas em situação de rua, as condições insalubres e perigosas de moradia, o desleixo, os redutos de ruidosa rebeldia, entre outras situações comuns em espaços urbanos, demonstram os sérios problemas que espelham o caos da vida cotidiana na atualidade.

A ideia do direito à cidade não provém fundamentalmente de diferentes caprichos ou modismos de alguns intelectuais, surge basicamente das ruas, dos bairros e dos guetos como um grito de socorro e pedido de amparo a pessoas oprimidas, excluídas e desprotegidas, que vivem, cotidianamente, situações de desespero, vitimadas pelo descaso social e do Estado (Harvey, 2014).

Não é coincidência que o número de profissionais do serviço social tem crescido exponencialmente no contexto da crise estrutural do capital. O setor de serviços tem se expandido sobretudo na área de programas sociais e governamentais de proteção social, constituindo uma estratégia para minimizar ou mesmo erradicar os efeitos da crise e das desigualdades sociais. Segundo Boschetti (2011, p. 559), "essa demanda de profissionais de 'caráter social', em contexto de crise do capital, ocorre em condições de crescente precarização e subtração de direitos do trabalho".

A segregação leva sempre ao não cumprimento dos direitos universais do ser humano. A luta pela emancipação não é uma luta unilateral que se restringe à conquista de direitos econômicos, políticos, sociais e culturais de segmentos minoritários; ao contrário, a emancipação tem seu valor agregado justamente pela atitude emancipatória do humano-genérico. A segregação impede a participação na vida política, civil, cultural, social, econômica e da vida em comunidade, ao passo que a democracia traz para o palco das discussões a liberdade de participação, abrindo as portas para o diálogo plural e igualitário.

O aumento do desemprego estrutural, do mercado informal, da terceirização, da prestação de serviços sem nenhum tipo de regulamentação, da flexibilização das relações de trabalho, da redução de postos de trabalho tradicional, do Estado mínimo, da ampliação dos setores de serviços, entre outros fatores inerentes à chamada **acumulação flexível**, tem sido o "sustentáculo de um reordenamento econômico, político e social que se traduz em novos padrões de acumulação e de sociabilidade" (Abreu, 2002, p. 32). Essa reestruturação do capitalismo tem reorganizado "postos de trabalho na direção do desaparecimento de cargos e salários estáveis, sobretudo na indústria" (Boschetti, 2011, p. 561).

> **Preste atenção!**
> Harvey (2009, p. 140) destaca que a **acumulação flexível** se apoiava na flexibilidade dos processos de trabalho, dos mercados de trabalho, dos produtos e padrões de consumo: "Caracteriza-se pelo surgimento de setores de produção inteiramente novos, novas maneiras de fornecimento de serviços financeiros, novos mercados e, sobretudo, taxas altamente intensificadas de inovação comercial, tecnológica e organizacional".

De acordo com Harvey (2009), o mercado de trabalho tem passado por uma radical estruturação. A volatilidade, o aumento da competição e o estreitamento das margens de lucro empurraram para as ruas um número considerável de trabalhadores, impondo um regime de trabalho e de contratos mais flexíveis. Soma-se a isso a redução do emprego regular em favor do trabalho em tempo parcial, temporário, *just in time*, *home office* ou subcontratado, tanto na esfera pública quanto na privada, o que é, sem sombra de dúvidas, um importante agravante.

Tais aspectos foram amplamente detalhados por Harvey (2009), não sendo necessário reproduzi-los aqui. Contudo, é importante destacar que o avanço do projeto neoconservador da burguesia liberal pressionou para uma reconfiguração do papel do Estado capitalista burguês, que teve seu apogeu nas décadas de 1980 e 1990, e está articulado com a reação burguesa diante da crise do capital (Veroneze, 2018).

Do ponto de vista do pensamento marxista e do legado marxiano, o Estado burguês é uma criação da burguesia, a qual detém o capital, os meios de produção e o poder hegemônico da sociedade. O Estado passa a ser sua forma de afirmação, isto é, o elo entre o poder, o capital e seus interesses. Nesse sentido, a ideia sustentada por Marx e seus apoiadores é de que a revolução deve ser contra o Estado burguês, pois é ele o usurpador das energias sociais da sociedade. Ele é, por natureza, anti-humano, pois é o Estado do capital, portanto, de uma sociabilidade irracional, conforme esclarece Mészáros (2015).

Para Marx e Engels (2007, p. 71),

> as ideias da classe dominante são as ideias dominantes em cada época, quer dizer, a classe que exerce o poder objetal dominante na sociedade é, ao mesmo tempo, seu poder espiritual dominante. A classe que tem à sua disposição os meios para a produção material dispõe ao mesmo tempo, com isso, dos meios para a produção espiritual, o que faz com que lhe sejam submetidos, da mesma forma e em média, as ideias daqueles que carecem dos meios necessários para produzir espiritualmente. As ideias dominantes não são outra coisa a não ser a expressão ideal das relações materiais dominantes, as mesmas concebidas como ideias; portanto, as relações que fazem de uma determinada classe dominante, ou seja, as ideias de sua dominação.

As definições apresentadas por Marx e Engels, embora temporalmente distantes, permanecem mais do que atuais, sobretudo em países em que a grande mídia e o próprio governo se encarregam de disseminar ideias falsas e sugestionadas, formando opiniões equivocadas sobre uma série de assuntos e situações, expressão das relações sociais de dominação.

No serviço público, o rebatimento dos efeitos da crise estrutural do capital tem implicado a diminuição dos concursos públicos em conformidade com as demandas do trabalho, o que acarreta mais precarização, terceirização, superexploração e sublocação de serviços e profissionais, algo que tem causado adoecimento físico e mental de muitos trabalhadores em virtude do desgaste subumano (Boschetti, 2011).

Para Serra (2000, p. 34), na atualidade,

> a pulverização e rotatividade da mão de obra, produz a exigência de um trabalhador polivalente, multifacetado, multifuncional, ao mesmo tempo que ocorre uma desorganização da força de trabalho, gerando trabalhadores empregados e subempregados, o que acarreta competitividade, concorrência e conflitos geracionais, raciais, étnicos e de gênero, configurando uma crise profunda na organização político-sindical dos trabalhadores.

Além do mais, e com relação aos tipos de contratos trabalhistas, a situação tem se revelado extremamente fragilizada em virtude de contratações temporárias, flexibilização do trabalho, cargos comissionados e terceirizados. Do ponto de vista ético, as condições técnicas e éticas de trabalho dos assistentes sociais, especificamente, não têm sido respeitadas, conforme estabelecido nas regulações profissionais, especialmente a Lei n. 8.662, de 7 de junho de 1993 (Brasil, 1993), o Código de Ética Profissional e a Resolução do CFESS n. 493/2006: "São constantes as denúncias profissionais acerca das violações de seus direitos, bem como a ampliação de situações de adoecimento decorrente dessas condições" (Boschetti, 2011, p. 592).
Segundo Boschetti (2011, p. 564),

> a luta por trabalho com direitos é uma luta presente cotidianamente nas ações do conjunto CFESS/CRESS, que extrapola a defesa dos direitos apenas para assistentes sociais. A defesa de condições éticas e técnicas de trabalho para os(as) assistentes sociais se soma às lutas sociais e ao fortalecimento dos movimentos sociais da classe trabalhadora.

Nesse movimento de profundas transformações do trabalho e da vida social, consolidou-se "o binômio flexibilização/precarização e a perda da razão social do trabalho, com a reafirmação do lucro e da competitividade como estruturadores do mundo do trabalho a despeito do discurso e de programas de responsabilidade social" (Franco; Druck; Seligman-Silva, 2010, citados por Raichelis, 2011, p. 421).
De fato, essas transformações têm gerado aos assistentes sociais e outros profissionais

> insegurança do emprego, precárias formas de contratação, intensificação do trabalho, aviltamento de salários, pressão pelo aumento da produtividade e de resultados imediatos, ausência de horizontes profissionais de mais longo prazo, falta de perspectivas de progressão e ascensão na carreira, ausência de políticas de capacitação profissional, entre outros. (Raichelis, 2011, p. 422)

Diante dessas situações, a tomada de consciência ético-política é condição *sine qua non* para o exercício profissional, para a luta e resistência contra a ordem estabelecida. Sem isso, a atuação profissional pode tornar-se mera técnica imediatista, pragmática, funcional e burocrática.

2.4 O pensamento marxista no mundo contemporâneo

Na sociedade regida pela lógica do capital do pensamento burguês, há a predominância da ética maquiavélica de que "os fins justificam os meios", ou, ainda, da máxima hobbesiana de que "o homem é o lobo do homem".

A obra de Karl Marx e, consequentemente, a de Friedrich Engels e a de seus interlocutores são indispensáveis para compreender, identificar e expor as origens, a natureza e os perfis filosóficos, sociológicos, econômicos, políticos, sociais, psíquicos e científicos do pensamento contemporâneo, principalmente para o entendimento e a compreensão do ser social inserido em determinado contexto contraditório e de exploração, em que, desde seu nascimento até sua morte, são estabelecidas intrincáveis e múltiplas relações e inter-relações sociais, reais e dinâmicas.

Para compreendermos essa ontologia do ser social e suas implicações sociais, torna-se necessário entender o ponto de partida em Marx, a saber, o mundo real, material e concreto:

> o concreto é concreto porque é a síntese de múltiplas determinações, portanto, unidade da diversidade. Por esta razão, o concreto aparece no pensamento como processo da síntese, como resultado, não como ponto de partida, não obstante seja o ponto de partida efetivo e, em consequência, também o ponto de partida da intuição e da representação. (Marx, 2011b, p. 54)

A elaboração e formulação do pensamento marxista sobre a ontologia do ser social têm essencialmente um aspecto filosófico-metodológico e se situa em um período consonante às grandes transformações políticas, econômicas, sociais e culturais da sociedade burguesa nascente, bem como do advento do modo de produção capitalista do século XIX. Tais fatores podem ser considerados um processo propositivo, transformador e revolucionário, em que o **trabalho** assume a categoria fundante do ser social. Para Lessa (1999, p. 22), "o resultado do trabalho é, sempre, alguma transformação da realidade. Toda objetivação produz uma nova situação".

Para Marx (2006, p. 211), o trabalho é um processo do qual participam o ser humano e a natureza. O ser social, com a própria ação objetiva na realidade concreta, impulsiona, regula e controla seu intercâmbio material e social. É pelo trabalho e pela sua capacidade teleológica que o ser humano se diferencia dos outros animais.

A partir do momento que passa a produzir sua história, sua existência e estabelecer as relações e inter-relações sociais, o indivíduo encontra no trabalho mediações para sua materialização e **objetivação** na vida social e, por conseguinte, para sua socialização e hominização. O trabalho assume, assim, o caráter de **protoforma** (primeira forma) do processo de hominização do ser social (Antunes, 2005).

> **Trabalho**[1]: é o "processo composto pela prévia ideação e pela objetivação. Resulta, sempre, na transformação da realidade e, ao mesmo tempo, do indivíduo e sociedade envolvidos" (Lessa, 1999, p. 22).
>
> **Objetivação**: é a "transformação do que foi previamente idealizado em um objeto pertencente à realidade externa ao sujeito. Transformação da realidade no sentido da prévia ideação" (Lessa, 1999, p. 22).

---

1 Para mais esclarecimentos, sugerimos a leitura do Capítulo 1, "Trabalho", do livro *Trabalho e sociabilidade* (Carvalho; Marcelino, 2019, p. 25-53).

> **Complexos sociais:** é o "conjunto de relações sociais que se distingue das outras relações pela função social que exercem no processo reprodutivo" (Lessa, 1999, p. 25). Quando a vida do ser social, suas relações sociais ou a própria sociedade se complexifica, abre-se um campo novo de mediações, ou seja, de novas possibilidades para as projeções teleológicas.

Segundo Lukács (1978, p. 6), "o trabalho torna-se não simplesmente um fato no qual se expressa à nova peculiaridade do ser social, mas, ao contrário – precisamente no plano ontológico –, converte-se no modelo da nova forma do ser em seu conjunto". Na medida em que o ser social vai se aperfeiçoando e se desenvolvendo, sua vida torna-se cada vez mais complexa e, consequentemente, suas próprias projeções teleológicas ficam mais complexas. Em outras palavras, a práxis realizada pelo ser social é resultante de sua objetivação social, a qual, por sua vez, carrega em si elementos humano-genéricos que são constantemente submetidos a novas projeções; portanto, são projeções renovadoras. Deparamo-nos, assim, com um paradoxo: ao mesmo tempo que o trabalho constrói o ser social, também o destrói por meio da alienação do próprio trabalho assalariado.

Para saber mais

Para melhor compreender a categoria trabalho em Marx, sugerimos a leitura do texto "O processo de produção/reprodução social: trabalho e sociabilidade", de Sérgio Lessa (1999), do Programa de Capacitação Continuada para Assistentes Sociais.

LESSA, S. O processo de produção/reprodução social: trabalho e sociabilidade. In: CAPACITAÇÃO EM SERVIÇO SOCIAL E POLÍTICA SOCIAL. Brasília: CEAD, 1999. Módulo 2: Crise contemporânea, questão social e serviço social. p. 19-33.

Ao determinar o caráter da prática social na teoria social de Marx e resgatar a essência humana, sobretudo os aspectos constitutivos do ser social (os valores, as escolhas, o trabalho, a sociabilidade, a consciência, a liberdade, enfim, os componentes/categoriais do ser social), que se perdem com o processo de **alienação/estranhamento** e de **coisificação**, é possível resgatar a própria história e a humanização do ser social.

Alienação/estranhamento: processo sócio-histórico e de causalidade em que os agentes sociais particulares (homens e mulheres) "não conseguem discernir e reconhecer nas formas sociais o conteúdo e o efeito da sua ação e intervenção", aparecendo alheias e estranhas para si mesmo (Netto, 1981, p. 74).
Coisificação: sinônimo de *reificação* (*Verdinglichung*), forma qualitativamente diferente e peculiar da alienação na sociedade em que o fetichismo da mercadoria se universaliza; processo que torna o **ser social estranho para si mesmo** (Netto, 1981).

Para Marx e Engels (2007, p. 41-42), a análise deve dar enfoque aos

> indivíduos reais, sua ação e suas condições materiais de vida, tanto as encontradas quanto as produzidas através de sua própria ação. Esses pressupostos são constatáveis, portanto, através de um caminho puramente empírico. O primeiro pressuposto de toda a história humana é, naturalmente, a existência de seres humanos vivos. [...] O primeiro fato situacional a ser constatado é, portanto, a organização corporal desses indivíduos e sua relação com o restante da natureza, resultante dessa mesma organização. [...] Toda historiografia tem de começar a partir desses fundamentos naturais e de sua modificação através da ação dos homens no decorrer da história.

Na década de 1840, em Paris, Engels (1844), já convencido da situação de exploração que a classe operária sofria quanto ao desenvolvimento industrial europeu, chamou a atenção de Marx para a importância da dicotomia capital *versus* trabalho, da situação do proletariado, da exploração exercida sobre essa classe pelos capitalistas burgueses e da organização da classe operária como movimento autônomo, influenciada, principalmente, pelas ideias socialistas e comunistas, que fervilhavam na época. Marx encontrou, nessas contradições, os elementos constitutivos para suas futuras pesquisas e para a elaboração de sua teoria social.

Para saber mais

Para saber um pouco mais sobre a trajetória de Marx e do desenvolvimento de seu pensamento, sugerimos a leitura a seguir.
KONDER, L. **Marx**: vida e obra. 7. ed. São Paulo: Paz e Terra, 2011. (Coleção Vida & Obra).

Recomendamos, ainda, a leitura de um texto de Engels que exerceu profunda influência sobre Marx e o orientou para um maior aprofundamento de seus estudos sobre a economia política, interesse que culminou na composição de O Capital. *Confira-o a seguir.*
ENGELS, F. Esboço de uma crítica da economia política. 1844. Tradução de Ronaldo Vielmi. **Verinotio – Revista Online de Filosofia e Ciências Humanas**, Rio das Ostras, ano XV, v. 26, n. 2, p. 263-287, jul./dez. 2020. Disponível em: <http://www.verinotio.org/sistema/index.php/verinotio/article/view/589/500>. Acesso em: 20 dez. 2021.

Em linhas gerais, a teoria social de Marx oferece condições para estudar os fatos históricos em sua totalidade e em seus elementos contraditórios, de modo a encontrar o fator responsável pela sua transformação e contradição (Veroneze, 2020).
Portanto, essa perspectiva proporciona um contínuo processo de investigação e apreensão da realidade social. Marx e Engels, assim como Hegel, não só ofereceram uma teoria social, mas também uma visão de mundo e de humano.

2.5 Principais tendências teóricas e metodológicas para a intervenção profissional em serviço social

Pensar os sujeitos sociais na atualidade inseridos em um mundo de relações e inter-relações sociais cada vez mais alienadas e alienantes é verificar que eles não são indivíduos isolados, mas o constructo das relações de sociabilidade que carrega em si componentes históricos e socialmente constituídos. Dadas as circunstâncias em que se colocam na vida cotidiana e nas relações mercantilistas e mercantilizadoras, podem deixar-se alienar ou não.

Para Heller (1983, p. 174), a riqueza do gênero humano, que tem como base o pensamento de Marx, "significa o desenvolvimento de todas as faculdades materiais, psíquicas e espirituais adequadas ao gênero humano". Nessa perspectiva, Heller (1983, p. 142) aponta que Marx é o "mestre filosófico do radicalismo de esquerda", porém, "como todo filósofo, pode ser compreendido de diferentes maneiras" (Heller, 1983, p. 143). A obra de Karl Marx e de Friedrich Engels, sem sombra de dúvida, é monumental. Pode-se mesmo afirmar que ela foi e é um "divisor de águas" no pensamento contemporâneo.

Marx foi um grande pensador contemporâneo, possivelmente o maior pensador da sociedade burguesa e do modo de produção e exploração capitalista. Dedicou sua vida a entender a sociedade burguesa de seu tempo e o sistema capitalista de produção e, consequentemente, fez uma crítica radical a essa sociedade e a esse sistema. Além disso, buscou esclarecer a **ontologia do ser social**, profundamente estudada por György Lukács e seus discípulos, destacando-se Agnes Heller, Ferenc Fehér e György Márkus[2].

Na visão de Agnes Heller, Marx travou uma interlocução e discussão filosófica com os principais pensadores de sua época e da atualidade, sendo a inspiração de todos os movimentos radicais "que expressavam o carecimento de uma comunidade de homens livres ou de uma determinação comum dos valores", expressão de uma sociedade livre da exploração, da alienação e da luta de classe (Heller, 1983, p. 147).

Para que haja mudanças sociais radicais, é preciso também que haja mudanças radicais no próprio modo de ser, pensar, agir e viver. Para Heller (1983), a relação de uma filosofia com uma teoria social em determinada época sempre pressupõe um ordenamento teórico-filosófico, e, para tanto, não há a disjunção teoria/prática e teoria/práxis. Quando essa disjunção acontece, ou as matrizes teóricas estão equivocadas, ou não se fez essa relação, ou, até mesmo, as matrizes teóricas não estão mais respondendo a determinadas situações ou fenômenos encontrados.

A teoria social de Marx atende aos anseios do serviço social como pensamento hegemônico da categoria profissional, e continua sendo o referencial teórico-metodológico mais presente nos debates contemporâneos de uma formação acadêmico-profissional crítica, propositiva e revolucionária.

O caráter ontológico do pensamento de Marx traz em si um *ethos* revolucionário, isto é, um novo modo de ser, pensar, agir e viver a vida cotidiana, tendo como objetivo a transformação social. Portanto, acreditamos que resguardar a formação acadêmico-profissional na ótica do pensamento marxiano e marxista é condição *sine qua non* para compreender essa sociedade na qual estamos inseridos, no sentido de buscarmos alternativas para suplantar o processo de alienação/reificação e de exploração da vida social.

---

[2] Para mais esclarecimentos, sugerimos a leitura do Capítulo 2, "Ontologia do ser social: questões e reflexões", do livro *Trabalho e sociabilidade* (Carvalho; Marcelino, 2019, p. 55-84).

É preciso tornar claro que a sociedade capitalista, a luta de classes e as relações de exploração e de alienação/reificação da vida social seguramente causam o estranhamento do ser social em relação à própria natureza genérica, e que sua superação só será possível em outra forma de sociabilidade. Uma formação acadêmico-profissional com base nesse referencial busca construir uma consciência ético-política-revolucionária.

Por isso, torna-se necessário deixar clara a direção cultural, intelectual, pedagógica, teórico-metodológica e ético-política da formação e da prática profissional em serviço social no sentido de eliminar a dicotomia entre teoria e prática. Isso não é somente uma questão de escolha, mas uma direção política, um ato político que tem implicações éticas determinantes.

Nessa esteira, Netto (1996) indica as transformações da sociedade contemporânea das últimas décadas e seus rebatimentos no serviço social e na produção do conhecimento no âmbito das ciências humanas e sociais. Tais transformações expressam um conjunto de fatores históricos e sociais determinantes para entendermos as demandas do mundo moderno, no sentido de responder às problemáticas e aos desafios emergenciais da atualidade.

Do ponto de vista ideopolítico, as décadas de 1980 e 1990 foram decisivas para a ruptura com os valores tradicionais e com o conservadorismo que imperava no serviço social brasileiro desde sua origem. Contudo, não podemos entender esse movimento como uma total ruptura no interior da categoria profissional. Significa que, por meio de um esforço coletivo, os "posicionamentos ideológicos e políticos de natureza crítica e/ou contestadora em face da ordem burguesa conquistaram legitimidade para se expressar abertamente" (Netto, 1996, p. 111), tendo como alavanca motora os esforços da sociedade brasileira em seu processo de redemocratização.

Nessa época, o serviço social assinalou sua maioridade tanto do ponto de vista ideopolítico quanto do domínio de sua elaboração teórico-metodológica. Esse amadurecimento profissional implicou, ainda, na criação de um segmento diretamente vinculado à pesquisa e à produção do conhecimento, com forte expressão crítico-propositiva de teor marxista, difundindo, assim, uma fecunda produção literária profissional, fruto de diversas pesquisas realizadas, sobretudo, nos cursos de pós-graduação *stricto sensu* (mestrado e doutorado) nas diversas instituições de ensino e pesquisa do país. Além do mais, uma fecunda difusão da literatura estrangeira de tradição marxista, no âmbito das ciências humanas e sociais, possibilitou o aprofundamento teórico-metodológico das polêmicas e contradições do mundo contemporâneo e seus rebatimentos nas relações sociais (Netto, 1996).

Nesse sentido, todas as polêmicas relevantes ao debate sobre a formação profissional, sua teoria e metodologia, o Estado e os movimentos sociais, a democracia e a cidadania, bem como as políticas públicas e sociais, foram decisivamente marcados pelo pensamento marxista, o que contribuiu para a valorização da elaboração teórico-intelectual e a interlocução de seus protagonistas, na condição de parceiros com outras áreas do conhecimento para além dos limites da categoria (Netto, 1996).

Essa nova direção cultural, pedagógica e intelectual do serviço social ganhou "credibilidade tão forte que seus oponentes foram compelidos a uma extrema cautela defensiva; a resistência à tradição marxista, fundamente arraigada em ponderáveis segmentos da categoria, não se reduziu – simplesmente não encontrava condições para manifestar-se franca e abertamente" (Netto, 1996, p. 113).

O impacto na esquerda e o colapso do "socialismo real", a ofensiva neoliberal, a reconversão das transformações societárias, a crise estrutural do capitalismo, as transformações internas e externas no país, o aumento de intelectuais favoráveis ao ideário da ordem, os diversos processos políticos do Brasil e o crescimento das correntes pós-modernas (notadamente em sua versão neoconservadora) são fatores que contribuíram para a ascensão de outras tendências ideopolíticas e teórico-metodológicas nas áreas das ciências humanas e sociais e, consequentemente, acabaram refletindo no serviço social.

Silva (2017, p. 67-68), com base no texto referido de Netto (1996), destaca cinco tendências teóricas possíveis de intersecções das vertentes que ascenderam na segunda metade da década de 1990:

a. a continuidade e o aprofundamento da vertente reconceituada, denominada como intenção de ruptura, de cariz marxista;
b. o aprofundamento da perspectiva modernizadora, de forte perfil tecnocrata;
c. a continuidade, sem presença intensa, da reatualização do conservadorismo, de inspiração fenomenológica;
d. o desenvolvimento e o adensamento de uma vertente neoconservadora, de forte base epistemológica pós-moderna;
e. o florescimento de linhas aparentemente radicais, que valorizam experiências que brotam da realidade sem a necessidade da teorização e da pesquisa rigorosa e sistemática.

Fique atento!

É importante ressaltar que, para entender melhor essas tendências elencadas por Silva (2017), é necessário retomar o **processo de renovação do serviço social brasileiro** destacado por Netto (2005a), que analisa as três vertentes que emergiram no bojo do Movimento de Reconceituação Latino-Americano (a vertente modernizadora, a vertente de inspiração fenomenológica e a vertente de inspiração marxista), bem como o processo de "intenção de ruptura".

Para saber mais

Para o aprofundamento das vertentes que emergiram durante o Movimento de Reconceituação Latino-Americano, sugerimos a leitura do texto a seguir.
YAZBEK, M. C. **Fundamentos históricos e teórico-metodológicos do Serviço Social.** Brasília, 2009. p. 1-28. Disponível em: <http://cressrn.org.br/files/arquivos/ZxJ9du2bNS66joo4oU0y.pdf>. Acesso em: 20 dez. 2021.

A formação e a intervenção profissional fundamentadas nas vertentes teóricas que exprimem uma visão tecnicista e que recupera aspectos das perspectivas modernizadoras ou de reatualização do conservadorismo são um caminho que "está fadado a criar um profissional que, aparentemente, sabe fazer, mas não consegue explicar as razões, o conteúdo, a direção social e os efeitos de seu trabalho na sociedade" (Silva, 2017, p. 68).

Por outro lado, é necessário, ainda, não cairmos em uma concepção teoricista da intelectualidade orgânica da profissão, que busca subsídios na "prática" profissional para alimentar as pesquisas e a produção do conhecimento em serviço social. Nos dizeres de Iamamoto (2008, p. 29), "cabe ao intelectual fazer perguntas, romper as barreiras das especialidades e assumir o desafio de construir a crítica teórica que alimenta o avanço da produção científica".

Para refletir

O balanço, extremamente necessário, dos avanços possibilitados pelo contributo da intenção de ruptura deverá salientar, também, que o enriquecimento profissional sugerido operou-se com a conjunção de dois componentes que, indubitavelmente, são marcantes: de um lado, uma ponderável **abertura e ampliação de horizontes ideoculturais**, que permitiu à profissão aprofundar o rompimento com a notória endogenia das suas representações; do outro, um sensível **elemento crítico**, responsável pela introdução, no terreno das representações profissionais, de um confronto de ideias e concepções antes não registradas

Fonte: Netto, 2005a, p. 303-304, grifo nosso.

Diante desses pressupostos, analisaremos algumas das principais tendências teórico-metodológicas presentes nos debates atuais da profissão e que polemizam a intersecção da teoria e da "prática" profissional, bem como a direção do projeto ético-político profissional do serviço social.

2.6 Debates e desafios contemporâneos

Decifrar os caminhos que o serviço social tomou após a década de 1990 supõe entender os processos sociais que geraram novas demandas e necessidades de aprimoramento teórico-metodológico, ideopolítico e técnico-operativo para o enfrentamento das mudanças no campo político, econômico, cultural e social do país, sobretudo com o avanço das políticas neoliberais que trouxeram inquietações no que se refere aos rumos tomados no cenário nacional. Nesse contexto, cabe destacar os desafios na área do ensino, como a reforma universitária e sua mercantilização, algo que abriu portas para os investimentos do grande capital nessa área, repercutindo consideravelmente na formação acadêmico-profissional dos assistentes sociais.

Tais transformações implicaram mudança do perfil socioeconômico das massas de alunos, "cada vez mais recrutada em estratos médio-baixos e baixos das camadas urbanas" e em um "visível empobrecimento do universo cultural do alunado" (Netto, 1996, p. 111), e, de certa forma, também do universo dos docentes, além do grande número de universidades que incorporaram o ensino a distância (EAD). Esses fenômenos não são casuais, mas expressam as novas tendências, necessidades e interesses do grande capital, o que acarreta implicações na qualidade intelectual e cultural dos discentes.

Mediante a promulgação da Lei de Diretrizes e Bases da Educação Nacional (LDBEN) – Lei n. 9.394, de 20 de dezembro de 1996 (Brasil, 1996) –, o serviço social, por meio da Abess – hoje, Associação Brasileira de Ensino e Pesquisa do Serviço Social (Abepss) – e dos coletivos representativos da profissão, sentiu a necessidade oportuna de rever, no espírito da lei, suas Diretrizes Curriculares Gerais para os cursos de Serviço Social. As novas demandas e mudanças para a qualificação profissional exigiam alterações nas expressões multifacetadas da "questão social", a reforma do Estado e mudanças no âmbito da produção e do mundo do trabalho, buscando qualificar os agentes profissionais e atender às alterações necessárias nos espaços sócio-ocupacionais dos assistentes sociais (Mendes, 2021).

Contudo, as transformações não pararam por aí. Apesar de a LDBEN definir três núcleos de conhecimento indissociáveis para a formação acadêmico-profissional (fundamentos teórico-metodológicos da vida social, da formação sócio-histórica da sociedade brasileira e do trabalho profissional), com forte expressão marxista, novas matrizes teórico-metodológicas começaram a disputar espaços no âmbito da categoria profissional e que, de certa forma, expressavam uma direção neoconservadora, a-histórica e anticlassista, provocando fissuras nevrálgicas no debate contemporâneo e na direção hegemônica da profissão (Abepss, 1996).

Para Silva (2018, p. 68), essas transformações no modo de ser, pensar e agir impeliam a

> um ataque frontal, sistemático e contínuo à formação acadêmico-profissional pretendida pela direção estratégica dos anos de 1990, bem como os inúmeros e complexos impactos relacionados tanto com questões vinculadas ao ensino superior, em que o ensino a distância é um dos temas centrais, como também com as determinações do mercado de trabalho e seus desdobramentos atuais.

É importante considerar que a influência de outras vertentes no âmbito do serviço social não se caracteriza por uma leitura endógena da profissão, como se fosse um produto unicamente produzido em seu interior, mas expressam tendências de uma análise mais profunda e da retomada de pensamentos neoconservadores que ganham força no interior das ciências humanas e sociais, principalmente depois da queda do "socialismo real" e do enfraquecimento das esquerdas, destacando como eixo estruturante o pensamento pós-moderno e o pensamento social-democrata burguês de caráter neoliberal.

O empreendedorismo individual tem acentuado o legado modernizador-tecnocrata com forte expressão positivista-funcionalista, inspirado, sobretudo, em abordagens sobre a concepção de disfunção social, solidariedade mecânica e orgânica, patologias sociais, entre outras categorias próprias do pensamento positivista de Émile Durkheim. Também incluem uma tendência mais funcionalista estadunidense, principalmente referente aos estudos de Talcott Parsons e Robert Merton (Silva, 2017), que seguem o pensamento funcional-individual e estruturalista, cujo indivíduo é responsabilizado pela sua situação ou, até mesmo, por uma postura mais estruturalista da família, entendida como a única responsável pelos problemas gerados entre seus membros, retomando, assim, a expressão *família desestruturada*, uma forma velada de reatualizar a perspectiva moralizadora da "questão social".

No período imediato à Segunda Guerra Mundial (1939-1945), o estruturalismo de Claude Lévi-Strauss alcançou influência quase mundial nas ciências humanas e sociais. É possível entender a **antropologia cultural** como um método que visa analisar estruturalmente as infraestruturas inconscientes dos fenômenos culturais e sociais, considerando os elementos substantivos de maneira relacionada, não como entidades independentes, procurando entendê-los como coerentes dentro de um sistema resultante de uma construção estrutural e organizacional.

Essa vertente tende a retomar o pensamento modernizador ao refazer a integração social e mecânica, a solidariedade, o **empoderamento** centrado no indivíduo e em seus dotes pessoais, a ênfase na meritocracia, a subserviência à ordem estabelecida e em curso (Silva, 2017). Em síntese, recupera as abordagens individuais de "caso, grupo e comunidade" ou "sistêmicas" e a subserviência do serviço social aos ditames do Estado burocrático, meritocrático, tecnicista e burguês. Os traços dessas tendências são identificados nos processos de "internação compulsória", judicialização das expressões da "questão social", higienização social etc.

> **Empoderamento**: são ações individuais ou coletivas de tomada de consciência das habilidades e das competências para produzir, criar e gerir os próprios destinos; dar poder a alguém para realizar determinada tarefa sem precisar da permissão de outras pessoas (por si mesma) – *empowerment* ou *powermat* = poder; *empower* = autorizar; dar poder; instituir poder; descentralização de poderes pelos vários níveis hierárquicos de organização.

> **Preste atenção!**
>
> A **teoria sistêmica** tem suas origens na física quântica, na passagem da concepção linear-mecanicista do pensamento de Descartes e Newton para uma visão mais holística e ecológica. O termo *holístico* refere-se a uma compreensão da realidade em função de totalidades integradas, cujas propriedades não podem ser reduzidas a unidades menores. Para os teóricos dessa teoria, vivemos em um mundo globalmente interligado, no qual os fenômenos biológicos, psicológicos, sociais e ambientais estão relacionados a um grande sistema. O aspecto dinâmico do sistema leva a conceitos com "cibernética" ou "ciberespaços", relacionados à comunicação e aos sistemas de controle de organismos vivos e de máquinas.
>
> O pensamento sistêmico tem como principal expoente Ludwig von Bertalanffy, que aponta para uma visão de mundo integrada em um complexo sistema todo organizado e integral. Tal teoria concebe a organização social como parte de um sistema maior e globalizado que interage entre si. De acordo com Mendes (2021, p. 11), é
>
>> importante superar a perspectiva mecanicista de enquadramento das ações profissionais de que certos paradigmas são mais adequados ao trabalho com indivíduos e grupos e outros apenas para análises macroscópicas. Importa compreender que são perspectivas diferentes de explicar a ordem burguesa bem como de construção das ações profissionais.

Outro ponto a ser destacado é o que Netto (1996) denomina de *vertentes neoconservadoras e pós-modernas*. Aqui, é necessário fazer algumas ressalvas, pois as tendências pós-modernas se expressam de diferentes maneiras.

De acordo com Netto (2005a, p. 304),

> a discussão sobre a modernidade ganhou foros de novidade e rebateu nos meios profissionais, encontrando eco na literatura empenhada em seguir o que há de ressonante nos veículos de comunicação social mais apreciados pela intelectualidade – e logo a retórica do "moderno" desdobrou-se na do "pós-moderno".

Há divergências entre os teóricos da modernidade sobre seu início. Alguns defendem que a Modernidade é o período contido entre os séculos XVI e XVII; outros, por sua vez, datam-na a partir do século XVIII. Entretanto, o que importa fundamentalmente é que a base da Modernidade é a razão, e que seus pontos centrais estão firmados sobre as bases do universalismo, do individualismo e da autonomia, sendo a burguesia seu grande agente mobilizador.
Para Netto (2005a, p. 304),

> a modernidade se dimensiona efetivamente na ordem burguesa consolidada e madura: é a civilidade da organização societária urbano-industrial, com o perfil das classes sociais fundamentais nitidamente conformado com as relações sociais embasadas no contratualismo e na distinção inteira entre o indivíduo e o cidadão, com a vigência da igualdade jurídico-política, com a liquidação de quaisquer meios de violência extraeconômica para a apropriação privada do excedente socialmente produzido, com a definição das fronteiras entre sociedade civil[3] e Estado, com a mercantilização de todas as objetivações humanas, com a agilidade da indústria cultural, com a planetarização e a laicização das formas de socialização e controle social e com a relativa autonomização real e a separação formal entre o poder econômico e representação política.

Nessa direção, duas correntes se sobressaem: o conservadorismo e o romantismo, sendo a ciência a que oferece os meios e processos

---

3 É importante destacar que a compreensão de **sociedade civil** aqui abordada diz respeito à concepção gramsciana, que a situa no âmbito da superestrutura, compreendendo "o conjunto das organizações ou 'aparelhos privados de hegemonia', responsáveis pela elaboração ou difusão das ideologias, abarcando em seu interior os partidos políticos, os sindicatos, os movimentos sociais, as igrejas, o sistema escolar (escolas e universidades) e o sistema de comunicação em geral (jornais, editoras, revistas, rádio, televisão) [...], um espaço de disputas da hegemonia de um projeto de transformação" (Simionatto, 2011, p. 48-51). Já **hegemonia** representa um conceito formulado por Gramsci para descrever o tipo de dominação ideológica e cultural de uma classe social sobre a outra, particularmente a burguesia e o proletariado, ou mesmo de uma organização sobre a outra, como o Estado sobre a sociedade civil. De acordo com Simionatto (2011, p. 47), "a concepção de hegemonia remete, ainda, ao esclarecimento das relações entre infraestrutura e superestrutura, à forma como as classes sociais se relacionam e exercem as suas funções no interior do 'bloco histórico'".

para a solidificação da modernidade como um programa – ou projeto – da burguesia (Baum, 1992; Rouanet, 1993). Nessa perspectiva, a razão técnico-instrumental prevalece em detrimento da razão substantiva (capacidade própria do indivíduo de explicar o mundo e ele mesmo). Em outras palavras, a prática e a técnica atendem substantivamente aos interesses da burguesia e da expansão do modo capitalista de produção.

Para Netto (2005a, p. 304-305), "a modernidade é a contraface ideocultural problemática da maturação plena da ordem burguesa, envolvendo a totalidade da vida social: das atividades pelas quais o indivíduo se reproduz diretamente ao reproduzir indiretamente a sociedade", o que implica dizer que, na concepção helleriana, os indivíduos sociais alcançaram a possibilidade de objetivar, na vida cotidiana, suas possibilidades/capacidades "por inteiro e inteiramente".

São inegáveis os avanços que a modernidade trouxe a todas as áreas da economia, da política, da cultura, das artes, da ciência, da tecnologia, do social e da espiritualidade. Apesar desses grandes avanços, tanto o capitalismo quanto o socialismo – como alternativa radical ao capitalismo –, sistemas político-econômicos resultantes do processo de modernização, entraram em crise.

Na contemporaneidade, o **niilismo** e a **liquidez**, pensamentos próprios das teorias pós-modernas, começaram a compor um novo conhecimento que busca fazer uma crítica radical ao sistema capitalista, contudo, não no sentido de superá-lo, mas de reorganizá-lo ou reformá-lo.

> **Niilismo**: indica uma concepção ou doutrina em que tudo é negado e reduzido a nada – os entes, as coisas, o mundo e, em particular, os valores e os princípios (Abbagnano, 2007).

O conceito de pós-modernismo indica um movimento de mudanças significativas no que diz respeito ao tempo social, histórico, econômico, político e cultural, em uma tentativa de explicar as contradições do mundo contemporâneo, considerado um mundo sem ilusões, sem referências, de análises catastróficas, de multiplicidade, de dúvidas, de falta de limites, de complexidade, descrença, efemeridade, liquidez, individualidade e fragmentos, em que prevalece a razão instrumental em detrimento da razão substantiva, do pluralismo, do ecletismo, do irracionalismo, do pessimismo, do rompimento com as metanarrativas[4], do relativismo, do niilismo, da ausência de valores, da entrega aos prazeres, do consumismo desenfreado e do mundo voltado à cibernética e às altas tecnologias; em suma, representa a falência do projeto de modernidade, na opinião de seus teóricos.

Preste atenção!

A pós-modernidade defendida por alguns analistas e teóricos contemporâneos é um movimento cultural que rejeita os valores da modernidade e vê com desconfiança os princípios racionais e universais desenvolvidos na época do Iluminismo, onde as imagens, a mídia e as micronarrativas têm um papel fundamental na produção de narrativas. Por outro lado, mesmo não existindo consenso entre os pensadores da atualidade sobre o conceito, o termo passou a ser utilizado entre os anos de 1900 e 1950, principalmente para indicar as grandes transformações ocorridas nesse período, especialmente as causadas pelas duas grandes guerras mundiais e pelo terror promovido pelos governos despóticos da atualidade. Além disso, a pós-modernidade tem seu expoente no surgimento da informática e das transformações tecnológicas ocorridas pelo processo de globalização e desenvolvimento da tecnologia e da comunicação, que causaram diversas transformações culturais, sociais e históricas.

Fonte: Veroneze, 2018, p. 210.

---

4   Grande narrativa que busca gerar certo sentido.

A máquina passou a ditar valores da e para a vida social; as religiões deixaram de fazer parte do universo das pessoas; houve o fim das tradições; a solidão, a cultura de massa, a depressão, o culto ao belo, ao bom e ao justo inatingível passou a imperar; em síntese, a história ocidental se encarregou de desvalorizar os valores supremos, substituindo-os pelas banalidades cotidianas e as informações imediatas e fragmentárias. Ecletismo, hedonismo, narcisismo, individualismo, anemia social, sincretismo, pluralismo e informações descartáveis são sinônimos do pensamento pós-moderno. Ainda, as pessoas são cotidianamente bombardeadas por informações confusas, contraditórias e efêmeras, o que provoca efeitos culturais, sociais, políticos, ideológicos, psicológicos e espirituais.

Para os teóricos pós-modernos, a ciência, as artes, a cultura e as grandes narrativas que buscam explicar esse "caos" entraram também em crise. É preciso descobrir um novo conhecimento que recupere ou avance além das esperanças da modernidade. A razão substantiva deu lugar à razão prática. Nessa direção, é preciso ser pragmático, rápido e objetivo para atender ao dinamismo da sociedade globalizada, interligada, informatizada e mecanizada. Para os pós-modernos, o mundo tornou-se fragmentário, descontínuo, cibernético, eterno e imutável. Para explicar as coisas e os fenômenos por meio da ciência, buscam-se os conceitos. Para os pós-modernos, o universalismo se transformou em nacionalismo/fundamentalismo, o individualismo em consumismo, e a autonomia, em centralidade.

Silva (2017, p. 69), ao fazer uma referência à Lyotard (2000), aponta que

> a ênfase, aqui, não está propriamente na subserviência consciente à ordem do capital, como a ordem a ser afirmada e defendida, mas na resignação assumida diante dela valorizando seus pontos positivos e negativos, destacando a centralidade do indivíduo nos jogos de linguagens tecido no campo social-cibernético.

E continua:

> esta tendência que vem se objetivando no Serviço Social brasileiro na atualidade, não põe seu foco na integração empreendedora como base central, mas em uma forma para afirmar direitos com bases nas lutas empreendidas nos micros espaços por segmento, na inclusão participativa dos indivíduos excluídos, seu empoderamento, na participação política em si e no seu modelo emancipatório focal e estrito. O lado mal do capitalismo deve e pode ser humanizado, corrigindo e ajustando com base nas instâncias participativas centradas em espaços territoriais definidos, nas demandas locais não classistas, conselhos, comissões, grupos formados por afinidades, entre outros. A ênfase dita participativa e comunitária, em si, se desloca de sua relação orgânica com o Estado, como seguridade social, como políticas sociais tecidas no processo de luta de classes, fragmentando-se em lutas sociais isoladas e por segmentos, contra o Estado opressor e a burocracia institucional. (Silva, 2017, p. 69)

Não faremos uma análise pormenorizada dos expoentes e das vertentes pós-modernas por não ser o objetivo deste livro, cabendo apenas situar o debate contemporâneo. Silva (2017) aponta alguns autores e teóricos pós-modernos, como Lyotard, Foucault, Derrida, Baudrillard, Maffesoli, Souza Santos e Morin. Podemos ampliar essa lista citando Habermas, Bauman, Bourdieu, Deleuze, Ricoeur, entre outros interessados em compreender esse fenômeno. Tais interlocutores do mundo pós-moderno se contrapõem aos pensadores críticos de tradição marxista, como Lênin, Lukács, Gramsci, Mészáros e Harvey.

Esses teóricos pós-modernos oferecem leituras interessantes sobre determinados temas e expressam visões de mundo e categorias de análises diferenciadas, mas, em sua maioria, estão na contramão do projeto emancipatório e revolucionário de superação do capitalismo. Chamamos a atenção para as tendências conservadoras, neoconservadoras e neoliberais contidas no ideário pós-moderno, em detrimento dos fatores de historicidade, criticidade e totalidade, categorias que expressam as matrizes histórico-críticas do legado marxiano e da tradição marxista. Outra questão é o cuidado para não cairmos em análises ecléticas e contraditórias sobre determinadas posições "ideopolíticas ou crítico-resignadas à ordem em curso" (Silva, 2017, p. 70).

Alguns teóricos vinculados a essas ideias defendem que chegamos ao fim das possibilidades históricas, àquilo que Fukuyama (1999) define como "fim da história", concepção resultante do fim do bloco hegemônico comunista soviético e da crise das esquerdas. Nessa visão, o imperialismo capitalista reinaria soberanamente e a sociedade estaria fadada a um triste fim. A morte estaria estabelecida do "homem pelo próprio homem". Contudo, essas consequências são resultantes do desenvolvimento do capitalismo, da alienação e da mercantilização das relações sociais (Veroneze, 2018, p. 210).

Os teóricos do pensamento pós-moderno defendem um processo de "desencantamento" do mundo e do humano com relação à vida e às questões que envolvem seu modo de ser e de estar. Essas concepções conjugadas com o avassalador desenvolvimento do capitalismo, principalmente no século XX, fizeram surgir uma cultura embasada na técnica, no lucro, na vantagem, na supremacia do poder, no neoliberalismo e no neoconservadorismo, bem como no fundamentalismo religioso.

Segundo Yazbek (2021, p. 157),

> a abordagem pós-moderna dirige sua crítica à razão afirmando-a como instrumento de repressão e padronização, propõe a superação das utopias, denuncia a administração e o disciplinamento da vida, recusa a abrangência das teorias sociais como suas análises totalizadoras e ontológicas sustentadas pela razão e reitera a importância do fragmento, do intuitivo, do efêmero e do microssocial (em si mesmos) restaurando o pensamento conservador e antimoderno. Seus questionamentos são também dirigidos à ciência que esteve mais a serviço da dominação do que da felicidade dos homens. [...] O posicionamento pós-moderno busca resgatar valores negados pela modernidade e cria um universo descentrado, fragmentado, relativo e fugaz.

Afirmamos e defendemos que é necessário reagir contra esses sinais de esfacelamento, destruição, pragmatismo, conservadorismo e imediatismo que pairam na atualidade e, de certo modo, sobre o serviço social. A saída seria a retomada dos valores libertários e revolucionários da modernidade, só que, desta vez, considerando-se princípios éticos universais, na perspectiva do fim da luta de classes, da propriedade privada, da condição de assalariamento e do fim do Estado burguês, rumo à emancipação humana, segundo os ditames de Marx (Veroneze, 2018).

A questão colocada, de acordo com a posição de Malagodi (2003), é que não encontramos em Marx apenas soluções, mas formulações de problemas, questões e reflexões que ainda necessitam ser esclarecidas e aprofundadas. Sua influência teórica nas ciências humanas e sociais, sobretudo no serviço social brasileiro, é bastante difundida, de modo que encontramos sempre debates sob a prevalência de suas ideias. Hoje, em razão do menor patrulhamento ideológico, os estudos fundamentados no legado marxiano e na tradição marxista têm maior liberdade: a obra de Marx "é, e continuará sendo, um ponto de partida para interrogações e questionamentos e novas descobertas" (Malagodi, 2003, p. 11).

A questão-chave que se coloca para o debate contemporâneo refere-se ao pluralismo e ao ecletismo, que indicam a necessidade de uma interlocução com as múltiplas tendências teórico-metodológicas da atualidade e que atravessam a formação e a produção do conhecimento em serviço social, especificamente nos campos epistemológico, teórico e prático. O ecletismo tende a produzir efeitos danosos nas análises científicas. Além disso, é importante elucidar que o diálogo com outras correntes teóricas deve ser cuidadosamente avaliado e amplamente discutido no interior da profissão para não cairmos em projetos contraditórios, de maneira acrítica, a-história, anticlassista e reformista (Melo; Almeida, 1999).

Pluralismo: vários pontos de vistas discutidos de modo crítico.
Ecletismo: conciliação de conhecimentos teórico-metodológicos sem uma base crítica a partir da junção de teorias e categorias incompatíveis.

Para refletir

O desafio maior com o qual nos defrontamos é o de avançarmos na consolidação e implementação do projeto profissional [em serviço social], inscrevendo seus princípios em nosso cotidiano de trabalho. Apesar do contexto adverso, como nos diz Iamamoto, este mesmo contexto impulsiona e mantém viva as forças sociais portadoras da esperança e da capacidade de lutas na arena social e profissional.

Fonte: Mendes, 2021, p. 14.

Síntese

Neste capítulo, analisamos o pensamento marxista como referencial teórico-metodológico do serviço social brasileiro, bem como o processo de alienação/reificação na sociedade regida pelo capital e pelo modo de produção capitalista. Também examinamos as principais demandas do serviço social em um universo contraditório e alienante.

Considerando a emergência da sociedade burguesa e do processo de industrialização gerado pela Revolução Industrial, abordamos a ascensão do reinado da exploração do "homem pelo homem" e, com base nas análises referendadas pela teoria social de Marx, buscamos esclarecer a complexidade da vida social e o processo de alienação/reificação em tempos modernos e as principais tendências do pensamento contemporâneo no âmbito das ciências humanas e sociais e seus rebatimentos no serviço social.

Questões para revisão

1. Analise as afirmações a seguir e assinale V para as verdadeiras e F para as falsas:
    ( ) A prática do assistente social insere-se no campo das atividades que incidem sobre a organização da cultura, não

constituindo elemento integrante da dimensão político-ideológica das relações de hegemonia.
( ) O processo de alienação produzido na sociedade do consumo e do descartável, em grande medida, faz com que o ser social assuma características inferiores à própria condição humano-genérica.
( ) A lógica capitalista tem levado os indivíduos sociais a estarem cada vez mais alienados e conscientes.
( ) O capitalismo, em sua forma mais descomunal e do ponto de vista do padrão fordista/taylorista, permite desenvolver ao máximo, no trabalhador, as atitudes maquinais e automáticas.
( ) A reprodução da vida humana no capitalismo implica a criação de mediações cada vez mais complexas e numerosas, as quais acabam possibilitando o ambiente social.

Agora, assinale a alternativa que corresponde à sequência correta:
a) V – F – V – V – V.
b) F – V – V – F – F.
c) V – V – V – F – V.
d) F – V – V – F – V.
e) F – V – F – V – V.

2. Com relação à vida cotidiana, assinale a alternativa **incorreta**:
   a) Na contemporaneidade, a vida cotidiana está cada vez mais mecanizada.
   b) Os seres humanos não são manipuláveis indefinidamente e em qualquer direção, pois sempre existe um ponto-limite no qual deixam de ser objetos e se transformam em sujeitos.
   c) A segregação leva sempre ao cumprimento dos direitos universais do ser humano.
   d) A segregação impede a participação na vida política, civil, cultural, social e econômica, ou seja, na vida em comunidade.
   e) A democracia traz para o palco das discussões a liberdade de participação, abrindo as portas para o diálogo plural e igualitário.

3. Assinale qual das tendências teórico-metodológicas da contemporaneidade destacadas a seguir está **incorreta**:
   a) A continuidade e o aprofundamento da vertente reconceituada, denominada *intenção de ruptura*, de cariz marxista.
   b) O aprofundamento da perspectiva modernizadora, de forte perfil tecnocrata.
   c) A continuidade, sem presença intensa, da reatualização do conservadorismo, de inspiração fenomenológica.
   d) O desenvolvimento e o adensamento de uma vertente neoconservadora, de forte base epistemológica pós-moderna.
   e) O florescimento de uma perspectiva historicista de fundamentação ideológica.

4. Os teóricos da pós-modernidade apontam alguns vetores que caracterizam o pensamento pós-moderno. Quais são eles?
5. Quais são as características que demarcam a acumulação flexível?

Questões para reflexão

1. Explique a importância do legado marxiano e da tradição marxista para a compreensão da sociedade burguesa e do modo de produção capitalista e seus rebatimentos no serviço social.
2. De acordo com Netto (1996, p. 112), as décadas de 1980 e 1990 foram assinaladas pela maioridade ideopolítica e teórico-metodológica do serviço social brasileiro. Explique o que isso significa.

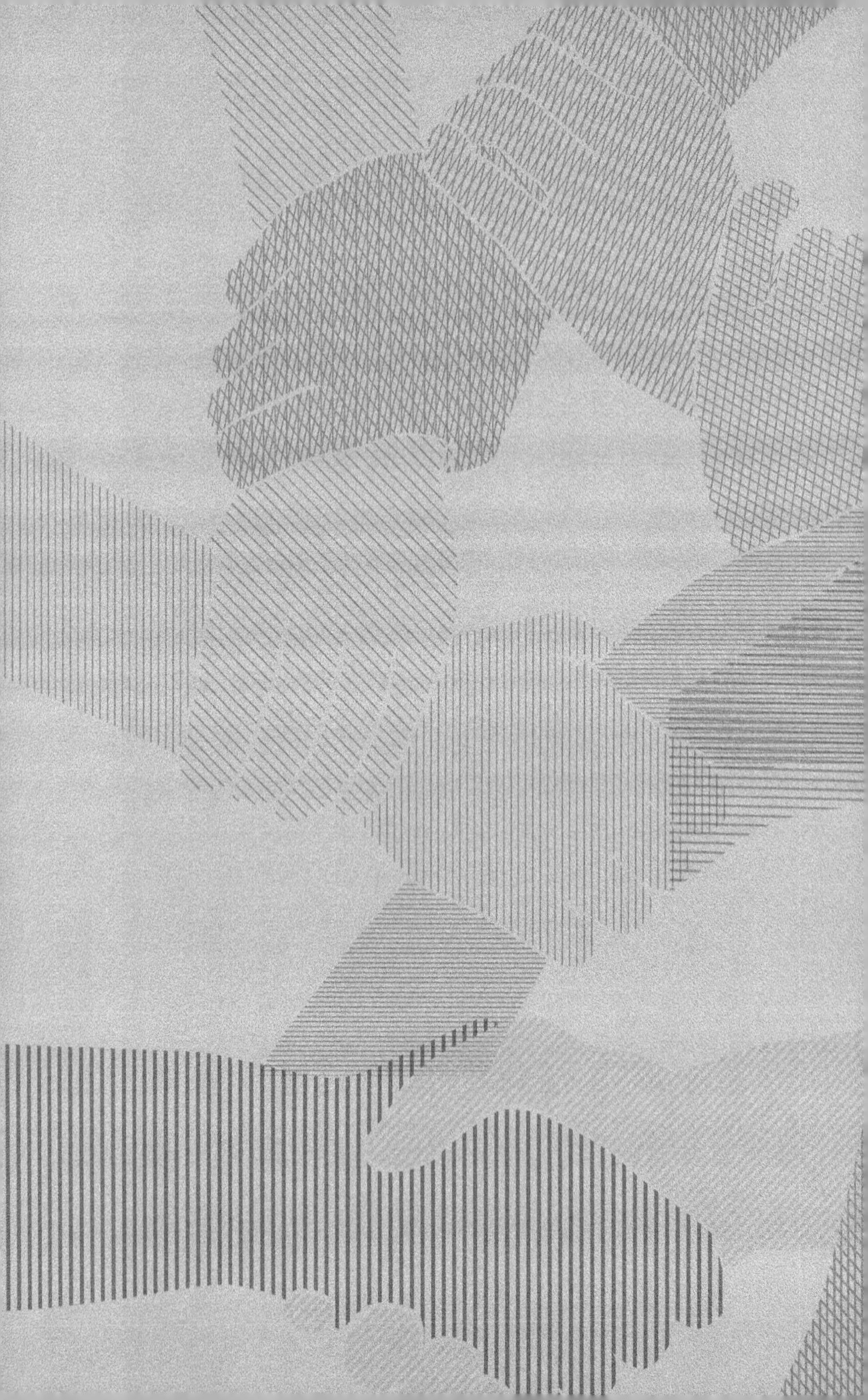

CAPÍTULO 3

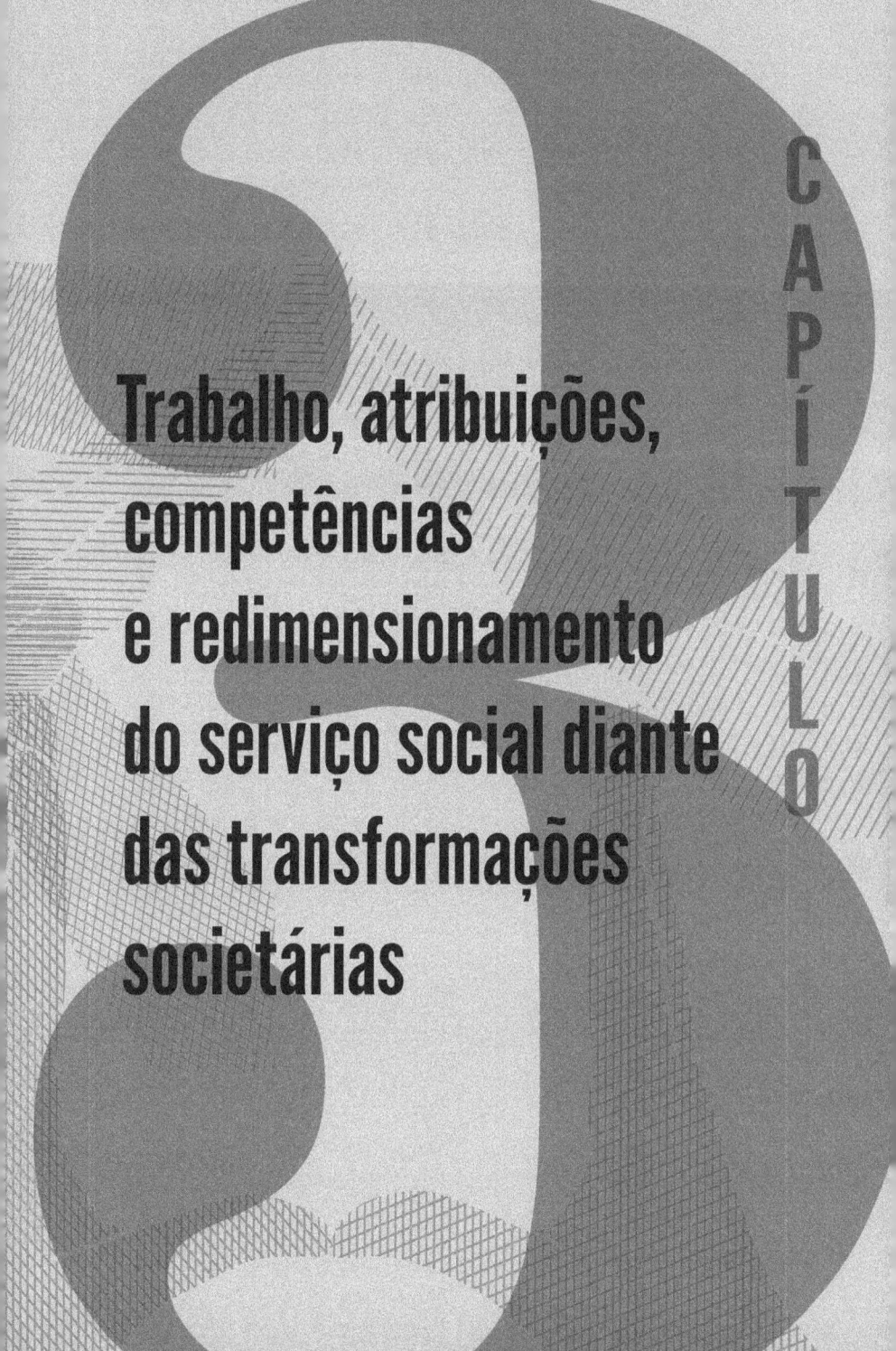

Trabalho, atribuições, competências e redimensionamento do serviço social diante das transformações societárias

Conteúdos do capítulo:

- Demandas contemporâneas do serviço social.
- O processo de trabalho, a identidade e as condições materiais para o exercício profissional.
- Desafios cotidianos da prática profissional em serviço social diante das transformações societárias da atualidade.
- Principais problemas enfrentados pelos assistentes sociais.

Após o estudo deste capítulo, você será capaz de:

1. identificar os principais desafios do serviço social na atualidade;
2. reconhecer a importância do posicionamento ético-político profissional em serviço social;
3. compreender as principais demandas profissionais da categoria;
4. entender os processos de trabalho e os espaços sócio-ocupacionais.

"*O futuro é deduzido a partir
da realidade existente*".
Agnes Heller

3.1 Processos de trabalho, identidade e condições materiais para o exercício profissional

Refletir sobre o trabalho do assistente social e os espaços sócio-ocupacionais é um tema que tem gerado preocupações em estudos, pesquisas e indagações sobre a identidade e o fazer profissional dessa categoria. A maior parte desses estudos refere-se à dicotomia entre a teoria e a prática ou relata particularidades da ação interventiva em determinada área de atuação. Entretanto, a questão a destacar é se, na prática, "a teoria é outra" ou se "com a teoria, a prática é outra". Essa polêmica e dialética relação consiste em um emaranhado de reflexões categoriais e determinações reflexivas que se autoimplicam e se autoexplicam (Veroneze, 2018).

Para Abreu (2002, p. 31),

> os espaços ocupacionais correspondem às instâncias socioinstitucionais por meio das quais a prática do assistente social se objetiva como parte das respostas a determinadas requisições colocadas pelas classes sociais no enfrentamento da questão social. Tais requisições materializam-se sob formas de atribuições mobilizadoras do desenvolvimento de competências profissionais – respostas técnico-político-pedagógicas à referida questão social. Importa considerar que a relação entre as requisições e as respostas profissionais não é mecânica nem imediata, pois supõe o desenvolvimento teórico-metodológico e político-ideológico da profissão para a construção de respostas em determinada direção histórica.

Contudo, as lacunas existentes entre o arcabouço teórico e a prática profissional têm importância central para o entendimento de questões primordiais aqui levantadas: "do que faz", "por que faz", "para que faz" e "como faz", as quais norteiam a práxis interventiva do assistente social. Conforme afirma Iamamoto (2005, p. 58), "o assistente social é o profissional que trabalha com políticas sociais, de corte público ou privado" e que busca intervir nas múltiplas expressões da "questão social", matéria-prima e objeto interventivo do serviço social.

Tais reflexões implicam entender, primeiramente, que o serviço social é uma profissão de caráter sociopolítico, crítico e interventivo, e que o assistente social é um trabalhador assalariado, inscrito na divisão sociotécnica do trabalho, que atua no conjunto das desigualdades sociais resultantes do antagonismo entre a socialização da produção e a apropriação privada dos frutos do trabalho, isto é, atua nas múltiplas e facetadas expressões da "questão social".

Além do mais, há um direcionamento ético-político profissional, compromisso firmado nos espaços coletivos e hegemônicos da profissão, pautado, sobretudo, no Código de Ética Profissional (CFESS, 2012b), na lei de regulamentação da profissão – Lei n. 8.662, de 7 de junho de 1993 (Brasil, 1993) – e nas Diretrizes Curriculares para os cursos de Serviço Social (Abepss, 1996), que expressam o compromisso ético-político com a construção de uma nova ordem societária justa, democrática, garantidora de direitos universais, libertária e que preze pelos interesses da classe trabalhadora. Seus profissionais estão inseridos em uma rede de relações sociais tensional, contraditória e desafiadora, marcada, sobretudo, pelas implicações e contradições da lógica do capital e dos interesses da burguesia.

No âmbito do serviço social brasileiro, a tomada de consciência e de posição ideopolítica expressa um *ethos* perante a realidade alienada e alienante, de modo que as respostas às demandas éticas, políticas, sociais e culturais sejam entendidas como um produto concreto da práxis social, que busca, em grande medida, ser respaldada em bases teóricas e filosóficas revolucionárias e de uma moralidade profissional fundamentada na construção de uma nova sociabilidade, pensamento hegemônico que baliza o projeto ético-político da profissão.

Antes de falarmos na prática profissional do assistente, é importante apontarmos algumas concepções diferenciadas entre *práxis*, *praticidade*, *praticismo* e *agir humano*. Na concepção de Baptista (2014), a **práxis** constitui e expressa o processo e a dinâmica da construção sócio-histórica do ser social; a **praticidade**, por sua vez, é uma expressão da práxis; já o **praticismo** seria a ação prática propriamente dita, que não indaga seus fundamentos; por fim, o **agir humano** se constitui fundamentalmente na "prática necessária à preservação da vida e das relações cotidianas" (Baptista, 2014, p. 13).

O trabalho do assistente social é, de modo geral, de natureza interventiva, e, como tal, não se insere no processo de produção, isto é, não desempenha funções produtivas, mas compõe o campo das atividades que se tornaram auxiliadoras dos processos de reprodução, acumulação e valorização do capital. Portanto, a prática profissional compreende um campo específico da prática social, uma

> categoria teórica que permite compreender e explicitar a constituição e as expressões do ser social e a dinâmica social na qual se insere. A prática profissional, assim, é resultante da especialização do trabalho coletivo, previamente determinada pela divisão sociotécnica do trabalho, situando-se no âmbito das relações sociais concretas com uma dimensão historicamente determinada, que vai se particularizar em diversos campos de trabalho vinculados ao todo social. (Xavier; Mioto, 2014, p. 356)

É no cotidiano da vida social que os campos de atuação profissional se entrecruzam e se movem entre a articulação prático-empírica e da práxis, buscando interferir nos fenômenos e em suas contradições, sobretudo nas desproteções sociais, nas desigualdades sociais, nas subalternidades, nas expressões de violência e de aviltamento de direitos, em suma, nas mazelas humanas visualizadas nas mais diferentes áreas de atuação profissional.

A intervenção do assistente social revela-se em um campo tenso e de conflito das conjunturas particulares de cada período, carregado de intermediações entre o poder público-institucional e o privado socioinstitucional, condicionados às configurações estruturais da sociedade regida pela lógica do capital e do pensamento burguês. É preciso enfatizar, ainda, que há a necessidade, cotidianamente, de os profissionais do serviço social problematizarem sua prática profissional, refletindo sobre os rumos da profissão e as formas de intervenção social, tendo como base a **teoria social crítica** (Xavier; Mioto, 2014).

De modo geral, perante as manifestações e os questionamentos dos assistentes sociais, não há uma única concepção ou compreensão de teoria e prática que dê conta da intervenção profissional. Santos (2012, p. 14) aponta que "a ausência de entendimento sobre a prática profissional aparece, muitas vezes, associando-se à prática profissional como práxis social e práxis revolucionária, assim como a reduzindo à aplicação de instrumentos e técnicas".

Na colocação de Santos (2012), observamos o discurso recorrente na categoria profissional dos assistentes sociais de que há uma dicotomia entre teoria e práxis. Ora a ação interventiva está carregada de elementos da militância política (como práxis revolucionária), ora está fragmentada em pura ação técnica, funcional, utilitarista e pragmática. Considerando-se que a concepção de trabalho aqui utilizada inclui uma série de elementos constitutivos da práxis (teleologia, mediação, objetivação, abstração etc.), a prática interventiva do assistente social é uma ação que depende de um saber especializado, teórico-metodológico e técnico-operativo, portanto, carregada de intencionalidade, objetividade, finalidade, mediação, reflexão etc.

A prática, por si só, pressupõe apenas uma ação mecânica, muitas vezes imediata, funcional e pragmática. Assim, tendo em vista os apontamentos de Iamamoto (2005), a intervenção do serviço social se traduz como um trabalho especializado. O assistente social é um profissional graduado, especializado em determinada concepção teórico-metodológica, técnico-operativa e ético-política, que está inscrito na divisão sociotécnica do trabalho como trabalhador assalariado; logo, não desempenha função nem realiza suas ações de modo não consciente, sem finalidade, imediata e pragmática. Sua ação interventiva é (ou deveria ser) constituída de um saber teórico e sócio-histórico acumulado que se traduz em práxis.

Segundo Iamamoto (2005, p. 60), é por meio do trabalho que o ser social se "afirma como ser criador, não só como indivíduo pensante, mas como indivíduo que age consciente e racionalmente". Sendo o trabalho uma atividade práxis-concreta e não puramente espiritual, "opera mudanças tanto na matéria ou no objeto a ser transformado quanto no sujeito, na subjetividade dos indivíduos, pois permite descobrir novas capacidades e qualidades humanas" (Iamamoto, 2005, p. 60). É dessa maneira que os assistentes sociais estabelecem vínculos com os indivíduos sociais por meio dos atendimentos coletivos ou individuais e, ao mesmo tempo, estabelecem contato com as instituições socioassistenciais, o Estado, os movimentos sociais, os sindicatos, as empresas e as indústrias por meio de contratos de prestação de serviço ou registro formal com seus empregadores, sejam eles públicos, sejam eles privados. Portanto, configura-se como um agente profissional da esfera de prestação de **serviços socioassistenciais**, no trato com as políticas públicas ou no gerenciamento organizacional das instituições que compõem as esferas privadas.

Serviços socioassistenciais: são atividades continuadas que visam melhorar a qualidade de vida da população por ações que têm caráter preventivo e/ou emancipatório (nos casos de serviços de atenção básica) e protetivo (nos casos de violação de direitos, cujos serviços são de atenção especial).

Cabe ao assistente social discernir entre os papéis que lhe são atribuídos pelas instâncias contratantes com relação às suas competências e atribuições profissionais no jogo das relações contratuais estabelecidas, formulando, assim, respostas (mediações) a serem tomadas diante das demandas postas no cotidiano profissional. Em suas várias funções, desempenha atividades "teóricas", como planejamento, assessoria, pesquisas e coordenação; atividades "práticas", como execução, atendimentos, visitas domiciliares, encaminhamentos e supervisão; e atividades "técnicas", como emissão de laudos, relatórios, pareceres, perícias e atividades burocráticas.

O trabalho cotidiano do assistente social não é livre de intervenções ideopolíticas por parte de seus contratantes nem de limitações ao exercício profissional. Cabe, portanto, ao profissional exercer autonomia, competência e qualidade nos serviços prestados, construir mediações diferenciadas para a execução de suas tarefas e funções, ter claros seus posicionamentos ético-políticos, estabelecer finalidade para suas ações, conhecer os dispositivos legais e técnicos inerentes à profissão, entender os intrincáveis e complexos categoriais da realidade social, suas contradições e seus processos, ter clareza de suas atribuições e competências e adotar um posicionamento crítico da realidade social e do desempenho de seu trabalho.

Vale ressaltar que os pressupostos do projeto ético-político profissional não estão inseridos na realidade, o que implica uma construção constante diante dos compromissos assumidos pela profissão no decorrer de sua história. Esse projeto compõe uma autoimagem da profissão, os valores que a legitimam, sua função social e seus objetivos, conhecimentos teóricos, saberes interventivos, normas, práticas etc., dimensões constitutivas e constituintes do saber e da atuação profissional; porém, depende da vontade e do compromisso do corpo profissional para que haja seu fortalecimento e sua implantação (Netto, 2017).

De acordo com Gentilli (2006, p. 68-69),

> perante as tensões decorrentes dessas diversas referências e expectativas de desempenho, o profissional vacila premido, de um lado, pela introjeção de valores éticos, ideológicos e políticos, oriundos das organizações da categoria, da formação e da literatura profissionais, e, de outro, das exigências concretas decorrentes do mercado de trabalho, cuja riqueza e variabilidade de questões oferecem enormes desafios para os assistentes sociais.

Pensar o assistente social inserido nesse campo tensional requer identificar que tais fatores geram sofrimentos, adoecimentos e desgastes físicos e emocionais, tendo em vista as consequentes mudanças do mundo contemporâneo e o processo de precarização do trabalho nos diversos espaços socioassistenciais e socioinstitucionais. Além desses fatores, ao assumir a condição de subalternidade, o profissional do serviço social, muitas vezes, sofre sob o controle da ideologia dominante, que condiciona o trabalho profissional como instrumento auxiliar e subsidiário para afirmar e reproduzir o modo capitalista de agir, pensar e fazer, bem como para ser agente de manobras para atender aos interesses politiqueiros, voluntaristas, moralizadores, de patrulhamento, entre outros.

Para saber mais

Na obra a seguir, sugerimos a leitura do capítulo "Assistente Social: profissional da coerção e do consenso?", que busca resgatar as funções intelectuais exercidas pelos assistentes sociais como particularidade do exercício profissional.

IAMAMOTO, M. V. **Renovação e conservadorismo no serviço social**: ensaios críticos. São Paulo: Cortez, 2004. p. 40-53.

Por conseguinte, é nesse jogo tensional e relacional que o assistente social constrói sua **identidade profissional** em conformidade com os princípios e valores defendidos pela categoria. Para Martinelli (2013, p. 146), "as identidades se constroem e se objetivam na práxis, pela mediação das formas sociais de aparecer das profissões. Tais formas sociais expressam as respostas construídas profissionalmente para atender às demandas que incidem em seu campo de ação".

Preste atenção!

A categoria identidade é um recurso heurístico, um ancoradouro para refletir-se sobre a natureza das profissões e sua particularidade histórica.

> Sob o ponto de vista dialético, a identidade é uma categoria sócio-histórica que pulsa com o tempo e com o movimento, a partir de determinações políticas, sociais, econômicas, históricas, culturais. Como categoria ético-política, cujo corolário natural é a consciência, a identidade constrói-se no fértil terreno da diferença, no interior de relações sociais antagônicas.
>
> Fonte: Martinelli, 2013, p. 145-146.

Somente quando os profissionais do serviço social se reconhecerem como unidade de classe, ou seja, como profissionais inscritos na divisão sociotécnica do trabalho e pertencentes à classe trabalhadora, conseguirão buscar no coletivo os meios para sanar suas carências e necessidades materiais e profissionais, de modo a aglutinar forças para reverter a prática impositiva, coercitiva e controladora do fazer profissional (Veroneze, 2018).

De acordo com Martinelli (2003, p. 151), a ação profissional baseia-se "no movimento e não na estagnação, na ação coletiva e não no particular, na produção do novo e não na sacralização do instituído". Para Bonetti (2006, p. 179-180),

> cabe ao assistente social aliar sua vontade, iluminada pela ética profissional – como intencionalidade de associação, de coletividade, de compromisso – com o seu saber teórico-prático crítico e, ainda, com as necessidades e possibilidades das circunstâncias, do que resultará o produto de sua ação.

Em outras palavras, o conteúdo de seus princípios estabelecidos no Código de Ética Profissional indica um conjunto de valores humanos e fundamentais como motivação e exigência ético-política que busca nortear a intervenção profissional.

O projeto ético-político profissional é resultante das várias mudanças sociais, históricas, políticas, culturais e econômicas da sociedade brasileira, bem como das mutações inerentes às expressões multifacetadas da "questão social". Não é um projeto materializado em um documento formal, mas em valores e princípios que legitimam a autoimagem da profissão, prescrevendo normas e comportamentos profissionais e estabelecendo, assim, as balizas para a atuação profissional em conjunto com usuários (cidadãos de direito) dos serviços socioassistenciais. Define, ainda, parâmetros para as relações sociais, buscando demarcar as lutas pela hegemonia do pensamento direcionador da profissão entre as categorias sociais e a própria categoria profissional. Em outras palavras, apresenta-se como *ethos* profissional, ou seja, assume o papel em que os atores sociais se posicionam contra as alternativas propostas, de modo a construir novas propostas para a vida em sociedade, sobretudo aquelas que possibilitem a transformação das estruturas sociais (Bogo, 2008; Netto, 2017).

Para saber mais

Para mais esclarecimentos sobre o significado do projeto ético-político profissional, sugerimos a leitura dos textos indicados a seguir.

NETTO, J. P. **A construção do projeto ético-político do serviço social**. 2017. Disponível em: <http://www.ssrede.pro.br/wp-content/uploads/2017/07/projeto_etico_politico-j-p-netto_.pdf>. Acesso em: 20 dez. 2021.

TEIXEIRA, J. B.; BRAZ, M. **O projeto ético-político do serviço social**. Disponível em: <http://www.abepss.org.br/arquivos/anexos/teixeira-joaquina-barata_-braz-marcelo-201608060407431902860.pdf>. Acesso em: 20 dez. 2021.

A Lei n. 8.662/1993 estabelece, em seu art. 4º, as **competências** do assistente social:

> I – elaborar, implementar, executar e avaliar políticas sociais junto a órgãos da administração pública, direta ou indireta, empresas, entidades e organizações populares;
>
> II – elaborar, coordenar, executar e avaliar planos, programas e projetos que sejam do âmbito de atuação do Serviço Social com participação da sociedade civil;
>
> III – encaminhar providências, e prestar orientação social a indivíduos, grupos e à população;
>
> IV – (Vetado);

V – orientar indivíduos e grupos de diferentes segmentos sociais no sentido de identificar recursos e de fazer uso dos mesmos no atendimento e na defesa de seus direitos;

VI – planejar, organizar e administrar benefícios e Serviços Sociais;

VII – planejar, organizar e avaliar pesquisas que possam contribuir para a análise da realidade social e para subsidiar ações profissionais;

VIII – prestar assessoria e consultoria a órgãos da administração pública direta e indireta, empresas privadas e outras entidades, com relação às matérias relacionadas no inciso II deste artigo;

IX – prestar assessoria e apoio aos movimentos sociais em matéria relacionada às políticas sociais, no exercício e na defesa dos direitos civis, políticos e sociais da coletividade;

X – planejamento, organização e administração de Serviços Sociais e de Unidade de Serviço Social;

XI – realizar estudos socioeconômicos com os usuários para fins de benefícios e serviços sociais junto a órgãos da administração pública direta e indireta, empresas privadas e outras entidades. (Brasil, 1993, art. 4º)

De maneira geral, as competências são qualificações que podem ser de outras profissões, mas as atribuições privativas são de caráter exclusivo e decorrentes da qualificação profissional do assistente social, isto é, são tarefas específicas e que só terão validade se forem desempenhadas pelo profissional do serviço social (Simões, 2008).

Conforme o art. 5º da mesma lei, são **atribuições privativas** do assistente social:

I – coordenar, elaborar, executar, supervisionar e avaliar estudos, pesquisas, planos, programas e projetos na área de Serviço Social;

II – planejar, organizar e administrar programas e projetos em Unidade de Serviço Social;

III – assessoria e consultoria e órgãos da Administração Pública direta e indireta, empresas privadas e outras entidades, em matéria de Serviço Social;

IV – realizar vistorias, perícias técnicas, laudos periciais, informações e pareceres sobre a matéria de Serviço Social;

V – assumir, no magistério de Serviço Social tanto a nível de graduação como pós-graduação, disciplinas e funções que exijam conhecimentos próprios e adquiridos em curso de formação regular;

VI – treinamento, avaliação e supervisão direta de estagiários de Serviço Social;

VII – dirigir e coordenar Unidades de Ensino e Cursos de Serviço Social, de graduação e pós-graduação;

VIII – dirigir e coordenar associações, núcleos, centros de estudos e de pesquisa em Serviço Social;

IX – elaborar provas, presidir e compor bancas de exames e comissões julgadoras de concursos ou outras formas de seleção para assistentes sociais, ou onde sejam aferidos conhecimentos inerentes ao Serviço Social;

X – coordenar seminários, encontros, congressos e eventos assemelhados sobre assuntos de Serviço Social;

XI – fiscalizar o exercício profissional através dos Conselhos Federal e Regionais;

XII – dirigir serviços técnicos de Serviço Social em entidades públicas ou privadas;

XIII – ocupar cargos e funções de direção e fiscalização da gestão financeira em órgãos e entidades representativas da categoria profissional. (Brasil, 1993, art. 5º)

É sempre oportuno lembrar as competências e as atribuições privativas do profissional de serviço social. Embora tenha um conteúdo mais amplo, que pode englobar outras competências e atribuições decorrentes das implicações das políticas públicas ou de regulamentos privados, em situações específicas, a regra geral define o exercício profissional em conformidade com o que prevê a Lei n. 8.662/1993.

Não podemos esquecer que o objeto de intervenção do serviço social – logo, do assistente social – é a "questão social" em suas múltiplas expressões, tendo os sujeitos sociais como dínamos de potencialidades/capacidades a serem desvendadas. Entretanto, há a necessidade de uma intervenção consciente, carregada de informações, conhecimentos e instrumentais (teoria e técnicas) que tenham como pressupostos algumas finalidades e intencionalidades predeterminadas, principalmente que busquem emancipar os sujeitos sociais e a realidade social, o que implica uma intervenção teórico-práxis e práxis-teórica.

> **Preste atenção!**
>
> No debate referente ao objeto de intervenção do serviço social, consideramos importante destacar que discordamos de Raquel Gentilli (2006, p. 25) com relação ao objeto do trabalho profissional do assistente social como processamento e operacionalização "das políticas sociais organizadas como bens e serviços coletivos e transferências sociais destinadas ao consumo daquelas populações precariamente inseridas ou efetivamente excluídas dos mercados de bens, serviços e de trabalho". Acreditamos e defendemos que a atuação profissional do assistente social vai muito além do processo e da operacionalização das políticas sociais, tendo em vista que a atuação profissional insere-se em um campo de relações tensas e contraditórias entre o Estado e a sociedade civil. Perpassa por áreas tencionais como a das violências, das exclusões/inclusões sociais, das diferentes formas de preconceitos e discriminações, das desproteções sociais, da efetivação de direitos, das lutas e resistências, da militância política e da gestão e organização.
>
> Como é possível perceber, a atuação profissional vai desde os processos mais simples (como atendimentos individualizados, plantões sociais e encaminhamentos) até os mais complexos da dinâmica das relações sociais firmadas sob a lógica do capital e do pensamento burguês. Acreditamos que o posicionamento de Gentilli (2006) sobre esse assunto impulsiona a intervenção profissional somente para a fruição técnica e operativa do serviço social, centralizada na prestação de serviços e na efetivação de benefícios e de direitos aos usuários da assistência social. Por não ser objeto deste livro, os argumentos e contra-argumentos sobre essas posições devem ser avaliados, discutidos e pesquisados em outro momento.

Além do mais, a dimensão ética e política da práxis interventiva do assistente social afirma-se em princípios e valores que norteiam a ação profissional, materializando-se em seus instrumentais técnicos, referenciais teóricos, conhecimentos específicos, observação, escuta, metodologias e outros elementos constitutivos da práxis interventiva do serviço social. Desse modo, um dos grandes desafios na atualidade

> é, pois, transitar da bagagem teórica acumulada ao enraizamento da profissão na realidade, atribuindo, ao mesmo tempo, uma maior atenção às estratégias, táticas e técnicas do trabalho profissional, em função das particularidades dos temas que são objetos de estudo e ação do assistente social. (Iamamoto, 2005, p. 52)

Assim, é fundamental que o assistente social tenha clareza de seus objetivos e metas, bem como do significado sócio-histórico da profissão, de suas atribuições e competências, respaldado por um arcabouço teórico-metodológico, ético-político e técnico--operativo do desempenho do trabalho profissional.

Em suma, é compromisso ético-político profissional do assistente social prestar um serviço de qualidade à população, saber avaliar e refletir de modo adequado e qualificado sobre seu agir profissional, criando e descobrindo mecanismos eficientes e eficazes para a intervenção na realidade social, buscando, sobretudo, a emancipação civil, política, social e cultural dos sujeitos sociais. Além do mais, também é imprescindível que contribua para as lutas e resistências sociais na direção de um projeto societário revolucionário e emancipatório, encabeçado pelos conselhos regionais e federal, autarquias federais e regionais com personalidade jurídica própria, instâncias representativas e de fiscalização do exercício profissional, bem como pelas demais entidades de representação acadêmico-política e profissional-sindical da profissão responsáveis pelas lutas e resistências, aglutinação de forças, mobilização, reivindicação, organização e proposição sobre os interesses coletivos e individuais dos assistentes sociais e dos cidadãos de direitos no âmbito do exercício profissional e da sociedade civil.

Para saber mais

Para mais esclarecimentos sobre as ações políticas das entidades representativas da profissão de assistente social na atualidade, sugerimos a leitura do texto a seguir.

DUARTE, J. L. do N. Resistência e formação no serviço social: ação política das entidades organizativas. **Revista Serviço Social e Sociedade**, São Paulo, n. 154, p. 161-178, jan./abr. 2019. Disponível em: <https://www.scielo.br/j/sssoc/a/VMN7ZczLZ3gKWRGBzHRnkdc/?format=pdf&lang=pt>. Acesso em: 20 dez. 2021.

3.2 Condicionantes do mercado de trabalho do assistente social

Na busca de uma teorização do serviço social brasileiro, no decorrer de sua história, pretendeu-se construir uma identidade crítica e propositiva que atribuísse significado e função social ao trabalho do assistente social; porém, a precarização do ensino e das condições de trabalho, muitas vezes, obscurecem sua ação social crítica, propositiva, interventiva e revolucionária, deixando o trabalho profissional camuflado por um lineamento burocrático e que, muitas vezes, acaba em um tecnicismo e pragmatismo imediatista. Nesse sentido, não se trata de entender o exercício profissional do assistente social apenas como mero cumpridor de tarefas, mas como práxis profissional.

Não podemos desconsiderar as reflexões realizadas por Iamamoto (2004) sobre o assistente social como um profissional da coerção e do consenso. A autora chama a atenção para que os profissionais do serviço social identifiquem suas funções intelectuais da práxis profissional:

> atuando em organizações públicas e privadas dos quadros dominantes da sociedade, cujo campo é a prestação de serviços sociais, o assistente social exerce uma ação eminentemente "educativa", "organizativa", nas classes trabalhadoras. Seu objetivo é transformar a maneira de ver, de agir, de se comportar e de sentir dos indivíduos em sua inserção na sociedade. Essa ação incide, portanto, sobre o modo de viver e de pensar dos trabalhadores, a partir de situações vivenciadas no seu cotidiano, embora se realize através da prestação dos serviços sociais, previstos e efetivados pelas entidades a que o profissional se vincula contratualmente. (Iamamoto, 2004, p. 40)

Esse tipo de prática, segundo a autora, faz do assistente social um "profissional da assistência", já que ele intermedeia as relações entre instituição e usuários dos serviços socioassistenciais. De modo geral, ele contribui para atender às necessidades básicas e urgentes da população usuária desses serviços, principalmente os segmentos mais pauperizados da população. Além do mais, não podemos confundir serviço social (profissão inscrita na divisão sociotécnica do trabalho) com a assistência social (política de proteção social inscrita no campo da Seguridade Social).

Dessa maneira, as instituições procuram adaptar esse profissional às suas especificidades em resposta à maleabilidade do exercício profissional, priorizando suas qualidades técnicas. Contudo, na maioria das vezes, os dirigentes dessas instituições buscam inferiorizar a especificação técnica e intelectual desse profissional, enquadrando-o como profissional da "assistência", da "promoção social" ou mesmo do "bem-estar social".

Conforme temos observado em nossa experiência profissional, muitas vezes, esses profissionais vivenciam e representam de maneira confusa sua prática profissional, ora desempenhando papéis burocráticos vinculados às atribuições da política de assistência social, ora executando ações subalternas diante da hierarquia institucional imposta ou por cargos preenchidos por "políticos de carreira" (Iamamoto, 2004). Além disso, observamos que, quando esses profissionais não recebem uma formação com embasamento crítico-reflexivo de qualidade, priorizando somente o fazer profissional, eles se veem "perdidos" diante da definição de suas

atribuições prerrogativas, assim como de outras profissões correlatas, cujas frentes de trabalho são mais propositivas.
Na maioria das vezes – e temos confirmado essas afirmações –, o assistente social é requisitado prioritariamente para desempenhar suas funções "técnico-especializadas", de cunho "educativo", "informativo", "moralizador" e "disciplinador" ou para exercer um suporte administrativo-burocrático sobre as classes subalternas, principalmente nas áreas organizacional e empresarial (Iamamoto, 2004). Ainda, tendo em vista o caráter seletivo das políticas públicas e dos programas socioassistenciais, esse profissional acaba exercendo o papel de "juiz-seletor", radicalizando a característica funcional como um profissional da coerção e do consenso, o que implica afirmar que ele atua para manter o poder hegemônico burguês e a ordem social.
Desse modo, é necessário ressaltar a função social do assistente social como um intelectual orgânico, conforme as interpretações de Gramsci. De modo geral, esse profissional ocupa um lugar estratégico nos espaços em que atua, tendo contato direto com pessoas, famílias, grupos e comunidades, e, além disso, tem a capacidade de aliar esforços com outras categorias profissionais e movimentos sociais. Assim, sua atuação recai no campo ético-político, tendo em vista a trajetória histórica, as conquistas e as lutas da categoria profissional. Portanto, as soluções aparentam recair na individualização e na pulverização do controle e das respostas necessárias a esses impasses e desafios cotidianos. Contudo, é preciso reafirmar os compromissos ético-políticos e o caráter coletivo da organização profissional.
Para Iamamoto (2004, p. 43),

> quando toda a sociedade encontra-se regida pela lógica da acumulação, os serviços sociais também passam a ser estruturados como campo de investimentos, como locus de aplicação do capital. A organização e distribuição dos serviços subordina-se aos requisitos do crescimento ampliado do capital.

Essa lógica destrutiva do capital permeia todos os meandros e espaços da vida humana, já que os indivíduos sociais estão inseridos em uma teia de relações mercantilizadas e subordinadas aos ditames do capital. Até mesmo sua destinação após a morte pode aparecer subordinada às relações mercantis.

De acordo com a observação feita por Iamamoto (2004), fica claro que a atuação profissional do assistente social não pode ser respaldada somente por um caráter técnico-operativo, reafirmando o papel intelectual desempenhado pela categoria profissional. Para a autora, "a análise sociológica da profissão e de seus agentes não pode limitar-se a considerar o Serviço Social e o assistente social desvinculado dos organismos institucionais, cujo caráter e função condicionam o significado dessa prática profissional no processo de reprodução das relações sociais" (Iamamoto, 2004, p. 43).

Assim, "o papel do intelectual é o de investigar, educar, organizar a hegemonia e a coerção e, ainda, homogeneizar a consciência de classe" (Iamamoto, 2004, p. 43). Não podemos esquecer que, apesar de o assistente social ter uma autonomia relativa, ele representa e compõe determinada camada social como classe trabalhadora, de modo que é imprescindível compreender o duplo movimento de sua organicidade e autonomia para se ter clareza de seu papel e de sua função social.

Sua atuação está vinculada aos organismos da sociedade civil e, principalmente, do Estado burguês. Assim, essas esferas constituem as "pontes" que aproximam esse profissional das classes subalternas, das desproteções sociais, das violências de toda ordem etc. É um dos profissionais que está mais próximo das mazelas humanas e do cotidiano das pessoas; portanto, tem condições de enxergar com mais clareza os "problemas sociais" em sua amplitude, além de ter a capacidade proativa de ação, como representante da autoconsciência crítica dessas classes.

Assim, faz-se necessário buscar um sentido para a intervenção social que possa direcionar o fazer profissional de modo reflexivo, analítico, crítico, propositivo, consciente, emancipatório, revolucionário e que almeje uma finalidade objetiva e concreta, isto é, uma práxis transformadora/emancipatória para não cair em uma utopia reformista conservadora de cunho humanista-cristão ou mesmo em uma versão intelectual subalterna de um profissional da coerção e do consenso, eliminando, assim, qualquer forma de teoricismo ou tecnicismo pragmático que possa ser condicionadora de um exercício profissional alienado e alienante.

Esse movimento tensional e a observação empírica nos fez perceber que mesmo as falas dicotomizadas estão, muitas vezes, embasadas em alguma teoria, ainda que elas não se constituam de maneira consciente. Supõe-se que qualquer intervenção profissional, para que seja bem-sucedida, deve ser intencional e partir da observação e da análise dos elementos contraditórios e dos complexos categoriais da realidade social, buscando desvendar as possibilidades de superação da cotidianidade e da imediaticidade.

Torna-se, portanto, fundamental a inserção ou mesmo o despertar dos profissionais do serviço social no sentido de refletir sobre suas práticas e compreender as bases fundantes, históricas e ontológicas de uma ação inspirada na práxis revolucionária, de modo que pesquisem e avaliem criticamente as próprias ações, contribuindo, assim, efetivamente para seu desenvolvimento profissional e para a qualidade dos serviços prestados.

Após o processo de redemocratização do Brasil, com as conquistas implementadas com a concretização dos direitos sociais expressos na Carta Magna do país e a efetivação da assistência social como política pública, assegurada na área da Seguridade Social, os espaços de atuação profissional do serviço social tem-se alargado consideravelmente, em especial com a efetivação do Sistema Único de Assistência Social (SUAS), dando legitimidade social à profissão nos marcos da Constituição Federal de 1988.

Ainda assim, as áreas de atuação profissional na atualidade tornaram-se mais heterogêneas e complexas, "exigindo dos assistentes sociais mais criatividade e eficácia operativa" (Netto, 1996, p. 120). A crescente segmentação das atividades profissionais e a diferenciação progressiva das condições de trabalho nos espaços sócio-ocupacionais públicos e privados têm requerido dos assistentes sociais uma especialização mais definida e melhor desempenho profissional (Netto, 1996). Além disso, as exigências imediatas do mercado de trabalho, a competitividade, os embates ideopolíticos, a autonomia relativa, o sucateamento das condições operativas de trabalho, os cortes orçamentários, a burocratização, o pragmatismo funcional das tarefas cotidianas, entre outras demandas da prática interventiva, demandam o deslocamento das funções desse profissional em face das novas exigências que acarretam o redimensionamento dos espaços profissionais.

Além disso, os profissionais do serviço social têm enfrentado outro problema: a ampliação das áreas sociais. Alguns campos que até pouco tempo eram alheios à prática interventiva, como a sociologia, o direito, a psicologia, a pedagogia, a comunicação e a administração, têm ocupado espaços em que o assistente social se firmava como protagonista na gestão e na implementação de políticas públicas, questão que acarreta na subalternização e no direcionamento dos profissionais do serviço social às funções puramente técnicas e burocráticas.

Cabe lembrar que isso não significa que o serviço social busque o monopólio das áreas sociais, mas é preciso lutar pela hegemonia e legitimidade social em áreas nas quais o assistente social se afirma como protagonista, no sentido de se reconhecer a legitimidade e a identidade profissional diante do dinamismo social. Para Netto (1996, p. 123), "a questão do espaço profissional não pode ser tomada a partir de um ponto de vista coorporativo, mas deve ser apreendida na perspectiva de novas competências".

Também se deve tomar cuidado para que a atuação profissional do assistente social não afirme ou reproduza a ação e o pensamento da ideologia dominante ou de seus empregadores. De modo geral, "seu trabalho situa-se predominantemente no campo político-ideológico", sendo requisitado, na maioria das vezes, para exercer funções de controle social e de reprodução da ideologia dominante em parceria com os segmentos mais subalternizados da população, de modo que seu campo de atuação é atravessado por tensões e interesses de classes. Ao incorporar os valores e princípios estabelecidos no projeto ético-político profissional, passa a ter a possibilidade de redimensionar o sentido de suas ações para rumos sociais distintos daqueles esperados por seus empregadores (Iamamoto, 2005).

De acordo com Iamamoto (2005, p. 98-99), "o que se pode detectar dessas observações é que a ética e a política mediatizam o processo de desalienação ou a transição da 'classe em si' – da esfera da manipulação imediata do mundo – para a 'classe para si' – a esfera da totalidade, da participação na genericidade humana", no sentido de incorporar as lutas e a defesa da classe trabalhadora. Para Iasi (2011, p. 30),

> a consciência em si representa ainda a consciência que se baseia na vivência das relações imediatas, não mais do ponto de vista do indivíduo, agora do grupo, da categoria, e pode evoluir até a consciência de classe [para si]. Ela é parte fundamental da superação da primeira forma de consciência, portanto, da alienação; no entanto, seu pleno desenvolvimento ainda evidencia traços da antiga forma ainda não superados.

Portanto, o trabalho do assistente social é permeado pela dimensão ética e política que interfere na direção social de seu trabalho, direcionado ao atendimento dos interesses de determinada classe social. São nos embates cotidianos que o profissional materializa os pressupostos do projeto ético-político profissional. É nesse sentido que afirmamos que, mesmo não dispondo dos meios e das condições de trabalho necessários para a efetivação de suas ações, o resultado de seu trabalho lhe pertence. Desde a execução das ações mais simples, como visitas, entrevistas e reuniões, até as atividades mais complexas, como a formulação de programas e projetos e a execução de análises globais, o exercício profissional é perpassado por condicionamentos próprios da intermediação das instituições empregadoras e pelo poder institucional, o que caracteriza sua autonomia relativa.

Contudo, os meios e as condições em que o assistente social desempenha sua função têm implicações políticas e sociais, bem como prioridades exigidas pelas políticas ou pelas instituições socioassistenciais. Além do mais, as pressões sociais e os condicionadores internos ou externos podem impedir ou dificultar o exercício profissional, o que implica tensões e limitações ao exercício profissional que o assistente social pode enfrentar cotidianamente para que sua proposta de trabalho se afirme e/ou realize (Iamamoto, 2005).

Ao empreender uma profunda e criteriosa análise sobre essa categoria profissional, Iamamoto (2004, 2005, 2006, 2008) não só desvenda os complexos categoriais que estão implícitos e explícitos na relação de compra e venda da força de trabalho permeada pelas relações contratuais, mas também insere o profissional do serviço social em um campo tensional e contraditório de intensões, interesses, disputas e condições de classe. Assim, os processos de trabalho profissional são permeados por fatores efetivos e operantes que, muitas vezes, podem alterar o resultado de suas ações.

As pesquisas e os debates contemporâneos do serviço social apontam marcas profundas da herança cultural e social de uma identidade frágil e submissa, como recortes de gênero/sexo, classe social, etnia, raça, condição financeira e outras condições que afirmam valores preconceituosos, discriminatórios e sentimentos de inferioridade que foram moldados ao longo da história do serviço social e que precisam ser rompidos pelo contingente profissional, de modo a negar os traços conservadores e subalternizantes de uma profissão vista como "frágil", "submissa", "menos qualificada" e predominantemente feminina. Essa é uma imagem social predominante na profissão, questão que aponta certos estereótipos socialmente constituídos por uma visão machista, patriarcal, sexista, tradicional e conservadora da inserção da mulher no mundo do trabalho.

Outro fator marcante é o caráter confessional, humanista, messiânico e/ou voluntarista que, muitas vezes, impera no discurso neoconservador que enfatiza um sentimento de autoculpabilização, responsabilizando o profissional pelos "males sociais" ou pela sua ineficiência, atitudes que expressam uma "profissão pobre, voltada para os pobres" e destituída de *status* e prestígio (Iamamoto, 2005, p. 106).

Cabe considerar, também, que "o processo de trabalho em que se insere o assistente social **não é por ele organizado e nem é exclusivamente um processo de trabalho do assistente social**, ainda que nele participe de forma peculiar e com autonomia ética e técnica" (Iamamoto, 2005, p. 107, grifo do original). De acordo com a autora, "é função do empregador organizar e atribuir unidade ao processo de trabalho na sua totalidade, articulando e distribuindo as múltiplas funções e especializações requeridas pela divisão social e técnica do trabalho entre o conjunto dos assalariados" (Iamamoto, 2005, p. 107), e é direito do trabalhador lutar e exigir que essas condições e atribuições sejam garantidas e respeitadas.

Para Iamamoto (2005, p. 107, grifo do original),

> ainda que disponha de autonomia ética e técnica no exercício de suas funções – resguardadas inclusive pelo Código de Ética e pela regulamentação legal da profissão –, o assistente social é chamado a desempenhar sua profissão em um **processo de trabalho coletivo, organizado dentro de condições sociais dadas, cujo produto, em suas dimensões materiais e sociais, é fruto do trabalho combinado ou cooperativo, que se forja com o contributo específico das diversas especializações do trabalho.**

O assistente social é chamado a atuar nas várias esferas heterogêneas do trabalho coletivo, como na saúde, na habitação, na assistência social, na seguridade social, na educação, na gestão de recursos humanos de empresas, no "poder local", em assessorias, em consultorias, na área de crianças, adolescentes, família e idosos, na formação acadêmico-profissional, em pesquisas, nas esferas jurídicas, nas relações de gênero/sexo, etnia, raça e classes sociais, nos movimentos sociais, em organizações não governamentais (ONGs), em organizações representativas, sindicais e políticas, em conselhos, entre outros. Há uma infinidade de áreas e especificidades que requerem um dinamismo diante dos desafios postos à profissão na contemporaneidade.

Além do mais, na área de formação acadêmico-profissional, há dois dilemas contraditórios que implicam opções "técnicas" ou "técnico-pedagógicas": (1) afunilar a formação acadêmico-profissional para a especialização técnico-operativa; (2) manter o perfil generalista de sua formação, cabendo especializações ou cursos técnico-operacionais para sanar as especificidades das diversas áreas de atuação profissional (Netto, 1996). O encaminhamento desses dilemas requer não somente opções "técnicas" ou "técnico-pedagógicas", mas, sobretudo, pressupõe implicações ideopolíticas bem definidas.

> O primeiro, além de abrir o flanco para a redução da formação profissional a um nível puramente técnico-operativo, acabará por alijar da formação os avanços teóricos e analíticos que garantem a

> compreensão do significado social na rede das concretas relações sociais; afastará a preocupação com toda investigação que não seja "aplicada"; converterá a profissão num elenco de tecnicalidades vocacionais para a intervenção microlocalizada. O segundo dilema é a única solução que me parece assegurar o desenvolvimento da cultura profissional num sentido congruente com a direção social estratégica que se construiu na entrada dos anos noventa: pode assegurar a qualificação para a intervenção localizada (ação focal) à base de uma compreensão estrutural da problemática focalizada. E é nesta segunda alternativa, diga-se de passagem, que se pode fundar consequentemente a noção de uma formação profissional contínua. (Netto, 1996, p. 125)

No primeiro dilema, presa-se por um técnico bem adestrado para intervir em um campo de ações determinadas e determinantes com a máxima eficácia operativa, na concepção de uma profissional que "sabe fazer, mas não compreende o que faz". O segundo dilema almeja um profissional cultural e pedagogicamente formado como intelectual, que, habilitado a operar em determina área, compreende o sentido social de seu trabalho e da problemática que se apresenta diante de si, em seu sentido histórico e contraditório, intervindo de modo consciente, criativa, crítica e propositiva na realidade, transformando-a. Em síntese, é preciso exigir um olhar além das fronteiras imediatas das atividades profissionais executadas rotineiramente, de modo a apreender as tendências e mudanças dos processos sociais e das transformações macroscópicas do mundo contemporâneo, identificando, por meio delas, novas possibilidades e exigências do trabalho profissional – eis o grande desafio da atualidade.

Para refletir

A cooperação capitalista e a divisão do trabalho dela indissociável realizam-se por formas históricas específicas, que vão da manufatura, passando pela grande indústria ao novo padrão de acumulação que Harvey qualifica de "acumulação flexível".

> O móvel dessa transição histórica é a busca da crescente lucratividade, que se traduz na tendência do capital de desenvolver as forças produtivas do trabalho social, **reduzindo relativamente o emprego do trabalho vivo** – e de capital variável – **diante da crescente incorporação de trabalho morto**, já realizado e materializado nos meios de produção – e de capital constante – mediante a incorporação da ciência e da tecnologia nos processos produtivos.

Fonte: Iamamoto, 2005, p. 109, grifo do original.

3.3 Entre a sanidade e a loucura

Tendo como base as reflexões da teoria social de Marx, é possível compreender o processo de exploração na **sociedade do capital**.

> **Sociedade do capital**: é aquela "cuja reprodução social é dominada pela expansão do capital", que "se dá tanto no sentido do volume de riqueza acumulada, como também no sentido geográfico do termo: o capital termina por se tornar a forma básica da relação social em todo o planeta com o surgimento e desenvolvimento do mercado mundial" (Lessa, 1999, p. 29).

Esse processo é tão avassalador que, nas últimas décadas, tem provocado várias patologias neuropsíquicas nos profissionais, como *stress*, doenças ocupacionais e depressões, entre outras enfermidades causadas pela crescente exigência de produtividade das empresas, em que missão, objetivos e metas passaram a ser os novos padrões de referência para manter-se no emprego.

Raichelis (2011, p. 426) salienta que a "temática da superexploração e do desgaste físico e mental no trabalho profissional" é um tema novo, pouco debatido e pesquisado, portanto, "pouco conhecido pelo Serviço Social e seus trabalhadores, e que não apresenta acúmulo na literatura profissional". Além disso, quase não há "estudos e pesquisas que tomam como objeto os próprios profissionais que sofrem e adoecem a partir do cotidiano de seu trabalho e da violação de seus direitos" (Raichelis, 2011, p. 426).

Para saber mais

Para um maior aprofundamento dos desgastes mentais e emocionais dos assistentes sociais nas relações de trabalho, sugerimos a leitura do texto a seguir.

FRANCO, T.; DRUCK, G.; SELIGMAN-SILVA, E. As novas relações de trabalho, o desgaste mental do trabalhador e os transtornos mentais no trabalho precarizado. **Revista Brasileira de Saúde Ocupacional**, São Paulo, v. 35, n. 122, jul./dez. 2010. Disponível em: <http://www.scielo.br/scielo.php?script=sci_arttext&pid=S0303-76572010000200006>. Acesso em: 20 dez. 2021.

A exploração no trabalho tem afetado sobremaneira a saúde do trabalhador, especialmente no que se refere ao desgaste mental. São frequentes as denúncias de sofrimentos causados pelos excessos de trabalho diário ou mesmo por condições que resultam em licenças, transferências e afastamentos, muitas vezes ocasionados por violência, assédio organizacional, demissões em massa, intensificação do ritmo de trabalho, excesso de responsabilidades ou desqualificação profissional. De certa forma, o cotidiano de muitos trabalhadores – e o assistente social não foge a essas situações – é marcado, na maioria das vezes, por violações de direitos, humilhações, autoritarismo, assédios e constrangimentos.

Entre as dificuldades mais apontadas, estão a falta de local apropriado para atendimentos ou refeições, o desrespeito aos horários, a ausência ou inadequação dos banheiros, a escassez de material básico, a falta de telefones, computadores e outros equipamentos, os locais insalubres ou perigosos e a falta de proteção.

Em tempos modernos, a vida humana está sendo cada vez mais banalizada. No entanto, Heller (2004, p. 24) aponta que a "vida cotidiana está carregada de alternativas, de escolhas" que podem suspender o processo de alienação/reificação. O ser social não está fadado a um destino predeterminado e pode utilizar todas as suas capacidades/forças ou potencialidades para dar um novo sentido à sua vida e, consequentemente, à sua história; porém, é preciso ter ou criar as condições objetivas para tanto (Veroneze, 2013). Para Raichelis (2011, p. 425-426),

> problematizar o trabalho do assistente social na sociedade contemporânea supõe pensá-lo como parte alíquota do trabalho da classe trabalhadora, que vende sua força de trabalho em troca de um salário, submetido aos dilemas e constrangimentos comuns a todos os trabalhadores assalariados, o que implica ultrapassar a visão liberal que apreende a prática do assistente social a partir de uma relação dual e individual entre o profissional e os sujeitos aos quais presta serviços.

Considerar o assistente social como um profissional inscrito na divisão sociotécnica do trabalho supõe pensá-lo como trabalhador que se inscreve no complexo conjunto de relações contratuais de venda e troca da força de trabalho, seja na esfera pública, seja no campo privado. Significa, ainda, encará-lo como mercadoria (força trabalhadora) que não dispõe dos meios e instrumentos de trabalho. O assistente social nem sempre está inserido na rede das relações de produção, embora esteja na rede de prestação de serviços, devendo colocar-se à disposição de seus empregadores institucionais: "recursos materiais, humanos, financeiros, para o desenvolvimento de programas, projetos, serviços, benefícios e de um conjunto de atribuições e competências, de atendimento direto ou em nível de gestão e gerenciamento institucional" (Raichelis, 2011, p. 425).

Contudo, mesmo não sendo proprietário dos meios de produção e das condições estruturais para o desempenho de suas funções, o assistente social é dono dos resultados de sua ação, desde que tenha condições técnicas e organizacionais para o desenvolvimento de seu trabalho. É no contato direto e no cotidiano com os cidadãos de direito que o assistente social materializa suas posições ideopolíticas, teórico-metodológicas, técnico-operativas e ético-políticas, elementos constitutivos do projeto ético-político profissional.

De acordo com Raichelis (2011, p. 426), é comum observar, em pesquisas e estudos, algumas análises e indignações dos profissionais do serviço social com relação à exploração e ao desgaste a que são submetidos os trabalhadores assalariados, "mas estabelecendo com estes uma relação de exterioridade e de não pertencimento enquanto um segmento desta mesma classe". O assistente social, na maioria das vezes, não se vê como trabalhador assalariado, não se vê inserido e inscrito em uma relação contratual de compra e venda e que tem uma autonomia relativa diante dos poderes institucionais constituídos.

Mesmo que a profissão tenha sido regulamentada historicamente como "profissão liberal", seu exercício profissional se realiza, na maioria das vezes, mediado "por instituições públicas e privadas, tensionado pelas contradições que atravessam as classes sociais na sociedade do capital e pela condição de trabalhador assalariado, cuja atividade é submetida a normas próprias que regulam as relações de trabalho" (Raichelis, 2011, p. 427).

É preciso refletir que o serviço social se constituiu historicamente como uma profissão que produz conhecimento e intelectuais e intervém na realidade, exercendo, direta e indiretamente, impacto na sociedade e, ao mesmo tempo, sendo impactado por ela. A profissão deve ser pensada como construção histórica no movimento dialético da sociedade, e é na materialidade desse processo que seus intelectuais orgânicos extraem o objeto e analisam o movimento da realidade em suas pesquisas (Veroneze, 2020).

Pensar a profissão como área e universo de conhecimento é compreender a capacidade que ela tem de transformar a ação em conhecimento e vice-versa. Ao analisar a categoria intelectual no pensamento de Gramsci, Silva (2017, p. 66) aponta que "a categoria intelectual forma-se na história e na historicidade, ou seja, vincula-se à divisão social do trabalho burguesa em dado momento e às condições por ela objetivamente dadas. É neste contexto contraditório que os intelectuais se constituem como tais". É válido ressaltar que Gramsci afirma que todos os seres humanos são intelectuais, embora nem todos exerçam a função de intelectual.

Nesse quadrante, há dois tipos de intelectuais destacados por Gramsci: os tradicionais, que são aqueles vinculados organicamente às instituições sociais, como universidades e igrejas; e os orgânicos, ou seja, aqueles que se vinculam a determinada classe social e a ajudam em sua organização, difundindo culturalmente sua hegemonia (Silva, 2017).

Dada a organicidade da profissão, o assistente social pode exercer as duas funções: pode estar vinculado às universidades e à produção do conhecimento, mas pode, também, estar vinculado às classes subalternizadas, de modo a expressar seu pensamento e sua hegemonia. Nessa perspectiva, é preciso problematizar seu papel como agente de transformação e os interesses que direcionam sua prática profissional, assim como questionar quais são os referenciais ideopolíticos, teórico-metodológicos e ético-políticos que balizam sua atuação profissional.

De acordo com Raichelis (2011, p. 427), "problematizar a violação dos próprios direitos dos assistentes sociais, na relação com a violação dos direitos dos trabalhadores, requer a definição de uma agenda de questões específicas conectadas às lutas gerais da classe trabalhadora no tempo presente", de modo a conhecer os processos concretos e o cotidiano do trabalho profissional, suas múltiplas dimensões, determinações e mediações que destacam as contradições entre a direção social da prática profissional, as exigências dos poderes institucionais e da realidade social aos trabalhadores assalariados.

Em outros termos, a apreensão da realidade e de suas contradições implica um exercício que busca encontrar as tensões entre o projeto ético-político profissional e os processos de alienação e estranhamento do trabalho profissional, o que exige um profissional qualificado, capaz de realizar seu trabalho com rigor teórico-metodológico e ético-político, que tenha competência de propor, negociar, construir estratégias, defender propostas e objetivos com seus empregadores e com políticos, de modo a defender os interesses das classes subalternas, tendo autonomia técnica e operacional para exercer suas prerrogativas e atribuições profissionais (Raichelis, 2011).

O assistente social é um intelectual orgânico "capaz de realizar a apreensão crítica da realidade e do trabalho no contexto dos interesses sociais e da correlação de forças políticas que o tencionam" (Raichelis, 2011, p. 428), além de ter a capacidade de construir estratégias coletivas e alianças políticas que possam reforçar direitos nas diferentes áreas de atuação, no sentido de ampliar o protagonismo das classes subalternas, ampliando os espaços públicos de reinvindicação. Para tanto, exige-se desse profissional conhecimento amplo de sua realidade e dos processos e das relações sociais estabelecidos no amplo e complexo campo das tensões sociais e relacionais.

Em tempos de intensificação e precarização do trabalho e da crise estrutural do capital, em que trabalhadores estão sendo cotidianamente descartados, precarizados, flexibilizados, informatizados, pauperizados, desprotegidos de seus direitos, violentados e desprovidos de organização coletiva, o assistente social é, nesses termos, expressão de resistência e luta do movimento que articula conhecimentos, habilidades, estratégias e, ainda, batalha por espaços no mercado de trabalho.

Pesquisas demonstram que a dinâmica institucional tem desencadeado desgastes e adoecimentos físicos e mentais nos profissionais que atuam, principalmente, nas áreas sociais e da saúde. Além disso, pesquisas têm apontado que os profissionais impedidos de exercer sua ética profissional têm adoecido (Raichelis, 2011). Esses problemas têm sido uma das preocupações de pesquisadores que observam o aparecimento dessas queixas na fala de muitos profissionais e nas constantes denúncias de violações de direitos e ampliação das situações de adoecimentos decorrentes das más condições de trabalho do assistente social (Boschetti, 2011). Portanto, torna-se um desafio contemporâneo formular uma agenda de pesquisas que possam produzir conhecimento sobre as reais condições de trabalho e de violação de direitos dos assistentes sociais e da classe trabalhadora de modo geral, com vistas a produzir subsídios fundamentais para a continuidade das lutas e resistências contra os imperativos do poder do capital.

De acordo com Raichelis (2011, p. 436), "quanto mais qualificados os trabalhadores sociais, menos sujeitos a manipulação e mais preparados para enfrentar o assédio moral no trabalho, os jogos de pressão política e de cooperação nos espaços institucionais". Embora as condições atuais sejam muito controversas, somente o coletivo profissional pode aglutinar forças para o enfrentamento das questões aqui levantadas, configurando, assim, um debate e um desafio na atualidade.

> **Para refletir**
>
> O caminho da vida pode ser o da liberdade e da beleza, porém, desviamo-nos dele. A cobiça envenenou a alma dos homens, levantou no mundo as muralhas do ódio e tem-nos feito marchar a passo de ganso para a miséria e os morticínios. Criamos a época da produção veloz, mas nos sentimos enclausurados dentro dela. A máquina, que produz em grande escala, tem provocado a escassez. Nossos conhecimentos fizeram-nos céticos; nossa inteligência, empedernidos e cruéis. Pensamos em demasia e sentimos bem pouco. Mais do que máquinas, precisamos de humanidade; mais do que de inteligência, precisamos de afeição e doçura! Sem essas virtudes, a vida será de violência e tudo estará perdido.

Fonte: O GRANDE ditador. Direção: Charles Chaplin. EUA: MK2 Diffusion, 1940. 125 min.

Síntese

Neste capítulo, abordamos as temáticas que têm alimentado o debate contemporâneo do serviço social. Avançamos na compreensão da categoria profissional, suas implicações, suas condições materiais e as principais problemáticas que têm afetado o exercício profissional. Elencamos os processos de trabalho, a identidade e os condicionantes de um mercado de trabalho controverso e desafiador. Por fim, apresentamos a principal problemática que tem atingido muitos profissionais do serviço social em seu cotidiano profissional, causando sérios problemas à saúde física e mental dos assistentes sociais, bem como a necessidade de um maior aprofundamento em estudos e pesquisas sobre as condições que imperam nesse campo profissional na atualidade.

Questões para revisão

1. Com relação ao trabalho profissional, assinale V para as afirmativas verdadeiras e F para as falsas:

    ( ) Os espaços ocupacionais correspondem às instâncias sociointitucionais por meio das quais a prática do assistente social se objetiva como parte das respostas a determinadas requisições colocadas pelas classes sociais no enfrentamento da questão social.
    ( ) As múltiplas expressões da "questão social" se constituem na matéria-prima e no objeto interventivo do serviço social.
    ( ) O assistente social é um profissional que está inserido em uma rede de relações sociais harmônicas, satisfatórias e desafiadoras, marcado, sobretudo, pelas implicações da lógica do Estado e dos interesses da classe trabalhadora.
    ( ) A tomada de consciência e de posição ideopolítica expressa um fazer profissional alienado e alienante.
    ( ) É no cotidiano da vida social que o assistente social observa e interfere nos fenômenos e em suas contradições, sobretudo nas desproteções sociais, nas desigualdades sociais, nas subalternidades, nas expressões de violência e de aviltamento de direitos, ou seja, nas mazelas humanas em diferentes áreas de atuação profissional.

    Agora, assinale a alternativa correspondente à sequência correta:
    a) V – V – F – V – F.
    b) V – V – F – F – V.
    c) F – V – F – V – V.
    d) F – F – V – V – F.
    e) V – V – F – F – F.

2. Assinale a alternativa que **não** condiz com as competências do assistente social. Entende-se, aqui, por *competências* as qualificações do trabalho profissional em âmbito geral, mas que outros profissionais também podem realizar, em conformidade com a lei que regulamenta a profissão.
   a) Elaborar, coordenar, executar e avaliar planos, programas e projetos que sejam do âmbito de atuação do serviço social com participação da sociedade civil.
   b) Planejar, organizar e administrar benefícios e serviços sociais.
   c) Prestar assessoria e consultoria aos órgãos da Administração Pública direta e indireta, a empresas privadas e a outras entidades.
   d) Encaminhar providências e prestar orientação social aos indivíduos, aos grupos e à população.
   e) Ocupar cargos e funções de direção de empresas financeiras.

3. Assinale a alternativa que **não** condiz com as atribuições privativas do assistente. Entende-se, aqui, por *atribuições privativas* as tarefas específicas que só terão validade se forem desempenhadas pelo profissional do serviço social, em conformidade com a lei que regulamenta a profissão.
   a) Dirigir serviços técnicos de serviço social em entidades públicas ou privadas.
   b) Fiscalizar o exercício profissional de assistentes gerais por meio dos conselhos regionais e federal.
   c) Dirigir e coordenar unidades de ensino e cursos de Serviço Social, de graduação e pós-graduação.
   d) Assumir, no magistério de Serviço Social, tanto em nível de graduação quanto de pós-graduação, disciplinas e funções que exijam conhecimentos próprios e adquiridos em curso de formação regular.
   e) Realizar vistorias, perícias técnicas, laudos periciais, informações e pareceres sobre matéria de serviço social.

4. Quais são as principais denúncias referentes ao trabalho profissional dos assistentes sociais?

5. De acordo com Netto (1996), atualmente, as áreas de atuação profissional são mais heterogêneas e complexas. Quais são as novas exigências para os assistentes sociais diante nesse novo contexto?

Questões para reflexão

1. Quais são as questões que demandam preocupação e análise dos assistentes sociais, considerando as transformações societárias recentes em suas atribuições privativas e em suas competências?
2. De acordo com Netto (1996, p. 123, grifo do original), "a questão do espaço profissional não pode ser tomada a partir de um ponto de vista coorporativo, mas deve ser apreendida na perspectiva de **novas competências**". Como devemos entender essa assertiva?

CAPÍTULO 4

O cenário atual e suas incidências no trato da "questão social": implicações no exercício profissional

Conteúdos do capítulo:

- O processo de reestruturação produtiva e a flexibilização das relações de trabalho.
- A crise estrutural do capital e seus rebatimentos no cenário nacional.
- O Estado burguês capitalista, suas implicações e os projetos neoliberais e neoconservadores.
- Organização da sociedade civil e suas implicações no serviço social.
- O precariado e a luta de classes.

Após o estudo deste capítulo, você será capaz de:

1. identificar os principais desafios do serviço social no contexto da crise estrutural do capital;
2. reconhecer a importância de se entender a lógica capitalista e do Estado burguês;
3. compreender os principais desafios que atingem o serviço social como categoria profissional na atualidade;
4. identificar as principais transformações societárias da sociedade atual.

> *"Tudo é e não é, pois tudo flui, tudo se acha sujeito a um processo constante de transformação, de incessante nascimento e caducidade".*
> Friedrich Engels

4.1 Desafios contemporâneos do serviço social

O cenário atual é, ao mesmo tempo, emblemático e desafiador. Desde a década de 1970, o mundo vem assistindo à erosão dos alicerces que sustentam o capitalismo: crises financeiras, na política, na produção, no mundo do trabalho; enfim, crises que afetam significativamente a dinâmica da vida social e que têm forçado a construção de um sistema global e integrado, constituído de grandes conglomerados de capital financeiro e de monopólios do poder que ditam as regras e as leis para a manutenção do *status quo* da acumulação produtiva do capital, sob a lógica da ideologia burguesa (Veroneze; Martinelli, 2020).

A partir de 1973, uma série de acontecimentos relevantes sinalizaram mais um momento de crise global[1]. De modo geral, a progressiva queda nos lucros, a estagnação da economia com altas taxas de

---

1 "Entendemos que os momentos de crises do capital não implicam necessariamente o fim do capitalismo, mas a busca de soluções bruscas para o restabelecimento da normalidade do próprio sistema que volta ao seu eixo destrutivo e contraditório. Em outras palavras, Marx já apontava que os momentos de crises criam condições para um novo processo, muitas vezes, mais avassalador de acumulação de capital e de exploração do **sobretrabalho**. Tal movimento implica o caráter cíclico dessas crises" (Veroneze, 2018, p. 266). De acordo com Mota (citado por Serra, 2000, p. 30), compreende a ideia de crise global ou societal "o conjunto de transformações econômicas, políticas, sociais, institucionais e culturais que interferem no processo de reprodução social", cuja "concepção aponta para o fato de que, num período de crise, os velhos padrões estão se esgotando, mas o novo padrão ainda não se põe", abarcando as manifestações econômicas e os requisitos sociopolíticos necessários à reestruturação do processo de reprodução social.

inflação, a crise causada pela superprodução e a crise internacional do petróleo levaram à estagnação da economia mundial, o que culminou em alterações no padrão de acumulação capitalista, sob a hegemonia do capital financeiro (Veroneze, 2018).

Nesse sentido, a crise estrutural do capital; o desmoronamento do bloco socialista/comunista do Leste Europeu – que culminou no desmonte da esquerda tradicional, instaurando um processo político e ideológico que propiciou a substituição de alguns de seus quadros pela social-democracia, muitas vezes, subordinando-se à ordem do capital; o rebaixamento brutal dos direitos e das conquistas sociais das classes trabalhadoras; e, por fim, a expansão do neoliberalismo, em decorrência da crise do **Estado de bem-estar social** (*Welfare State*), são vetores que apontam para o esfacelamento das bases do capitalismo, da reestruturação produtiva e da acumulação flexível.

Esses são fenômenos ligados à globalização, fato que instigou as empresas a uma maior competitividade em âmbito global, reestruturando-se seja por meio de inovações tecnológicas, principalmente com base na microeletrônica (*chips*), em computadores, em máquinas de controle numérico, em robôs, em *computer-aided design* e *computer-aided manufacturing* (CAD-CAM), em desenho e em produção industrial com auxílio de computadores; seja pelas inovações organizacionais, como terceirização, kanban, ilhas de produção, trabalho em equipe, condomínio ou polo industrial, círculo de controle de qualidade (CCQ) e qualidade total – há, ainda, uma nova morfologia do mundo do trabalho: a **uberização** ou "era do trabalhador *jus in time*" (Abílio, 2020).

Raichelis e Arregui (2021, p. 139), ao fazerem uma referência a Marx, apontam que "o capital incorpora as inovações e os avanços tecnológicos e científicos, especialmente as tecnologias de base digital, que aceleram a produtividade do trabalho [...] e ampliam a população sobrante para as necessidades de valorização do capital, ampliando e diversificando a superpopulação relativa". Além disso, "o termo uberização se refere a processos que não se restringem a essa empresa nem se iniciam com ela, e que culminam em uma nova forma de controle, gerenciamento e organização do trabalho" (Abílio, 2020, p. 112), dado o amplo processo de informalização e o uso de aplicativos do trabalho, o que traz mudanças substantivas e qualitativas para a própria definição de trabalho informal.

Esses vetores permitiram que a economia mundial se entrelaçasse a um sistema plenamente globalizado, garantindo que novas formas de organização da produção, de gestão do trabalho e do Estado burguês fossem implementadas. Portanto, neste capítulo, buscaremos discutir os impactos dos desdobramentos das crises do cenário atual, suas incidências no trato da "questão social" e as implicações no exercício profissional do serviço social.

4.2 Antecedentes históricos

Desde a crise do liberalismo clássico e da livre concorrência no século XVIII, o sistema de produção passou a ser questionado. A ideia de um mercado livre não se sustentava mais, e o Estado precisava intervir na economia para que o sistema não entrasse em colapso.

Do ponto de vista produtivo, um novo sistema de organização e gestão da produção e do trabalho passou a vigorar no início do século XX nos Estados Unidos, mais precisamente na cidade de Detroit: o **fordismo**. Esse modelo era inspirado nos sistemas de transporte dos abatedouros, em que o gado era levado a postos de "desmontagens". Henry Ford aperfeiçoou o modelo taylorista-fordista como estratégia de organização do trabalho da indústria automobilística com a qual pretendia alcançar o máximo de produtividade e rendimento com o mínimo de esforço e tempo, criando uma linha de montagem em que, diante de uma esteira rolante, operários sem grande qualificação (logo, facilmente substituíveis) montavam peças padronizadas mecânica e repetidamente, cabendo às chefias o papel de controle e repressão (Antunes, 1999).

Um bom e clássico exemplo dessa estratégia de organização é o filme *Tempos modernos*, de Charles Chaplin, lançado nos Estados Unidos em 1936, que destaca a vida urbana estadunidense da década de 1930, imediatamente após a crise de 1929-1933. A primeira parte do filme aborda a vida da sociedade industrial da época, caracterizada pelo sistema de produção de linha de montagem e especialização do trabalho, fazendo, assim, uma crítica contundente à modernidade industrial, à alienação física e ideológica e ao desenvolvimento do capitalismo modelo de produção industrial.

Com a quebra da Bolsa de Nova York, em 1929, causada principalmente pela superprodução, inúmeras empresas abriram falência, sinalizando uma das maiores crises da história do capitalismo. O colapso financeiro envolveu todo o globo e implicou longos períodos de recessão. O Estado burguês começou a intervir na economia para reduzir os impactos gerados pelo desequilíbrio do capitalismo, passando a dispor de recursos monetários oriundos das receitas tributárias nos setores da economia privada. Depois da Segunda Guerra Mundial (1939-1945), o keynesianismo passou a ser uma opção contra o comunismo soviético, embora também buscasse redistribuir os recursos em favor dos monopólios e oligopólios, quer mediante gastos de incentivos e subsídios financeiros, quer no estímulo tecnológico e na indústria bélica (Veroneze, 2018).

Segundo as ideias do economista britânico John Maynard Keynes, o Estado deveria ter um papel regulador na economia, a fim de manter sua estabilidade. Essa concepção ficou conhecida como keynesianismo, e foi o alicerce dos países capitalistas ricos ao criar o Estado de bem-estar social (*Welfare State*), um modelo de organização política e econômica do Estado burguês firmado nos direitos sociais universais dos cidadãos, do assistencialismo e do intervencionismo, em que, por meio de gastos públicos, são garantidos a criação de empregos (pleno emprego) e de programas de assistência social e subsídios a certas atividades econômicas. Nessa direção, foram implementadas políticas públicas e sociais de distribuição de renda com o objetivo de elevar o poder aquisitivo das pessoas de modo a garantir seu poder de consumo e, assim, estimular a produção e a economia.

> **Importante!**
>
> Podemos entender o Estado de bem-estar social como uma mobilização em larga escala do aparelho do Estado em uma sociedade capitalista, a qual visa executar medidas orientadas diretamente ao bem-estar de sua população. Busca garantir o controle das relações de trabalho assalariado, ação que promove a aceitação do assalariamento e evita qualquer forma alternativa.

> **Para saber mais**
>
> *É importante considerar as teorias de Esping-Andersen sobre a tipificação do Estado de bem-estar social.*
> *Para tanto, indicamos a leitura do artigo de Esping-Andersen:*
> ESPING-ANDERSEN, G. As três economias políticas do Welfare State. **Lua Nova**, v. 24, set. 1991. Disponível em: <https://www.scielo.br/j/ln/a/99DPRg4vVqLrQ4XbpBRHc5H/?lang=pt>. Acesso em: 20 dez. 2021.

Na década de 1950, o japonês Eiji Toyoda (Toyota) e seu engenheiro Taichi Ohno viajaram aos Estados Unidos para conhecer a fábrica da Ford e ficaram impressionados com o sucesso do modelo ali empregado. De volta ao Japão, começaram a pôr algumas daquelas ideias em prática. Como não dispunham de capital para investir na importação de tecnologia, passaram a implementar uma nova forma de organização do trabalho fabril. Além disso, haviam percebido que sua produção era praticamente três vezes menor que a da Ford, e algumas modificações a esse modelo seriam necessárias.

Com isso, observaram o trabalho e descobriram que, se o operário atuasse em vários pontos da linha de produção (polivalente), ganhariam em rapidez. Também perceberam que, produzindo em pequenos lotes, o custo da fabricação seria menor e diminuiria o número de defeitos e que, trabalhando com estoques mínimos, poderiam economizar ainda mais. Além disso, observaram que, com os operários motivados e comprometidos com a melhoria dos processos produtivos, era possível complementar os resultados positivos. Mais tarde, as inovações tecnológicas e a informática complementaram esse sistema de produção. Surgiu, assim, o **toyotismo** ou **ohnoísmo**, uma nova forma de organizar e gerir o trabalho fabril, responsável pelo que se chamou de **Terceira Revolução Industrial**.

Segundo Antunes (1999, p. 19), o toyotismo

> expressa a forma particular de expansão do capitalismo monopolista do Japão no Pós-45, cujos traços principais são: produção flexível, existência de grupos ou equipes de trabalho utilizando-se crescentemente da microeletrônica e da produção bastante heterogênea, os estoques são reduzidos e há forte processo de terceirização e precarização do trabalho.

No toyotismo, a produção é vinculada à demanda, variada e bastante heterogênea. O trabalho operário fundamenta-se em equipes, com multivariedade de funções, sob o princípio regulador do *just in time*, sistema de administração da produção que determina a "hora certa" para produzir, transportar ou comprar – o termo está relacionado à produção por demanda. Esse modelo visa ao melhor aproveitamento possível do tempo de produção, à horizontalização do processo produtivo e à terceirização de grande parte da produção (Antunes, 1999).

Tais incentivos propiciaram o desenvolvimento das indústrias de base, principalmente a bélica, a eletrônica, a atômica e a aeronáutica. Por outro lado, o avanço do capitalismo monopolista forçou o Estado burguês a buscar novas formas de intervenção e a implementar políticas desenvolvimentistas nos países que apresentassem condições históricas para esse fim, sobretudo naqueles em desenvolvimento. Além desses fatores, o impasse gerado pelo bloco socialista-comunista soviético em confronto com os Estados Unidos promoveu um clima de tensão mundial. Esse confronto ideológico ficou conhecido como Guerra Fria (1947-1989). Seus impactos aceleraram ainda mais o desenvolvimento do capitalismo monopolista e a financeirização da economia, principalmente no fornecimento de subsídios para incrementar o imperialismo militar e os agrupamentos econômicos, formando os mercados transnacionais (Veroneze, 2018).

Essas transformações geraram uma maior arrecadação de impostos, o que prejudicou significativamente a classe operária. Em contrapartida, o Estado de bem-estar social buscou amenizar os impactos sociais por meio da implementação de políticas públicas, o que onerou ainda mais os cofres públicos (Veroneze, 2018).

Contudo,

> a partir dos anos de 1960 e 1970, o declínio das taxas de lucro, sob a égide do capital financeiro, conjugado com a crise do petróleo dos anos de 1970, forçou os capitalistas e os Estados nacionais a buscarem novas formas econômicas, sociais, políticas e ideológicas para a expansão do domínio do capital, visando, ainda, manter e fortalecer a posição hegemônica da burguesia. (Veroneze, 2018, p. 277)

O surgimento de uma nova crise do capitalismo mundial na década de 1970, gerada principalmente pela acentuada queda na produtividade e pela subida nos preços do petróleo, causou uma série de transformações e impactos, especialmente na economia e na política. Foi necessário flexibilizar o sistema produtivo para controlar as situações de instabilidade e de pouca previsibilidade do mercado mundial. Novamente, no final das décadas de 1970 e 1980, o mundo começou a vivenciar sinais de um novo período de crises.

Essa síntese evidencia os principais fatores que ocasionaram o que chamamos de **reestruturação produtiva** e **acumulação flexível**, que caracterizam o momento que estamos vivendo, ou seja, as consequências dessas transformações culminaram na formação de um mercado mundial globalizado, com o aparecimento dos oligopólios (associações de grandes grupos econômicos) e dos blocos econômicos regionais (Comunidade Europeia, Nafta, Mercosul etc.).

Nas décadas de 1980 e 1990, as ideias do liberalismo clássico foram revividas, só que, dessa vez, sob outras roupagens, principalmente as ideológicas. O principal argumento era o de que os Estados não deram conta de controlar as crises do capitalismo, ao contrário do que o keynesianismo pregava. Portanto, era necessária uma reviravolta mediante a proposta da retirada do Estado burguês como regulador da economia, incentivando a livre concorrência do mercado e o Estado mínimo, isto é, um Estado que busca intervir o mínimo possível na economia e nas questões sociais, deixando a intervenção a cargo da sociedade civil e do "terceiro setor". Essa retomada do pensamento liberal, da livre concorrência e do mercado autorregulável é o que se denomina **neoliberalismo**, fruto dos economistas advindos da Escola de Chicago, nos Estados Unidos (Veroneze, 2018).

Para saber mais

Para que você possa se aprofundar sobre a reestruturação produtiva, a acumulação flexível e o neoliberalismo, sugerimos a leitura dos textos a seguir.

HELOANI, R. **Organização do trabalho administrativo**: uma visão multidisciplinar. São Paulo: Cortez, 2006.

HELOANI, R. **Organização do trabalho e administração**: uma visão multidisciplinar. 5. ed. São Paulo: Cortez, 2006.

Outras leituras correlatas e que sinalizam o rebatimento da reestruturação produtiva no serviço social, principalmente no caso brasileiro, são os livros indicados a seguir.

ABRAMIDES, M. B. C. **O projeto ético-político do serviço social brasileira**: ruptura com o conservadorismo. São Paulo: Cortez, 2019.

FREIRE, L. M. de B. **O serviço social na reestruturação produtiva**: espaços, programas e trabalho profissional. 2. ed. São Paulo: Cortez, 2006.

O ideário e o programa político neoliberal passaram a ditar as regras a serem implementadas pelos países capitalistas, sobretudo após a instauração do **Consenso de Washington**, principalmente nos países em desenvolvimento (Antunes, 1999). O receituário neoliberal previa a privatização da economia e dos sistemas de seguridade social, o fim da legislação trabalhista (substituída pela livre negociação/flexibilização), a redução dos programas sociais, entre outras medidas que afetam, sobremaneira, as funções do Estado, as políticas públicas – principalmente as sociais – e a classe trabalhadora, privilegiando o grande capital.

Para saber mais

Para maior aprofundamento sobre o Consenso de Washington, leia o texto a seguir.
BATISTA, P. N. **O Consenso de Washington**: a visão neoliberal dos problemas latino-americanos. 1994. Disponível em: <http://professor.pucgoias.edu.br/sitedocente/admin/arquivosUpload/17973/material/Consenso%20de%20Washington.pdf>. Acesso em: 20 dez. 2021.

De acordo com Abramides (2019, p. 139), o Consenso de Washington, em 1989, definiu um conjunto de medidas para a implantação do "receituário neoliberal para o continente latino-americano sob a orientação do Fundo Monetário Internacional (FMI), do Banco Interamericano de Desenvolvimento (BIRD), do Banco Mundial e do governo norte-americano".

Outra questão a considerar é que, a partir da década de 1970, um grupo de países asiáticos, conhecidos como Tigres Asiáticos (Hong Kong, Cigapura, Coreia do Sul e Taiwan), começou a despontar no cenário político e econômico, alcançando um desenvolvimento administrativo industrial e econômico de maneira muito agressiva, expandindo o setor produtivo e seu poder de dominação diante do imperialismo estadunidense.

Para saber mais

Para maior aprofundamento sobre as estratégias de desenvolvimento econômico e industrial do Leste Asiático, sugerimos a leitura a seguir.

NASSIF, A. Estratégias de desenvolvimento em países de industrialização retardatária: modelos teóricos, a experiência do Leste Asiático e lições para o Brasil. **Revista do BNDES**, Rio de Janeiro, v. 12, n. 23, p. 138-176, jun. 2005. Disponível em: <https://web.bndes.gov.br/bib/jspui/bitstream/1408/11457/2/RB%2023%20Estrat%C3%A9gias%20de%20Desenvolvimento%20em%20Pa%C3%ADses%20de%20Industrializa%C3%A7%C3%A3o%20Retardat%C3%A1ria_Modelos%20Te%C3%B3ricos_P_BD.pdf>. Acesso em: 20 dez. 2021.

Como é possível perceber, o processo de financeirização do capital e o imperialismo norte-americano e asiático comandam atualmente as determinações da macroeconomia de subordinação ao capital financeiro internacional, o que facilitou, sobremaneira, a dependência e a submissão dos países periféricos.

Os efeitos do Consenso de Washington registraram amplo acordo sobre as reformas iniciadas pelos países da América Latina, sobretudo no Brasil e no Peru, com o intuito de conceder condições para a "cooperação financeira externa, bilateral ou multilateral" (Batista, 1994, p. 6).

> A mensagem neoliberal que o Consenso de Washington registraria vinha sendo transmitida, vigorosamente, a partir do começo da Administração Reagan nos Estados Unidos, com muita competência e fartos recursos, humanos e financeiros, por meio de agências internacionais e do governo norte-americano. Acabaria cabalmente absorvida por substancial parcela das elites políticas, empresariais e intelectuais da região, como sinônimo de modernidade, passando seu receituário a fazer parte do discurso e da ação dessas elites, como de sua iniciativa e de seu interesse fosse. (Batista, 1994, p. 6)

As ações implementadas pelo Consenso de Washington, de acordo com Abramides (2019, p. 139), foram: "disciplina fiscal, estabilidade monetária, redução dos gastos públicos, reforma tributária, liberalização financeira e comercial, alteração de taxas de câmbio, investimento direto estrangeiro, privatizações, desregulamentações e propriedade intelectual", resultando em drásticas consequências para a classe trabalhadora. Dessa maneira, "a investida do grande capital em sua ofensiva neoliberal é viabilizada pela abertura de novos espaços de exploração do capital privado e de destruição das políticas sociais públicas estatais duramente conquistadas pelas massas trabalhadoras" (Abramides, 2019, p. 139).

Por essas e outras questões, para resolver o problema do desemprego, a proposta neoliberal implementou a flexibilização dos direitos e contratos trabalhistas. Em outras palavras, livres dos encargos sociais e trabalhistas, os empresários podem empregar mais, já que seriam reduzidos os custos da contratação. Por outro lado, os trabalhadores perdem os direitos sociais e trabalhistas conquistados com muita luta e resistência pelos trabalhadores, lideranças sindicais e organizações da sociedade civil.

Assim, a reestruturação produtiva se caracteriza, sobretudo, pela metamorfose no processo de produção e acumulação do capital e suas repercussões no processo de trabalho, tendo em vista o avanço tecnológico e da informática, a acumulação flexível e o toyotismo. O capital, nesse processo, além de impor suas condições, busca o consentimento e a adesão dos trabalhadores dentro das empresas para viabilizar seu projeto de expansão, naquilo que Marx (2004) chamou de *envolvimento manipulatório*, criando, assim, a concepção de "colaborador", um trabalhador polivalente e multifuncional da era informacional, capaz de operar máquinas com controle numérico e, por vezes, de exercitar com mais intensidade sua dimensão intelectual. Por outro lado, criou-se uma massa de trabalhadores precarizados, sem qualificação subordinada às formas de *part-time* (trabalho em tempo parcial), aos empregos temporários, à informalidade ou ao desemprego estrutural (Antunes, 1999).

Importante!

As novas formas de gestão também propiciaram outras exigências para o mercado, em especial na parte de serviços. Vejamos como essas transformações afetaram os trabalhadores nessa área. No fordismo, o que interessava era produzir mais e com maior qualidade, o que exigia certa padronização dos produtos, com vistas a reduzir os custos da produção. Hoje, por sua vez, o mercado encontra-se saturado e cada vez mais exigente e segmentado, além, é claro, da enorme concorrência. A flexibilização também afetou a linha de produção – novos produtos são lançados a todo momento para atender às necessidades criadas pelo consumo, pois, quanto mais se consome, mais se produz. Essa variedade de opções "descartáveis" gera uma disputa cada vez mais acirrada de preferências entre os clientes/consumidores. Para dar conta desse processo, o fator tempo passa a ser fundamental. É comum escutar a expressão *time compression*. Contudo, tempo também é desempenho. A velocidade no atendimento, na prestação de serviços, na produção etc. passa a ser um determinante dos quesitos eficiência, eficácia e competitividade entre empresas concorrentes e, de certa forma, entre pessoas, o que determina o ritmo desenfreado da vida social. Também as decisões têm de ser mais objetivas, ágeis, rápidas, adotando-se, assim, uma **reengenharia** para reduzir cada vez mais o tempo e os níveis hierárquicos.

É importante destacar que as diversas formas de organização e produção ao longo da história tiveram como objetivo a **maximização dos lucros**, o que sempre significou aumento da produtividade às custas de uma maior exploração do trabalhador. Para dar conta das transformações que destacamos, os empresários tiveram de se adequar rapidamente aos novos padrões de produção e competitividade internacional (modelo de produção toyotista), adotando medidas como demissões em massa, terceirizações, flexibilizações de contratos etc.

- O princípio básico do modelo toyotista é o *just in time*, o que significa que se deve produzir o estritamente necessário para sua utilização imediata, eliminando o desperdício, o que caracteriza a **produção enxuta**. Contudo, há outras duas siglas que derivam do *just in time*: *total quality management* (TQM) – em português, gerenciamento pela qualidade total (GQT); e *total productive maintenance* (TPM), que significa a manutenção produtiva total. Esses dois processos ambicionam a certificação ISO, organismo internacional que garante o passaporte para o mercado mundial.
- Outro recurso utilizado nesse sistema é a **polivalência** dos trabalhadores, que são treinados para desempenhar várias funções em diferentes pontos do processo, o que, no discurso patronal, aumenta a autoestima do profissional, garantindo-lhe maior motivação para continuar a produzir. Contudo, essa polivalência aumenta a carga de trabalho e sua responsabilidade.
- Outro pilar do toyotismo são os **sistemas participativos**, em que os trabalhadores são "convidados ao comprometimento" com todo o processo produtivo. Isso implica premiações para aqueles que desempenharem melhores resultados, entre outros, como também emprego de sugestões para redução de custos e melhorias na qualidade da produção. Essa iniciativa gera, entre os trabalhadores, certa concorrência desleal pela produtividade, o que gera o descarte (demissão) dos menos produtivos (Sindiquímica, [S.d.]).

- Essa síntese dos fatores constituintes do sistema toyotista são incorporadas não só na produção em grande escala, mas também no setor de serviços e, até mesmo, em setores administrativos e gerenciais, o que intensifica a alienação e o estranhamento do trabalho e da vida social.
- Essas mutações e flexibilizações criaram o esfacelamento da classe trabalhadora e de sua organização política, abrindo as portas para a concorrência e disputas desleais entre os próprios pares qualificados e desqualificados, entre mercado formal e informal, jovens e idosos, homens e mulheres, estáveis e precários,

imigrantes e nativos, brancos e negros etc., consequências sociais e políticas que demonstram o que Marx (2004) definiu como **desigualdade combinada**.

O resultado desse processo foi a crescente redução do proletariado fabril estável, o incremento de um novo proletariado (subproletario fabril e de serviços), a expansão do trabalho parcial, precarizado, terceirizado e subcontratado, o aumento do trabalho feminino (em sua maioria, precarizado e desregulamentado), o incremento dos assalariados médios e de serviços (o que ocasionou a fragmentação do sindicalismo), a exclusão de jovens e pessoas de meia idade (desemprego estrutural), a inclusão precoce e criminosa de crianças no mercado de trabalho, a exclusão do trabalho social combinado, em que os trabalhadores de diversas partes do mundo participam do processo de produção e de serviços, a expansão do trabalho em domicílio, a configuração do mundo do trabalho cada vez mais transnacional; em suma, fragmentações, heterogeneizações e complexificações que afetam, sobremaneira, a classe trabalhadora (Antunes; Alves, 2004).

Nessa direção, o controle do tempo de produção permitiu a terceirização de tarefas e serviços, implicando mudanças significativas nas relações de trabalho e no equilíbrio com a vida cotidiana. O trabalho passou a ser extensão do lar e vice-versa, expandindo-se, na maioria das vezes, para cafeterias, transportes, restaurantes, entre outros lugares. Os equipamentos eletrônicos permitem acessar qualquer informação sobre a empresa em casa ou em qualquer outro local, a qualquer hora do dia ou da noite. Outro fator a ser considerado é que a terceirização também afetou significativamente o sistema de proteção social e dos direitos do trabalhador. Além do mais, o mercado de serviços tem aumentado significativamente, de modo a intensificar as tarefas e pressionar as horas de trabalho em tempo integral.

Essas transformações fizeram com que o fim do século XX e o início do século XXI fosse marcado por profundas tensões e transformações econômicas, políticas, sociais e culturais, geradas, sobretudo, pelas crises cíclicas (que ocorrem de tempos em tempos) e que apontam para a destrutibilidade do modelo produtivista e concorrencial, ocasionando impactos e contradições na vida das pessoas e do planeta. Tais consequências são próprias do desenvolvimento do capitalismo, que tem suas bases firmadas na produção, na distribuição, na circulação e no consumo de mercadorias. Antunes (2011, p. 12, grifo do original) aponta que "a disjunção radical **entre produção para as necessidades sociais e autorreprodução do capital**" se tornou a tônica do capitalismo, "**gerando consequências devastadoras para a humanidade**". No tocante às transformações societárias da sociedade e aos debates contemporâneos, as alterações desenvolvidas nos espaços de trabalho (reestruturação produtiva) expressam perdas substanciais de direitos sociais e o esfacelamento das lutas e resistências empreendidas pelas classes trabalhadoras, o que, direta e indiretamente, atinge também os assistentes sociais como profissionais e trabalhadores assalariados, bem como seu exercício profissional.

4.3 Contexto da crise estrutural do capital

No contexto da crise estrutural do capital nas últimas décadas, o padrão produtivo taylorista-fordista vem sendo substituído por formas produtivas flexibilizadas e desregulamentadas. Do ponto de vista do modelo político-econômico, a regulação social-democrática, que deu sustentação ao Estado de bem-estar social (*Welfare State*), foi solapada pelas tendências neoliberais e neoconservadoras, com grande ênfase para a privatização, o Estado mínimo e a financeirização da economia e da política.

Essas respostas do capital à própria crise acentuam seus rebatimentos destrutivos, aumentando a competitividade e a concorrência intercapitais, interempresas e interpotências políticas do capital, salientando as manifestações mais virulentas e graves, que expressam mudanças e precarizações no mundo do trabalho, bem como degradações crescentes de toda ordem – principalmente da natureza –, o assolamento dos direitos sociais e das condições de vida e de trabalho (Antunes, 1999).

A partir da década de 1970, uma contraofensiva do capital sobre o mundo do trabalho impulsionou a redução salarial, que caracterizou a desindexação salarial, isto é, os reajustes salariais deixaram de acompanhar as variações, os índices do mercado financeiro ou estatal. Além do mais, um conjunto de medidas governamentais de ajuste fiscal – reforma do Estado burguês, reforma trabalhista e previdenciária, avanço do neoliberalismo, terceirizações e flexibilizações – permitiu a mundialização ou globalização da economia, favorecendo uma nova cultura e ações políticas de inspiração neoliberal e neoconservadora, ocasionando um retrocesso social no campo dos direitos sociais e nas conquistas das classes trabalhadoras.

No Brasil, o processo de reestruturação produtiva e acumulação flexível consolidou-se a partir de 1989, no governo Collor de Mello, estendendo-se para o governo Fernando Henrique Cardoso (FHC). O neoliberalismo já vinha ganhando força, expandindo-se pelos países capitalistas, sobretudo nos países em desenvolvimento ou periféricos. Para Netto (2007, p. 77), o neoliberalismo representa "uma argumentação teórica que restaura o mercado como instância mediadora societal elementar e insuperável e uma proposição política que repõe o Estado mínimo como única alternativa e forma para a democracia".

Perry Anderson (2010) fez um balanço dos principais fatores do neoliberalismo nas últimas décadas, de modo a apontar que há a incidência de políticas de deflação, desmontagens dos serviços públicos, privatizações de empresas estatais, crescimento do capital corrupto e politização social. Esses elementos constituem o núcleo de ações da "ofensiva neoliberal". Em outras palavras, significa um sistema financeiro cada vez mais globalizado, com a predominância do Estado mínimo, tendo esse processo uma característica estrutural de acumulação e de reprodução social em que a financeirização da economia desempenha um papel central na sustentação da transnacionalização da produção, o que facilita a concentração de renda e a riqueza socialmente produzida (Veroneze, 2018).

Para Saad Filho (2011, p. 11), "o neoliberalismo toma a forma de ciclos financeiros, ou bolhas, que eventualmente entram em colapso, necessitando de um resgate estatal". Nesse sentido, "o Estado, assim, é chamado a atuar no setor privado, de modo a facilitar a regulamentação da circulação, favorecendo, sobremaneira, o intercâmbio globalizado, legitimando a ordem mundial do capital internacional e assegurando o seu monopólio" (Veroneze; Martinelli, 2020, p. 266). Um exemplo típico desse processo foi a crise do mercado imobiliário dos Estados Unidos e a crise do Euro na Europa, entre os anos de 2008 e 2009, em que o Estado teve de intervir na economia, injetando dinheiro público na iniciativa privada para evitar maiores consequências.

A marca do neoliberalismo é o desmantelamento de todas as formas de social-democracia, portanto, o que impera é a derrubada dos direitos sociais, que são transformados em serviços (mercadorias) que se compram e se vendem no mercado. A reprodução ampliada do capital em escala global gera diversas desigualdades que se manifestam em forma de novas expressões multifacetadas da "questão social". A xenofobia, o etnocentrismo, o racismo, o fundamentalismo, o radicalismo, as diversas formas de violência, o preconceito e as discriminações, o desemprego estrutural, a redução salarial, entre outras expressões, apontam para novas demandas do serviço social.

Nesse sentido, o Estado burguês passa a "reduzir os impostos para diminuir a presença estatal causadora da inflação", o que acarreta a diminuição de suas atribuições, permitindo, assim, a "difusão de uma série de serviços privados mais eficientes e baratos para o consumidor final" (Heloani, 2006, p. 87). A ofensiva neoliberal do Estado burguês culmina na redução do emprego e no aumento do investimento privado, o que ocasiona a especulação financeira e a expansão do sistema bancário e amplia a exploração dos negócios internacionais e transnacionais, favorecendo cada vez mais o grande capital.

De modo geral, o Estado, na concepção de Sweezy (1983), é um dos fatores que modelam a forma limitada à aplicação de princípios econômicos a qualquer conjunto de condições reais. Além disso, com o avanço do poderio capitalista e da expansão do neoliberalismo, houve expressivas alterações na substância dos regimes políticos. Tais alterações implicavam o aumento do militarismo, o avanço dos organismos repressivos, a coerção das forças em "defesa da ordem", o aumento do sistema prisional e dos órgãos de vigilância política e, consequentemente, a violência, de modo que o emprego de métodos repressivos tornou-se cada vez mais constante contra os movimentos contestatórios, revolucionários e contra-hegemônicos da sociedade civil e dos movimentos sociais. Esses fatores têm acirrado disputas, lutas e resistências cotidianamente (Veroneze, 2018).

Considerando o Estado como produto da luta de classes, em que a burguesia capitalista é proprietária dos meios de produção e do capital e desfruta de suas vantagens, ao passo que há outra classe que apenas detém sua força de trabalho, os meios e os frutos de seu trabalho, teremos, nessa lógica, um Estado capitalista burguês sob o poder hegemônico de uma burguesia empresarial.

Desse modo, o poder estatal é monopolizado pela classe dominante, que acaba sendo sua principal beneficiária. Assim, o Estado burguês capitalista é resultante do processo histórico, no qual a burguesia impõe seu domínio, seus interesses e a manutenção da estabilidade de sua própria estrutura. Historicamente, comerciantes, banqueiros, negociantes, latifundiários e grandes empresários capitalistas mantêm e financiam o Estado burguês, o que demonstra os interesses e a natureza das leis promulgadas e das instituições criadas.

Nessa lógica, o Estado burguês "tem por finalidade e função o desenvolvimento capitalista de uma determinada nação, ao mesmo tempo em que intervém nas desigualdades sociais para evitar que estas se traduzam em lutas políticas desestabilizadoras da ordem social e política" (Abreu, 1999, p. 35); para tanto, os atores políticos que comandam as instituições públicas alocam recursos financeiros, públicos e privados, para manter essa estrutura e cumprir sua finalidade e função, além de criarem as próprias instituições públicas que regulam a aplicação dos recursos financeiros da nação, visando manter os interesses das classes e grupos sociais.

Nessa lógica, várias instituições que hoje parecem de natureza democrática, como a instituição parlamentar, revelam claramente a natureza classista do Estado burguês. Tanto é assim que, na maioria dos países em que foi instituído o parlamentarismo, até os primeiros anos do século XX, somente a burguesia tinha direito ao voto, o que "significa excluir trabalhadores e as mulheres dos direitos políticos, por serem subalternos no mundo privado" (Abreu, 1999, p. 36).

Além do mais, o poder do Estado burguês, desde Maquiavel, é exercido por meio da força. Tanto é assim que o Estado mantém um conjunto de instituições permanentes para preservar esse poder, a saber: o exército (efetivo e de reserva), a polícia geral, a polícia especial, a polícia secreta, os altos administradores nos departamentos governamentais (os serventuários-chave dos serviços, os corpos de segurança nacional, os juízes etc.) e as instituições que não são eleitas, mas constituídas e constantemente "reformadas" (Veroneze, 2018).

Nessa direção, a igualdade política e a democracia são mais aparentes do que reais. Na prática, e na maioria das vezes, o direito do cidadão ao voto não passa de um mero direito de votar e ser votado, de tantos em tantos anos. Contudo, no decorrer dos séculos XIX e XX, um forte movimento contrário a essa ordem social e política começou a reivindicar mudanças substanciais nessa estrutura, abrindo espaços para negociações e acordos potenciais entre classes insurgentes, capitalistas e Estado (Abreu, 1999).

O Parlamento, de modo geral, reúne os interesses comuns da burguesia, representados, sobremaneira, por grupos capitalistas, do agronegócio ou financiados por grandes empresas, que também aglutinam forças entre grupos opostos ou de interesses locais, regionais e corporativos que disputam a parcela das manobras corruptíveis e dos recursos alocados no interior do Estado. A função do Parlamento, nessa direção, é servir de lugar comum de reuniões, em que os interesses coletivos da burguesia possam ser formulados e representados.

Nas últimas décadas, os posicionamentos de esquerda têm crescido, mesmo que parcamente, o que têm gerado algumas mudanças no cenário político internacional e nacional. Desse modo, "além de proteger os direitos dos proprietários, as instituições estatais passaram a garantir, complementarmente, os direitos sociais dos não proprietários" (Abreu, 1999, p. 37), passando a regular as relações entre o capital e o trabalho, mas a onda neoliberal da atualidade vem ruindo esses alicerces progressivamente.

O Parlamento e, mais ainda, o governo de um Estado capitalista, por mais democrático que pareça ser, está atado aos interesses da burguesia por cadeias que tomam o nome de *dívida pública*. Para saudar essas dívidas, o Estado capitalista busca recursos nos bancos. Além disso, a ocupação de cargos é estritamente desleal, já que entram em jogo os interesses daqueles que estão no poder e que, de certa forma, o financiam.

A burguesia imperialista recorre ao terror nas situações de crise, principalmente quando vê seu poder de dominação ser questionado ou ameaçado. Para Sweezy (1983, p. 242), "o fator adicional que leva o Estado a interferir no processo econômico é a centralização do capital e o crescimento do monopólio". Paulatinamente, o capitalismo monopolista (Netto, 2005a) foi se transformando em capitalismo monopolista de Estado – de outro modo, é quando o Estado passa a intervir de maneira abrangente na economia para manter o *status quo* do capitalismo e do poder da burguesia. Obviamente que os movimentos contra-hegemônicos, revolucionários, anti-imperialistas e anticapitalistas buscam organizar-se diante dos impactos gerados por essas situações, mas acabam sendo perseguidos, minados e violentamente reprimidos pelas forças opressoras e militares do poder hegemônico.

O Estado é obrigado a interferir, substituindo a lei da oferta e da procura pela própria ação. Podemos ainda assinalar que as contradições do processo de acumulação e o desenvolvimento "desigual e combinado" do capitalismo, conforme já demonstramos no Capítulo 1 deste livro, levaram-no às suas últimas consequências. Assim, a intervenção do Estado na economia busca evitar as falências por meio de empréstimos de fundo público e subsídios, entre outras manobras. Contudo, para que o Estado tenha condições de financiar os setores privados, é necessário o avanço de políticas neoliberais que permitam investir dinheiro público nos setores privados, bem como aumentar as divisas entre exportação e importação, como ocorre, por exemplo, com o Fundo de Financiamento Estudantil (FIES), um programa governamental para financiar estudantes que não têm condições financeiras para cursar uma universidade particular. É dinheiro público financiando a iniciativa privada.

4.4 O Estado neoliberal e suas consequências no trabalho do assistente social

Com base nas ideias de Maquiavel, o Estado moderno compreende uma exigência histórica de se constituir como um poder central, supremo e soberano para gerir os conflitos sociais e econômicos (Silva, 1999). Na sociedade contemporânea, por outro lado, ainda estamos longe de assegurar que os conflitos de interesses que assinalam as relações sociais não sejam marcados pela permanente tensão entre indivíduos e o coletivo, entre interesses particulares e gerais, entre o público e o privado e entre classes sociais. Em outros termos, "na luta por mais riqueza e mais poder, os seres humanos sempre buscaram formas de organizar e regular a sociedade, segundo os interesses preponderantes em cada conjuntura histórica" (Silva, 1999, p. 57), sendo o Estado um ordenamento jurídico-político que regula um sistema de dominação de uma classe sobre a outra, segundo os ditames de Marx e Engels, o que compõe o Estado burguês.

Um dos maiores desafios do presente e, consequentemente, do próprio serviço social, é desenvolver a capacidade de decifrar a realidade e construir propostas de trabalho criativas e capazes de preservar e efetivar direitos, tendo em vista as demandas emergentes no cotidiano (Iamamoto, 1999; Behring, 2003).

Conforme ressaltamos, hoje se exige um trabalhador do serviço social – mas não somente nessa área profissional – qualificado nas esferas da execução, da formulação e da gestão de serviços, políticas sociais, públicas e empresariais. É preciso um profissional propositivo, com sólida formação ética e política, capaz de contribuir na efetivação dos direitos sociais, civis, políticos, econômicos e culturais, dotado de uma ampla bagagem de informação permanente, atualizada e com capacidade de negociação nas mais diferentes situações do cotidiano profissional e existencial, de modo a se situar em um mundo cada vez mais globalizado, informatizado e dinâmico (Iamamoto, 1999).

Para tanto, torna-se necessário romper com as atividades burocráticas e rotineiras, que reduzem o trabalho ao cumprimento de tarefas preestabelecidas, de modo que o exercício profissional do assistente social envolva uma ação competente para propor, negociar, defender e gerir programas e projetos sociais no sentido de efetivar direitos e atender às demandas das classes subalternas e trabalhadoras. A identidade profissional do serviço social, de acordo com Gentilli (2006, p. 22-23, grifo do original),

> tem como base material o próprio processo de trabalho profissional, que se constitui no cerne de sua expressão. É ele que confere ainda sustentação à identidade por meio das representações expressas por seus agentes profissionais, durante o desenrolar de suas atividades. O processo de trabalho do Serviço Social, como qualquer trabalho no setor de serviços, gera **"valores de uso"**, apesar de não **"produzir diretamente mais-valia"**. Seu produto não é necessariamente de base corpórea, material, mas expressa um resultado, um **valor de uso**, que se incorpora ou não – dependendo de cada prática profissional em si – ao processo geral de produção e de reprodução social.

Mais-valia

Forma específica que denota a exploração do capitalismo. Resulta do fato de a força de trabalho produzir mais produtos do que recebe como salário. Pode assumir a forma de: a) **mais-valia absoluta**: quando se realiza com o prolongamento da jornada de trabalho além do ponto em que o trabalhador produz

> para garantir sua subsistência, com a apropriação pelo capital do trabalho excedente; b) **mais-valia relativa**: realiza-se com o prolongamento do tempo de trabalho excedente e a condensação do trabalho necessário, possíveis pelo uso da tecnologia que permite produzir em menos tempo o equivalente ao salário.
>
> Fonte: Granemann, 1999, p. 157.

De acordo com Gentilli (2006, p. 23),

> os assistentes sociais estabelecem vínculos contratuais com os empregadores, o que caracteriza uma relação de trabalho. Nesse sentido, o Serviço Social constitui-se num processo de trabalho particular e o assistente social, num trabalhador que se insere nas relações sociais da sociedade capitalista, como mercadoria, força de trabalho.

Isso exige que se vá além das rotinas institucionais, buscando-se apreender o movimento da realidade para decifrar e detectar as tendências e possibilidades nela presentes, possíveis de ser impulsionadas pelos profissionais do serviço social, de modo a desenvolvê-las transformando-as em projetos e frentes de trabalho (Iamamoto, 1999).

Sendo o Estado um dos maiores empregadores do assistente social – mas não o único –, supõe-se que o exercício profissional circunscreva suas relações com a sociedade civil, inserido no marco de uma sociedade de classes sob o poder hegemônico do capital e sob a égide do pensamento burguês. Contudo, o assistente social, como trabalhador assalariado, também vende sua força de trabalho às empresas privadas, entidades filantrópicas, entre outras organizações prestadoras de serviços socioassistenciais que atendem às carências e necessidades sociais, principalmente das populações mais subalternizadas.

Seu trabalho não resulta somente em serviços úteis, mas também surte efeitos na produção ou redistribuição da riqueza socialmente produzida, isto é, do valor e da mais-valia, sobretudo quando inserido no universo empresarial/organizacional².

As transformações societárias que ora descrevemos vêm acompanhadas de profundas mudanças nas relações entre o Estado e a sociedade civil, trazendo coexistências temporais e históricas das desigualdades que fazem com que as expressões da "questão social" apresentem, atualmente, tantas marcas de seu passado recente quanto do presente, radicalizando-a (Iamamoto, 1999). Tais mudanças no padrão político, econômico, social e cultural exigem, por parte do Estado, políticas de ajustes e de regulação social aos moldes do neoliberalismo.

Segundo Iamamoto (1999, p. 117),

> o neoliberalismo reage contra a ampliação das funções reguladoras do Estado na vida social, em defesa do livre jogo do mercado. O projeto neoliberal surge como uma reação ao Estado de Bem-Estar Social, contra a social-democracia. Com a crise dos anos 70, as ideias neoliberais são assumidas como a grande saída, preconizando a desarticulação do poder dos sindicatos, como condição de possibilitar o rebaixamento salarial, aumentar a competitividade dos trabalhadores e impor a política de ajuste monetário. Essas medidas têm por fim atingir o poder dos sindicatos, tornar possível a ampliação da taxa natural de desemprego, implantar uma política de estabilidade monetária e uma reforma fiscal que reduza os impostos sobre as altas rendas e favoreça a elevação das taxas de juros, preservando os rendimentos do capital financeiro.

---

2 Na empresa, por exemplo, "o assistente social pode participar do processo de reprodução da força de trabalho e/ou da criação da riqueza social, como parte de um trabalho coletivo. Já no campo da prestação de serviços sociais governamentais, ao operar com o fundo público, participa do processo de redistribuição da mais-valia social. Aí seu trabalho se inscreve, também, no campo da defesa e/ou realização de direitos sociais de cidadania, na gestão da coisa pública. Pode contribuir para o partilhamento do poder e sua democratização – no processo de construção de uma **contra-hegemonia** no bojo das relações entre as classes – ou para o reforço das estruturas e relações de poder preexistentes, com efeito no campo político-ideológico, dependendo do projeto ético político assumido pelo profissional e do jogo de forças políticas em que se realiza" (Iamamoto, 1999, p. 114).

O projeto neoliberal surgiu como uma alternativa para "animar o crescimento da economia capitalista, deter a inflação e obter a deflação como condição de recuperação dos lucros" (Iamamoto, 1999, p. 118). Isso resultou no crescimento do número de desempregados e das desigualdades sociais, redefinindo as funções do Estado e transferindo para a iniciativa privada e para o mercado a regulação da economia.

O projeto neoliberal não conseguiu atingir os fins econômicos almejados, que seriam alavancar a produção e ampliar as taxas de crescimento econômico; pelo contrário, o capital, em vez de voltar-se para os setores produtivos, passou a ser canalizado para o setor financeiro, favorecendo, assim, os setores empresariais da economia, os bancos e as instituições financeiras. Além disso, a proposta neoliberal não deu conta de diminuir as desigualdades sociais e as taxas de desemprego, favorecendo a aposta no mercado, cabendo responsabilizar os indivíduos pelas suas mazelas sociais, o que justifica o projeto neoconservador implementado pelos dois últimos governos brasileiros.

Nos dias atuais, o projeto neoconservador retoma a proposta da sociedade marcada pelo coronelismo, pelo populismo e pelas formas políticas conservadoras e reacionárias que impulsionam os interesses particulares de "grupos poderosos". De certo modo, retoma as bases ideológicas daquilo que Ianni (2004) identificou como o sentido da colonização, do trabalho escravo e do desenvolvimento desigual e combinado.

Como exemplo disso, nos últimos dez anos, temos observado uma série de contrarreformas governamentais que tem provocado o agravamento das condições de vida e trabalho, como ajustes fiscais, financeiros, trabalhistas e previdenciários, os quais buscam manter o poder hegemônico do capital. Essas contrarreformas têm abalado as condições de proteção social e os direitos constitucionais, além do avanço de políticas neoliberais e de uma ofensiva neoconservadora, muitas vezes embalada pelo reacionarismo fundamentalista religioso, cujo poder, segundo Chaui (2016, p. 10), tem se constituído majoritariamente por três grupos: "o boi, a bala e a Bíblia". Essas expressões, em sentido figurado, indicam os três maiores grupos que representam o Congresso

Nacional brasileiro na última década: o agronegócio, o crime organizado e os fundamentalistas religiosos (em especial, algumas denominações evangélicas neopentecostais).

As ações de resistência nesse mesmo período têm sinalizado para novas formas de confrontação e de participação social, assumidas entre a lógica do capital, a falência dos governos, das instituições representativas, os movimentos do crime organizado e de corrupção. Políticas de recessão, de criminalização dos movimentos e das manifestações sociais e políticas de austeridade imposta pelo governo brasileiro buscam manter a ordem e o poder hegemônico do capital sobre a vida social, massacrando impiedosamente a população trabalhadora. Movimentos conservadores retomam a perspectiva moralizadora da "questão social", buscando retomar a culpabilização do indivíduo com relação aos problemas estruturais da sociedade.

Para saber mais

Como exemplo da truculência dos poderes constituídos, sugerimos a leitura da matéria a seguir.

ATO contra PEC no DF deixa placas destruídas e prédios pichados. **G1**, 30 nov. 2016. Disponível em: <http://g1.globo.com/distrito-federal/noticia/2016/11/ato-contra-pec-no-df-termina-com-placas-arrancadas-e-predios-pichados.html>. Acesso em: 20 dez. 2021.

Para Harvey (2011, p. 186), "um movimento anticapitalista tem de ser muito mais amplo do que grupos mobilizados em torno de relações sociais ou sobre questões da vida cotidiana". Apesar de a sociedade civil estar se empoderando politicamente, tem sido reprimida pelas forças militares e, às vezes, pelo próprio Estado, que tem criminalizado os movimentos e as manifestações sociais (Veroneze, 2018).

Conforme aponta Martins (2014, p. 111),

> caminhamos para um modelo de sociedade em que as necessidades radicais não chegam a se configurar porque os muitos mecanismos

econômicos e políticos da sociedade moderna permitem que as rupturas sejam antecipadas e administradas. A consciência social vem sendo substituída pelo imaginário manipulável.

De acordo com Yazbek (2014, p. 678), o momento atual caracteriza-se por tempos de "mudanças aceleradas em diferentes dimensões da vida social, por uma nova sociabilidade e uma nova política". O capital financeiro, em sua forma mais destrutiva, assumiu o comando da acumulação, envolvendo as esferas econômica, social, política e cultural. A produção tornou-se mundial junto aos processos de flexibilização produtiva e ao avanço tecnológico, informacional e da robótica, remodelando as formas de organização das relações de trabalho e da economia, modificando as características do emprego estrutural, a segmentação dos trabalhadores em estruturas ocupacionais cada vez mais complexas e a expansão dos setores de serviços, além de causar fortes impactos sociais e ambientais.

O resultado desse casamento nefasto (neoliberalismo e neoconservadorismo) foi o encolhimento dos espaços públicos em detrimento do alargamento dos espaços privados e a prevalência da classe dominante capitalista no interior do Estado, legislando para os próprios interesses e impondo, por meio da violência, seu poder.

Embora os direitos sociais sejam universais e garantidos pela Constituição Federal de 1988, o que se vê na prática são os cortes nos recursos públicos e orçamentários para sua garantia, algo que tem condicionado os cidadãos de direitos à meritocracia e ao princípio da seleção/exclusão para os atendimentos públicos e sociais. Nessa perspectiva, a oferta de serviços e proteções sociais busca atender às mínimas necessidades sociais de uma população miserável e desprotegida. A garantia da universalidade é desqualificada para a esfera das particularidades individuais (singularidades). A saída encontrada é uma "política pobre para pobres", em detrimento da lógica dos direitos, da democracia, da igualdade, da justiça e da equidade social, em defesa dos interesses coletivos da sociedade. O coletivo cede lugar ao individual, ao isolado e ao prioritário.

Essas implicações refletem diretamente no serviço social, haja vista que o trabalho do assistente social implica, diante da lógica excludente e meritocrata burguesa, selecionar, excluir, priorizar, avaliar e direcionar sua atuação para atender às demandas mais urgentes e imediatas, o que exige estar a serviço do projeto burguês e dos interesses coletivos e da lógica da universalidade, interferindo na materialidade dos valores e princípios estabelecidos pelos projeto ético-político profissional defendido pela categoria.

Além do mais, "as condições de trabalho do assistente social sofrem impactos diretos do conjunto das transformações operadas nas esferas privadas e estatal, que alteram as relações entre o Estado e as sociedades" (Iamamoto, 1999, p. 119). Após a iniciativa de descentralizar os serviços públicos, hoje há uma clara tendência em municipalizar as demandas, o que coloca a necessidade de maior atenção à questão regional, ao poder local e às especificidades de cada região.

Iamamoto (1999) ainda salienta que os assistentes sociais dos setores público-governamentais têm sofrido com os efeitos deletérios da Reforma do Estado no âmbito do emprego e da precarização das relações de trabalho, bem como no campo da flexibilização dos contratos e cortes orçamentários, que demonstram as tendências atuais, embora ainda seja possível, mesmo sob condições adversas, lutar e resistir à lógica descomunal do capital e da ideologia burguesa.

Para saber mais

O Plano Diretor da Reforma do Aparelho do Estado foi elaborado pelo Ministério da Administração Federal e da Reforma do Estado no governo FHC. Depois de ampla discussão, foi aprovado pela Câmara da Reforma do Estado na reunião de 21 de setembro de 1995. Em seguida, foi submetido ao Presidente da República, que o aprovou. A Reforma do Estado previa reformas nos ministérios, nas secretarias, nos poderes judiciários,

> *na diplomacia, nas Forças Armadas, no Fisco, na previdência, na tributação, na fiscalização, no fomento, na Segurança Pública, nas agências executivas, na educação, na saúde, na cultura, em pesquisa, em ciência e tecnologia, no meio ambiente, em instituições públicas não estatais, entre outras ações, bem como o favorecimento para a criação de novos mercados por meio da privatização de vários setores públicos e desmantelando de serviços públicos essenciais em favor dos interesses privados (Silva, 1999).*
>
> *Para saber mais sobre o Plano Diretor da Reforma do Aparelho do Estado, consulte o link a seguir.*
>
> BRASIL. Ministério da Administração Federal e da Reforma do Estado. Câmara da Reforma do Estado. **Plano Diretor da Reforma do Aparelho do Estado**. Brasília, DF, 1995. Disponível em: <http://www.biblioteca.presidencia.gov.br/publicacoes-oficiais/catalogo/fhc/plano-diretor-da-reforma-do-aparelho-do-estado-1995.pdf>. Acesso em: 11 dez. 2021.

Desvios de função, terceirizações, flexibilizações de trabalho, enxugamento do quadro de pessoal, profissional polivalente e multifuncional, contratos temporários, baixos salários, desgastes físico e mental, perseguições, assédios morais, entre outras implicações, têm sido a tônica das reclamações dos assistentes sociais nos conselhos regionais (CRESS) e federal (CFESS) de serviço social, algo que necessita estar na agenda de discussões da profissão. Entender essas alterações e o redirecionamento da profissão, do mercado de trabalho no qual esse profissional está inserido, "supõe considerar como as transformações societárias anteriormente mencionadas estão incidindo sobre o Estado, as empresas, as entidades da sociedade civil sem fins lucrativos no campo dos serviços sociais e dos movimentos sociais" (Iamamoto, 1999, p. 119). São esses os desafios contemporâneos postos à profissão.

4.5 No contexto da financeirização da economia

Marx (2017) deixou claro que o desenvolvimento do capitalismo levaria a uma contraposição do capital privado, isto é, as empresas individuais formariam grandes conglomerados empresariais, constituindo, assim, monopólios de empresas sociais. Essa transformação levaria o capitalista a se tornar um simples gerenciador do capital, um administrador de outras pessoas e de proprietários de capital. O aparecimento dos grandes conglomerados industriais e empresariais, como sociedades anônimas (S.A.), propiciou o controle nominal do capital concentrado nas mãos de acionistas. O lucro do organizador – principal transformação decorrente desse processo – coloca grandes riquezas nas mãos de um número relativamente pequeno de acionistas e instituições financeiras e bancárias (Veroneze, 2018).

Evidentemente que esse processo de associação capitalista implica decisivamente a existência de um mercado seguro para as ações das sociedades anônimas, o que constitui um longo processo histórico na direção da centralização da economia ou do capital financeiro. Assim, o próprio desenvolvimento dessas sociedades anônimas em sua organização ainda mais concentradas permite a formação de cartéis, trustes ou fusões.

Cartel: segundo Sweezy (1983, p. 204),

> O cartel típico tem uma comissão central com a incumbência de fixar preços e quotas de produção, e o poder de punir os violadores com multas ou outras sanções. A independência dos membros pode ser limitada ainda pela centralização das compras e vendas em um único agente, interrompendo com isso a relação direta entre as firmas individuais e seus clientes, e dando mesmo à comissão central o poder de fechar as

fábricas ineficientes e distribuir os lucros totais segundo uma fórmula estabelecida. Quando esta última medida é tomada, o cartel se aproxima muito, sob vários aspectos, da fusão total.

Truste: de acordo com Sweezy (1983, p. 204),

> Uma forma de organização mais rigorosa do que o cartel é o truste, no sentido preciso da palavra, e que gozou de grande voga nos Estados Unidos. [...] No truste, os donos de uma maioria de ações de várias sociedades anônimas independentes passam suas ações para um grupo de depositários, em troca de um certificado de depósito. Os depositários administram as companhias e os portadores dos certificados recebem os dividendos. Dessa forma, a unificação completa de políticas das companhias é realizada, ao passo que a identidade legal e comercial dos seus constituintes não é prejudicada, como no cartel. O truste nesse sentido não deve ser confundido com o sentido comum do termo, de denominação genérica cobrindo quase toda a escala de combinações monopolistas.

Fusão: na fusão completa, a independência das firmas participantes é abolida.

> A fusão pode ocorrer de várias formas, sendo as principais delas a absorção de todas as formas por uma única forma grande, e o desaparecimento de todas as firmas antigas em favor de uma nova entidade comercial. De qualquer forma, o resultado é o mesmo: completa unidade orgânica sob uma direção única. Essa é, evidentemente, a forma mais eficiente de combinação, do ponto de vista de realizar uma política monopolista. (Sweezy, 1983, p. 204)

O que distingue esses agrupamentos financeiros com relação às empresas individuais é o fato de serem "destinadas deliberadamente a aumentar os lucros por meio de controles de mercado de caráter monopolista" (Sweezy, 1983, p. 203). Conforme salienta Sweezy (1983, p. 203), "devemos lembrar que uma comunidade de interesse entre concorrentes, baseada em diretorias ligadas entre si ou em ligações bancárias comuns, quando existe, aplaina o caminho e fortalece grandemente a tendência no sentido da combinação".

De acordo com Sweezy (1983, p. 205),

> quanto mais amplas as ligações de um banco e mais poderosa a sua voz, tanto mais eficiente pode pôr em prática sua política de eliminar a concorrência e estabelecer monopólios. Daí a centralização do capital na esfera industrial encontrar sua contrapartida no crescimento de unidades bancárias cada vez maiores. Disso surge a união pessoal interna de diretorias comuns e comunidades de interesse que unem os grandes banqueiros e magnatas industriais em todos os países capitalistas adiantados.

Além do mais, Marx (2017, p. 499), ao analisar o sistema de créditos, indica que esse é a "alavanca principal de superprodução e do excesso de especulação no comércio", de modo que esse processo tende a valorizar ainda mais o capital.

Marx (2017, p. 499) ainda afirma que

> o crédito acelera o desenvolvimento material das forças produtivas e a instauração do mercado mundial, que, por constituírem as bases da nova forma de produção, têm de ser desenvolvidos até um certo nível como tarefa histórica do modo de produção capitalista. O crédito acelera ao mesmo tempo as erupções violentas dessa contradição, as crises e, com elas, os elementos da dissolução do antigo modo de produção.

Portanto, no interior desse processo, a produção particular quase desapareceu em detrimento das sociedades anônimas, de modo que o "verdadeiro dono do capital se afasta mais ou menos do processo de produção" (Sweezy, 1983, p. 200).

Assim, o desenvolvimento do capitalismo monopolista tem como fundamento a "concentração de capital", no sentido de eliminar a concorrência mediante o processo que Marx denominou de **centralização do capital**, ou seja, a reunião de capitais existentes (Sweezy, 1983).

Nessa direção, o Estado, sob o ordenamento jurídico e burocrático burguês, além de manter seu domínio de classe, também luta pela proteção da propriedade privada, que, nos dizeres de Sweezy (1983, p. 190), implica uma relação social entre pessoas, pois a "propriedade privada confere a seus possuidores a isenção do trabalho e o usufruto do trabalho dos outros, e nisso está a essência de toda a dominação social".

Desse modo, a proteção à propriedade privada é, fundamentalmente, a segurança do domínio social dos proprietários sobre os não proprietários. E se estes têm o domínio do Estado, passa a ser função primordial do Estado burguês manter sua hegemonia (Veroneze, 2018).

Se considerarmos que a taxa de mais-valia se afirma sobre três fatores essenciais – a produtividade do trabalho, a extensão do dia de trabalho e os padrões de vida existentes –, perceberemos que os monopólios e oligopólios interferem, sobremaneira, na relação capital/trabalho, de modo que os trabalhadores passam a sofrer diretamente as consequências desse processo.

Atualmente, é possível perceber uma economia mundial interligada e inter-relacionada, constituída de numerosos países capitalistas e semicapitalistas, nos quais o monopólio, em graus variados, é um fenômeno comum. Sua formação está intimamente ligada à composição orgânica do capital. Além do mais, esses pressupostos devem ser analisados tendo em vista o crescimento do capital constante em relação ao variável e ao crescimento de parte fixa do capital constante (Sweezy, 1983).

De modo geral, na sociedade atual, dinheiro, prestígio social, burocracia, Forças Armadas, canais de comunicação pública, Estado, enfim, esferas heterogêneas que, de certo modo, mantêm e controlam a sociedade burguesa, estão sob o controle do capital, e continuarão ao máximo a serem utilizadas para manter seu reinado. Para Sweezy (1983), os movimentos de reforma – e podemos ainda acrescentar os de contrarreforma – nascem e crescem em uma sociedade dominada material e ideologicamente pelo capital. Se esses movimentos reformistas e contrarreformistas aceitam tal sociedade, embora provisoriamente, têm de tentar conviver com ela e são inevitavelmente engolidos pela lógica do capital (Veroneze, 2018).

Os líderes ambiciosos são corrompidos e corrompem com facilidade os adversários em potencial, além de ser afetados pela intimidação ou propaganda ideológica. Consequentemente, temos o que bem poderíamos chamar de *características de todos os movimentos de reforma*: a troca progressiva dos princípios pela respeitabilidade e pelo voto. Os resultados não são a reforma do capitalismo, mas a bancarrota da reforma. Isso não é acidente ou indício de imoralidade da natureza humana – como querem crer os pós-modernos –, mas é a lei positiva da economia política capitalista (Veroneze, 2018).

Marx (2017) já expressava que o inimigo mortal do capitalismo é o próprio capital em seu caráter contraditório. Segundo Sweezy (1983, p. 264), "ao procurar uma saída para as dificuldades que ele mesmo criou, o capital mergulha o mundo numa crise após outra [crises cíclicas], liberando finalmente forças que já não pode controlar". Tais fatores marcaram a passagem do capitalismo concorrencial para uma nova fase, o capitalismo monopolista, ou, nos dizeres de Marx (2017), "reprodução ampliada do capital". As relações econômicas básicas da economia mundial aparecem, nessa lógica, como relações de troca de produção de mercadorias.

De modo geral, há certo número de nações que têm relações entre si e que representam sociedades capitalistas bem desenvolvidas. Essa troca de mercadorias está firmada historicamente na origem do comércio intercomunal. Na medida em que o capitalismo se desenvolve em várias partes da economia mundial, as relações econômicas internacionais já não se limitam às simples trocas de mercadorias, mas são suplantadas pela dinâmica do capital, concentrado nas exportações e importações internacionais, o que fomenta a mais-valia no exterior.

Sweezy (1983) indica que o monopólio estabelecido entre indústrias e instituições financeiras propicia a elevação dos preços e, por conseguinte, a elevação das taxas de juros onde houver maior concentração de capital, e taxas mais baixas onde a concorrência predominar. Logo, há também o crescimento da extração e acumulação da mais-valia.

Assim, após a Crise de 1929, o Estado burguês começou a intervir na economia para reduzir os impactos gerados pelo desequilíbrio do capitalismo, passando a dispor de recursos monetários oriundos das receitas tributárias nos setores da economia privada. Depois da Segunda Guerra Mundial, o keynesianismo passou a ser uma opção contra o comunismo soviético, embora também buscasse redistribuir os recursos em favor dos monopólios e oligopólios, quer mediante gastos de incentivos e subsídios financeiros, quer no estímulo tecnológico e na indústria bélica, conforme já apontamos.

Tais incentivos propiciaram o desenvolvimento das indústrias de base, principalmente a aeronáutica, a bélica, a eletrônica, a mecatrônica e a atômica. Por outro lado, o avanço do capitalismo monopolista forçou o Estado burguês a buscar novas formas de intervenção e a implementar políticas desenvolvimentistas nos países que apresentavam condições históricas para esse fim, sobretudo nos países em desenvolvimento ou periféricos.

Além desses fatores, o impasse gerado pelo bloco socialista/comunista soviético em confronto com os Estados Unidos gerou um clima de tensão mundial, a "Guerra Fria", acelerando ainda mais o desenvolvimento do capitalismo monopolista e a financeirização da economia, principalmente no incremento do imperialismo militar e dos agrupamentos econômicos, formando os mercados transnacionais.

Essas transformações geraram uma arrecadação de impostos excessiva, que prejudicou significativamente a classe operária. Em contrapartida, o Estado de bem-estar social, caminho encontrado pelas democracias liberais para evitar que as disparidades sociais levassem as massas ao comunismo, buscou amenizar os impactos sociais por meio da implementação de políticas públicas e sociais, o que onerou ainda mais os cofres públicos.

Contudo, a partir das décadas de 1960 e 1970, o declínio das taxas de lucro, sob a égide do capital financeiro, conjugado com a crise do petróleo dos anos de 1970, forçou os capitalistas e os Estados nacionais a buscarem novas formas econômicas, sociais, políticas e ideológicas para a expansão do domínio do capital, visando, ainda, manter e fortalecer a posição hegemônica da burguesia.

Se considerarmos, segundo Marx (2005), que o sistema da economia burguesa compreende capital, propriedade fundiária, trabalho assalariado, Estado, comércio exterior e mercado mundial, em meados da década de 1970, a economia capitalista sofreu profundas modificações em seu ordenamento e em sua dinâmica. Uma nova fase, mas com antigas roupagens, passou a vigorar no cenário mundial. O capitalismo financeiro passou a comandar o processo de acumulação capitalista por meio do processo político-econômico e social que alterou, sobremaneira, as formas de sociabilidade e o jogo das forças sociais em ação (Iamamoto, 2008).

O sistema financeiro encontrou, assim, terreno fértil para a ampliação do poderio do capital. Do ponto de vista político, atrelado às políticas neoliberais, especialmente nas décadas de 1980 e 1990, com a privatização dos seguros sociais e da saúde, principalmente, acirrou-se ainda mais a luta contra a tendência de redução dos direitos e das conquistas sociais e as iniciativas contrarreformistas do Estado burguês.

4.6 Entre o público e o privado: privatização das políticas públicas e sociais

A tendência atual dos projetos neoliberal e neoconservador tem como base a transferência para os setores privados das atividades, dos serviços sociais e dos espaços públicos, que passam a ser controlados pelo mercado. Isso se traduz na generalização da privatização das empresas estatais, como serviços de saúde, educação, cultura, seguridade social e assistência social.

É preciso deixar claro que entender os direitos civis, políticos e sociais na esfera do Estado, como gestor e gerenciador da "coisa pública" e dos interesses coletivos, demanda a responsabilidade e o dever de direcionar suas funções segundo suas demandas, o que requer entendê-los como direitos universais inalienáveis e de totalidade orgânica. O sentido universalista indica que a garantia de direitos é "para todos", independentemente de condição financeira, classe, raça, etnia, gênero e condição social e sexual, e não se reduz propriamente nos limites do Estado, mas no sentido geral que ele carrega (Pereira, 2021).

Para Pereira (2021, p. 4), "política pública não pode ser confundida com política estatal, ou de governo, e muito menos com a iniciativa privada – mesmo que, para a sua realização, ela requeira a participação do Estado, dos governos e da sociedade e atinja grupos particulares e indivíduos".

A política pública em um Estado democrático de direito é sempre resultado de uma inter-relação muito complexa do Poder Público com a sociedade, ou seja, é fruto de um processo democrático em que os cidadãos, as instituições, as organizações e os movimentos sociais e as ONGs participam, pressionam e fiscalizam os poderes constituídos para atender à determinada demanda social.

Desse modo, podemos dizer que as políticas de Estado são aquelas que conseguem ultrapassar os períodos de determinado governo. Portanto, o que diferencia uma política de Estado de uma política de governo é a maneira como elas são institucionalizadas. Sendo a Constituição Federal a Carta Magna de um país, as garantias e os direitos nela estabelecidos são fruto de um amplo debate social e político entre os poderes constituídos e a sociedade de modo geral. Por isso, para que uma política de governo se torne uma política de Estado, ela, necessariamente, precisa estar firmada em bases sólidas, ou seja, inscrita no arcabouço legal e constitucional de uma nação. Por outro lado, as políticas de governo são aquelas que têm menor durabilidade, e podem acabar ou ser alteradas de um governo para o outro.

Vamos dar um exemplo para esclarecer as ideias: no Brasil, a assistência social, no decorrer de sua história, foi constituída como uma política de governo, sem muita legitimidade. A pasta costumava ser entregue às primeiras-damas, que tinham a tarefa de gerir os assuntos pertinentes a ela – em outras palavras, "gerir a pobreza". A partir da promulgação da Constituição Federal de 1988, a assistência social foi incorporada à Seguridade Social, que compreende um conjunto integrado de ações de iniciativa dos poderes públicos e da sociedade destinado a assegurar os direitos relativos à saúde, à previdência e à assistência social nos termos da lei, conforme estabelecido no art. 194 da Constituição

Federal (Brasil, 1988). Dessa forma, a Carta Magna do país consagrou a assistência social como uma política pública de Estado, incluindo-a no chamado **tripé da Seguridade Social**, juntamente à saúde e à previdência social, garantidas por lei, ampliando, assim, a garantia de direitos, a universalização dos acessos e a efetiva responsabilidade do Estado.

A sociedade civil pode efetivamente participar da elaboração, avaliação, promulgação e execução de qualquer política pública, fazendo com que as demandas sociais entrem na agenda pública de prioridade e de necessidades sociais, de modo que sejam efetivadas por meio de organizações da sociedade civil ou políticas, dos partidos, dos sindicatos, dos movimentos sociais, dos conselhos, de conferências, de plebiscito, de referendo, da iniciativa popular etc.

Uma política de Estado ou de governo que vise a uma política "para todos" deve tornar-se pública nos marcos da lei e, assim, ser duradoura e sobrevivente aos diferentes mandatos políticos e ideologias político-partidárias distintas. Foi dessa maneira que se concretizaram o Sistema Único de Saúde (SUS), a política de Educação, o Sistema Único de Assistência Social (SUAS), entre outras. Por isso, a Constituição Federal, nos marcos da lei, resguarda e garante a inviolabilidade de uma política em seu caráter público, firmando sua irrecusável legitimidade democrática e normativa, resguardada dos interesses particulares, privados e político-partidários.

Para Pereira (2021, p. 3-4, grifo do original),

> a política pública, portanto, é uma "coisa" **de** todos **para** todos, que compromete todos (inclusive a lei, que está acima do Estado), podendo traduzir o conceito de *república* (do latim *res*: coisa; *publica*: de todos), o qual envolve tanto o Estado no atendimento de demandas e necessidades sociais quanto à sociedade no controle democrático desse atendimento. Sendo assim, a realização de tal política exige e reforça a constituição de esferas públicas, isto é, de espaços de todos (e não de **ninguém**, como também é entendido), onde a **liberdade positiva** é condição básica para a participação política e cívica; para o exercício da autonomia de agência e de crítica e para a prática responsável de direitos e deveres.

A esfera pública aparece aqui como um lócus construído social e historicamente ao longo das lutas sociais, em uma interconexão do Estado e da sociedade, constituindo-se como campo conflituoso, de interesses e negociação coletivas e individuais, baseado no entrecruzamento de demandas e ideias adversas, tencionado pelas contradições inerentes ao mundo capitalista e do pensamento burguês.

Essa discussão perpassa ainda pelo chamado *terceiro setor*, em que o primeiro setor corresponde ao Estado e o segundo, ao mercado. O terceiro setor corresponde às instâncias filantrópicas dedicadas à operação e à promoção de serviços socioassistenciais, como saúde, educação, bem-estar, organizações voltadas aos interesses de grupos específicos (mulheres, negros, indígenas, população LGBTQIA+, pessoas com deficiência etc.), de proteção ao meio ambiente, promoção de esporte, lazer e cultura, instituições filantrópicas, religiosas ou de trabalho voluntário, ONGs, entre outras, incorporando o chamado *setor público não governamental*.

O terceiro setor é um conceito ideologizado que veicula oposição entre a sociedade civil e o Estado, e que incorpora

> ações desenvolvidas por organizações da sociedade civil que assumem as funções de respostas às demandas sociais, antes de responsabilidade fundamentalmente do Estado, a partir de valores de solidariedade local, voluntariado, autorresponsabilização e individualização, substituindo os valores de solidariedade social e universalidade e direitos dos serviços, típico do Estado de Bem-Estar. (Montaño; Duriguetto, 2010, p. 306)

Para refletir

Ainda que não seja o foco deste livro, chamamos a atenção para o cerne da discussão sobre o terceiro setor a respeito da função social e dos valores que sustentam essa concepção, isto é, fundamentos, modalidades e responsabilidades. A discussão é fruto e produto da reestruturação social pautada nos princípios neoliberais e/ou funcionais inerentes aos deslocamentos

das responsabilidades do Estado e de respostas da sociedade civil às expressões da "questão social" para a esfera não governamental, não lucrativa e voltada ao desenvolvimento social, dando origem a uma esfera pública não estatal.
Para Montaño e Duriguetto (2010, p. 307, grifo do original),

> o que é chamado de "terceiro setor", numa **perspectiva crítica e de totalidade**, refere-se a um fenômeno real, ao mesmo tempo inserido e produto da reestruturação do capital, pautado nos (ou funcional aos) princípios neoliberais: **um novo padrão (nova modalidade, fundamento e responsabilidade) para a função social de resposta à "questão social", seguindo os valores da solidariedade local, do voluntariado, da autorresponsabilização e individualização da ajuda**.

O debate sobre o terceiro setor, muitas vezes incorporado a uma concepção generalista de cooperação ideológica, em um processo de ação social despolitizada e a uma "suposta" parceria entre classes antagônicas, na modalidade de responsabilidade social, mascara os interesses de perpetuação do capital, mesmo ostentando valores altruístas e de solidariedade, como o combate à fome e à miséria, a sustentabilidade e a defesa do meio ambiente.

A questão aqui levantada é que o terceiro setor acaba sendo um instrumento de fomento e gestão da injeção do dinheiro público na iniciativa privada, o que se configura como uma flexibilização do controle administrativo e de melhoria do gerenciamento das demandas sociais. Observa-se um reforço nas parcerias entre órgãos governamentais e entidades envolvidas em detrimento dos espaços coletivos e públicos fomentadores de políticas sociais em seu caráter de universalidade, democracia, igualdade, equidade e justiça social.

Para Iamamoto (1999, p. 121), a "sociedade civil passa a ser lida como um conjunto de organizações diferenciadas, mas complementares, destituída de contradições entre interesses de classes e seus segmentos: encobrindo e escravizando conflitos sob a evocação da solidariedade". Nessa iniciativa conservadora de inspiração positivista, "reforçam os elos de coesão social, com forte apelo à moral, em detrimento da visibilidade e reconhecimento das tensões sociais" (Iamamoto, 1999, p. 121).

A participação da sociedade civil nesses moldes interfere, sobremaneira, nos processos decisórios, na formulação, na gestão e na avaliação das políticas públicas e programas sociais e no gerenciamento dos projetos sociais, o que culmina na elaboração, na organização e na mobilização do trabalho profissional de assistência social, abrindo espaços para a inserção de outros profissionais nas esferas de prestação de serviços, interferindo nas funções que são de reconhecida competência do assistente social, previstas por lei e regulamentadas pelas esferas político-organizativas da categoria profissional, inclusive interferindo em suas atribuições privativas conforme inscritas na Lei n. 8.662, de 7 de junho de 1993 (Brasil, 1993), que regulamenta a profissão.

Nesses novos tempos, em que se constata a retração do Estado no campo das políticas sociais, amplia-se a transferência de responsabilidade para a sociedade civil na área da prestação de serviços sociais. E esta vem se traduzindo em um crescimento de parcerias do Estado com as ONGs (Iamamoto, 1999).

Preste atenção!

As ONGs surgiram em meados da década de 1970 como uma novidade institucional distinta dos partidos, dos sindicatos, das igrejas, das universidades e do Estado. Expressam a experiência militante a serviço dos movimentos sociais e dos grupos subalternos, mantendo relações de ambiguidade e dependência com áreas institucionais, como igrejas, associações e fundações, podendo estender seus contatos para organismos internacionais.

> Nos anos de 1990, as ONGs ganharam mais notoriedade e visibilidade pela mídia nacional e internacional em função da prestação de serviços à comunidade, amparadas pelo estatuto da solidariedade, do voluntariado e da filantropia, atendendo a vários setores, como violência e relações de gênero, criança e adolescente, questões étnico-raciais, tecnologias alternativas, meio ambiente, entre outras áreas; desenvolvendo atividades de assessoria, pesquisa e informações, educação e atendimentos populares, campanhas e denúncias, entre outras; podendo ou não absorver a participação de assistentes sociais, bem como de outros profissionais comprometidos com a área social, de direitos humanos, em defesa da cidadania etc.; e atuando, muitas vezes, como forma de terceirização da prestação de serviços sociais.
>
> Observa-se, por outro lado, a expansão da filantropia empresarial, um novo tipo de ação social incorporado por empresas denominadas de "cidadãs" ou "solidárias" e que fazem investimentos em projetos sociais e comunitários de interesse público, potencial espaço a ser ocupado por assistentes sociais. Essas empresas buscam melhorar sua imagem social, ampliar suas vendas e conquistar mercados, com a vantagem de usufruírem estímulos oferecidos pelo incentivo fiscal, podendo, assim, continuar produzindo e explorando com a chancela da responsabilidade social.

Nesse sentido, as ONGs, diante do projeto neoliberal e neoconservador, têm sido utilizadas como formas de terceirização da prestação de serviços sociais, o que desmonta a "coisa pública", financeirizando os serviços públicos e estatais, precarizando sua oferta, substituindo a ação profissional por uma intervenção voluntária, espontânea, assistencialista, imediatista e pragmática, adquirindo a primazia do reforço dos laços de solidariedade, caridade, filantropia e benemerência.

> Observa-se, por outro lado, a expansão da **filantropia empresarial** – ou um **novo tipo de ação social** por parte das denominadas *empresas cidadãs* ou *empresas solidárias*, que fazem **investimento**

> **social** em projetos comunitários considerados de **interesse público**, potencial espaço ocupacional para os assistentes sociais. (Iamamoto, 1999, p. 123, grifo do original)

Essa recente tendência é, ao mesmo tempo, uma estratégia do capital e do *marketing* para estender seus domínios e o desmonte do Estado de direito. Além disso, é uma estratégia para investir dinheiro público na iniciativa privada, favorecendo os interesses dos oligopólios e monopólios do grande capital. A injeção de dinheiro público no setor privado amplia, ainda, as vendas, abrindo possibilidades de expansão do mercado, o que garante a sobrevivência do setor empresarial.

Para Iamamoto (1999, p. 124, grifo do original),

> em outros termos, o **mote** da solidariedade humana, da preservação da natureza para o desenvolvimento autossustentável, do compromisso com a redução da pobreza e exclusão passam a ser utilizados como meios de atribuir responsabilidade e legitimidade social ao empreendimento, estimulando a elevação de seus índices de rentabilidade.

A lógica da solidariedade, do empreendedorismo social, de desenvolvimento autossustentável, entre outras iniciativas do setor empresarial, esconde o real interesse privado que é a acumulação ampliada do capital.

Para saber mais

Para maiores informações sobre o sentido da caridade, da ética e do direito na construção da cidadania, sob a ótica da responsabilidade social, indicamos a leitura a seguir.

PEREIRA, R. M. **Terceiro setor e religião**: caridade, ética e direito na construção da cidadania. Curitiba: Juruá, 2011.

No campo das organizações empresariais ou não, a área de recursos humanos tem absorvido grande número de assistentes sociais, chamados a atuar nesses espaços ocupacionais na prestação de benefícios sociais em programas de qualidade de vida e de trabalho, saúde, gestão de recursos humanos, prevenção de acidentes e riscos sociais, círculo de qualidade, gerenciamento participativo, clima social, sindicalismo empresarial, reengenharia, administração de benefícios (em sua maioria, atendendo aos requisitos da meritocracia), elaboração de projetos, pesquisas e relatórios sociais, entre outras atividades. Como contrapartida, as empresas exigem do profissional: experiência, criatividade, desempenho, versatilidade, iniciativa, liderança, capacidade de resolver conflitos e de negociação, fluência verbal, desembaraço, boa apresentação, habilidade de relacionamento e capacidade de sintonizar-se rapidamente com as mudanças no mundo dos negócios (Iamamoto, 1999).

Outro campo em expansão é a área de treinamento e reciclagem de pessoal, como o desenvolvimento de programas voltados à saúde do trabalhador (prevenção, uso de drogas, doenças sexualmente transmissíveis, acidentes de trabalho, atendimento à saúde da mulher etc.), bem como a coordenação de programas de escolarização, atenção à saúde familiar, esporte, lazer e cultura, acompanhamentos etc., compondo, na maioria das vezes, equipes inter e multidisciplinares.

Com efeito, os valores e princípios ético-políticos que iluminam o exercício profissional do assistente social, muitas vezes, tendem a ficar comprometidos em detrimento da "ideologia da moeda", do "fetiche do mercado e do consumo, do individualismo possessivo, da lógica contábil e financeira que se impõe e sobrepõe às necessidades e direitos humanos e sociais" (Iamamoto, 1999, p. 125). Segundo Iamamoto (1999, p. 126),

> esta aproximação deve permitir captar interesses e necessidades em suas diversas maneiras de explicitação, englobando formas diferenciadas de organização e luta para fazer frente à pobreza e à exclusão econômica, social e cultural. Formas de luta que passam por partidos políticos, sindicatos e movimentos sociais organizados; mas que passam, também, por reivindicações em torno de melhorias parciais de vida, além do conjunto de expressão associativas e culturais que conformam o modo de viver e de pensar das classes e seus segmentos sociais. O desafio é captar os núcleos de contestação e resistência, as formas de imaginação e invenção do cotidiano, de defesa da vida e da dignidade do trabalhador.

O desafio diante das condições adversas do capitalismo e dos interesses burgueses patronais, incontestavelmente, é aglutinar forças coletivas de resistência contra o desmonte do Estado, contra o processo de filantropização das políticas públicas e sociais e em defesa da ampliação dos espaços públicos e democráticos de participação popular nos processos de deliberação, discussão e negociação, principalmente no que se refere aos conselhos de direito, fóruns de debates, conferências municipais, regionais, estaduais e federais, espaços representativos e de deliberação capazes de oferecer resistência aos abusos do poder político e à financeirização do Estado.

4.7 O "precariado" e a luta de classes

Fechando este capítulo, não poderíamos deixar de refletir sobre a nova estrutura de classes em âmbito global, diante das grandes transformações societárias e do mundo do trabalho, conforme ressaltamos anteriormente, presentes nos debates contemporâneos das ciências humanas e sociais.

De acordo com Guy Standing (2014a, 2014b), há uma nova classe social em ascensão e formação, também denominada *classe perigosa*. Segundo as análises do autor, discutidas por Ruy Braga (2012), essa nova classe em formação, o precariado, é composta por sete grupos, nem todos constituídos como classes na acepção marxista do termo. São incorporados a esses grupos alguns subgrupos (ou subclasses), como o lumpemprecariado, análogo à noção de **lúmpemproletariado** descrita por Marx (2002), que representa um grupo crescente de pessoas entregues à própria sorte, muitas vezes ocupando os espaços públicos ou incorporando-se ao setor de serviços, única alternativa para sua sobrevivência. Esse subgrupo ou subclasse é composto majoritariamente por indivíduos, famílias, membros das mais diversas etnias e migrantes que se encontram na condição de desempregados mais ou menos permanentes. Apartadas daqueles que vivem da venda da força de trabalho, em sua maioria, estão jogados na rua, na miséria e vivendo em condições subumanas, excluídos da sociedade, sem "capacidade de ação ou qualquer papel ativo no sistema econômico para além de amedrontarem quem nesse se encontra" (Standing, 2014a, p. 10).

Para saber mais

Marx (2002, p. 79) aponta que a noção de **lúmpemproletariados** (*lumpem*, do alemão, significa "por baixo"), em Paris, foi organizada em facções secretas, dirigidas por agentes bonapartistas que estavam ao lado de libertinos, devassos, pessoas dissolutas, de fortuna duvidosa e de origem duvidosa. Nesse agrupamento, estavam arruinados e aventureiros da burguesia, vagabundos, soldados desligados do exército, presidiários, foragidos, chantagistas, saltimbancos, pungistas, trapaceiros, jogadores, alcoviteiros, donos de bordéis, carregadores, em suma, uma massa de pessoas pertencentes à escória da sociedade, altamente corrompidas em seu sentido mais vulgar e que tendiam a servir de massa manipulável.

Seguindo as análises de Standing (2014a, 2014b), no topo da pirâmide, encontramos uma **plutocracia**, isto é, pessoas ricas que exercem seu poder de dominação por meio do dinheiro, geralmente obtido ilicitamente, e gozando de um enorme poder informal, parcialmente associado ao capital financeiro empresarial ou do agronegócio.

Abaixo desse grupo, encontra-se uma elite bem definida e que compõe a classe dominante efetiva corporificada no interior do Estado burguês, a qual manipula políticos e meios de comunicação. Logo abaixo, encontram-se os salariados, um grupo com segurança de emprego a longo prazo, com salários elevados e amplas regalias relacionadas à relação empresarial; logo, usufruem de aparente estabilidade econômica e social.

Com a privatização dos setores públicos e a terceirização de atividades e serviços por empresas ou agências governamentais, surgiu um grupo de trabalhadores precarizados, mas que ainda incorpora ideologicamente as funções que exercem. Esses são os precariados propriamente ditos. Trata-se de uma espécie de classe média e média baixa que, em sua maioria, alimenta a esperança de ascender à elite ou transitar para o grupo seguinte. Standing (2014b) chama esse grupo de *proficians*, um número cada vez maior de pessoas que ganha a vida como consultores, empresários e microempreendedores independentes e em atividades afins. Vivem no limite e em constante exposição aos riscos sociais.

Abaixo desse grupo, situa-se o núcleo do velho proletariado, uma massa de trabalhadores assalariados e despossuídos dos meios de produção. Nutrem a esperança de ascenderem aos grupos mais abastados, vivendo uma vida de ilusões e fetichismos. Em virtude desses pensamentos pequeno-burgueses, tornou-se muito difícil imaginar o novo proletariado incorporando as fileiras revolucionárias ou de transformação, até porque são altamente influenciados pela mídia e pela ideologia dominante, alicerçando seus interesses e aspirações no interior do próprio ordenamento capitalista.

Alguns analistas situam o precariado como uma "condição social"; outros o veem como uma "classe em construção", que tem uma relação com o lugar ocupado na estratificação social e no processo de produção. O trabalho desempenhado por esse grupo é de natureza frágil e instável, associado à casualização, à informalidade, às agências de emprego, ao regime de tempo parcial, ao falso autoemprego ou ao novo fenômeno de massas chamado *crowdsourcing* (processo de obtenção de serviços ou do trabalho voluntário), formas flexíveis próprias das transformações societárias discutidas neste livro.

Vinculado ao processo de acumulação flexível e de flexibilização das relações de trabalho, o precariado é "explorado fora do local de trabalho e do período laboral remunerado como quando se encontra no emprego dentro do horário normal" (Standing, 2014b, p. 12), fator este que o distingue do velho proletariado.

A condição prevalente do precariado é a instabilidade, tendo relações bem definidas "na medida em que depende quase exclusivamente de salários nominais, estando normalmente sujeito a flutuações e não dispondo de um rendimento seguro" (Standing, 2014b p. 13). Dada sua condição de informalidade ou de *part-time*, o precariado tem menos direitos do que os demais trabalhadores formalizados.

> A sua característica essencial é ser mendigo, pedinte, obrigado a depender de dádivas discricionárias e condicionais vindas não só do Estado, como também das agências e demais instituições de caridade privadas que operam em seu nome, [...].
>
> [...] outro traço distinto do precariado é a sua consciência de classe, traduzida num fortíssimo sentimento de privação relativa e de frustação quanto ao seu estatuto. (Standing, 2014b, p. 13)

Essa situação carrega em si conotações negativas, isto é, de insatisfação, frustação e insegurança, alimentando, muitas vezes, sentimentos raivosos, não se prendendo a nenhum sentimento de lealdade nem de compromisso em relação à sua condição de classe. Dadas essas características, acabam por nutrir sentimentos contrários diante de suas situações existenciais – vida, sociedade, Estado e, até mesmo, com relação às suas crenças e seus valores objetivos e/ou espirituais –, o que os coloca no rol de uma nova classe perigosa. Standing (2014b) aponta para uma tipologia referente a três tipos distintos de precariado:

1. aqueles que se afastam das velhas comunidade e famílias da classe trabalhadora e que tendem a dar ouvido às vozes populistas e reacionárias de extrema-direita;
2. os migrantes e as minorias que, afastados dos seus sítios de pertencimento, vivem imbuídos de um forte sentimento de privação relativa. Do ponto de vista político, tendem a ser relativamente passivos ou desprendidos, acabando, muitas vezes, por incentivar a fúria coletiva;
3. os instruídos, que, por força do trabalho inconstante e da falta de oportunidades para impor uma narrativa às suas vidas, experimentam um sentimento de privação relativa e de frustação, entregando-se, na maioria das vezes, à boemia e à crítica política e social vazia.

Do ponto de vista financeiro, o precariado se vê com salários reduzidos, não alimentando esperanças de melhores rendimentos nem de aumento do poder aquisitivo ou de um melhor padrão de vida, sendo o emprego considerado inseguro, o que possibilita, na maioria das vezes, endividamentos cada vez maiores (Standing, 2014b).

> **Para refletir**
>
> Na atualidade, "a alienação assume a forma de **perda de sua própria unidade: trabalho e lazer, meios e fins, vida pública e vida privada**, entre outras formas de disjunção dos elementos de unidade presentes na **sociedade do trabalho**" (Antunes; Alves, 2004, p. 348, grifo do original), expandem-se cotidianamente diante das transformações societárias do presente.
>
> Nesse sentido, os efeitos da crise recolocaram no mundo o debate sobre o papel do Estado como regulador e promotor do desenvolvimento da sociedade. Embora esse debate ainda não esteja no topo das discussões sociais de modo geral, fica a reflexão: Quais mudanças serão deflagradas por novas relações de capital e trabalho que venham a surgir como respostas à crise do projeto neoliberal no mundo? Quais os reflexos dessa movimentação social no âmbito das demandas dos sujeitos sociais pela efetividade dos direitos sociais?

Não podemos, ainda, deixar de registrar a crescente feminilização do mercado de trabalho e dos subempregos, principalmente das populações imigrantes, que são expostas a um trabalho considerado pelas agências internacionais como análogo à escravidão. Além do mais, amplia-se constantemente o setor de serviços, o que absorve um grande contingente de desempregados, na maioria jovens ou indivíduos considerados "idosos" (Veroneze; Martinelli, 2020).

Soma-se a essas novas morfologias do trabalho o fenômeno da **uberização**, que evidencia novas tendências de gestão e sublocação do trabalho precarizado, ainda que com diferentes intensidades, mas que permite um enorme e permanente processo de erosão do trabalho contratado e formal, dos direitos trabalhistas e do trabalho assalariado, ampliando o fosso criado pela luta de classes (Abílio, 2020).

Preste atenção!

O fenômeno da "uberização" ou "plataformização" implica uma nova morfologia de controle, gerenciamento e organização do trabalho, que está amplamente relacionada ao uso de aplicativos e de plataformas digitais, mas não somente a isso. Trata-se de uma tendência global que materializa as transformações políticas do mundo do trabalho, possibilitando consolidar o trabalho *just in time*. Esse fenômeno ganhou destaque e visibilidade nas metrópoles urbanas, com uma "multidão de motociclistas e a empresa Uber, que simplesmente vem reconfigurando a questão da mobilidade urbana no mundo; com os entregadores em motocicleta – que já existiam, mas têm agora seu trabalho transformado. Também com os jovens negros periféricos que se tornam bike boys no espaço urbano, que por vezes pedalam mais de 50 km por dia, sete dias por semana, em torno de 10 horas por dia, para ter um ganho médio de aproximadamente um salário-mínimo [...], em um trânsito que não oferece condições mínimas de segurança para o ciclista. Mas, em realidade, a uberização abarca diversas ocupações, atravessando o mercado de trabalho de alto a baixo, seja no presente seja desenhando-se como um futuro próximo e possível" (Abílio, 2020, p. 111). Tais fatores ampliam o grupo do precariado.

Para saber mais

Como exemplo dessa situação, citamos o filme Convergente, *uma produção estadunidense futurista de ficção científica e de aventura com muitos efeitos especiais, mas que recebeu muitas críticas negativas. O filme mostra um velho dilema que se arrasta por toda a história da humanidade, destacando grupos distintos e antagônicos: os poderosos (os puros) que querem dominar o mundo e aqueles que se arrastam no submundo (os danificados). A trama é bem instigante para refletirmos sobre a luta de classes em uma sociedade futurista.*
DIVERGENTE. Direção: Neil Burger. EUA: Paris Filmes, 2014. 140 min.

Outro filme de ficção científica que merece destaque é Distrito 9. *O filme foi produzido por Peter Jackson e dirigido por Neill Blomkamp e mostra um local de péssimas condições de sobrevivência, em que uma gigantesca nave alienígena pousou há 20 anos. Sem energia, simplesmente não há como seguir viagem. Os alienígenas, então, reproduzem-se e passam a viver nessa localidade sem nenhum planejamento, vivendo segregados e passando por situações de preconceito e discriminação por parte dos humanos. Pressionados por problemas políticos e financeiros, o governo local resolve transferi-los para outra área. O filme retrata como os governos lidam com aqueles que são diferentes. Trata-se de um clássico para analisarmos a luta de classe e o poder dos soberanos.*
DISTRITO 9. Direção: Neill Blomkamp. EUA: Sony Pictures Releasing, 2009. 112 min.

Síntese

Neste capítulo, apresentamos o processo de reestruturação produtiva e a flexibilização das relações de trabalho no âmbito da crise estrutural do capital e do avanço das políticas neoliberais e neoconservadoras a partir do fordismo e do toyotismo. Também analisamos a concepção do Estado burguês capitalista e suas implicações no cenário nacional. Além disso, tratamos da organização da sociedade civil e da formação de uma classe perigosa, denominada *precariado*, algo que implica uma nova morfologia do trabalho. Os temas aqui abordados reverberam direta e indiretamente no serviço social e no trabalho dos assistentes sociais em seus vários espaços sócio-ocupacionais, principalmente diante da financeirização da economia em âmbito global e da privatização dos serviços sociais e espaços públicos.

Questões para revisão

1. Com relação ao processo de reestruturação produtiva, assinale a alternativa **incorreta**:
   a) Segundo as ideias do economista britânico John Maynard Keynes, o Estado deveria ter um papel regulador das relações sociais, a fim de manter sua estabilidade.
   b) O toyotismo expressa a forma particular de expansão do capitalismo monopolista do Japão após 1945.
   c) No toyotismo, a produção é vinculada à demanda.
   d) O receituário neoliberal previa a privatização da economia e dos sistemas de seguridade social, o fim da legislação trabalhista (substituída pela "livre negociação" – flexibilização) e a redução dos programas sociais.
   e) As ações implementadas pelo Consenso de Washington, de acordo com Abramides (2019, p. 139), foram: "disciplina fiscal, estabilidade monetária, redução dos gastos públicos, reforma tributária, liberalização financeira e comercial, alteração de taxas de câmbio, investimento direto estrangeiro, privatizações, desregulamentações e propriedade intelectual".

2. Com relação à acumulação flexível, assinale V para as afirmativas verdadeiras e F para as falsas.

( ) O controle do tempo de produção permitiu a terceirização de tarefas e serviços, implicando mudanças significativas nas relações de trabalho e no equilíbrio entre vida e trabalho.
( ) O local de trabalho passou a ser uma extensão do lar e vice-versa, além de se expandir para outros lugares, como cafeterias, transportes e restaurantes.
( ) Os equipamentos eletrônicos permitiram e permitem que o trabalho seja realizado em casa ou em qualquer outro local, a qualquer hora do dia ou da noite.
( ) A terceirização afetou significativamente o sistema de proteção social e dos direitos do trabalhador.
( ) O mercado de serviços tem aumentado significativamente, de modo a intensificar as tarefas e a pressionar para um trabalho em tempo integral.

Agora, assinale a alternativa que corresponde à sequência correta:
a) V – V – F – V – F.
b) V – F – V – V – V.
c) F – V – V – V – V.
d) F – V – V – F – F.
e) F – F – F – F – F.

3. Com relação ao pensamento neoliberal, assinale a alternativa correta:
a) A partir da década de 1970, uma contraofensiva do capital sobre o mundo do trabalho impulsionou o aumento salarial, que caracterizou o que se chama de *desindexação salarial*.
b) No Brasil, o processo de reestruturação produtiva e acumulação flexível consolidou-se a partir de 1989, no governo José Sarney e Itamar Franco, estendendo-se para o governo Fernando Henrique Cardoso (FHC).
c) O neoliberalismo toma a forma de ciclos financeiros, que eventualmente entram em colapso, necessitando de um resgaste do setor privado.

d) A marca do neoliberalismo é o desmantelamento de todas as formas de social-democracia; portanto, o que impera é a derrubada dos direitos sociais.
e) O Estado é obrigado a interferir nas relações sociais, substituindo a lógica individualista pela lógica coletiva.

4. O projeto neoliberal retoma algumas propostas conservadoras. Quais são elas?
5. Aponte as principais características trazidas por Guy Standing referentes ao precariado.

Questões para reflexão

1. Qual é a proposta do atual governo para o enfrentamento das sequelas da "questão social" na atual conjuntura do país?
2. De acordo com Iamamoto (1999), o projeto neoliberal surgiu para atender algumas alternativas. Quais são elas?

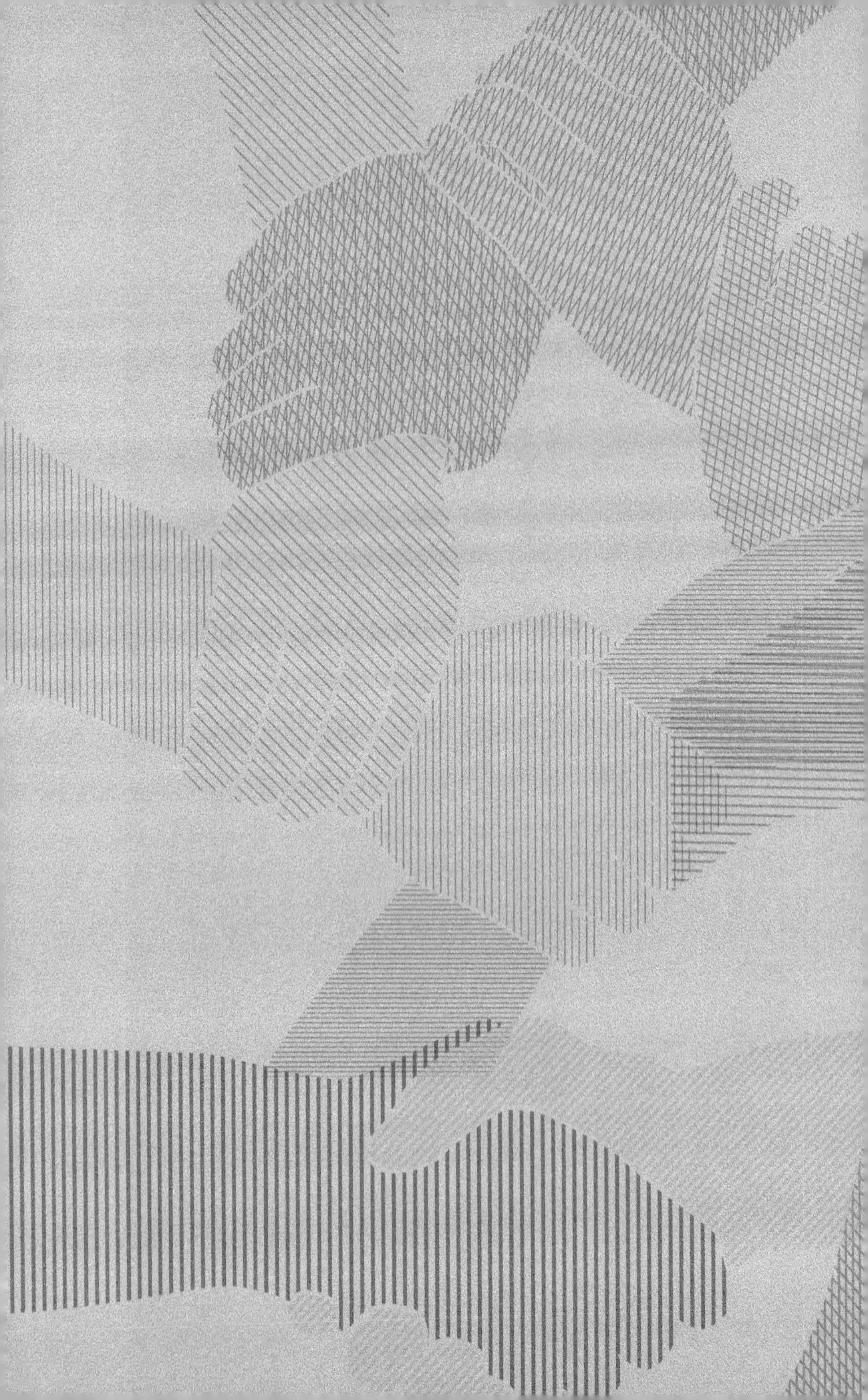

CAPÍTULO 5

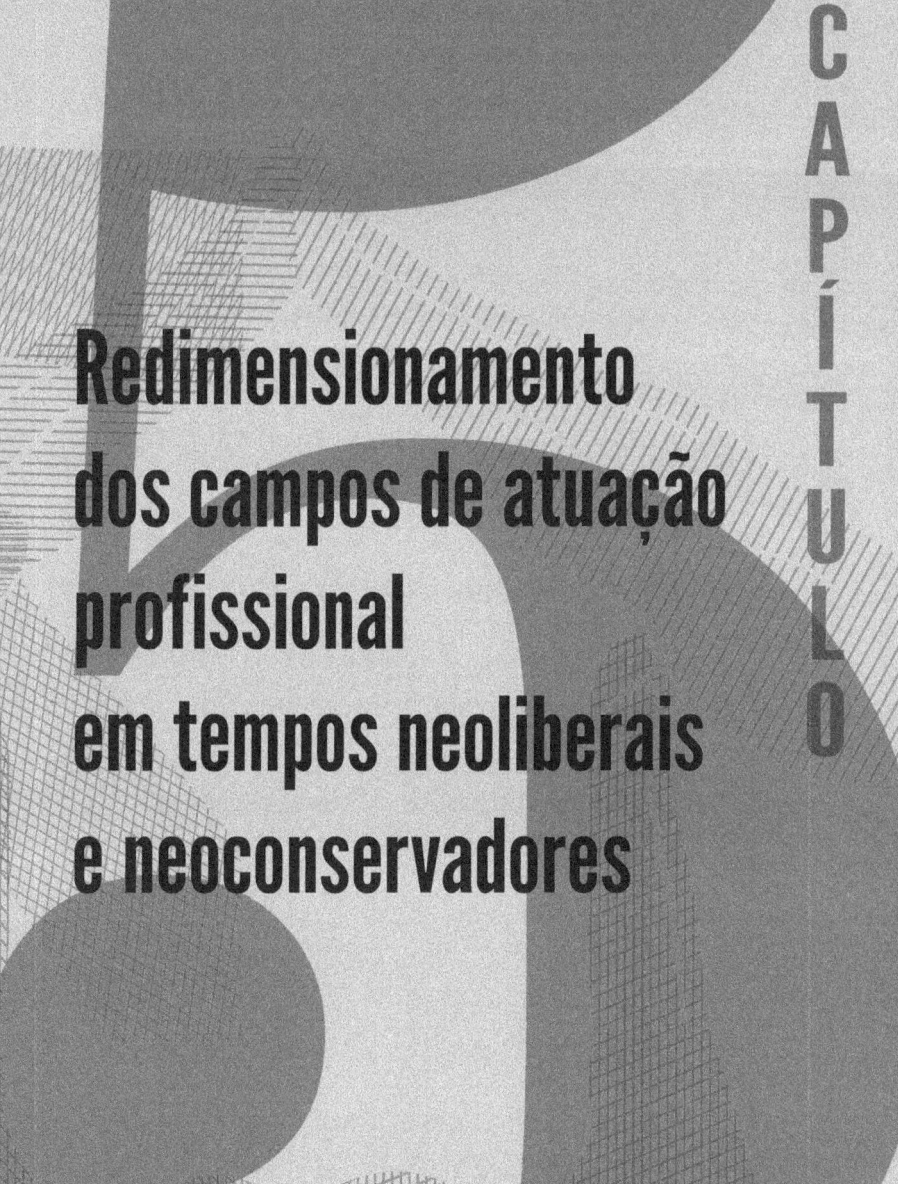

Redimensionamento dos campos de atuação profissional em tempos neoliberais e neoconservadores

Conteúdos do capítulo:

- Arte, cultura, interdisciplinaridade e o trabalho do assistente social.
- Serviço social na interface com a educação.
- Serviço social no campo sociojurídico.
- Serviço social, sistema prisional e violência.

Após o estudo deste capítulo, você será capaz de:

1. identificar os principais desafios na área da cultura e da educação;
2. reconhecer a importância da interdisciplinaridade para o trabalho profissional;
3. compreender os principais desafios da atuação profissional no universo educacional;
4. elencar os principais desafios que atingem a área sociojurídica;
5. perceber as principais recorrências diante dos dilemas e desafios do serviço social na área prisional e sociojurídica.

> "O futuro é deduzido a partir da realidade existente".
> Agnes Heller

> "Enquanto eles capitalizam a realidade, eu socializo meus sonhos".
> Sérgio Vaz

5.1 O assistente social e a interdisciplinaridade: a arte como um elo nas correntes do saber[1]

Discutir a amplitude dos espaços sócio-ocupacionais preenchidos pelos assistentes sociais na atualidade, sem sombra de dúvidas, seria uma tarefa praticamente impossível de ser realizada neste livro, até mesmo pela sua diversidade, amplitude, especificidades e particularidades. Assim, optamos por tecer algumas considerações sobre os principais temas, discussões, dilemas e desafios abordados nos diversos congressos, seminários, eventos nacionais e internacionais ocorridos nos últimos anos, bem como sobre os temas recorrentes nas diversas pesquisas, principalmente de mestrados e doutorados na área de serviço social.

Neste capítulo, portanto, analisaremos algumas áreas de atuação profissional no que se refere ao mercado de trabalho, aos espaços públicos e privados, às instituições de controle democrático, às empresas capitalistas, às fundações empresariais, às organizações privadas não lucrativas, às organizações da classe trabalhadora, à educação superior, entre outros, de modo a compreender

―――――――――――――――――
1   Esta seção foi elaborada com base em Veroneze (2009).

as várias formas de atuação e do exercício profissional do assistente social.

Um dos temas discutidos na atualidade referente à inserção do assistente social no redirecionamento dos espaços sócio-ocupacionais e socioassistenciais é a interdisciplinaridade. Para tratar desse assunto, optamos por abordar outro tema recorrente nas pesquisas em serviço social, a saber, a inserção do assistente social em espaços e atividades culturais vinculados às artes.

A arte ou a expressão artística é a mais legítima emanação da personalidade e da vida social dos sujeitos sociais. É um campo irradiador de cultura, patrimônio ontológico do ser social em suas intrincadas e múltiplas relações, que as exterioriza por meio de elementos culturais e/ou artísticos, os quais podem fazer parte do arcabouço instrumental e técnico do assistente social, bem como orientar a intervenção profissional, contribuindo, assim, para a implantação e efetivação de políticas e projetos culturais.

O serviço social vem construindo uma trajetória histórica de lutas e resistências para romper definitivamente com o estigma de uma profissão submissa e conservadora. Ao aprimorar formas criativas e diferenciadas de intervenção que atendam aos requisitos internos da profissão e que contemplem o compromisso ético-político dos segmentos subalternizados, é possível despertar novos olhares sobre a realidade e os sujeitos sociais.

As expressões artísticas podem trazer um manancial de alternativas para uma intervenção eficaz e interdisciplinar, de modo a possibilitar e analisar, mesmo que pontualmente, algumas questões relativas ao ser social, sua forma de ser, pensar e agir, bem como a realidade social em que se insere ou é inserido, de modo a oferecer alternativas para a atuação profissional, seja referente ao indivíduo ou à família, seja referente ao contexto social, aos grupos, aos movimentos sociais ou à nação. A interdisciplinaridade das diversas áreas do saber torna a atuação profissional do assistente social muito mais simples, prática, objetiva e criativa, buscando cada vez mais apreender a totalidade e os complexos categoriais em suas inter-relações sociais.

Os indivíduos sociais, em suas manifestações cotidianas, são o resultado de muitos lugares, pessoas, olhares, determinações e construções individuais e coletivas, que se constituem como um mundo de emoções, sentimentos, paixões, pendores, aspectos objetivos e subjetivos em constante transformação. É no cotidiano que homens e mulheres exteriorizam suas paixões, seus sentidos, suas capacidades intelectuais, suas habilidades manuais e manipulativas, seus sentimentos, suas ideias, suas ideologias, suas crenças, seus gostos, ou seja, todas as suas potencialidades e capacidades (Veroneze, 2013).

Francisco e Bittencourt (2019, p. 198), ao se referir a Touraine (1997), apontam que "não é o indivíduo como tal que procura reconstruir-se, encontrar a sua unidade e a consciência desta. Essa reconstrução só pode realizar-se se o indivíduo se reconhece e se afirma como Sujeito, como criador de sentido e de mudança e também de relações sociais e de instituições políticas".

Conhecer, reconhecer e ressignificar lugares, diálogos, narrativas, olhares, modos de ser, estar e agir dos sujeitos sociais é uma das tarefas do assistente social, bem como decifrar vidas individuais, coletivas e histórias: "é uma relação que tem a configuração de um mosaico, no qual cada peça tem o seu significado, pois ali se articulam acontecimentos passados, lembranças narradas e vidas presentes (Martinelli, 2019, p. 33).

Cada lugar, pessoa, território e história representam significados e elementos sociais e culturais, experiências do vivido que não podem ser esquecidas e desprezadas e, ao mesmo tempo em que apresentam microrrealidades, há uma interface com a macrorrealidade social em seu sentido mais amplo (Francisco; Bittencourt, 2019).

Francisco e Bittencourt (2019), ao realizarem um estudo com o grupo de *rap* Racionais MC's, do distrito de Capão Redondo, em São Paulo, analisaram as letras das músicas e notaram que estas descreviam o cotidiano de uma população pobre, negra e periférica. Assim, por meio de narrativas, essa população construiu expectativas de vida e de denúncia das "contradições de uma sociedade desigual, violenta e racista" (Francisco; Bittencourt, 2019, p. 201).

> **Preste atenção!**
>
> O *rap* é um estilo musical que tem, em sua origem, a música negra estadunidense e é baseado no ritmo e na tradição da oralidade. Exprime simbolicamente a consciência negra massificada. Surge como uma forma de linguagem artística paralela às artes plásticas, ao grafite, à dança, entre outras formas de expressão, tornando-se um dos pilares da cultura *hip-hop*, fazendo das ruas o espaço privilegiado de expressão cultural dos jovens pobres e de periferia. A palavra *rap* deriva das iniciais *rhythm and poetry* (ritmo e poesia) e aparece como um gênero musical que denuncia injustiças e opressões a partir dos "guetos negros urbanos" (Francisco; Bittencourt, 2019, p. 200-201).

A música, a poesia, a dança, a literatura, o teatro etc. são formas de expressão que possibilitam a "apreensão do contexto social vivido como estratégia de afirmação de uma identidade e também de entendimento do lugar social vivenciado por quem compartilha do mesmo território e de seus processos de sociabilidade" (Francisco; Bittencourt, 2019, p. 200-201).

Por meio das letras das músicas do grupo de *rap* analisado pelas pesquisadoras, pôde-se verificar sua densidade demográfica e o espaço urbano periférico dialogando com o "direito à cidade" (Harvey, 2014) e à propriedade, a concentração de riquezas e sua má distribuição, a mobilidade urbana, a vida nas periferias, os impactos sociais nos processos de inclusão/exclusão social, os territórios, sua historicidade e hostilidade, enfim, uma série de indicadores e conflitos sociais que reverberam e revelam a natureza, as condições, as ocupações da vida urbana e as expressões da "questão social", bem como o cotidiano da vida social, de modo a traçar, em suas análises mais subjetivas, a realidade do vivido.

Segundo Francisco e Bittencourt (2019, p. 208),

> a arte que vem da periferia é única em cada uma delas, sua produção e seu crescimento são constantes. Um dos fenômenos é o funk carioca, que atingiu os meios de comunicação e passou a ocupar espaços

em programas de TV de cultura de massa. Mas, para se conhecer a real produção cultural das periferias, é preciso ir até lá. É preciso reconhecer e respeitar as narrativas desses coletivos, que não falam como cultura de massa, nem para a grande mídia; ao contrário, falam de seu cotidiano, em várias linguagens: a música, a poesia, o grafite; resgata ritmos e manifestações tradicionais, mostrando suas identidades.

Se compreendermos as objetividades e as subjetividades dos fenômenos relacionais, contraditórios e simbólicos[2] dos sujeitos envolvidos em suas intrincáveis e múltiplas inter-relações cotidianas, formas de superação das adversidades encontradas nas expressões facetadas da "questão social", poderemos encontrar mecanismos capazes de superar o *status quo* da vida social regida pela lógica capitalista e burguesa. Nesse sentido, a arte ou as expressões artísticas podem constituir-se em um instrumento de desvendamento das implicações da realidade social em qualquer domínio operacional e técnico do exercício profissional a ser desenvolvido, assim como podem transformar-se em um elemento mediador entre profissionais no exercício do trabalho interdisciplinar.

Assim, para Francisco e Bittencourt (2019, p. 204), ao mesmo tempo que "a subjetividade é objetiva e subjetiva, é também e conjuntamente histórica, particular e coletiva, uma vez que depende das relações e dos espaços de convivência social e cultural. É nesses espaços, com o diferente, que podemos experimentar as vivências e interações de cooperação, de recriação".

> A arte, ou a expressão artística, mobiliza o movimento de despertar, de ativação da vontade em prosseguir; de sua potência, de tomada de decisão e ação, que se encontra no campo subjetivo. É constituída por meio do estabelecimento de vínculos afetivos, dos apegos seguros, da confiança, esperança; mas denuncia que é preciso ter o pão, o chão, o teto... É preciso a materialidade, a efetivação de direitos, a inclusão. Não na perspectiva de uma melhoria da ordem existente,

---

2 A *cultura* pode ser também entendida como bens simbólicos. O "símbolo" é um fenômeno físico que detém um significado para quem o utiliza ou para determinado grupo, como uma aliança de casamento, o sinal da cruz, as notas musicais, os números, as letras e o sinal de trânsito.

mas na subversão dessa ordem. É preciso uma nova ordem que resulta da desordem anterior e recursivamente. (Francisco, Bittencourt, 2019, p. 206)

É possível, por meio da arte, despertar a consciência ética e política dos sujeitos sociais, bem como aglutinar forças de lutas, resistências e denúncias de todas as ordens, dando oportunidade às diversidades, às identidades, às diversas expressões, aos diferentes modos de ser, estar e agir, permitindo maior visibilidade aos anseios, sentimentos, paixões, medos, angústias, desejos, enfim, formas de linguagens simbólicas e diferenciadas para externar a vontade de um mundo melhor.

Para saber mais

Para um aprofundamento sobre as expressões artísticas como instrumento de denúncia, sugerimos os filmes Zuzu Angel e Frida.

Zuzu Angel é um drama biográfico brasileiro, produzido em 2006 e dirigido por Sérgio Rezende, que conta a história de luta política da estilista Zuleika Angel Jones (1921-1976), ou apenas Zuzu Angel, mãe de Stuart Edgar Angel Jones, um jovem militante torturado e assassinado pelos militares no período da ditadura civil-militar brasileira. Zuzu Angel denunciou por anos as arbitrariedades e repressões causadas nesse período nefasto até o ano de sua morte, em um suspeito acidente de carro, em 1976.

ZUZU Angel. Direção: Sérgio Rezende. Brasil: Warner Bros., 2006. 103 min.

Frida é uma produção estadunidense dirigida por Julie Taymos. O roteiro foi baseado no livro de Hayden Herrera, que retrata a trajetória da pintora mexicana Frida Kahlo (1907-1954). O filme mostra a vida de Frida desde sua adolescência até a sua morte, revelando a personalidade de uma das pintoras mais bem-conceituadas e aclamadas da América Latina.

> Uma história cativante e controversa, cheia de arte, paixão e amor, envolvendo um dos intelectuais marxistas e revolucionários da história da Rússia, León Trotsky (1879-1940).
> FRIDA. Direção: Julie Taymor. EUA/Canadá/México: Imagem Filmes, 2002. 123 min.

Como exemplos mais emblemáticos da história latino-americana dessa força mobilizadora, destacamos algumas mulheres aguerridas que se sobressaíram nos embates políticos contra a opressão, a exploração e a subjugação das misérias: Frida Kahlo, Violeta Parra, Mercedes Sosa, Pagu, Goya, Zuzu Angel, Suzanne Lacy, Leslie Labowitz e Nan Goldin, entre muitas outras mulheres que, por meio da pintura, da música, da poesia, da fotografia e da alta-costura, fizeram uso da arte como instrumento de denúncia das violências, das violações de direitos e das injustiças sociais.

Partindo da totalidade do ser social, podemos compreender a expressão artística produzida pelos sujeitos sociais como possibilidade de emanação e materialização da diversidade de emoções, sentimentos e criatividade próprias de cada artista. Por meio de palavras, cores, linhas, formas, desenhos, sons etc., não só os elementos materiais de produção, mas também momentos do pensar artístico se objetivam e tomam forma como momentos de catarse do processo de criação. A arte é uma espécie de representação simbólica cuja finalidade está em si mesma, o que se relaciona ao momento de liberdade dos sujeitos sociais (Veroneze, 2009).

Experiência do autor

Em meu período de estágio em Serviço Social, ainda na graduação, tive uma experiência bastante enriquecedora e digna de nota. Na ocasião, eu era estagiário no Centro Educacional e Social de Guaranésia (CESG), uma instituição de educação não formal, na cidade de Guaranésia (MG), quando dividi espaço com estagiárias do curso de Pedagogia. Certo dia, ao observar algumas atividades que eram desenvolvidas nas aulas de desenho desenvolvidas pelas outras estagiárias, alguns desenhos me chamaram a atenção. O assunto tratado em sala de aula era a respeito da profissão que as crianças da instituição queriam escolher. Assim, os alunos deveriam expressar seus desejos na forma de desenhos (Veroneze, 2009).

Ao perguntar à classe sobre a profissão que desejariam seguir, um garoto de apenas 7 anos de idade se desenhou cuidando dos dentes de uma menina. Questionado sobre o porquê daquele desenho, ele disse que, em sua casa, quase todos sofriam desesperadamente com dores de dentes e, em virtude das condições financeiras precárias, não conseguiam realizar os devidos tratamentos. Assim, em seu cotidiano familiar, o garoto presenciava grandes lamentos e revoltas sobre essa questão. Decidiu que, quando crescesse, estudaria Odontologia, para que pudesse tratar dos dentes de seus familiares e de outras pessoas (Veroneze, 2009).

Outro desenho que despertou minha curiosidade foi o de uma menina de apenas 6 anos. Ela desenhou a figura de uma menina com feições tristes no canto da folha e, ao fundo, uma mulher com um jovem rapaz, ambos de feições felizes, deitados em uma cama. Interrogada sobre o significado do desenho, ela disse que a menina era ela mesma; a mulher, sua madrasta; e o garoto, seu irmão de 17 anos. Ao perguntarmos sobre o desenho, relatou que, quando seu pai se casara pela segunda vez, ela foi desprezada pelo irmão, do qual gostava muito. Disse, ainda, que várias vezes via seu irmão na cama com sua madrasta, eles se beijavam e se acariciavam e, quando percebiam a presença dela, era repreendida pelos dois, muitas vezes sofrendo agressões físicas e verbais (Veroneze, 2009).

Nesses dois casos, observamos que fatos do cotidiano foram expressos em um simples desenho feito por duas crianças. Neles, estavam contidas expressões de suas realidades. No primeiro caso, o menino expressou o desejo de ser dentista por encontrar, em seu cotidiano familiar, sofrimentos que o levaram a essa opção profissional; no segundo caso, a menina era vítima de uma situação pouco comum. No primeiro caso, a vontade do menino estava expressa em sua subjetividade em virtude das angústias e das condições financeiras que a família enfrentava. Assim, uma visita domiciliar comprovou que os fatos eram

> verídicos, a família passava por graves problemas financeiros em virtude de os pais do garoto estarem desempregados por conta do período de entressafra de café (Veroneze, 2009).
> No segundo caso, a menina expressava sua tristeza por estar sendo rejeitada pelo irmão e pela madrasta, sendo vítima de maus tratos físicos e morais, em razão de o irmão e a madrasta manterem relações afetivas e sexuais na ausência do pai. Quando a professora da menina foi questionada, relatou que, algumas vezes, ela vinha à aula com hematomas pelo corpo. Nesse caso, foram tomadas algumas medidas para resolver a questão (Veroneze, 2009).

Na visão ontológica lukacsiana, a arte é uma atividade que parte da vida cotidiana para, em seguida, a ela retornar, produzindo nesse movimento reiterativo uma elevação na consciência sensível dos indivíduos sociais. A arte, nesse sentido, é entendida como um reflexo antropomorfizador da realidade, ou seja, como uma intensificação do drama humano apresentado de modo descontínuo na vida cotidiana. A estética de Lukács tem como uma de suas principais peculiaridades o fato de buscar na vida cotidiana os fragmentos das carências e das necessidades postas pelas contradições da vida social como um de seus momentos mais privilegiados (Frederico, 2005).

Portanto, a arte educa os indivíduos sociais, fazendo-os transcender à fragmentação produzida pelo fetichismo da sociedade mercantil. Nascida para refletir sobre a vida cotidiana de homens e mulheres, a arte produz uma elevação que os separa inicialmente do cotidiano alienado e alienante para, posteriormente, fazer a operação de retorno. Esse processo circular produz um contínuo enriquecimento espiritual da humanidade.

Em suma, toda produção artística concretizada em formas, sentimentos, atos, técnicas criativas e estéticas, ritmos, texturas, sons, movimentos, expressões das trajetórias pessoais da essência humana (ou do humano-genérico), ou seja, os gostos, os valores, os sentidos e os processos que exprimem as subjetividades em uma síntese emocional, que, por sua vez, origina-se de estados tensionais provocados por forças de ordens interna e externa são relações entre o sujeito e as coisas, o subjetivo e o objetivo, o ser sensível e o simbólico do ser singular, particular e universal (Veroneze, 2009).

Para saber mais

Para mais esclarecimentos sobre esse tema, sugerimos a leitura a seguir.
SCHERER, G. A. **Serviço social e arte**: juventudes e direitos humanos em cena. São Paulo: Cortez, 2013.

5.1.1 Interdisciplinaridade e serviço social

Buscar formas alternativas e criativas para o fazer profissional implica utilizar meios mais eficazes e eficientes de desvelar e entender a realidade e os sujeitos sociais em sua complexidade e totalidade. Pressupõe um olhar crítico, propositivo e proativo, carregado de elementos da instrumentalidade do serviço social, o que melhor corrobora para a interdisciplinaridade na ação profissional.

A instrumentalidade no serviço social atende a certas particularidades que não se restringem ao uso de instrumentos técnicos e operativos dos profissionais, mas contemplam a capacidade, a qualidade e a propriedade do exercício profissional. Por isso, é possível afirmar que a instrumentalidade é a capacidade e/ou propriedade constitutiva das profissões e dos saberes em dar respostas teóricas, técnicas e práticas às demandas cotidianas e que são construídas e reconstruídas no processo sócio-histórico (Guerra, 2000; 2002).

De acordo com Guerra (2000, p. 53),

> Na medida em que os profissionais utilizam, criam, adequam as condições existentes, transformando-as em meios/instrumentos para a objetivação das intencionalidades, suas ações passam a ser

portadoras de instrumentalidade. Desse modo, a instrumentalidade é tanto condição necessária de todo trabalho social quanto categoria constitutiva, um modo de ser, de todo trabalho.

Todo trabalho social apresenta elementos de instrumentalidade, o que compreende entender seus processos e suas finalidades/intencionalidades, dos quais dependem a existência, os meios e as condições objetivas para sua realização, bem como implica domínios técnico-manipulativo e técnico-operativo e controle dos saberes teórico-prático e prático-teórico do quê, como, por quê, para quê e como fazer, de modo a utilizar de meios articulados, recursos, instrumentos, técnicas e mediações qualificados para a tomada de decisão e o exercício da ação (Guerra, 2000).

A capacidade racional e teleológica permite o desenvolvimento da instrumentalidade inspirada na razão dialética, capaz de construir novas competências, legitimidade e novas respostas qualificadas e comprometidas com os valores emancipatórios do fazer profissional. Nesse sentido, a instrumentalidade é entendida como mediação que permite a passagem das ações meramente técnicas e instrumentais para o exercício profissional crítico, propositivo e proativo, articulando cultura, saberes, metodologias, teorias, técnicas, instrumentos, capacidade reflexiva e abstrativa para uma melhor articulação entre os saberes e as dimensões teórico-metodológica, ético-política e técnico-operativa do serviço social

Nessa direção, é muito comum assistentes sociais exercerem suas funções em parceria com profissionais de diferentes especialidades. A capacidade coletiva de analisar conjunturas, ressignificar espaços e pensar alternativas de superação das fragilidades sociais, de modo a desvendar seus bloqueios e processos de alienação/estranhamento, revigorar energias, refazer vínculos, potencialidades e identificar espaços de pertencimento, são elementos favoráveis ao trabalho interdisciplinar (Prates, 2003).

A interdisciplinaridade é um tema recorrente em pesquisas e debates atuais do serviço social, podendo ser uma ferramenta para o trabalho profissional no que se refere à superação das condições de alienação e exclusão sociais. Fundamentado no debate plural entre saberes diferenciados, alarga-se o campo das possibilidades, no sentido de transpor a racionalidade dominante (Melo; Almeida, 1999). A proposta de um trabalho interligado a uma rede ou a saberes interdisciplinares encontra na mediação várias opções para uma atuação profissional mais qualificada, além de ser um fator educacional/cultural fundamental na e para a vida social.

Assim, estabelecer um diálogo com outras áreas do saber possibilita aos profissionais a elevação da esfera de maneirismos e modismos tão próprios da contemporaneidade. Um trabalho interdisciplinar é capaz de integrar novos saberes e propor uma ação coletiva para a intervenção profissional. Para Melo e Almeida (1999, p. 236), "só se torna possível ter uma intervenção satisfatória quando se conhece o problema a ser abordado. Ora, é preciso reunir informações precisas e fornecidas por diferentes fontes para a tomada de decisões".

Contudo, antes de refletir sobre a interdisciplinaridade, é importante esclarecer alguns equívocos conceituais que acabam por generalizar formas de atuação profissional diferenciadas. Ely (2003) faz referência a alguns conceitos em torno do tema sobre a interdisciplinaridade que não podemos desconsiderar. Confira, a seguir, essas diferenças conceituais destacadas pela autora:

- multidisciplinaridade: o trabalho acontece de forma isolada, geralmente com troca e cooperação mínima entre as disciplinas;
- pluridisciplinaridade: as disciplinas se agrupam de forma justaposta, com cooperação, porém cada profissional decide isoladamente;
- [...]
- interdisciplinaridade: as relações profissionais e de poder tendem à horizontalidade, as estratégias de ação são comuns e estabelece-se uma troca recíproca de conhecimento entre as diferentes disciplinas;
- transdisciplinaridade: a coordenação é realizada por todas as disciplinas e interdisciplinas, propondo a criação de um campo com autonomia teórica, disciplinar e operativa. (Ely, 2003, p. 114)

Estabelecer mediações interdisciplinares não implica vislumbrar uma hierarquização dos conhecimentos, mas voltar esses conhecimentos para a prática, com vistas a conhecer a realidade e construir no coletivo um projeto de ação (Sá, 2008). Do ponto de vista da intervenção aos novos espaços sócio-ocupacionais, a interdisciplinaridade busca recursos humanos "na dimensão prática, instrumentalizadora da atividade técnico-profissional em face da realidade sobre a qual se propõe a atuação" (Melo; Almeida, 1999, p. 233).

Muitas ações profissionais nos diferentes níveis de serviços socioassistenciais prestados à população envolvem a interdisciplinaridade como uma forma necessária de atender os conteúdos prescritos no trabalho desenvolvido, como nos campos jurídico, da saúde, da educação, entre outros. Na saúde, por exemplo, médicos, enfermeiros, assistentes sociais, psicólogos, terapeutas etc. buscam trabalhar em equipes inter e multidisciplinares para dar conta das demandas postas aos atendimentos de saúde. O trabalho em equipe, nessas áreas, é fundamental para o bom desenvolvimento das ações.

De acordo com Melo e Almeida (1999, p. 235), no trabalho interdisciplinar é necessário que o profissional envolvido "funcione como um pêndulo, que ele seja capaz de ir e vir; encontrar no trabalho com outros agentes elementos para a (re)discussão do seu lugar e encontrar nas discussões atualizadas pertinentes ao âmbito interventivo os conteúdos possíveis de uma atuação interdisciplinar". É um trabalho de parcerias e que, segundo as autoras, apresenta algumas características que necessitam ser observadas e consideradas (Melo; Almeida, 1999):

a. Especialização: cada profissional é fruto de uma formação, especialidades e disciplinas específicas inscritas na divisão social e técnica do trabalho profissional, portanto, cada profissional busca tratar de maneira diferenciada e dentro de suas especificidades o mesmo objeto.
b. Convergência: em torno do objeto a sofrer intervenção, há diferentes proposições ético-políticas, técnico-operativas e intercorrências históricas diferenciadas entre as diversas áreas do saber especializado, portanto, há de se ter conhecimento das especialidades para não cair em dissidências ou contradições desnecessárias.

c. Satisfatório gerenciamento: das características objetivas e subjetivas dos agentes envolvidos, resultando, assim, em tomadas de decisões coletivas em conformidade com as confluências dos profissionais envolvidos.

De acordo com as autoras citadas, "é preciso reunir informações precisas e fornecidas por diferentes fontes para a tomada de decisões" (Melo; Almeida, 1999, p. 236) sem ocupar o lugar do outro nem permitir que o outro nos imobilize, desvalorizando o produto do próprio trabalho. Portanto, o trabalho interdisciplinar deve ser arquitetado horizontalmente, tendo os objetivos claros, bem definidos e de modo plural.

O serviço social é uma profissão que caminha para a interdisciplinaridade desde sua origem, pois abarca, em sua formação acadêmico-profissional, uma interlocução de diversas áreas do saber, como antropologia, ciência política, filosofia, sociologia, psicologia, direito e pedagogia. Trata-se de uma área que se constrói e reconstrói historicamente no cotidiano da vida profissional, acompanhando a dinâmica social e se ressignificando em cada espaço sócio-ocupacional por ela ocupada (Gomes, 2016).

Gomes (2016) apresenta alguns desafios referentes ao trabalho e às equipes interdisciplinares com relação à inserção do assistente social, apontando que, às vezes, esse profissional, por ter uma formação generalista, acaba enfrentando dificuldades em determinadas situações ou mesmo acaba tornando-se um "faz tudo". Também enfrenta conflitos de poder, situação que permeia a sociedade e que não pode ser negada no interior de uma equipe interdisciplinar.

Nesse sentido, a definição sobre os papéis de cada profissional é fundamental para a formação e o trabalho interdisciplinar. Nessas equipes, também é preciso ter clareza na compreensão de que o assistente social, em determinadas situações, pode não ser capaz de resolver sozinho os problemas e as demandas postas no cotidiano profissional, mas deve ter consciência de suas funções, competências e atribuições privativas para o exercício profissional. Outro ponto ressaltado por Gomes (2016) é o **sigilo profissional**, sendo necessárias as definições sobre esse item no interior da equipe para que não haja divergências entre os profissionais. Outra questão é o produto do conhecimento que precisa ser compartilhado em suas especificidades de maneira colaborativa e cooperativa (no sentido de reunir um grupo de pessoas para resolver um problema ou uma situação em comum), reconhecendo as limitações de cada profissional e buscando aprimorar-se na perspectiva da competência profissional e da qualidade dos serviços prestados.

Para saber mais

Além das referências mencionadas nesta seção, sugerimos a leitura de dois livros que tratam da interdisciplinaridade no serviço social:

SÁ, J. L. M. de (Org.). **Serviço social e interdisciplinaridade**: dos fundamentos filosóficos à prática interdisciplinar no ensino, pesquisa e extensão. 7. ed. São Paulo: Cortez, 2008.
MARTINELLI, M. L.; ON, M. L. R.; MUCHAIL, S. T. (Org.). **O uno e o múltiplo nas relações entre as áreas do saber**. 3. ed. São Paulo: Cortez, 2001.

5.1.2 O assistente social como agente cultural

No Brasil, o debate sobre a relação do serviço social com a educação e a cultura como um conjunto de ações institucionalmente pensadas é recente. De certo modo, pensar a sociedade é, por si só, refletir sobre suas manifestações culturais e sociais, seja considerando as vivências das pessoas em sociedade, seja ponderando os espaços e o patrimônio cultural resultante do processo e do desenvolvimento histórico dos sujeitos sociais.

Se pararmos para pensar, perceberemos que tudo começa pela cultura, entendida aqui em seu sentido mais amplo, como "todo processo humano que se constrói na prática social" e, conforme definida pela Constituição Federal de 1988, "como um direito de todos os cidadãos" (Pestana, 2011, p. 86).
Partimos do pressuposto de que:

> o cultivo e a valorização da cultura podem auxiliar na busca de formas para a promoção do exercício da cidadania a partir das manifestações e expressões culturais populares. E, ainda, que o alargamento da concepção de cultura pode contribuir na elaboração de políticas públicas que promovam a inclusão social, além de reconhecer a diversidade cultural constituída histórica e socialmente. (Pestana, 2011, p. 86)

Compreender a cultura como direito social, além de lazer ou mercadoria, inscrita na área das políticas públicas, em sua universalidade, acessibilidade e descentralidade, é reconhecer a consolidação e a ampliação da cidadania e do patrimônio cultural produzido pelos indivíduos sociais. Essa é uma tarefa primordial para que o assistente social possa desenvolver suas atividades tanto no fomento das políticas públicas de cultura quanto como instrumento de intervenção profissional.

Partimos da compreensão de cultura como processo social do desenvolvimento civilizatório, material e espiritual humano, reconhecendo suas formas particulares do desenvolvimento intelectual, espiritual e estético de um povo, período, grupo, nação ou humanidade em geral (Williams, 2007). Em uma abordagem antropológica, a cultura é vista como a expressão da totalidade dos modos de vida dos grupos humanos, que se identificam em termos de linguagens, meio ambiente, crenças, mitos, religiosidade e modo de ser. Do ponto de vista sociológico, a cultura é entendida como um campo específico das manifestações artísticas. Contudo, ela pode ser compreendida, ainda, como o campo das produções simbólicas, que inclui a produção artística tradicional (ou cultura erudita e popular) ou como cultura de massa, ou seja, aquela produzida pela **indústria cultural**.

> **Preste atenção!**
>
> No final do século XX, a produção cultural se tornou um dos principais produtos do domínio global. A partir da década de 1960, especialmente nos países desenvolvidos, a **indústria cultural** converteu-se em um dos setores mais dinâmicos da reprodução e da acumulação capitalista, constituindo-se em um fenômeno econômico de relevância, que começou a mobilizar recursos, gerando, assim, riqueza e emprego. Podemos citar como exemplo a moda, que é, de certo modo, um produto cultural.
>
> Contudo, desenvolveu-se, paralelamente, uma **cultura de massa**, isto é, aquela produzida em escala industrial e comercializada com fins lucrativos para uma massa de consumidores.
>
> Recentemente, surgiu a concepção de **culturas híbridas**, que se refere à tendência de hibridização dos diferentes modos culturais (popular, de elite ou de massa) que se separam de seus contextos de origem e se recombinam de outros modos, configurando novas práticas. Como exemplo, podemos citar o conceito internacional de **indústria criativa**, que, independentemente de ter uma finalidade cultural, disponibiliza a criatividade e seu processo de trabalho e produção para a indústria cultural – por exemplo, o *design*, a música, o audiovisual, a *web*, os *softwares* etc.
>
> O grande problema desse processo é o controle da propriedade privada intelectual, ou seja, o reconhecimento das autorias, o registro de patentes, as diferenciações de produto no mercado etc. Além disso, a indústria cultural abriu as portas para um contexto midiático, principalmente envolvendo a impressa, a TV e o cinema.

A sociedade contemporânea exige uma visão pluralista de cultura, capaz de identificar as implicações entre as diferentes manifestações artísticas e culturais oriundas da cultura elitista, popular ou industrial. Contudo, não cabe aqui desenvolver esse debate. Nosso objetivo é demonstrar a importância do assistente social nesse contexto, principalmente como agente de promoção, fomento, implementação e inovação no campo das políticas públicas ou dos espaços sócio-ocupacionais privados.

Pensar a cultura do ponto de vista antropológico e sociológico é entendê-la como um sistema produtor de **bens materiais e imateriais**, ou seja, como modos de ser, pensar e agir carregados de sentidos artísticos, estéticos, de erudição intelectual e/ou espiritual, bem como crenças, linguagens, símbolos e formas do processo geral de desenvolvimento humano, compreendendo um complexo leque de significados, subjetivos (interiorização da cultura) e objetivos (toda obra humana), históricos e sociais (Williams, 2007).

> **Bens materiais**: todo bem cultural produto de uma natureza artesanal ou industrial semelhante a outros produtos. Há um sistema de produção cultural que envolve as fases de produção, distribuição e consumo e que gera riqueza, relações palpáveis, perceptíveis pelos sentidos, como objetos, construções e vestuário.
>
> **Bens imateriais**: são todos os bens culturais que não estão vinculados simplesmente a uma base material, pois carregam ideias, valores, crenças e sentidos. Em outra palavras, são subjetividades que têm efeitos sobre a sensibilidade, a imaginação e a reflexão e destinam-se fundamentalmente a ampliar a consciência sobre o ser e o estar no mundo. De outro modo, estão relacionados à **identidade cultural** – por exemplo, conhecimentos, sentimentos, leis, valores, crenças etc.

O patrimônio cultural e social dos bens de natureza material e imaterial, tomados individualmente ou em conjunto, são constituídos por identidades, ações, memórias e histórias de diferentes grupos formadores da sociedade, isto é, formas de expressão, modos de ser, criar, fazer e viver, bem como criações científicas, artísticas e tecnológicas, obras, objetos, documentos, edificações e demais espaços destinados às manifestações artístico-culturais. Além do mais, as manifestações culturais, em seus diferentes formatos e expressões, também se manifestam em conjuntos urbanos e sítios de valor histórico, paisagístico, artístico, arquitetônico, paleontológico, ecológico e científico que o ser humano elabore e produza, simbólica e materialmente falando, e que componha e represente a identidade de um povo, de um grupo, de uma comunidade ou de uma nação ou toda produção humana mediada pelo trabalho e pela linguagem.

Nesse sentido, hoje, a cultura é compreendida não mais como um fazer artístico, mas como patrimônio do desenvolvimento econômico, político, social, cultural e espiritual da humanidade. Portanto, desenvolver e consolidar formas, projetos e programas culturais, seja em parceria com o Estado ou com a sociedade civil, seja nos espaços públicos ou privados, de modo a viabilizá-los por meio de instrumentos de fomento, financiamento e/ou patrocínio à cultura, é um dos novos desafios e espaços de inserção que pode ser ocupado pelos assistentes sociais.

O serviço social tem-se preocupado em revelar o vivido, o cotidiano, a história do povo simples, humilde, sofrido, muitas vezes imerso em condições de miserabilidade e/ou de subalternidade, entregue a limitações, desesperanças, carências e necessidades e/ou invisibilidade. Preocupado com as novas demandas e tendências da atualidade postas à profissão, o assistente social comprometido com os valores culturais, ético-políticos e educacionais busca potencializar e emancipar os indivíduos, comunidades e movimentos sociais.

A cultura não é uma ilha isolada em um canto do oceano, pois se estabelece no diálogo das manifestações culturais e sociais, como educação, saúde, turismo, meio ambiente, esporte, lazer, entre outras áreas essenciais à vida em sociedade. Ainda, a cultura deve ser a mola propulsora para a criação e a implementação das políticas públicas. Entender os complexos culturais e educacionais é um grande desafio para o serviço social na atualidade, principalmente no sentido de esboçar novas perspectivas, horizontes, alternativas, formas de fomento, incentivo e vivência cultural como patrimônio da humanidade.

As manifestações culturais, artísticas, musicais, cênicas, literárias, poéticas, artesanais, gastronômicas, rítmicas, de identidade, históricas, entre outras expressões, salvaguardam o imenso patrimônio identitário de um povo, de um grupo, comunidade, país ou nação. São saberes e fazeres populares latentes que, além de expor suas subjetividades, também podem tornar-se instrumentos de denúncia e de resistência frente a injustiças, desigualdades, desproteções e desrespeito às diversidades cultural, social, sexual, étnico-racial e religiosa. Por isso, o assistente social pode encontrar no universo cultural e, ao mesmo tempo, educacional elementos desafiadores para enfrentar as novas expressões da "questão social" em suas múltiplas manifestações, bem como para enfrentar as condições desumanizadoras de convivência.

Além do mais, a cultura remete ao ato ou efeito de se cultivar algo, um ato concreto, real, de labuta e trabalho. Trata-se de cuidar de alguém para alguma coisa ou pessoa. Sua etimologia está diretamente ligada ao ato de cultivar a terra, na terra e da terra. Por isso, nos tempos atuais, quando alguém fala ou cita o termo *cultura*, isso nos remete automaticamente à arte, à educação, a alguma coisa que envolve o processo de criação, representação e tradição (Williams, 2007).

Em um mundo marcado por injustiças, explorações e desigualdades, está comprovado que a cultura – e, de certa forma, a educação – qualifica as pessoas e as relações sociais, reduzindo o foco nas tensões e violências da vida cotidiana, elevando a autoestima e o sentido de pertencimento e identidade dos indivíduos. Ela aproxima as pessoas, estimula as trocas, exprime identidades, induz à superação, faz pensar, refletir e almejar algo novo, enfim, valoriza o ser humano naquilo que ele tem de mais premente: seu sentido de humanidade e genericidade. Quando falamos de cultura, falamos essencialmente de vida.

Atualmente, a cultura é vista não mais como um fazer artístico, mas como desenvolvimento da qualidade de vida. Defender e promover a cultura não é somente produzir ou vender mercadorias ou produtos culturais, mas, sobretudo, pensar em seu sentido mais amplo, educacional, criativo, prático, emancipatório e no cultivo das coisas que realmente humanizam os sujeitos sociais.

Nesse sentido, o assistente social insere-se no campo relacional de atividades que "incidem sobre a organização da cultura, constituindo-se elemento integrante da dimensão político-ideológica das relações hegemônicas" (Abreu, 2002, p. 17-18), despertando "pessoas capazes de pensar, de estudar, de dirigir ou de controlar quem dirige" (Gramsci, 1979, p. 136).

É nesse sentido que colocamos na pauta de discussões do serviço social a cultura e as possibilidades de contribuição que o assistente social pode fazer nessa área. É um campo inovador, fruto das lutas sociais para o amadurecimento de ideias e tecnologias para subsidiar a universalização dos direitos sociais e da qualidade de vida das pessoas. Trata-se de um olhar aguçado e sensível que o serviço social pode responder às demandas surgidas no contexto das transformações societárias da atualidade. Criar formas interventivas como instrumentos de arte e de comunicação social é uma proposta calcada nos compromissos ético-político-profissionais defendidos pelo serviço social, sobretudo na implementação de formas inovadoras de emancipação dos sujeitos sociais e de uma nova sociabilidade.

Elementos substanciais atribuídos à educação e à cultura estão presentes na formação dos seres humanos desde a Antiguidade. Do ponto de vista da Constituição Federal de 1988 e no contexto das políticas públicas de educação e cultura, a Carta Magna do país inovou a noção relacional entre as duas áreas, identificando as dificuldades na assimilação dos conceitos na implementação de ações que visam desenvolver as capacidades educacionais e culturais dos indivíduos sociais, grupos e comunidades (Brasil, 1988). Contudo, o histórico nacional, sob a égide do colonialismo e do desenvolvimento desigual e combinado, ainda entende a educação e a cultura como algo funcional e instrumental, direcionado à inserção dos indivíduos no mercado de trabalho ou como lazer e diversão, mas não aponta a precariedade e o sucateamento das políticas públicas nessas áreas.

Para refletir

Não podemos desconsiderar que a Constituição Federal de 1988 inovou ao definir o lazer como direito social, incluindo-o em seu art. 6°, juntamente a outros direitos sociais. Entretanto, não há uma definição sobre o que poderíamos considerar lazer, bem como não é estabelecido como esse direito poderia ser efetivado no rol das políticas públicas. Portanto, definir a concepção de lazer não deixa de ser uma questão contraditória e difícil. Ainda assim, vamos tentar entender esse direito.

O lazer é comumente entendido como tempo disponível, de descanso ou folga, em que as pessoas realizam atividades livres, como: esporte, tocar algum instrumento, ler um livro, ir à igreja, não fazer nada, assistir televisão, entre outras atividades. No entanto, o esporte, por exemplo, pode ser uma importante atividade de lazer, mas é, também, uma atividade que alguns desempenham como trabalho profissional, como os jogadores, os esportistas, os técnicos, entre outros. O lazer também pode ser definido como um momento cultural – por exemplo, ir a um espetáculo musical, ao teatro, ao restaurante, entre outros atrativos –, embora também seja o momento de trabalho para os profissionais que desempenham essas funções. O que é lazer para uns, é trabalho para outros. Portanto, fica difícil entender seu significado, embora saibamos o quanto é importante para nossa vida. Mas por que será que o legislador o colocou como direito social? Está aí uma boa discussão.

Nas sociedades antigas, o tempo corria mais solto, as pessoas regulavam o tempo de acordo com as estações do ano ou com os feriados, que, na maioria das vezes, eram considerados "dias santos". Com o processo de industrialização, as pessoas perderam o controle natural do tempo e ficaram à mercê das máquinas, escravos de determinado "tempo marcado". A agenda, o relógio, os esquemas e as máquinas passaram a determinar o tempo e tornaram-se uma necessidade vital.

O lazer foi ficando para segundo, terceiro e até quarto plano, passando até mesmo a ser considerado tempo desperdiçado ou supérfluo no contexto do trabalho flexibilizado.

Para regular essa situação, foram criados os conceitos de *tempo de trabalho* e *tempo livre*, mas o tempo livre se tornou um problema nos negócios e, até mesmo, na convivência social. Muitas vezes, os trabalhadores utilizavam o tempo livre para descansar da carga excessiva de trabalho, buscando aliviar esse fardo, em grande medida, nas bebidas, nas farras, nos vícios, enfim, em mecanismos anestesiantes para uma atividade laboriosa e negativa que os levava à exaustão e que se tornou necessária e obrigatória: o trabalho deixou de ser uma atividade natural e gratificante e passou a ser um momento de escravidão e exploração. Por outro lado, o tempo livre, para o empresário, por exemplo, começou a ser utilizado para gerar mais trabalho, mais lucro e ganhar mais dinheiro.

Na atualidade, o lazer está cada vez mais ligado à saúde e ao bem-estar físico e mental ou, em um sentido contrário, ao não fazer nada ou aproveitar o tempo para gastar todo o salário em compras, viagens, festas, passeios etc. Nesse sentido, o lazer, na sociedade do consumo, também se tornou uma mercadoria e um comércio.

O tempo livre pode ser utilizado tanto para o bem quanto para o mal. Tudo na vida precisa de equilíbrio. É necessário um tempo para trabalhar, refletir, estudar, amar, compartilhar, fazer amigos, divertir-se aprender, enfim, tempo para si e para os outros. Os excessos trazem sempre malefícios.

O lazer é o momento em que as pessoas, geralmente, dispõem de um tempo livre para as satisfações da vida, criando espaços e tempo de convivência para aprender algo novo ou uma habilidade, adquirir conhecimento, distrair-se, rever valores, refletir sobre seus relacionamentos, ou seja, pode possibilitar várias coisas. Por isso é que devemos cobrar de nossos governantes e da sociedade de modo geral o incentivo para preencher o tempo livre com atividades culturais, educacionais e prazerosas, atendendo, assim, ao direito social do lazer,

> sobretudo estendendo-o a todas as camadas sociais, tornando possível o acesso da população com menor poder aquisitivo ao direito social ao lazer, esporte e cultura. Porém, muito mais que isso, deveríamos lutar para construir uma nova cultura, uma nova sociedade, e valorar esses momentos. Sem sombra de dúvida, isso provocaria uma melhoria na qualidade de vida das pessoas.

Durante muito tempo, o acesso à cultura foi entendido como um privilégio das classes mais abastadas, uma política de segundo plano na agenda pública, com baixos recursos financeiros e humanos, tendo como preferência o campo das artes elitistas e excludentes. A cultura, em sua dimensão ampliada, compreende que, antes de um fenômeno ser cultural, ele é, primeiramente, social, e, por sua vez, um fenômeno social é uma expressão cultural. Essa concepção de cultura passou a fazer parte das agendas políticas recentemente. No início do século XXI, esse conceito adquiriu conotação legal e passou a espraiar pela sociedade, objetivando, inclusive, tornar-se uma política de Estado voltada, majoritariamente, para o realinhamento dos direitos sociais (Botelho, 2001; Pestana, 2011).

A cultura e a memória de um povo são os principais fatores de sua coesão e identidade, responsável pelos liames que unem as pessoas em torno de uma noção comum de compartilhamento, comunidade e identidade, noção básica para a noção de cidadania. O patrimônio histórico e artístico, materializado ou imaterializado, torna visível esse sentimento evocado pela cultura e pela memória e, assim, permite a construção das identidades coletivas, fortalecendo os elos das origens comuns, passo decisivo para a continuidade e a sobrevivência de uma comunidade. Além desse aspecto, a noção de patrimônio cultural diz respeito à herança coletiva que deve ser preservada e transmitida às futuras gerações, com vistas a possibilitar o entrelaçamento do passado e do presente, permitindo uma visão de futuro.

Assim, uma das ações do assistente social nessa área é buscar o fomento de políticas públicas culturais e educacionais que preencham as lacunas existentes para a universalização dos direitos, principalmente em conformidade com o compromisso ético-político profissional, resguardando as classes subalternizadas da ignorância cultural, além de preservar e contribuir para a revitalização e a reabilitação dos bens culturais.

Desenvolver projetos culturais com crianças, jovens e adultos tem sido uma das estratégias dos trabalhos desenvolvidos nos Centros de Referências de Assistência Social (Cras), bem como nas diversas instituições socioassistenciais, Centros Pop, Centros de Referência Especial de Assistência Social (Creas), entre outras instituições, firmando-se parcerias com teatros, museus, academias de dança e de artes plásticas, escolas, conservatórios musicais etc. Tais iniciativas têm quebrado tabus e inspirado crianças, jovens e adultos a superar desafios, encenando possibilidades, reconhecendo identidades, preservando memórias e histórias, modificando realidades, entre outras questões postas aos assistentes sociais em seus diversos espaços de intervenção profissional.

Para saber mais

Para aprofundar o debate sobre o trabalho que o serviço social vem realizando no campo da arte, da cultura e da educação, indicamos a leitura s seguir.

SCHERER, G. A. **Serviço social e arte**: juventudes e direitos humanos em cena. São Paulo: Cortez, 2013.

Portanto, a "inserção do assistente social na política de cultura é um desafio à categoria profissional por dois motivos, quais sejam: o trato da cultura como direito e a questão da ampliação dos campos de inserção do profissional do Serviço Social" (Lucena, 2015, p. 5). O assistente social como agente cultural, ao utilizar-se dos instrumentos destacados aqui, como o estudo das artes, da estética e das expressões culturais, além do trabalho interdisciplinar, pode oferecer possibilidades para desenvolver o processo criador e transformador, capaz de alterar o *status quo* das pessoas, da sociedade e das condições sociais.

Mediante a exteriorização do ser pelas vias da arte (seja ela qual for: pintura, escultura, música, dança, literatura, desenho etc.), o assistente social pode resgatar a essência, o valor, a identidade, a cultura de um povo, um grupo, uma comunidade ou uma nação. Também o trabalho artístico participativo e coletivo pode ser um forte objeto socializador, capaz de criar formas coletivas de comunicação e de transformação da realidade social.

Sabemos que, por haver estilos, hábitos, costumes, modos e instrumentos culturais diversos, assim como várias formas de expressão artística, é necessário não se fixar em apenas um modelo, mas ter em mente um universo plural ou multicultural sujeito às influências diversas. O assistente social, como agente cultural e político, pode criar meios que propiciem alavancar a cidadania e a intenção criativa e transformadora da percepção e do respeito aos valores culturais, implícitos nos indivíduos e na coletividade, de modo a preservar a memória cultural e a história e construir um novo tempo.

Para saber mais

Para compreender projetos culturais que tenham como objetivo sanar algum problema social ou beneficiar a comunidade, sugerimos o filme Saneamento básico, *produção brasileira escrita e dirigida por Jorge Furtado e produzida pela Casa de Cinema de Porto Alegre. A história se passa em um fictício vilarejo de descendentes italianos, localizado na Serra Gaúcha, onde seus moradores se reúnem para tomar providências a respeito da construção de um fosso para o escoamento do esgoto da vila. A solução vem por meio de um filme que os moradores elaboram de forma mais barata para que o dinheiro restante pudesse ser utilizado na construção de um fosso, já que a quantia predeterminada só poderia ser utilizada para a produção de bens culturais.*

SANEAMENTO básico. Direção: Jorge Furtado: Brasil: Columbia Pictures do Brasil, 2007. 112 min.

5.2 O serviço social e a interface com a educação[3]

Outro debate que tem feito parte das discussões do serviço social na atualidade é a inserção do serviço social na educação, tendo em vista as lutas para a promulgação da lei que garante atendimento por profissionais de psicologia e do serviço social aos alunos das escolas públicas de educação básica, a saber, a Lei n. 13.935, de 12 de dezembro de 2019 (Brasil, 2019).

Essa discussão não é recente, mas ganhou força nos últimos anos em virtude do projeto neoliberal e da financeirização/mercantilização da educação, motivando a inserção do assistente social na educação. Além do mais, é importante destacar que essa é uma área bastante promissora para o serviço social, carregada de desafios e que necessita de mais estudos, atenção e investimento por parte do Estado, da sociedade civil e da própria categoria profissional do serviço social para que se efetive radicalmente o direito à educação pública, gratuita, laica, presencial e de qualidade.

Além disso, o aumento dos trabalhos inscritos sobre a atuação dos assistentes sociais na educação tem proliferado nos mais importantes congressos brasileiros e internacionais da categoria profissional dos últimos anos. A importância e a necessidade de se compreender melhor essa temática surgem em virtude de que, apesar de ser uma área muito debatida em todo o mundo, tendo em vista as transformações engendradas pelo capitalismo e o processo de universalização e mercantilização do ensino, novas demandas adentraram os muros da escola.

Além disso, diante do processo de questionamento da função e do papel da escola e do educador em meados dos anos 1970, novos desafios foram colocados para os profissionais envolvidos na

---
[3] Esta seção foi elaborada com base em Ferreira, Romanelli e Veroneze (2014).

educação, em instâncias governamentais, em políticas públicas e na sociedade civil. Apesar de, nos últimos anos, a educação brasileira ter mostrado melhorias consideráveis, os indicadores não têm apresentado um bom resultado com relação à qualidade do ensino e seus efeitos. As principais melhorias estão no nível quantitativo e dizem respeito à sua universalização, ao acesso à educação básica, à redução das taxas de repetência e da distorção idade-série, ao aumento das matrículas na educação pré-escolar e no ensino médio e à entrada de jovens no ensino superior, graças aos programas governamentais de incentivo ao estudante. Outro fator a ser considerado é a diminuição do número de analfabetos no país (Veroneze, 2010).

As avaliações do Sistema de Avaliação da Educação Básica (Saeb), do Programa Internacional de Avaliação de Alunos (Pisa) e da Organisation for Economic Co-operation and Development (OECD) mostram que o nível de desempenho dos estudantes continua muito baixo. Esses estudos confirmam ainda que os fatores econômicos, sociais e culturais das famílias refletem diretamente no universo escolar e na *performance* dos alunos. Algumas mudanças têm sido implementadas para atender a essa demanda, como: alterações nos currículos escolares, investimentos na formação de professores, melhoria dos livros didáticos, entre outras medidas que têm entrado em pauta tanto no interior das escolas quanto nos espaços políticos de discussões, mas tais medidas apenas atendem a problemas pontuais.

Por outro lado, as ações governamentais buscam melhorar a qualidade dos ensinos público e privado implementando medidas para a redução dos efeitos das contradições sociais e culturais que afetam diretamente o desempenho dos estudantes, mas a lógica que alimenta essas ações é a do mercado e do pensamento burguês. Além do mais, medidas como o corte no orçamento de incentivo ao ensino, à pesquisa e à extensão, bem como a reforma fiscal e do Estado, têm causado um retrocesso nos avanços conquistados nessa área.

Além da defesa do serviço social por uma educação de qualidade, pública, laica, presencial e gratuita, os assistentes sociais buscam valorar os espaços interdisciplinares no ambiente escolar. Embasado em referenciais teórico-metodológicos, ético-políticos e técnico-operativos, é o profissional que está diretamente vinculado às vulnerabilidades, aos riscos e às subalternidades sociais.

5.2.1 O despertar para a educação

Silva (2012) aponta que, a partir da década de 1990, houve um adensamento das discussões, dos relatos de experiência e das articulações do serviço social com a área educacional. Esse aumento gradativo fez com que o Conselho Federal de Serviço Social (CFESS) lançasse, em 2001, o documento Serviço Social na Educação (CFESS, 2001) como forma de preparação para o debate sobre a inserção do assistente social nessa área.

A educação é um processo complexo e de imensa relevância para a sociedade. Santos (2021) aponta que a educação instrumentaliza os sujeitos sociais culturalmente, capacitando-os para suas transformações, tanto materiais quanto espirituais, considerando-a essencial para o desenvolvimento social e humano. Contudo, o processo de ensino-aprendizagem não é função exclusiva da escola, nem há um modelo obrigatório a ser seguido. O processo ocorre por meio da família, da escola, da rua, das instituições sociais e religiosas, ou seja, em todos os espaços heterogêneos da vida cotidiana. Além disso, há vários "educadores": pais, amigos, profissionais das mais diferentes áreas do saber, representantes religiosos e pessoas das mais diversas especificidades e funções também podem ser sujeitos do processo educacional e cultural.

É importante também destacar que, em cada cultura, povo, nação, sociedade ou comunidade, há diferentes formas de educação. Ela está difusa em todos os espaços da vida cotidiana e envolve todos os sujeitos que vivem em sociedade. Assim, a educação não é a mesma para todos nem em todos os lugares. Contudo, há uma diferença entre educação e ensino.

> **Fique atento!**
>
> A educação é um processo muito complexo que envolve não somente a aprendizagem de conteúdos ou currículos, mas também valores e atitudes que visam formar o indivíduo em sua totalidade, ou seja, é o processo pelo qual se possibilita ao indivíduo o desenvolvimento integrado de suas capacidades intelectuais, morais, valorativas, motoras, sociais, culturais e espirituais. Já o ensino diz respeito ao fazer conhecer, ato ou efeito de ensinar, instruir ou transmitir conhecimentos.

Para saber mais sobre educação e ensino, sugerimos a leitura do artigo a seguir.

> MARQUES, S.; OLIVEIRA, T. Educação, ensino e docência: reflexões e perspectivas. **Revista Reflexão e Ação**, Santa Cruz do Sul, v. 24, n. 3, p. 189-211, set./dez. 2016. Disponível em: <https://online.unisc.br/seer/index.php/reflex/article/view/7346>. Acesso em: 30 dez. 2021.

No processo de ensino-aprendizagem, educador e educando são os atores principais em todo o processo. A educação escolarizada, muitas vezes, reflete as contradições trazidas por um projeto de sociedade excludente e, por essa razão, desigual. A inserção do serviço social na educação não se limita apenas à conquista de um novo espaço sócio-ocupacional para os assistentes sociais, mas busca entender a educação como direito social, como o direito a uma educação de qualidade, gratuita, presencial, laica e para todos.

Depois de quase duas décadas de lutas e de ampla articulação entre o conjunto CFESS-CRESS (Conselho Federal de Serviço Social e Conselhos Regionais de Serviço Social), o Conselho Federal de Psicologia (CFP) e outras entidades, foi aprovada a Lei n. 13.935/2019, que dispõe sobre a prestação de serviços de psicologia e de serviço social nas redes públicas de educação básica, uma grande conquista para a educação, os estudantes, as famílias, os assistentes sociais e os psicólogos. A aprovação dessa lei finaliza um longo processo de lutas e reivindicações para a inserção desses profissionais na área da educação. De acordo com o texto legal, as redes públicas de educação básica passam a contar com os serviços de psicologia e de serviço social para "atender às necessidades e prioridades definidas pelas políticas de educação, por meio de equipes multiprofissionais" (Brasil, 2019, art. 1º). "As equipes multiprofissionais deverão desenvolver ações para a melhoria da qualidade do processo de ensino-aprendizagem" (Brasil, 2021, art. 1º, § 1º).

Nessas quase duas décadas de luta, iniciativas estaduais fizeram a diferença em todo o processo. Em 2007, pioneiramente foi sancionada a Lei n. 16.683, de 10 de janeiro de 2007, no Estado de Minas Gerais, de autoria do Deputado Estadual André Quintão (Minas Gerais, 2007), que autorizou o desenvolvimento de ações de acompanhamento social nas escolas da rede pública de ensino do Estado de Minas Gerais, cabendo, portanto, ao Poder Executivo implementar ações que contemplassem a realização de pesquisas de natureza socioeconômica e familiar para cadastramento da população escolar, elaboração e execução de atividades com vistas a: prevenir a evasão escolar, melhorar o desempenho e o rendimento do aluno, desenvolver o protagonismo juvenil, aprimorar o capital humano e social dos jovens, além da proposição, execução e avaliação de atividades para prevenir a violência, o uso de drogas, o alcoolismo e a disseminação de informações sobre doenças infectocontagiosas e demais questões de saúde pública, bem como a proposição, execução e avaliação de atividades comunitárias de solidariedade (Ferreira; Romanelli; Veroneze, 2014; Quintão, 2013).

A inserção do assistente social no âmbito da Política Pública de Educação impõe à categoria profissional o

> desafio de construir uma intervenção qualificada, que tenha como um dos princípios éticos fundamentais o posicionamento em favor da equidade e justiça social, assegurando a universalidade de acesso aos bens e serviços relativos aos programas e políticas sociais, bem como sua gestão democrática. (CRESS-MG, 2007, p. 8)

Novos espaços são sempre cheios de desafios, contradições e complexas relações intersociais, exigindo dos profissionais uma intervenção qualificada, crítica e competente. Assim, o debate foi criando força no bojo da categoria profissional. Para nortear o trabalho dos assistentes sociais nessa área, em 2011, o CFESS, juntamente ao Grupo de Trabalho de Serviço Social na Educação (GTSSEDU), da Universidade Federal do Recôncavo da Bahia (UFRB), publicou o *Subsídios para o debate sobre serviço social na educação* (CFESS, 2011). Esse caderno evidenciava as singularidades da profissão no âmbito da política educacional e buscava contribuir para que a atuação profissional nessa política se efetivasse em consonância com os processos de fortalecimento do projeto ético-político profissional, na luta por uma educação pública, laica, gratuita, presencial e de qualidade, e que, como direito social efetivo, potencializasse formas de sociabilidade humanizadoras (CFESS, 2011).

Essa temática foi conquistando interessados por todo o país. No ano de 2012, foi lançado o livro *Serviço social na educação: teoria e prática*, organizado pela Professora Marcela Mary José da Silva (2012), da UFRB, uma coletânea de artigos, resultantes de pesquisas de um conjunto de assistentes sociais que propunham a discussão, teórica e prática, sobre o tema. O livro trouxe ao debate artigos de vários profissionais dispostos a contribuir, divulgar e conhecer as atribuições e competências próprias desse novo espaço sócio-ocupacional.

A mesma professora organizou e publicou, no mesmo ano, um caderno de discussão denominado *Serviço social na educação: um olhar a partir daqueles que estão na formação profissional*, produzido pelos discentes do GTSSEDU-UFRB, que destacava a percepção dos graduandos de Serviço Social presente em seus trabalhos de conclusão de curso, vinculados ao eixo temático *serviço social e educação*.

Para dar maior visibilidade a essa questão, o CFESS lançou, no dia 15 de maio de 2012, a campanha "Serviço Social de olhos abertos para a educação: ensino público e de qualidade é direito de todos/as", tendo como principal reivindicação maiores investimentos governamentais na educação. A campanha contribuiu para a realização do Primeiro Seminário Nacional de Serviço Social na Educação, realizado nos dias 4 e 5 de junho de 2012, na cidade de Maceió, organizado pelo conjunto CFESS-CRESS de Alagoas, tendo como objetivo fortalecer o trabalho do assistente social no contexto escolar, bem como na política de educação.

Vários outros eventos foram realizados por todo o Brasil sob o mesmo enfoque, visando ampliar o conhecimento dos desafios e das perspectivas para o serviço social na educação. Um exemplo foi o Seminário Regional de Serviço Social na Educação, organizado pelo CRESS-SP – 9ª Região, da Seccional de Campinas (SP), realizado no dia 2 de outubro de 2012, na cidade de Limeira (SP), em que foram discutidos os trabalhos de uma equipe formada por 38 assistentes sociais que atuavam na educação junto da Secretaria de Educação daquele município, sinalizando os avanços dessa luta.

No final do ano de 2010, o Grupo de Estudos e Pesquisas sobre Serviço Social na Educação (Gepesse), coordenado pela Profª Drª Eliana Bolorino Canteiro Martins em parceria com o Prof. Dr. Ney Luiz Teixeira de Almeida, organizou o Primeiro Fórum Regional: Serviço Social na Educação, na Universidade Estadual Paulista (Unesp), Campus de Franca. O grupo, criado no mesmo ano, tem como objetivo realizar estudos e pesquisas que tenham como referência a política de educação e a inserção do assistente social nos vários espaços sócio-ocupacionais que compõem essa política setorial (Martins; Soares; Almeida, 2016a).

O Fórum contou com ampla participação de um grande número de docentes, assistentes sociais, profissionais da educação e áreas afins e discentes das mais diversas áreas e regiões do Brasil, comprometidos com essa causa. Na ocasião, comprovou-se a necessidade de um espaço para o fecundo debate e a profícua demanda em dar continuidade às lutas para o fortalecimento do processo de reflexão sobre essa área de atuação profissional do assistente social. Já no Segundo Fórum (2012), a riqueza dos debates e das propostas que emergiram reafirmou seu significado e sua necessidade. Na ocasião, o fórum contou com a adesão e a incorporação dos órgãos representativos da categoria profissional do serviço social (CFESS-CRESS, Abepss e a Executiva Nacional dos Estudantes de Serviço Social – Enesso), que engrossaram as fileiras de luta e o debate.

De acordo com Almeida (Martins; Soares; Almeida, 2016a, p. 7),

> O III Fórum [2013] se estruturou a partir dos níveis e modalidades que caracterizam a política de educação abrindo um leque de reflexões sobre as experiências profissionais das assistentes sociais a partir de suas inserções no ensino fundamental, na educação profissional e tecnológica, na educação superior, mas também a partir de aproximações acerca da educação e os campos dos direitos humanos, da diversidade sexual e da dimensão socioeducativa do trabalho profissional.

Na ocasião, foram relatadas em forma de artigos e apresentações, publicados nos Anais do Fórum, vivências de vários profissionais inseridos no universo educacional, destacando-se as experiências do Rio de Janeiro (capital), de Varginha (MG), de Franca (SP), do Triângulo Mineiro (MG), de Uberlândia (MG), de Guarulhos (SP), de São Paulo (capital), entre outras localidades, nos mais diferentes níveis de educação, desde o ensino infantil até o superior.

Para Martins (Martins; Soares; Almeida, 2016b, p. 7),

> Na 1ª edição do evento, a ênfase foi na concepção de educação e na compreensão da Política de Educação no contexto contemporâneo e sua interface entre Serviço Social e Política de Educação, com intuito de demarcar o conhecimento sobre cada uma dessas instâncias que se articulam.
>
> Na 2ª e 3ª edição do Fórum Serviço Social na Educação, o foco das reflexões se incidiram sobre o debate da política de educação e as particularidades do trabalho profissional do assistente social nos diferentes níveis e modalidades de ensino nos seus espaços sócio-ocupacionais.

Em 2014, o Gepesse, em parceria com o Grupo de Estudos e Pesquisa sobre Formação Profissional em Serviço Social (Geformss), coordenado pela Profª Drª Cirlene Aparecida Hilário da Silva Oliveira, realizou o Quarto Fórum, em que foram "socializadas algumas produções, resultantes de estudos e pesquisas, sobre o processo de formação profissional do assistente social" e que se configuraram como um esforço coletivo no sentido de "buscar a qualificação continuada e o agir profissional comprometido com as mudanças sociais" (Oliveira, 2016, p. 10).

Em sua 4ª edição, o tema discutido foi a "Política de Educação e o mundo do trabalho; movimentos e resistências", e teve como objetivo "analisar e problematizar a política pública da educação na realidade brasileira e sua interface com o trabalho profissional" (Oliveira, 2016, p. 10). Cada vez mais o fórum agregava profissionais, estudantes e pesquisadores das mais diferentes áreas e regiões do país, tornando-se um importante espaço de socialização de estudos, pesquisas e experiências profissionais que tinham o compromisso em comum de "compreender os desafios da educação a partir de questões postas à realidade social" (Oliveira, 2016, p. 10).

Em sua 5ª edição (2017), o fórum expandiu sua dimensão, incorporando o Primeiro Seminário Internacional sobre Serviço Social na Educação e o Terceiro Encontro do Gepesse, tendo como tema: "A educação e o Serviço Social no contexto de crise do capital". Buscou discutir e refletir sobre os rumos da política educacional daquele momento e a eminente crise do capital, bem como os desafios do trabalho profissional do assistente social nessa política pública. Além do mais, o evento possibilitou um profícuo intercâmbio intelectual e de experiência profissional entre Brasil, Argentina, Portugal e Angola, evidenciando "os grandes desafios [além-fronteiras] referentes à efetivação da educação pública como direito social e os desafios do Serviço Social ao atuar em diferentes espaços sócio-ocupacionais dessa política" (Martins; Almeida, 2019, p. 19).

Na ocasião, foram aprovados e apresentados 131 trabalhos, divididos em seções temáticas que compuseram o debate reflexivo do fórum. O evento contou com ampla participação de assistentes sociais, docentes, estudantes da graduação e pós-graduação de diversos cursos, pedagogos, psicólogos, diretores de escolas e professores de escolas públicas e privadas de 22 Estados brasileiros, além dos países citados, atingindo uma abrangência internacional (Martins; Almeida, 2019).

Debates, encontros, congressos, oficinas e publicações nessa área foram ganhando destaque e intensificando as lutas da categoria profissional em favor dessa temática e por uma regulamentação nacional que desse conta de encampar tal demanda. Depois de muitas lutas e articulações, mesmo com o veto do Presidente da República, psicólogos e assistentes sociais conseguiram aprovar a lei federal que garante o atendimento desses profissionais na rede pública de ensino: a Lei n. 13.935/2019.

A promulgação da lei estende o debate, permitindo maior visibilidade e urgência à questão, de modo a contribuir para o enfrentamento das diversas violações de direitos que permeiam o cotidiano de estudantes, familiares e comunidades, principalmente com relação à evasão escolar e às diversas formas de violência. Contudo, a luta não terminou. Esse é o primeiro passo, mas a complexidade educacional, escolar e social exige ainda respostas ao acesso à educação de qualidade, gratuita, presencial e laica.

5.2.2 Novos desafios

Entre as décadas de 1980 e 1990, houve grandes mudanças na educação brasileira. A partir desse período, o acesso à educação foi ampliado, atendendo outras camadas sociais da população, o que significou mudanças na estrutura, no público e na política escolar. Essas mudanças acentuaram os conflitos e a segregação existentes entre as classes mais abastadas e a classe trabalhadora. A escola passou a lidar com novos desafios e novas demandas. Os conflitos provenientes da pauperização e as diversas expressões da "questão social" fizeram com que a escola assumisse um papel mais ativo ao definir currículos, métodos, formas de avaliação, preparo do professor, entre outras iniciativas, alterando seu papel fundamental como espaço contraditório e diverso.

Nesse sentido, o assistente social pode contribuir com o contexto educacional, não apenas por ser mais um profissional inserido nessa área, mas por ser dotado de competência crítica, teórica e técnica para atuar nos conflitos, nas desigualdades, nas subalternidades, nas vulnerabilidades e nos riscos sociais, bem como na proposição, na avaliação, na execução e na implementação de políticas públicas de efetivação dos direitos sociais.

Almeida (2000; 2007) aponta que o assistente social contribui satisfatoriamente nas discussões sobre trabalho, cidadania, família, sexualidade, drogas, violência, cultura, lazer, infância e adolescência e, ao mesmo tempo, nos assuntos mais diversos sobre os programas institucionais e governamentais, sinalizando os limites e desafios das escolas e dos profissionais de ensino ao lidarem com essas questões no cotidiano educacional. Nessa perspectiva, os profissionais das escolas públicas e privadas têm sentido diretamente os impactos das transformações contemporâneas, havendo, muitas vezes, um sentimento de impotência por parte dos educadores ao lidar com algumas questões apresentadas pelos alunos em sala de aula, como: violência, preconceito, discriminação, prostituição, questão de gênero e sexualidade, processos de inclusão/exclusão, vulnerabilidades e risco social.

Almeida (2000; 2007) chama a atenção para a importância dessa prática, pois sua significação vai além de um mero espaço sócio-ocupacional:

> Não se trata, ao menos do nosso ponto de vista, de identificar um nicho de mercado inexplorado ou potencialmente viável. Trata-se, antes de tudo, de um campo de intervenção do Estado e de uma dimensão da vida social, que hoje se coloca como estratégia na sociedade contemporânea, seja para a ampliação e integração das lutas sociais no que diz respeito à conquista de direitos e enfrentamento das desigualdades. (Almeida, 2000, p. 25)

A escola, como universo plural e totalizador, carrega complexos sociais singulares e particulares. Torna-se, muitas vezes, palco das disputas sociais pela hegemonia do capital, principalmente com a expansão da mercantilização da educação e do ensino. A educação como direito social visa ao pleno desenvolvimento cultural e intelectual dos sujeitos sociais, seu preparo para exercer a cidadania e oportunidade de qualificação profissional, assim como é um organismo gerador de cultura e conhecimento. Assegurar às crianças, aos jovens e aos adultos esse direito pressupõe reconhecer suas carências e necessidades sociais mais prementes, buscando entendê-las em sua complexidade e totalidade.

Partindo da compreensão de que o processo educacional detém várias dimensões e múltiplas determinações, abre-se um campo vasto para a construção de maneiras diferenciadas de intervenção profissional, principalmente para a construção de interfaces com outras áreas do saber, como a pedagogia e a psicologia, áreas que podem contribuir, em parceria com o serviço social, ações preventivas e interventivas, em uma proposta inter/multidisciplinar para colaborar para que a escola cumpra, da melhor maneira possível, seus objetivos e sua função social, tornando coletivas suas demandas (Lima et al., 2015).

De acordo com Lima et al. (2015), a partir de suas experiências na Secretaria de Educação do município de Taboão da Serra (SP), a contribuição da psicologia no universo educacional buscou favorecer a humanização da formação escolar, de modo que se respeitasse a diversidade e se construísse uma rede de relações interpessoais que promovesse a equidade e a emancipação dos sujeitos sociais. O objetivo era construir um funcionamento institucional mais saudável e democrático, de forma ética e promovendo as potencialidades individuais e coletivas dos envolvidos no processo de ensino-aprendizagem. Por sua vez, o serviço social buscou refletir com os demais profissionais da educação sobre as diferentes expressões da "questão social" nesse contexto, tais como atitudes e "comportamentos agressivos e violentos, evasão escolar, baixo rendimento, distanciamento da escola com relação à comunidade", entre outros fatores (Lima et al., 2015, p. 194).

Como é possível perceber, há muitos desafios, mas o maior deles é estimular a construção de um espaço escolar que viabilize a formação de sujeitos livres, críticos e autônomos, capazes de exercer uma vida pautada nos princípios de igualdade, democracia, justiça, equidade social e liberdade, na construção de uma nova sociabilidade. Contudo, esse desafio não é de responsabilidade somente do serviço social, mas de todos nós.

5.2.3 O papel do serviço social na educação

Considerando a amplitude da atuação do serviço social nas mais diferentes áreas, Silva (2012) esclarece que o trabalho do assistente social deve contemplar a comunidade escolar, compreendendo-a como um mar cheio de vidas. Desse modo, o trabalho do assistente social nas instituições de ensino envolve tanto o ambiente escolar interno quanto o externo (as famílias e a comunidade).

Assim como alunos, professores e demais profissionais da escola, os familiares e a comunidade também têm necessidade de atenção. Muitas pessoas envolvidas na relação ensino-aprendizagem não têm sabido como lidar com questões complexas e, não raro, delicadas, como sexualidade, violências, uso de drogas, entre outras demandas (Silva, 2012).

Martins (2012) aponta que o assistente social, inserido na educação, pode atuar com todos os membros da comunidade escolar, incluindo suas famílias, a rede de proteção, a comunidade e os demais agentes sociais de seu entorno, pois tem a possibilidade de mobilizar, refletir e envolver essas pessoas em uma nova percepção da vida social, de cada indivíduo e das condições sociais e históricas que norteiam a sociedade, propiciando a politização e a discussão de diversos temas que perpassam o ambiente escolar e social.

Fica evidente que a inserção do assistente social no universo escolar contribui para o enfrentamento dos conflitos e das contradições existentes nesse espaço, além de efetivar a garantia e o acesso à educação como direito social universal. Entretanto, considerando que as políticas públicas têm sido estabelecidas sob a ótica neoliberal, meritocrática e de financeirização/mercantilização, o assistente social também deve estar atento para que sua prática não recaia no pragmatismo, no funcionalismo, na burocratização e no paternalismo, ou seja, em práticas conservadoras que distanciam da proposta ético-político profissional defendida pela categoria profissional.

Nessa direção, Martins (2012, p. 42) aponta que "o assistente social deve estar atento para não realizar uma análise endógena,

reducionista, fragmentada, individualizada, do ambiente educacional, mas situá-lo no contexto mais amplo, da própria dimensão societária, analisando as mediações presentes no tecido social".
O assistente social, ao se inserir no universo escolar, como em qualquer outra área de atuação profissional, necessita estar comprometido com o projeto ético-político profissional, propondo uma prática qualificada, universal, crítica e que norteie as ações que possam contribuir com a dinâmica escolar, sem interferir diretamente no trabalho dos professores e demais profissionais da educação. Deve buscar intervir nos resultados do processo de ensino-aprendizagem, bem como exercer a função de "educador social", no sentido de orientar os cidadãos sobre seus direitos e lutar por uma educação pública, laica, gratuita, presencial e de qualidade.
Nessa direção, Martins (2012, p. 45) aponta que

> a intervenção do assistente social nestes espaços sócio-ocupacionais tensionados por interesses em disputa se insere no trabalho coletivo desenvolvido nas instituições educacionais, portanto torna-se imprescindível promover uma ação interdisciplinar, aglutinando esforços para efetivar a intersetoriedade das políticas sociais, visando a garantir a efetivação da educação para todos e de qualidade. [...] A inserção do Serviço Social no âmbito da Política de Educação, nos diferentes níveis de ensino, portanto em diferentes espaços, visa contribuir para o ingresso, regresso, permanência e sucesso das crianças e adolescentes na escola.

Fica claro que o papel do serviço social no cenário educacional é muito mais amplo do que desempenhar funções meramente burocráticas, funcionalistas, tecnicistas, de seleção e inserção em programas, projetos e benefícios sociais, que também são tarefas a serem desempenhadas por seus profissionais. Seu objetivo, nesse contexto, é orientar as profissões e valorizar a proposta do trabalho coletivo e interdisciplinar, com vistas a efetivar direitos, diminuir ou mesmo erradicar as vulnerabilidades, subalternidades e riscos sociais, bem como implementar políticas públicas, entre outras atribuições específicas da atuação profissional.
Para Martins (2012, p. 50),

as experiências profissionais identificadas comprovam que há uma demanda real e urgente pertinente ao Serviço Social e que este pode contribuir, significativamente, no bojo do trabalho coletivo desenvolvido nas unidades educacionais, para buscar estratégias de resistência contra a massificação, a mercantilização da educação, tendo como direção social a conquista da educação emancipatória.

Outra consideração importante, e que não deve ser esquecida, é a participação ativa das famílias no contexto escolar, no sentido de conhecer o cotidiano dos alunos e o ambiente em que convivem, bem como suas necessidades e seus anseios. Portanto, trazer a família para dentro da escola, não apenas em reuniões de pais e mestres, possibilita estabelecer vínculos duradouros que podem gerar o interesse pela educação como direito e garantia de todos, bem como construir uma visão de mundo crítica, propositiva e emancipatória. Tal ação só pode existir se houver uma conexão entre escola, aluno, família e comunidade.

O assistente social, ao aproximar a família do ambiente escolar, poderá contribuir para a melhoria e a garantia do processo de ensino-aprendizagem, possibilitando que a escola conheça as demandas sociais das famílias e dos alunos, o que pode valorar a importância do acompanhamento social em uma via de mão dupla – escola/família e família/escola – e, ao mesmo tempo, contribuir para que as camadas populares encontrem na educação uma nova aliada no que se refere ao conhecimento de seus direitos e à construção de uma consciência crítica e coletiva.

Pode contribuir, ainda, com a abertura de novos espaços para a efetivação do processo de democratização da educação, não apenas no sentido de garantir o acesso e a permanência dos estudantes na escola, mas também de

> potencializar o processo de construção de gestão democrática neste espaço institucional público, fortalecendo a participação efetiva de todos os representantes da comunidade escolar, especialmente alunos e famílias que, muitas vezes, não utilizam das instâncias de participação e de poder decisórios existentes nas instituições educacionais. (Martins, 2012, p. 47)

Para concluir, ressaltamos que a construção do perfil dos profissionais do serviço social inseridos na educação é fruto de um longo processo que envolve esforços, discussões, debates e novas pesquisas, tanto no interior do serviço social quanto nas demais áreas do conhecimento a ele vinculadas.

Para saber mais

Para mais informações sobre o serviço social na educação, leia o texto a seguir.

CFESS – Conselho Federal de Serviço Social. **Serviço social na educação**. Brasília, DF, 2001. Disponível em: < http://www.cfess.org.br/arquivos/SS_na_Educacao(2001).pdf>. Acesso em: 20 dez. 2021.

5.3 Serviço social sociojurídico

Um dos temas que tem ganhado destaque em encontros, congressos, seminários, publicações e pesquisas em serviço social é a área sociojurídica. A tradição do serviço social nesse campo de atuação profissional remonta à sua gênese, principalmente no contexto latino-americano do "serviço social para-médico e para-jurídico" (Castro, 2003). Contudo, nos últimos anos, o debate nessa área tem-se destacado, tendo em vista as requisições conservadoras para o serviço social no campo sociojurídico, o que apresenta questões bastantes controversas e desafiadoras para os assistentes sociais desses espaços sócio-ocupacionais. Além do mais, na atualidade, tem-se expandido o mercado editorial nesse campo, fruto de inúmeros debates, estudos e pesquisas.

Como é uma área ampla, complexa e de bastante difusão, fizemos alguns recortes para não estendermos a discussão, até mesmo pelo grande volume de publicações, livros e artigos que a contemplam.

Assim, optamos e elencamos alguns temas que melhor exprimem os debates contemporâneos do serviço social nessa área, sinalizando, principalmente, seus maiores dilemas e desafios.

De acordo com Fávero (2018), o serviço social no campo sociojurídico compreende a esfera judiciária, a Defensoria Pública, o Ministério Público, os sistemas prisional e de segurança, as organizações e instituições que executam medidas socioeducativas, entre outros espaços que requisitam o trabalho do assistente social nessa área.

> [São] espaços propícios ao avanço de requisições conservadoras, devido às prerrogativas institucionais que lhes conferem poder de controle e de disciplinamento de conflitos individuais e sociais pelo Estado burguês, sobretudo numa conjuntura local e mundial em que a intolerância e a indiferença aos desejos, necessidades humano-sociais e direitos do outro (pessoas, profissões, instituições, classe sociais) revelam faces externas, permeadas pela barbárie. (Fávero, 2018, p. 52)

Nesse sentido, é um espaço muito contraditório e complexo, já que a maioria trata da criminalização, das diversas formas de violência, da **judicialização** das expressões da "questão social", das denúncias de toda ordem, dos desrespeitos, da violação e da defesa dos direitos humanos, das práticas disciplinadoras e punitivas, das lutas políticas para a efetivação e defesa dos direitos civis, políticos, sociais e culturais, das lutas contra qualquer tipo de arbítrio, preconceito e/ou discriminação social, dos processos de adoção, do rompimento do pátrio-poder (perda do poder familiar) e dos vínculos familiares e sociais, enfim, problemas característicos de uma sociedade violenta, racista, machista e desigual.

Judicialização: de acordo com Nogueira Neto (2012, p. 28), trata-se de "levar determinadas questões interpessoais, conflitos, demandas concretas e determinadas ao Poder Judiciário, tendo como baliza a Lei e o Direito".

É uma área em franca expansão, em detrimento da efetivação de direitos sociais via políticas públicas, como dever do Estado e direito do cidadão, tendo em vista que, na atual conjuntura político-ideológica, a repressão tem sido a tônica de um Estado de exceção e autoritarismo, tendo em vista a regressão dos direitos historicamente conquistados, do aumento das desigualdades sociais, das violências, da judicialização e da moralização da "questão social", da militarização do Estado e da vida social, da criminalização dos movimentos e das manifestações sociais, o que tem levado os assistentes sociais a se inserirem na contracorrente desse processo e a serem gestores da barbárie, cúmplices da dominação burguesa, e não agentes de transformação (Nogueira Neto, 2012; Fávero, 2018).

Assim, os debates e as reflexões nessa área, na atualidade, tendem a ser acalorados e urgentes, tendo em vista as implicações e requisições conservadoras de assistentes sociais para dar conta de suas demandas. Em contrapartida, esses profissionais têm exercido grande resistência, principalmente em virtude da intensa precarização e banalização da sua formação acadêmico-profissional, do sucateamento das condições de trabalho e do processo de implantação dos projetos neoliberal e neoconservador (Fávero, 2018).

O serviço social é uma área bastante ampla, que atende homens, mulheres, crianças, adolescentes, idosos, população LGBTQIA+, pessoas com deficiências e minorias sociais que enfrentam diversas formas de violências, desrespeito, desproteções sociais, violação de direitos, problemas com convivência familiar e a comunidade, entre outras formas de demandas pessoais e sociais.

De acordo com Fávero (2018, p. 53),

> as requisições conservadoras nos espaços de trabalho do sociojurídico têm se objetivado, dentre outras, por meio de disposições legislativas e de projetos de lei que retrocedem em relação a direitos conquistados com e a partir da Constituição Federal de 1988 – muitos ainda não assegurados na prática –, e de normativas institucionais que rebatem no trabalho cotidiano com uma população em sua maioria apartada socialmente do acesso a direitos e bens de serviços essenciais à vida com dignidade.

É importante salientar que as instituições sociojurídicas exercem e impõem a coerção e a disciplina, nas formas da lei e em conformidade com os interesses da classe dominante, especialmente em um momento em que há a criminalização dos movimentos e manifestações sociais contrários à lógica destrutiva do capital e às circunstâncias de desmobilização político-social.

Desse modo, o CFESS (2014, p. 18) esclarece que os

> assistentes sociais devem ter clareza que o Direito Positivo, por possuir um caráter de classe, impõe a defesa dos interesses da classe dominante e, portanto, seja no acesso ao complexo aparelho de justiça burguês, e mesmo nos instrumentos de convencimento de seus operadores, a lógica da defesa da classe dominante se faz presente. Tal fundamento possui relevância determinante na vida das pessoas, uma vez que ao serem "julgadas por algum crime, ou por algum ato ilícito, estarão, no limite, à mercê dessa discricionariedade de classe, ainda que isso se dê com muitas e complexas mediações" (BORGIANNI, 2012, p. 50).
>
> Dessa maneira é que a 'área' ou 'campo' sociojurídico apresenta, no tempo presente, uma perspectiva singular para a atuação profissional, que percebe o direito como um complexo carregado de contradições. Possibilita, então, a ação em busca de novos sentidos para as relações sociais, na direção da realidade emancipatória e diferente da pura reprodução da ordem estabelecida.

Uma das questões mais debatidas na atualidade são as leis de proteção à criança e ao adolescente, principalmente no que se refere às medidas socioeducativas, e de internação compulsória de dependentes químicos sem a necessidade de autorização judicial, entre outras polêmicas. Ambas têm implicações no campo dos direitos humanos, visto seus impactos por terem implicações sobre a razão da violência institucional e a questão da **vitimização** secundária e repetida pela ineficiência do Estado no trato dessas questões.

> **Fique atento!**
>
> [É possível dividir a vitimização em graus].
>
> [...] Neste caso, a **vitimização primária** é aquela que decorre direta e imediatamente da prática delitiva. Ex.: a pessoa que sofre uma lesão corporal. A **vitimização secundária** é o produto da equação que envolve as vítimas primárias e o Estado em face do exercício do controle formal. Em outras palavras, é o ônus que recai na vítima em decorrência da operação estatal para apuração e punição do crime. Ex.: além de sofrer as consequências diretas da conduta (vitimização primária), uma pessoa que é lesionada deverá seguir a uma delegacia de polícia, aguardar para ser atendida, passar por um exame de corpo de delito, prestar depoimento em juízo, enfim, estará à disposição do Estado para que o autor do crime seja punido. A **vitimização terciária** é a provocada pelo meio social, normalmente em decorrência da estigmatização trazida pelo tipo de crime. Exemplo clássico é a vítima de crimes contra a dignidade sexual, que, além de suportar o crime, sofre o preconceito de outras pessoas, que não a aceitam como anteriormente.

Fonte: Cunha, 2020, p. 215-216.

Outro assunto muito debatido, não só no interior do serviço social, diz respeito aos processos de adoção. Segundo Fávero (2018, p. 60), com relação à proteção dos direitos de crianças e adolescentes, é fundamental analisar e "agilizar processos de adoção e de destituição do poder familiar, sem que se tenha efetivado o devido investimento no seu direito à convivência familiar e comunitária, com prioridade para a família de origem".

A proteção e sua garantia à criança e ao adolescente é fruto de muitas lutas sociais. Conforme esclarece Fávero (2018) com base nos resultados de pesquisas sobre o tema, há a incidência de questões relacionadas ao preconceito de classe, raça, etnia, gênero/

sexo e faixa etária nos processos de adoção, o que tem retardado o andamento dos processos e levado muitos assistentes sociais a engrossarem as fileiras na luta por uma melhor atenção por parte do Estado e dos legisladores em

> priorizar a adoção de crianças com políticas públicas em detrimento de investimentos na efetivação de política e serviços que assegurem direitos humano-sociais às famílias para que tenham condições de cuidar de seus filhos sempre que desejarem fazê-lo, conforme estabelecido pelos marcos legais. (Fávero, 2018, p. 62)

Além disso, tem havido a omissão do ordenamento jurídico quanto à adoção por casais homoafetivos, o que tem causado enormes prejuízos ao direito das crianças e dos adolescentes de terem uma família. Apesar da união homoafetiva já estar praticamente regularizada no Brasil, ainda é preciso ter seu reconhecimento social, tendo em vista que esses casais sofrem enorme preconceito e discriminação pela incapacidade da sociedade, de um modo geral, de reconhecer e aceitar o diferente, além do apelo midiático em transmitir a imagem de que a família perfeita é aquela formada por casais heteronormativos.

Outro aspecto bastante presente nos debates do serviço social abarca as crianças institucionalizadas ou colocadas em adoção, que, em grande maioria, são provenientes de famílias que vivem em situação de pobreza, vulnerabilidade e/ou risco social, principalmente nos seguintes casos: situações de exclusão e ausência de segurança no trabalho – ou mesmo pela ausência do próprio trabalho diante do desemprego estrutural; falta de moradia, alimentação e cuidados com a saúde; exposição às violências doméstica, intrafamiliar etc.; uso de drogas; distúrbios mentais; condições precárias de existência; violência criminal, institucional ou da própria sociedade; banalização da pobreza ou situação de rua; em suma, riscos e vulnerabilidades sociais de toda ordem.

Tais fatores têm levado o Estado e a sociedade a culpabilizar essas famílias ou pessoas, entregues à própria sorte ou em condições precárias de subsistência, impingindo medidas de destruição do poder familiar, sob a alegação de "negligência" no trato de sua prole, retomando a concepção moralizadora da "questão social", em que se responsabiliza somente os indivíduos pelas situações de degradação social, violando seus direitos de decisão.

Diante dessas questões, é possível perceber a complexidade da atuação do assistente social nos espaços sociojurídicos e a esfera do Poder Judicial. Essas são apenas algumas das questões mais debatidas no interior do serviço social e que se sobressaem nesses espaços, de modo que muitos desafios são postos ao exercício profissional cotidiano.

5.3.1 Sistema prisional

Outra área bastante complexa e desafiadora é o sistema prisional. Entre os indicadores dessa área de atuação profissional, podemos mencionar a capacidade de pesquisa, elaboração e execução de políticas públicas, planos, programas e projetos socioassistenciais, terapêuticos, de ressocialização, promocionais, educativos, preventivos, entre outras atividades em uma rede de atendimento e de relações interpessoais e interdisciplinares para atender às demandas próprias dessa área.

Segundo Iamamoto (2005, p. 20, grifo do original),

> um dos maiores desafios que o assistente social vive no presente é desenvolver sua capacidade de **decifrar a realidade e construir propostas de trabalho criativas e capazes de preserva e efetivar direitos, a partir de demandas emergentes no cotidiano**. Enfim, ser um profissional **propositivo e não só executivo**.

Nesse sentido,

> responder a tais requerimentos exige uma ruptura com a atividade burocrática e rotineira, que reduz o trabalho do assistente social a mero emprego, como se esse se limitasse ao cumprimento burocrático de horário, à realização de um leque de tarefas das mais diversas, ao cumprimento de atividades preestabelecidas. (Iamamoto, 2005, p. 21)

É preciso que o profissional de serviço social vá além das rotinas institucionais, buscando apreender o movimento da realidade, detectando "tendências e possibilidades nela presentes passíveis de serem impulsionadas pelo profissional" (Iamamoto, 2005, p. 21).

Em 2019, o conjunto CFESS-CRESS organizou o Terceiro Seminário Nacional sobre o Serviço Social no campo sociojurídico. O evento teve como objetivo discutir o trabalho profissional nos diversos espaços sócio-ocupacionais dessa área, considerando-se os desafios da atual conjuntura, de modo a assegurar o debate das pautas inscritas na agenda do conjunto CFESS-CRESS. Nessa edição, o evento contou com mesas-redondas e plenárias simultâneas, que abordaram temas como o trabalho do assistente social no contexto do Estado Penal, a questão do idoso e das mulheres, a defesa do direito à convivência familiar e comunitária, a Justiça restaurativa, a escuta especial, entre outros assuntos importantes da área. O evento contou com ampla participação de assistentes sociais e profissionais envolvidos nas discussões e demandas do campo sociojurídico.

O conjunto CFESS-CRESS não tem medido esforços para publicar matérias de orientação aos assistentes sociais nessa e em outras áreas para a atuação dos assistentes sociais. Os temas desses materiais englobam judicialização da "questão social", garantia de direitos, questão de gênero, violência e diversidade, opressão étnico-racial, orientação sexual e de gênero, condições de trabalho e demandas profissionais, competências e atribuições do assistente social, possibilidades e desafios, projeto ético-político profissional, identidade e autonomia, tendências e desafios, entre outras temáticas próprias da área.

Entre as atividades mais desafiadoras para o assistente social na área prisional encontra-se a ressocialização dos presos, desafio que impõe um trabalho entre o preso, sua família (quando houver ou quando os vínculos não tiverem sido interrompidos) e a comunidade. A princípio, a ressocialização refere-se apenas à conduta do preso com relação aos elementos externos, visando, de certa forma, modificar seu comportamento para que seja harmonioso ao padrão aceito pela sociedade.

Contudo, é preciso computar que a sociedade e o ambiente prisional são inóspitos e hostis à convivência social pacífica e harmoniosa, o que torna a tarefa bem mais complicada, haja vista as condições em que o sistema se encontra. Além do mais, não há uma cultura social para a aceitação do preso na comunidade. Dessa forma, o processo de ressocialização é muito mais complexo, implicando, ainda, a reversão de valores culturais e sociais nocivos tanto ao preso quanto à família e à sociedade.

O trabalho do assistente social e do sistema carcerário consiste na constante busca de condições para assegurar os direitos dos presos, evitando, por exemplo, que excedam o tempo de permanência nas penitenciárias e garantindo que tenham proteção no cumprimento da pena, em conformidade com os direitos humanos, bem como oportunidade de trabalho e de educação, proteção à saúde, integridade, respeito, direito à reinserção social, entre outros fatores.

A finalidade do trabalho do assistente social diante da pena privativa de liberdade consiste, particularmente, em oferecer aos condenados os meios indispensáveis para sua reintegração social, bem como todas as garantias previstas em lei, em que o assistente social se torna o "elo" intermediário entre o encarcerado, o sistema prisional e a sociedade.

Esse "elo" também se estende entre o Estado, os poderes públicos constituídos e as instâncias privadas quando da terceirização de serviços. Lastimavelmente, o insucesso da instituição prisional e, por conseguinte, do trabalho de ressocialização nos propósitos do serviço social tem ocorrido em virtude da cultura preconceituosa e discriminatória do Estado em não oferecer condições dignas para esse processo, bem como do fato de a sociedade não aceitar o próprio processo de ressocialização por meio de oportunidade para que o preso possa reinventar-se.

Assim, a inserção do assistente social nesses espaços contribui satisfatoriamente mediante seu conhecimento especializado, qualificado, organizado, coordenado e humanizado para a realização de atividades relacionadas, buscando minimizar ou mesmo erradicar as expressões da "questão social", no respeito aos direitos humanos e no exercício da cidadania.

5.3.2 Serviço social e a violência

Outro aspecto importante nesse debate é o contributo do trabalho do assistente social quanto às formas de violências, especificamente as direcionadas contra mulheres, negros, indígenas, populações LGBTQIA+ e demais minorias.

A definição de violência não é uma tarefa fácil, tendo em vista os vários conceitos e formas em que ela se exterioriza e se expressa. De modo geral, podemos defini-la como: estado daquilo que é violento; ato de violentar; abuso de força; tirania, opressão e coação; constrangimento; entre outras expressões, incorporando as violências físicas, psicológicas, sociais, culturais, morais, ideológicas etc.

Do ponto de vista dos direitos humanos, a violência é encarada como toda forma de violação dos direitos civis, políticos, sociais, econômicos, culturais e religiosos. Podemos, ainda, defini-la como: qualquer tipo de agressão, imposição ou esforço que cause um grau significativo de dor e/ou sofrimento físico, psicológico ou moral a alguém. Contempla também condições de guerra, atos violentos, expressões de ódio, agressões físicas, entendidas em seu sentido lato, ou seja, "tudo o que obriga um *partner* [parceiro; par] a aceitar coisas que não quer aceitar" (Heller, 1982, p. 188), assumindo hoje, ainda, uma "cobertura ideológica" (Heller, 1982, p. 184), como o terrorismo ou as práticas de dominação entre desiguais, o que caracteriza um tipo de violência institucionalizada.

> **Violência institucionalizada**: são práticas de tortura realizadas por membros de prestadoras de serviços, públicos ou privados, como hospitais, delegacias e escolas, perpetradas principalmente por agentes intolerantes, expressos pela intolerância social, cultural ou religiosa e que utilizam ameaças, torturas, agressões etc. para impor seu poder ou reparar algum dano.

Se considerarmos a colonização, o trabalho escravo e o desenvolvimento desigual e combinado, conforme expostos no Capítulo 1 deste livro, perceberemos que o Brasil apresenta, no decorrer de sua história e tradição, práticas de violências institucionalizadas em todos os matizes desde sua "invenção", algo que expressa o sentido mais cruel das desigualdades e injustiças sociais. Desse modo, podemos perceber que a sociedade brasileira figura como filha das injustiças e desigualdades próprias geradas pela exploração do capitalismo, pois elas permanecem como substrato da sociedade, em uma estrutura inconsciente que inibe todo o esforço humano para sua superação.

Não vamos aqui expor todas as formas de violência, mas é importante destacar que, entre suas diversas expressões, há a dicotomia entre as violências espontâneas e as institucionalizadas. A primeira é aquela que surge de um ato geralmente individual e tende a produzir algum tipo de agressão em determinadas pessoas ou em dado grupo. Já a segunda é aquela que se vale sempre de uma propaganda, difundida sobretudo por algum veículo de comunicação – hoje em dia, principalmente, via internet e redes sociais –, e é dirigida aos grupos sociais minoritários. As violências institucionalizadas geralmente veiculam ataques preconceituosos, discriminatórios e fundamentalistas aos diferentes, bem como *fake news* (notícias falsas, desinformações e/ou boatos falsos), as quais podem gerar ações violentas e/ou expressões de ódio.

As estratégias para o enfrentamento dessas questões têm sido as denúncias, lutas e resistências, que se apoiam no rigor da lei, nas manifestações sociais, em canais nacionais e internacionais de prevenção, punição, erradicação e informação contra qualquer tipo de violência. É correto afirmar que não se acaba com um problema dessa gravidade e magnitude com a simples edição ou promulgação de uma lei ou cartilha, mas com atitudes coletivas que envolvam todas as esferas heterogêneas da sociedade e do Estado.

De qualquer modo, é sempre recomendável que os assistentes sociais incorporem campanhas educativas, informativas e preventivas continuadas contra as formas de violência, de modo a encorajar denúncias de abusos e crimes cometidos a uma população que, em sua maioria, fica invisível e é submetida a expressões de violência e de ódio, próprias de uma sociedade desigual, injusta, excludente, machista, patrimonialista, sexista, LGBTfóbica, etnofóbica, xenofóbica e racista.

5.3.3 Dilemas e desafios

Diante desses dilemas enfrentados pelos assistentes sociais da área sociojurídica e prisional para garantir os direitos sociais e humanos a todos, um dos desafios mais prementes à profissão é erradicar todas as formas de violência que tem afetado crianças, adolescentes, adultos, idosos e minorias de modo cada vez mais generalizada, principalmente a população feminina, negra, pobre e periférica.

As contribuições do serviço social nessa área são inúmeras e versam sobre muitos dos desafios postos aos seus profissionais nas diferentes áreas de atuação. Do ponto de vista histórico, a sociedade brasileira foi marcada, entre as décadas de 1960 e 1970, por um período de extrema violência e de violação dos direitos humanos, que levou a sociedade, por meio de lutas e denúncias de movimentos sociais e políticos de oposição, a enfrentar esse período. Mesmo com o processo de redemocratização nos anos de 1980, os projetos neoliberais e neoconservadores vem eliminando os direitos historicamente conquistados, além de caminhar para a derrocada do Estado de direito e a exclusão social, econômica e cultural das populações mais pauperizadas, o que não deixa de ser uma forma de violência por parte do Estado burguês.

Os desafios postos aos assistentes sociais têm sido a defesa dos direitos humanos, da democracia, da igualdade, da justiça, da equidade social e da liberdade, remetendo aos pressupostos ético-político profissionais defendidos pela categoria. A dimensão ética e política, em seu sentido amplo, ultrapassa o caráter normativo, técnico e operativo da profissão, orientando, muitas vezes, os profissionais do serviço social a irem além, buscando soluções inovadoras, criativas, críticas e propositivas para seu fazer profissional. Nesse sentido, as demandas postas à profissão na área sociojurídica precisam ser encaradas do ponto de vista da liberdade, da democracia e da cidadania, na construção de uma sociedade justa, igualitária, libertária e para todos (Torres, 2001).

De acordo com Torres (2001, p. 90), "cabe ao conjunto da categoria, juntamente com a mobilização de toda a sociedade, combater politicamente os avanços neoliberais que permeiam a sociedade e que acarretam profundas condições desumanas e de indigência à imensa maioria dos seres humanos".

Chuairi (2001) aponta que, embora o ordenamento jurídico confira uma série de direitos à sociedade, o acesso aos direitos ainda é muito moroso, precário e insuficiente. Além do mais, nem todos têm a mesma oportunidade aos direitos civis, trabalhistas, políticos e sociais. Muitas vezes, os direitos reconhecidos por leis não têm uma aplicação concreta na vida cotidiana, "embora haja o decreto e/ou a lei, a justiça para ser legítima deve produzir decisões que sejam reconhecidas, compartilhadas e institucionalizadas pela sociedade" (Chuairi, 2001, p. 127), o que implica desafios para que a lei seja reconhecida e aplicada social e culturalmente.

De acordo com Chuairi (2001, p. 127), "o direito de acesso à justiça é parte integrante da cidadania", podendo o acesso apresentar duas finalidades básicas:

> a primeira é que os sujeitos podem reivindicar seus direitos e buscar a solução de seus problemas sob o patrocínio e a proteção do Estado, e, portanto, o sistema jurídico deve produzir resultados que sejam individuais e socialmente justos; e a segunda corresponde ao fim último do sistema jurídico no Estado Democrático de Direito, que é de garantir o acesso à justiça igualmente a todos. (Chuairi, 2001, p. 127)

Em uma proposta de trabalho interdisciplinar, as ações compatíveis e provenientes do assistente social visam contribuir para a construção de novas alternativas e soluções no campo jurídico, a saber: prestar serviços de assistência jurídica e de informação; potencializar sua inserção nessa área; lutar pela garantia de direitos civis, políticos, sociais e humanos dos cidadãos de direito; priorizar a cidadania, a defesa, a preservação e a conquista de direitos; contribuir nas áreas civil, penal, da família, da criança e do adolescente, do idoso e do trabalho em parceria com o Poder Judiciário; fornecer subsídios técnicos como perito nas áreas de sua competência; atender aos requisitos dos diversos processos e peças judiciais; assessorar, supervisionar e planejar ações e programas nas áreas de sua competência, entre outras atividades (Chuairi, 2001).

Mais do que nunca, é necessário estabelecer estratégias, levantar bandeiras, efetivar ações, mobilizar a sociedade a lutar e resistir contra a barbárie e a banalização da vida humana, não perdendo de vista a perspectiva da noção de direito social e ações coletivas.

Para saber mais

Para mais informações sobre atribuições e competências, sugerimos a leitura a seguir.

BORGIANNI, E. Para entender o serviço social na área sociojurídica. **Revista Serviço Social e Sociedade**, São Paulo, n. 115, p. 407-442, jul./set. 2013. Disponível em: <http://www.scielo.br/pdf/sssoc/n115/02.pdf>. Acesso em: 20 dez. 2021.

Síntese

Neste capítulo, discorremos sobre alguns dos campos de atuação do assistente social que têm composto debates, estudos e pesquisas na atualidade. Destacamos a importância do trabalho interdisciplinar no trato dos problemas e desafios cotidianos. Analisamos a arte como elo irradiador de cultura e o trabalho do assistente social como agente fomentador de políticas públicas culturais. Além disso, demonstramos o serviço social e sua interface com a educação, bem como os vários debates sobre a atuação nessa área, com suas implicações e desafios. Por fim, refletimos sobre o serviço social na área sociojurídica, seus pressupostos no sistema prisional e os desafios e dilemas sobre as questões de violência que têm atingido a sociedade atual, principalmente as violências perpetradas pelo Estado burguês às classes subalternas e trabalhadoras.

Questões para revisão

1. Assinale a alternativa **incorreta**:
   a) A interdisciplinaridade das diversas áreas do saber torna a atuação profissional do assistente social muito mais simples, prática, objetiva e criativa.
   b) A arte educa os indivíduos sociais, fazendo-os transcender a fragmentação produzida pelo fetichismo da sociedade mercantil.
   c) A proposta de trabalho interligado a uma rede interdisciplinar tem na mediação um leque de opções para a atuação profissional do assistente social.
   d) Só é possível uma intervenção satisfatória quando se conhece o problema a ser abordado.
   e) Para constituir uma perspectiva interdisciplinar, opera-se na eliminação ou na horizontalização das diferentes formas do saber, embora haja uma relação entre disciplinas ou entre profissionais diferenciados a partir de uma afinidade hierárquica.

2. Considerando-se as definições de *cultura* apresentadas neste capítulo, assinale V para as afirmativas verdadeiras e F para as falsas.

   ( ) O cultivo e a valorização da cultura podem auxiliar na busca de formas para a promoção do exercício físico a partir de manifestações e expressões artísticas populares.
   ( ) O alargamento da concepção de cultura pode contribuir para a elaboração de políticas públicas que promovam a inclusão social, além de reconhecer a diversidade cultural constituída histórica e socialmente.
   ( ) Em uma abordagem antropológica, a cultura é vista como a expressão da totalidade dos modos de vida dos grupos humanos, que se identificam em termos de linguagem, meio ambiente, crenças, mitos, religiosidade e modo de ser.
   ( ) A cultura hoje é compreendida como o fazer artístico e como patrimônio do desenvolvimento econômico, político, social, cultural e espiritual da humanidade.

( ) A cultura deve ser a mola propulsora para a criação e a implementação das políticas públicas.

Agora, assinale a alternativa que corresponde à sequência correta:
a) V – V – F – V – F.
b) V – F – V – V – V.
c) V – V – V – V – F.
d) F – V – V – F – V.
e) V – F – F – V – F.

3. Com relação ao serviço social na área da educação, assinale a alternativa **incorreta**:
   a) O serviço social defende uma educação de qualidade, pública, laica, presencial e gratuita, em que os assistentes sociais busquem valorar os espaços interdisciplinares no ambiente escolar.
   b) O processo de ensino-aprendizagem só se efetiva por meio da família e da escola.
   c) A educação é um processo muito complexo que envolve não somente a aprendizagem de conteúdos ou currículos, mas também valores e atitudes que visam formar o indivíduo em sua totalidade, ou seja, é o processo pelo qual se possibilita ao indivíduo o desenvolvimento integrado de suas capacidades intelectuais, morais, valorativas, motoras, sociais, culturais e espirituais.
   d) Os conflitos provenientes da pauperização e as diversas expressões da "questão social" fizeram com que a escola assumisse um papel mais ativo ao definir currículos, métodos, formas de avaliação, preparo do professor, entre outras iniciativas, alterando seu papel fundamental como espaço contraditório e diverso.
   e) A educação como direito social visa ao pleno desenvolvimento cultural e intelectual dos sujeitos sociais, seu preparo para exercer a cidadania e oportunidade de qualificação profissional, bem como atua como organismo gerador de cultura e conhecimento.

4. No que se refere à área da educação, quais são as premissas do serviço social?
5. A prática profissional do assistente social tem-se constituído como construção/fortalecimento do projeto ético-político de afirmação da democracia? Por quê?

Questões para reflexão

1. Identifique as posturas autoritárias que os assistentes sociais precisam enfrentar no cotidiano, assim como aquelas que permanecem em sua atuação profissional. Quais são? Essas práticas têm refletido sobre a dimensão político-pedagógica da atuação profissional? Justifique sua resposta.
2. Essas posturas autoritárias têm refletido sobre a dimensão político-pedagógica da atuação profissional do assistente social? Justifique sua resposta.

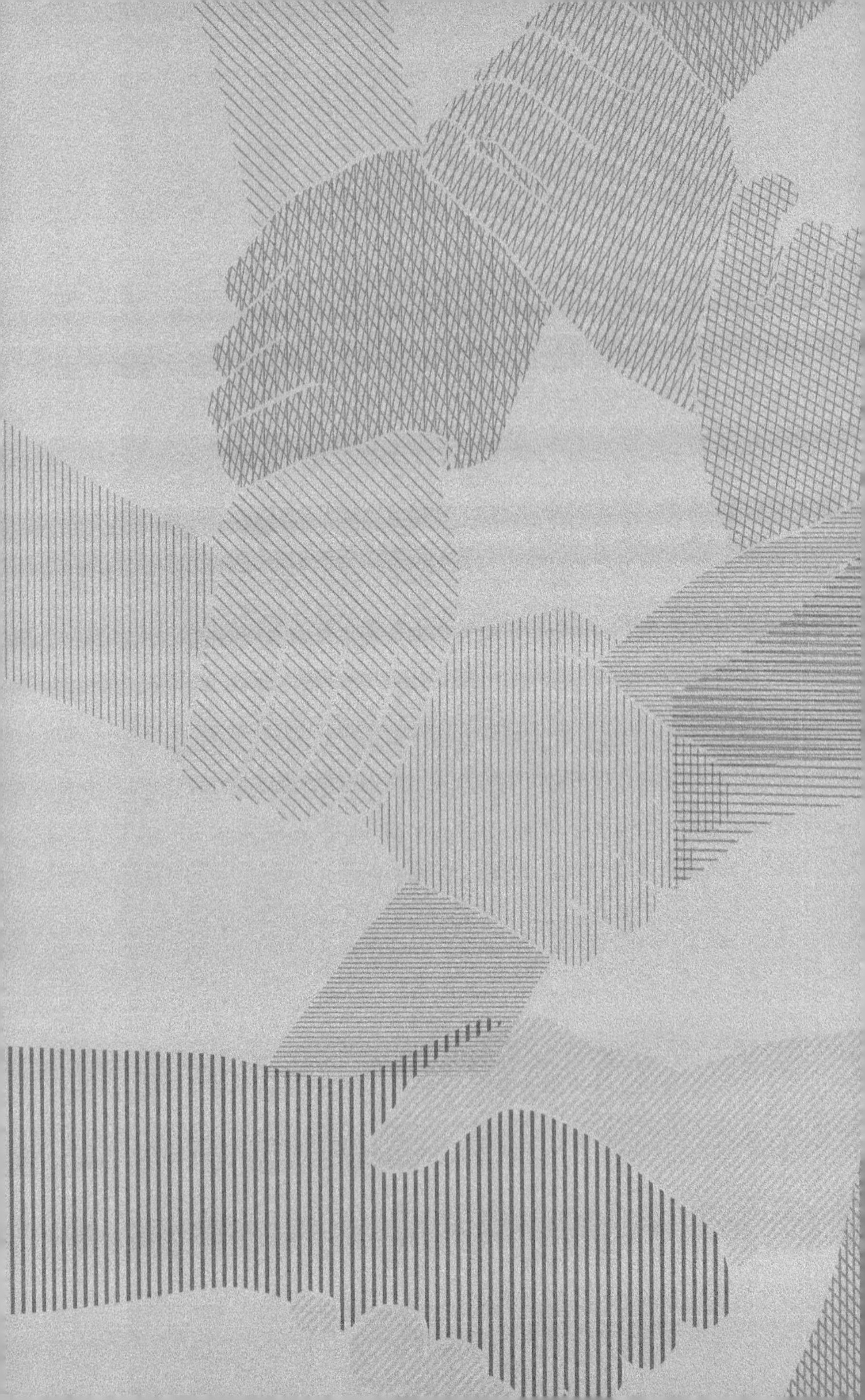

CAPÍTULO 6

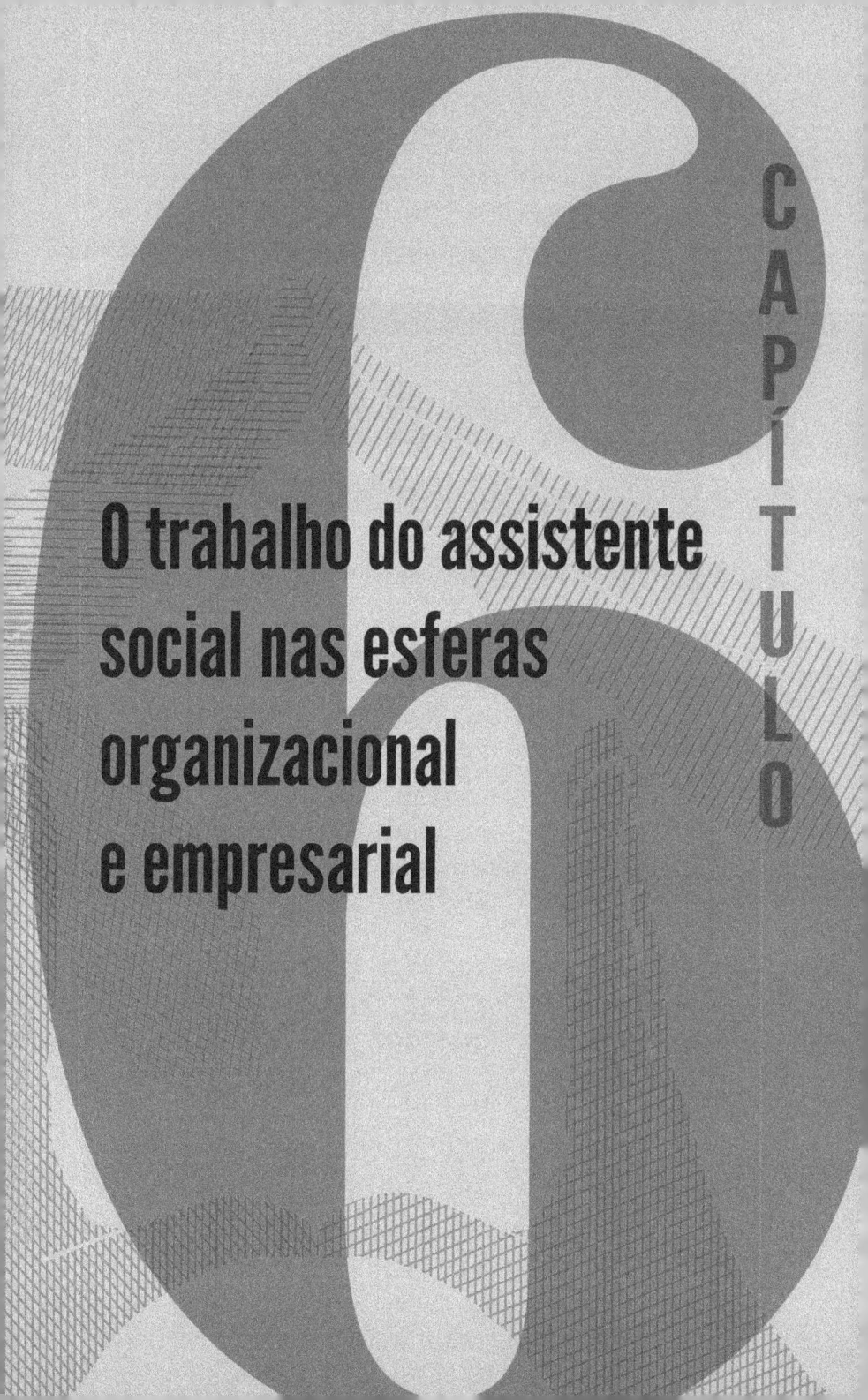

O trabalho do assistente social nas esferas organizacional e empresarial

Conteúdos do capítulo:

- O trabalho do assistente social nas esferas organizacional e empresarial.
- Filantropia empresarial e serviço social nas empresas.
- Serviço social nas organizações não governamentais (ONGs).
- Serviço social, assessoria, consultoria, auditoria e supervisão técnica.
- Serviço social e o exercício da docência.

Após o estudo deste capítulo, você será capaz de:

1. identificar os principais desafios das áreas organizacional e empresarial;
2. reconhecer os campos de atuação profissional nas esferas da sociedade civil organizada;
3. compreender os principais desafios da atuação profissional nas áreas de assessoria, consultoria, auditoria e supervisão técnica;
4. explicar o exercício profissional da docência em serviço social.

> "O predomínio do modelo capitalista assegurou sua extensão generalizada e frequentemente esmagadora a campo com a política, a educação e a saúde. Em qualquer um deles, mas também no campo comum dos produtos e serviços, referir-se usuário em lugar de consumidor ainda expressa uma distinção relevante".
> Raymond Williams

6.1 A crise da materialidade do serviço social e a expansão dos setores privados

A crise da materialidade do serviço social vinculada ao setor público estatal, inscrito no interior da crise capitalista e da vigência do projeto neoliberal, principalmente em meados dos anos de 1970 a 1990, tem implicado refrações da "questão social", sobretudo naquelas que afetam a problemática do desemprego estrutural e em suas inflexões na totalidade do tecido social.

De acordo com Serra (2000, p. 19), a materialidade do serviço social não se confunde com sua **objetivação**, embora seja "tratada como uma das objetivações do trabalho profissional, desenvolvida no âmbito do espaço estatal, seja pela sua amplitude, seja porque representa o nascedouro de sua institucionalidade como profissão". Em outras palavras, a crise que mencionamos diz respeito à redução da base material (prestação de serviços) e da hipertrofia da função socioeducativa da profissão.

Objetivação: capacidade de transformar a realidade por meio da prévia ideação, ou seja, é a transformação do que foi previamente pensado em um objeto ou situação pertencente à realidade externa do sujeito.

O serviço social, historicamente, vem estabelecendo uma relação entre o Estado e a sociedade por meio da prestação de serviços no âmbito das políticas públicas e sociais, principalmente mediante a execução de atividades como orientação, instrumentalização da população, encaminhamentos e visitas domiciliares em conformidade com a natureza e a demanda institucional nos espaços socioassistenciais, públicos e privados. Desse modo, "quando essa base material entra em crise pela redução das políticas sociais, ocorre o desequilíbrio na unidade da ação profissional em termos da expressão de suas dimensões, podendo haver a hipertrofia da segunda dimensão, a sociopolítica" (Serra, 2000, p. 20).

O esvaziamento da ação do Estado em virtude dos projetos neoliberal e neoconservador tem provocado, desde a década de 1990, o redirecionamento e a flexibilização do serviço social na esfera privada. Nessa direção, o Estado burguês, por meio de parcerias, tem transferido serviços de proteção social para a iniciativa privada, propiciando a terceirização desses serviços com as entidades privadas e a filantropia empresarial da sociedade civil. Desse modo, essas entidades passam a desempenhar funções que substituem a presença do Estado, de modo que se transfere para o setor privado os atendimentos, os serviços e os recursos públicos, além de se mover a proteção social estatal do campo do direito para o campo do favor, da caridade, da filantropia e da benemerência. Esse ideário é que constitui o então chamado *terceiro setor*, conceito brevemente abordado no Capítulo 4 deste livro e que aprofundaremos neste capítulo.

Além disso, a expansão do terceiro setor implica novas formas de empreendimento social como estratégia capitalista em nome do empreendedorismo e da responsabilidade social. Os modelos econômicos fundamentados nesse sistema tendem a levar o Estado burguês a reverberar integrações com a burguesia empresarial e financeira, nacionais e internacionais, subsidiando as instituições não governamentais com dinheiro público. Nessa ótica, os serviços públicos recebem menores investimentos, de modo que sua qualidade acaba sendo reduzida, e sua mão de obra técnica, concursada e pública, desvalorizada. Além do mais, em conluio com a mídia escrita, falada e televisiva, o Estado burguês impinge uma propaganda social à cultura de desqualificação do serviço público em detrimento do privado, reforçando a adesão das empresas no processo de terceirização dos aparelhos e espaços públicos.

Tais implicações reverberam substantivamente na materialidade do serviço social e em sua dimensão ideopolítica e socioeducativa. De acordo com Serra (2000, p. 82), "as políticas neoliberais estão contribuindo para o agravamento da situação histórica de exclusão social que as elites econômicas conformaram à população brasileira".

Para a autora,

> uma sociedade atingida pelo desemprego e pela precarização do emprego é uma sociedade em estado de risco social, uma ameaça à coesão social que advém da condição de estabilidade que o trabalho acarreta. Portanto, pode-se considerar que o núcleo da "questão social" hoje possa advir dessa desestabilização na condição de trabalho que provoca incertezas de um lugar social em determinado território com assento duradouro. As incertezas de um futuro estável podem desencadear um feixe de reações e de manifestações de toda ordem, provocando a sensação de não existência social. (Serra, 2000, p. 96)

Abre-se, assim, um leque de demandas sociais que o Estado burguês aparenta ser incapaz de resolver. Assim, a sociedade civil organizada assume para si a responsabilidade de atender às carências e necessidades sociais da população subalterna, vulnerável e em risco social, bem como de oferecer serviços (saúde, educação, esporte, cultura etc.) a preço de mercado, instigando a meritocracia.

Para Serra (2000, p. 107), o que está em curso é a "privatização da seguridade social e a refilantropização da assistência", que desconstrói os direitos civis, políticos, sociais e culturais historicamente conquistados, dever do Estado e direito do cidadão. Nesse sentido, o mercado entra como corolário e "grande regulador das relações sociais e a acumulação flexível como a nova forma de acumulação capitalista" (Serra, 2000, p. 179).

> **Para refletir**
>
> Nunca é demais relembrar que o serviço social é, antes de tudo, uma profissão de intervenção social e que nossa utilidade social será maior ou menor na medida em que ela possa oferecer respostas úteis às necessidades sociais, principalmente nos tempos de incertezas e desafios de hoje.
>
> Fonte: Serra, 2000, p. 174.

Desse modo, por meio dos estudos e pesquisas encabeçadas por Serra (2000), Campello (1983), Freire (2006) e Mota (2010), entre outros autores, buscaremos identificar as principais análises e tendências do mercado de trabalho do assistente social na esfera organizacional e empresarial, longe de atender sua amplitude e suas especificidades.

6.2 Filantropia empresarial

O investimento estratégico de algumas empresas, em meados dos anos de 1980, para atender às novas demandas do mercado, passou por um processo de modernização. Com base na microeletrônica, na informática e na internet, bem como na ascensão de novos equipamentos e novas tecnologias, foi possível que novas formas de gerenciamento e administração, de inspiração japonesa, fossem implementadas em várias partes do mundo.

Essa reestruturação na base da produção foi necessária para responder às necessidades de novas bases de concorrência, competitividade e mudanças implementadas no interior dos Estados capitalistas nacionais, em um esforço hercúleo para sobreviver à crise e às situações de instabilidade econômica dos anos subsequentes. Além do mais, o avanço da organização sindical e de suas estratégias de resistência intensificou as tensões e pressões no campo estatal e empresarial, acelerando o plano de mudanças organizacionais, principalmente para evitar a queda de rendimentos e o colapso do capitalismo.

No Brasil, a reestruturação organizacional das empresas, o uso de horas extras, a desativação das plantas menos eficientes e a seleção natural do mercado implicou a racionalização e a informatização dos processos produtivos, que reciclou a força de trabalho e terceirizou alguns setores (Komeyama, 1999).

Do ponto de vista político, os planos de ajustes fiscais e econômico-estruturais dos governos neoliberais de Fernando Collor e Fernando Henrique Cardoso priorizaram o mercado, alterando substantivamente as políticas sociais, principalmente deslocando recursos públicos e terceirizando-as por meio de pactos de solidariedade social com a sociedade civil organizada, o que tem sido uma realidade até os dias atuais. Esse caráter residual presente nas políticas sociais ficava, assim, submetido às leis naturais de oferta e procura, que o solucionava via transferência direta de bens e serviços para a iniciativa privada, resultando na "refilantropização da assistência, caracterizada modernamente como responsabilidade social ou solidariedade" (Komeyama, 1999, p. 202). A autora aponta que esse processo implementado pelos governos neoliberais culminou na privatização dos serviços sociais de maneira explícita, no deslocamento da produção e/ou distribuição de bens e serviços públicos para os setores não lucrativos da sociedade, fortalecendo o processo de descentralização e de ampliação da filantropia empresarial e/ou políticas sociais empresariais.

Nesse sentido,

> a filantropia empresarial baseada em doações físicas ou jurídicas, assistenciais, limitada ao compromisso pessoal do gerente, do presidente ou de algum funcionário não difere muito da concepção [de caridade e benemerência], pois a noção de responsabilidade social e de solidariedade é uma forma moderna de camuflar as novas estratégias de exploração, negando as contradições, na medida em que a consciência e a sociabilidade que se constroem na esfera da produção deslocam-se para a esfera da reprodução, ou seja, do consumo. (Komeyama, 1999, p. 203)

A empresa, assim, passa a ser vista com bons olhos por ser capaz de "gerar bem-estar no seu conceito mais amplo (empregador/família/comunidade/cidades)" (Komeyama, 1999, p. 204), o qual pode ser efetivado por meio de donativos de instituições ou pessoas para as instituições filantrópicas e/ou programas e projetos desenvolvidos pelas fundações, associações e entidades filantrópicas, ações que integram o terceiro setor.

A discussão sobre o terceiro setor perpassa as funções do Estado, do mercado, dos poderes público e privado e das organizações não governamentais (ONGs) da sociedade civil organizada. Para alguns analistas dessa área, o Estado burguês cria as condições para que o setor privado assuma, para si, a função do Estado, que deveria atender às carências e necessidades sociais por meio de políticas públicas, de caráter universal.

A absorção dessa demanda pela sociedade civil organizada constituiu e constitui uma alternativa do setor empresarial para dar maior visibilidade aos seus negócios. O Estado, por meio de seus mecanismos burocráticos, busca a concordância de toda a sociedade para suas decisões, valendo-se de seu papel regulador e responsável para dar cumprimento às suas decisões mediante leis, segundo os objetivos políticos de seu poder hegemônico.

Por meio de parcerias entre o público e o privado, as ONGs puderam e podem desenvolver ações privadas em benefício público, fazendo uso, muitas vezes, do trabalho voluntário para o desempenho de suas atividades, dando continuidade, assim, às práticas de caridade, filantropia e benemerência, fortalecendo e favorecendo, de certo modo, os setores empresariais, tendo em vista o interesse estratégico como sua principal arma, o que nos impulsiona a questionar: Qual o real significado da filantropia empresarial para as empresas e para as comunidades?

Para saber mais

Para refletir sobre a situação entre o público e o privado, recomendamos o filme Quanto vale ou é por quilo?*, uma produção brasileira de 2005 dirigida por Sérgio Bianchi. O filme faz uma analogia entre o antigo comércio de escravos do século XVII e a atual exploração da miséria pelo marketing social, que formam uma solidariedade de fachada, fazendo uma crítica às ONGs e à sua captação de recursos em parceria com governos e empresas privadas.*

QUANTO vale ou é por quilo? Direção: Sergio Bianchi. Brasil: Riofilme, 2015. 110 min.

Assim, a Reforma do Estado, sob a perspectiva neoliberal, qualificou as organizações sociais da sociedade civil como novas entidades públicas, mas de direitos privados, ao celebrar contratos de gestão com os respectivos ministérios superiores (Komeyama, 1999). Essas entidades passaram a ter direito de participar do orçamento dos entes federativos (federal, estadual e municipal), desde que cumprissem os requisitos necessários estabelecidos pelos ordenamentos jurídicos e legais.

Para a autora citada,

> nesta perspectiva, o terceiro setor adquire visibilidade. E a legitimação de suas ações por parte do governo tem um sentido político, na medida em que se consolida ganha legitimidade e legalidade. Desta forma, a ação social responsável das empresas ou das organizações não governamentais obedecerão às políticas explícitas e articuladas à gestão econômica e financeira com objetivos, metas e indicadores claramente definidos. (Komeyama, 1999, p. 208)

Essa proposta de Estado mínimo configura um fenômeno de privatização das políticas públicas e sociais, na medida em que o Estado burguês transfere para as instituições da sociedade civil organizada suas responsabilidades, estimulando a participação das empresas mediante incentivos fiscais e tributários.

Os desafios enfrentados pelos profissionais do serviço social nessa área estão relacionados a essa nova configuração do Estado burguês e da sociedade civil, que faz emergir novas expressões da "questão social", propiciando, assim, novos formatos para reestruturar os programas de proteção social nessas conjunturas.

O assistente social, nessa ótica e nesses espaços sócio-ocupacionais, é requisitado, na maioria das vezes, para implementar, gerir e coordenar políticas de recursos humanos, que tem por objetivo apaziguar conflitos sociais ou entre os empregados e empregadores.

Para refletir

Na Reforma do Estado burguês, a filantropia empresarial atingiu um novo patamar, tomando a forma de políticas sociais empresariais que se efetivaram sob o discurso da missão ou responsabilidade social. No entanto, sabe-se que as instituições não interagem por impulsos cooperativos, mas porque há ganhos efetivos para as partes envolvidas (Komeyama, 1999).

Nesse sentido, perguntamos: Quais os verdadeiros ganhos das empresas ao assumirem a responsabilidade social?

6.2.1 Esferas organizacional e empresarial

De acordo com Campello (1983), podemos definir *organização* no campo empresarial como as atividades que assumem algumas características especiais relacionadas à empresa. *Empresa*, por sua vez, constitui-se em "uma unidade social de produção, em regime dirigido para este objetivo, tendo como fim atender à demanda do contexto econômico de consumo" (Campello, 1983, p. 22), subsistindo e se desenvolvendo nos marcos do capitalismo, assegurada pelo ciclo de produção e as regras de mercado. Portanto, sua função social está relacionada à preservação do capital.

A abordagem do serviço social organizacional, de acordo com Campello (1983), foi desenvolvida com base na metodologia do serviço social aplicado ao desenvolvimento de comunidade (DC) e compreende uma abordagem institucionalizada e esquematizada, hierarquizada e estrutural-formalizada, estabelecendo um organograma permanente de comunicação, análise, confrontação e negociação entre lideranças de classes distintas e antagônicas (trabalhadora e patronal).

É nesse sentido estritamente formal, funcional e estrutural que foi (e, muitas vezes, continua sendo) entendida a atuação do serviço social na área empresarial. Contudo, o enfoque que optamos por analisar e refletir diz respeito aos termos *cidadania empresarial* e *responsabilidade social corporativa* (Amaral; Cesar, 2009), que, muitas vezes, têm implicações no conceito de **desenvolvimento sustentável**, assunto que discutiremos mais adiante. Os termos ganharam muita repercussão por meio da média nacional e internacional, reverberando, sobremaneira, no serviço social e nos debates contemporâneos.

> **Desenvolvimento sustentável**
>
> Conceito sistêmico que aponta para a capacidade de suprir as necessidades da população atual sem prejudicar as gerações futuras, isto é, um desenvolvimento que não esgota os recursos naturais para o futuro. Essa definição, sugerida pela ONU, aponta para uma harmonia entre o desenvolvimento econômico, a preservação do meio ambiente, a justiça e a equidade social. Em 2015, os 193 países-membros do órgão internacional adotaram uma nova política global ao lançar a *Agenda 2030 para o Desenvolvimento Sustentável*, um plano de ação para as pessoas, para o planeta e para a posteridade. A Agenda 2030 tem como objetivo elevar o desenvolvimento do mundo e melhorar a qualidade de vida de todas as pessoas, à luz dos direitos humanos, firmados em 17 metas e objetivos.

> **Para saber mais**
>
> *Para saber mais sobre a Agenda 2030, acesse o site:*
> AGENDA 2030. Disponível em: <http://www.agenda2030.com.br/>. Acesso em: 20 dez. 2021.

Com base no pensamento de Iamamoto (2005), Freire (2006, p. 59) aponta que

> o assistente social, embora não participe diretamente da produção de valor e mais-valia como parte do trabalho coletivo, "cria as condições necessárias para fazer crescer o capital investido [...]" (Iamamoto, 2005, 69). Já no âmbito dos serviços públicos e nas Organizações Não Governamentais (ONGs), os serviços produzidos são submetidos à razão sociopolítica, passando pela distribuição de parte de mais-valia social, "metamorfoseada em 'fundo público'". (Iamamoto, 2005, 103)

Além do mais, é preciso ressaltar que o trabalho do assistente social na esfera empresarial, em grande medida, também executa funções que tendem a "**contribuir para o enriquecimento do empresário, enquanto produz condições para a realização eficiente do trabalho**" (Freire, 2006, p. 61, grifo do original).

A partir da década de 1990, no Brasil, as expressões *sociedade civil* e *terceiro setor* passaram a ser empregadas no universo empresarial, elencando os fundamentos da solidariedade, do voluntarismo e do compromisso cívico-social com as carências e necessidades coletivas, sob a alegação de que a ação do Estado era insuficiente no trato das expressões da "questão social".

Nesse ínterim, a Reforma do Estado, sob a égide da proposta neoliberal, garantiu e possibilitou o reconhecimento do "'espaço público não estatal', composto por organizações e iniciativas privadas sem fins lucrativos, que, em tese, seriam capazes de absorver a prestação de serviços sociais com base na 'cidadania' e no 'espírito comunitário'" (Amaral; Cesar, 2009, p. 429), conforme expusemos anteriormente. Foi para esse "espaço público, porém privado" que convergiram as ações das empresas "socialmente responsáveis". Assim, os investimentos públicos e estatais passaram a ser incorporados aos cofres das "fundações empresariais, promotoras da imagem positiva de suas mantenedoras, associando as logomarcas de seus produtos e serviços às causas sociais, como uma estratégia de mercado" (Amaral; Cesar, 2009, p. 430).

Tal perspectiva superou os resultados, permitindo que essas empresas e suas fundações se afastassem da forma tradicional da filantropia, benemerência e caridade para dar lugar às modernas formas de gestão e gerenciamento de negócios, incorporando ao seu funcionamento o planejamento estratégico, a administração financeira, o *marketing*, a capacidade de gerir recursos financeiros e humanos, os organogramas de atividades, os trabalhadores especializados, entre outras modalidades de gerenciamento de projetos sociais, inclusive contratando assistentes sociais para compor seus quadros de profissionais.

Importante!

De acordo com Amaral e Cesar (2021), a concepção de sociedade civil como uma esfera autônoma contraposta ao Estado e à arena privilegiada para a participação popular e o exercício da cidadania passou a compor o chamado *terceiro setor*.

Nessa ótica, o terceiro setor compreende um conceito despolarizado e convertido a um "falso" espaço situado além do Estado e do mercado, como se fosse uma esfera límbica, o que se constitui em uma falácia, já que recebe recursos financeiros tanto do Estado quanto da esfera privada. Assim, está sob a condição e os interesses particulares, o que se configura em uma "cidadania de 'livres' possuidores/consumidores e [se] caracteriza como o espaço privilegiado das mobilizações solidárias, das negociações pactuadas que se desenvolvem dentro de uma perspectiva integradora à ordem, despolitizando os conflitos de classe e as lutas sociais travadas" (Amaral; Cesar, 2021, p. 10), o que retoma a perspectiva moralizadora da "questão social".

Portanto a tendência do terceiro setor adquire um valor estratégico do capital para ampliar seus domínios e seu poder de exploração, ou seja, "o de subsumir o conceito de classe ao de cidadania e democracia, ao mesmo tempo em que naturaliza e universaliza os conteúdos classistas dominantes nas práticas da 'sociedade civil'" (Amaral; Cesar, 2021, p. 12).

6.2.2 Serviço social nas empresas

Mota (2010) elucida que estamos em um cenário muito distinto daquele que marcou os anos finais de 1970 e a década de 1980. Muitas mutações ocorreram nas empresas, na organização da classe trabalhadora, no interior do Estado burguês, no próprio serviço social e na sociedade de maneira geral. Essas mudanças afetaram significativamente as condições de trabalho e a formação de novos métodos de cooperação.

Conforme já expusemos, a força de trabalho tornou-se multifuncional, polivalente, flexibilizada e subjetiva, "dando ênfase à nova racionalidade administrativa, sob a estratégia de horizontalização das hierarquias e incentivos ao saber e experiências do trabalho", o que implicou mutações na morfologia do trabalho e das relações sociais, instaurando a "multifuncionalidade e polivalência como parte das competências exigidas pelas organizações" (Mota, 2010, p. 14).

De acordo com a autora, o coletivismo operacional está "longe de ter parentesco com a solidariedade de classe e entre trabalhadores" em seu sentido clássico (Mota, 2010, p. 15). Agora, a cooperação se concentra na "avaliação de desempenho individual, mas tem por pré-noção (aliás, como sempre foi) a ação individual, no interior de uma prática de cooperação que não é apenas cadenciada pelos ritmos da produtividade e lucratividade das empresas", e sim na avaliação de resultados (Mota, 2010, p. 15).

As modernas empresas adquiriram maior visibilidade pública, tornando-se parceiras do Estado burguês. Assim, surgiu um novo conceito empresarial, carregado de expressões ideológicas, que transforma o trabalhador assalariado em "colaborador" ou "microempreendedor", o qual desempenha seu trabalho em conformidade e travestido pela ideologia dominante e os interesses do capital, cujo propósito é a destruição da subjetividade e individualidade do trabalhador como classe, em prol de uma subjetividade empresarial, "com o propósito de emancipar os assalariados dos seus coletivos naturais e envolvê-los em outras comunidades mais harmônicas com o espírito das empresas" (Mota, 2010, p. 21). Essa situação – contundentemente denunciada em estudos e pesquisas – é responsável pelo adoecimento, sofrimento e até mortes dos trabalhadores, em razão da incorporação do ritmo desenfreado das máquinas ao seu cotidiano laboral a fim de alcançar maiores metas e resultados.

Esse novo contexto é comumente descrito como "vestir a camisa da empresa", em que o trabalhador não é mais visto como tal, mas sob a aparência de um "membro da família empresarial", parte integrante do processo de empreendedorismo. Nesse sentido, é visto como um pequeno empreendedor, e não como assalariado explorado ou membro da classe operária. Do ponto de vista ideológico, o trabalhador não estaria vendo mais sua força de trabalho, mas prestando um serviço à empresa. Além do mais, a pobreza tende a ser entendida e aceita como um processo natural e os indivíduos aparecem como responsáveis diretos, produto das circunstâncias das quais se entregam.

De acordo com Cesar (1999, p. 172-173),

> as empresas vêm investindo em estratégias que visam canalizar, solucionar e antecipar reivindicações trabalhistas, destituindo o trabalhador de sua representação, como categoria política. O envolvimento dos trabalhadores nas empresas é estimulado, negociado e/ou controlado, por meio de um arsenal de recursos humanos, em que estão enumerados ganhos como estabilidade, benefícios e incentivos. A luta por melhoria salarial é, gradativamente, substituída pela negociação cooperativa e pela meritocracia, numa dinâmica corporativa que se move de acordo com metas e resultados.

O capital apenas se interessa em manter o trabalhador produzindo, preservando, assim, o ritmo de lucratividade da empresa, tornando-se apêndice das máquinas e peça descartável no processo de produção, ou seja, como uma mercadoria adquirida para produzir mercadorias, em troca de uma mercadoria-dinheiro, para, por fim, comprar outras mercadorias. Essa é a lógica descomunal e desumana do capital.

Nessa direção e do ponto de vista empresarial, a finalidade do assistente social na empresa é, sobretudo, apaziguar as relações entre empregados e empregadores, nunca incentivar conflitos, e sim conformá-los e amortecê-los.

Nesse universo, até o próprio assistente social, na maioria das vezes, não se vê inserido no processo de compra e venda da força de trabalho, podendo ser substituído ou dispensado em conformidade com os interesses da empresa. Nessa conjuntura empresarial, pode desconhecer ou mesmo não dar importância aos componentes históricos e sociais da profissão ou ao seu arcabouço teórico-metodológico, desprezando, assim, conhecimentos e determinantes da realidade social, política, econômica e cultural do país e/ou da região em que atua (Mota, 2010). Por outro lado, os próprios trabalhadores/colaboradores, por vezes, perdem a percepção da luta de classe, da precariedade das condições de trabalho e de vida, dos verdadeiros interesses da empresa, assumindo a ideologia dominante do pensamento hegemônico pequeno-burguês, alienando-se de si mesmo.

De acordo com Mota (2010, p. 91), o assistente social, "ao atribuir à profissão a especialidade de 'resolver problemas do trabalhador', enquanto sinônimo de um projeto humanizador, empreendido pela empresa capitalista", assume uma postura organizacional e empresarial de compreender a realidade social, justificando ideologicamente a necessidade de sua presença e capacidade de negociação em gerir os problemas entre empregados e empregadores, assumindo a postura de agente de apoio ao empregado, em que o trabalhador é assistido e integrado ao sistema de produção.

Essa ideologia integradora e adaptadora para o serviço social acaba por incorporar ao seu ideário e ao ideário do trabalhador a concepção de ajustamento e equilíbrio, abrindo as portas para uma concepção de profissão pautada pela percepção da coerção e do consenso (Iamamoto, 2004).

De acordo com Cesar (1999, p. 173), integram-se "políticas e práticas de administração de recursos humanos aos programas de qualidade e produtividades, para reduzir os níveis de conflito entre capital e trabalho e comprometer os trabalhadores com os propósitos e metas das empresas". Essas abordagens estão centradas nos princípios da estabilidade, da retribuição, do desempenho pessoal e profissional, da comunicação e da pesquisa de ambiente, a fim de "avaliar periodicamente o clima organizacional, mensurando os níveis de satisfação dos seus colaboradores" (Cesar, 1999, p. 173).

Em síntese, sob essa ótica, "a problematização e intervenção do assistente social são pautadas nos limites dos objetivos da empresa, excluindo a possibilidade de tais manifestações serem expressão da negação do trabalhador" (Mota, 2010, p. 103).

A inserção do assistente social em programas de "responsabilidade social" ou "empresa cidadã" é feita por meio de processos seletivos com outros profissionais,

> como especialista em comunicação e *marketing*, assessores externos, consultores ambientais, dentre outros profissionais, que são mobilizados em torno das ações sociais das empresas, de acordo com o caráter disciplinar preponderante nelas e/ou com as características regionais ou locais onde se desenvolvem. (Amaral; Cesar, 2021, p. 15)

Quando da inserção do assistente social nesse universo, sob a ótica da empresa, ele propicia a expansão dos negócios, melhora sua imagem externa, produz benefícios sociais com a finalidade de expor a empresa e alimentar sua lucratividade, redireciona sua "clientela" e passa a incorporar os preceitos de "responsabilidade social" em suas certificações e premiações. Isso ocasiona maior visibilidade social à empresa, colaborando, assim, para a melhoria dos negócios e a minimização dos impactos sociais causados pela empresa.

Para Cesar (1999, p. 175),

> a empresa continua a requisitar do assistente social o papel de intermediador entre o trabalho e a vida privada do operário, servindo como interlocutor da ação social da empresa, só que esta ação está cada vez mais sedimentada e integrada às estratégias de competitividade, assentadas numa política de parceria trabalhador e empresa.

Desse modo, a empresa aposta em um trabalho educativo, moralizador e disciplinador para garantir os níveis de produtividade, no sentido de atenuar conflitos, identificar insatisfações coletivas e individuais, inibir a organização e a reivindicação dos trabalhadores, entre outras atribuições. Nesse sentido, o assistente social é visto pela empresa pela sua capacidade de identificar as demandas internas e externas, efetuar ajustes e análises, sugerir, planejar, projetar e executar ações e avaliar resultados, bem como pela sua capacidade criativa e proativa de negociação de conflitos e de trabalho em equipe, enfatizada pelos agentes empregadores de sua força de trabalho.

Os assistentes sociais, atualmente, têm sido também requisitados para "intervir em novos projetos, mais amplos e 'extramuros' da empresa, que requerem uma ação 'colada' à filosofia e às práticas empresariais modernas de gestão e trabalho" (Amaral; Cesar, 2021, p. 16). Destacam-se as áreas de responsabilidade socioambiental, balanço social, qualidade de vida no trabalho, negociação sindical, acompanhamento dos códigos de ética e de "melhores práticas" o que parece revelar empresas mais integradas à sociedade e, portanto, formadoras de valores para uma nova cultura de trabalho mais consensual e comprometida com os objetivos e as finalidades corporativas, o que constitui projetos estratégicos de ajustes, reformas e ações para adequá-las aos novos padrões de acumulação capitalista.

6.2.3 O trabalho do assistente social nas organizações não governamentais (ONGs)

O significado de ONG forma-se nos marcos das organizações, fundações, associações e entidades sem fins lucrativos e "que prestam serviços a um determinado grupo ou comunidade ou, ainda, desenvolvem trabalhos voltados ao enfrentamento de determinados problemas sociais" (Paz, 1999, p. 195). De outro modo, constituem-se como entidades filantrópicas, assistenciais, religiosas, de representação social e política, de caráter nacional e internacional, que não estão sob a guarda do Estado e supostamente do mercado, diferenciando-se das empresas apenas por sua finalidade sem fins lucrativos e por se constituírem como organizações da sociedade civil de interesse público.

As ONGs ganharam maior visibilidade no Brasil durante o período da Conferência da ONU sobre o Meio Ambiente (ECO-92), realizada na cidade do Rio de Janeiro, em 1992. No entanto, começaram a se formar e a se estruturar a partir das décadas de 1960 e 1970, consolidando-se nos marcos do processo de redemocratização do país nos anos de 1980 e 1990, ao lado dos movimentos sociais e sindicais, constituindo-se como instâncias da sociedade civil organizada ou do chamado *terceiro setor*.

As ONGs atuam em áreas variadas, como direitos humanos, assistência social, saúde, meio ambiente, cultura, educação, lazer e esporte, prestando serviços e atendimentos às mais diversas pessoas, famílias, grupos e comunidades, independentemente de idade, gênero, condição social e sexual, etnia, raça, credo ou denominação, de caráter apartidário e apolítico. Trabalham pela garantia e defesa de direitos e, embora de caráter privado, desenvolvem ações de interesse público, sem fins lucrativos e vínculos estatais, incorporando, na maioria, o trabalho voluntário.

Paz (1999, p. 201) entende que o profissional do serviço social, "ao se inserir em uma ONG, deve buscar a clareza de compreender o significado social deste trabalho para a sociedade, refletindo sobre as relações e mediações com as políticas públicas estatais", utilizando seus instrumentais técnico-operativos para consolidar respostas às demandas sociais postas em seu cotidiano profissional.

Para Alencar (2009, p. 14),

> no que se referem às atribuições profissionais, os assistentes sociais estão sendo demandados nestes novos espaços profissionais para atuar na Gestão de programas sociais, o que implica o desenvolvimento de competências no campo do planejamento, formulação e avaliação de políticas sociais. Sendo assim, há uma grande tendência de crescimento das funções socioinstitucionais do serviço

social para o plano da gerência de programas sociais, o que requer do profissional o domínio de conhecimentos e saberes, tais como de: legislações sociais correntes, [...]; pesquisa, diagnóstico social e de indicadores sociais, com o devido tratamento técnico dos dados e das informações obtidas, no sentido de estabelecer as demandas e definir as prioridades de ação; leitura dos orçamentos públicos e domínio de captação de recursos; domínio de processos de planejamento e a competência no gerenciamento e avaliação de programas e projetos sociais.

Entre os desafios impostos à profissão nessa área, destacam-se a falta de recursos, a precarização do trabalho, o número insuficiente de profissionais, a gestão de voluntários, lidar com a vaidade de investidores, bater metas, resolver conflitos, enfrentar questões em que imperam a violência, a drogadicção ou situação de rua, o fortalecimento de vínculos, entre outros problemas próprios desses espaços sócio-ocupacionais.

6.3 Assessoria, consultoria, auditoria e supervisão técnica

Tendo em vista o processo de reestruturação produtiva e a redefinição dos espaços sócio-ocupacionais de atuação profissional do assistente social, bem como o desenvolvimento de uma nova política econômica e social na perspectiva da Reforma do Estado burguês, "setores comprometidos com os interesses populares lutaram pelo estabelecimento de regimes democráticos baseados não só na democracia eleitoral, mas, também, na democracia econômica e social como forma de propiciar a integração de setores sociais amplos no circuito de oportunidades" (Marco, 1999, p. 153).
A partir da descentralização das políticas e dos serviços públicos nas esferas estaduais e municipais, do redirecionamento das políticas de assistência social e, principalmente, da implantação do Sistema Único de Assistência Social (SUAS), novos espaços

socioassistenciais surgiram para atuação profissional, assim como novas formas de gestão pública da política social nos três entes federativos. Essas modificações trouxeram para a arena das discussões novos componentes de participação popular e novas oportunidades de trabalho para os assistentes sociais, abrindo espaços para que estes ingressassem em conselhos deliberativos, movimentos sociais, esferas do orçamento participativo[1], pesquisas, gerenciamento de programas e projetos sociais, espaços descentralizados e participativos de gestão pública, programas habitacionais, espaços socioeducativos, ONGs, instituições públicas e privadas, entre outros espaços sócio-ocupacionais, exigindo maior competência técnico-operativa e assessorias, consultorias, auditorias e supervisão técnica.

Essa temática implica verificar que há uma demanda explícita e específica para esse tipo de trabalho, já que os profissionais imbuídos da docência geralmente são chamados a prestar assessoria, consultoria, auditoria e, até mesmo, supervisão técnica em suporte às demandas de outros profissionais ou instituições da esfera pública ou privada. Além disso, é um campo muito promissor, tendo em vista as capacidades intelectuais dos assistentes sociais, dotados de conhecimentos gerais e específicos sobre as políticas públicas, gerenciamento e gestão de recursos humanos e serviços administrativos, contábeis, financeiros ou socioassistenciais e de mobilização popular, em uma proposta de formação continuada.

Contudo, é importante destacar que as demandas a serem assessoradas podem estar servindo a distintos interesses, cabendo ao profissional/consultor indagar quais interesses e quais segmentos estão necessitados de assessoria e/ou consultoria. É nessa direção que se torna necessário evidenciar o potencial, os riscos e as ações que esses profissionais precisam averiguar nas problematizações dessa natureza (Matos, 2021).

---

1 O orçamento participativo, de acordo com Marco (1999, p. 155), "se desenvolve a partir de uma estrutura especialmente montada para viabilizar o compartilhamento do controle social, colocando a gestão pública municipal à serviço de um projeto de cidade justa e equânime".

Primeiramente, é fundamental definir esses conceitos para um melhor entendimento dessas questões. A **assessoria** refere-se à ação, realizada por um indivíduo ou grupo, de dar e receber orientações, aconselhamentos e/ou auxílio sobre determinado assunto, ramo ou problema, e consiste, a princípio, em uma atividade de pesquisa e investigação que busca levantar dados e informações a serem analisados e trabalhados. A **consultoria**, por sua vez, é constituída pela troca de conhecimentos e experiências de uma pessoa (consultor) para outra pessoa ou grupo, com vistas a dialogar, diagnosticar ou formular soluções em um assunto específico. Normalmente, é realizada em empresas ou organizações e oferece um meio de diagnosticar processos, identificar soluções e recomendar ações.

A **auditoria** consiste no exame sistemático, minucioso, rigoroso e aprofundado de atividades, grupos, instituições, empresas, setores etc. que tem como finalidade averiguar, levantar, apontar ou mesmo denunciar falhas, problemas, fraudes, erros, incompetências administrativas, entre outros problemas, podendo ser interna ou externa. Já a **supervisão técnica** visa a uma ação continuada de qualificação profissional, em que um profissional com maior experiência acompanha outro profissional ou equipe na realização de suas tarefas, desenvolvimento de projetos, entre outras atividades afins, tendo, como efeito, supervisionar, isto é, fazer inspeção e acompanhar o trabalho de outrem, o que não significa vigiar no sentido pejorativo do termo, e sim trocar experiências, orientar, aconselhar, corrigir falhas, em suma, contribuir para o bom desempenho das tarefas e atividades, sendo um procedimento bastante utilizado no âmbito de empresas e organizações.

Definidos os termos, notamos que essas práticas são recorrentes, embora seja recente sua execução como nova possibilidade para a atuação profissional do assistente social. De certo modo, é uma estratégia de gerenciamento e gestão que busca superar o tradicionalismo no âmbito do serviço social.

Matos (2021, p. 2) alerta, fundamentada em estudos e pesquisas, que há uma "nebulosa compreensão do que seja assessoria, a partir de entrevistas com assistentes sociais que se julgam assessores". A autora aponta que a maioria dos profissionais que adota a nomenclatura *assessoria/consultoria*, muitas das vezes, não é, de fato, assessor/consultor, mas assim se denomina em virtude de uma compreensão equivocada da função. A adoção dessas denominações está relacionada muito mais ao *status* que elas representam. Atualmente, a expansão do serviço social propiciou a realização de cursos privados de aperfeiçoamento profissional, como estratégia de alguns profissionais e/ou instituições em oferecer uma formação continuada ou até mesmo para sanar as deficiências do ensino acadêmico-profissional, que se apresentam, muitas vezes, na lógica da precarização e do sucateamento da educação. Contudo, é necessário tomar alguns cuidados para não cair em engodos ou mesmo em cursos que, na realidade, são um nivelamento raso sobre temas pontuais do cotidiano profissional. Trata-se de uma área nova que precisa ser mais bem trabalhada, estudada e pesquisada, já que ainda há uma ausência de referenciais teórico-metodológicos, visto que a produção teórica sobre o assunto tem sido desenvolvida e utilizada no campo da administração de empresas, "com vistas à maximização de lucro, pressuposto muito distante do atual projeto profissional do Serviço Social, mas que tem espaço na bibliografia de alguns planos de aula e em textos de Serviço Social sobre o tema" (Matos, 2021, p. 4-5). Assim, segundo Matos (2006, citado por Matos, 2021, p. 6),

> definimos assessoria/consultoria como aquela ação que é desenvolvida por um profissional com conhecimentos na área, que toma a realidade como objeto de estudo e detém uma intenção de alteração da realidade. O assessor não é aquele que intervém, deve, sim, propor caminhos e estratégias ao profissional ou à equipe que assessora e estes têm autonomia em acatar ou não as suas proposições. Portanto, o assessor deve ser alguém estudioso, permanentemente atualizado e com capacidade de apresentar claramente as suas proposições.

Nesse sentido, Matos (2021) esclarece que a assessoria não é sinônimo de supervisão, de que qualquer ação extensionista não é trabalho precarizado e/ou temporário, abandono do trabalho assistencial ou mera militância política, mas se constitui como um espaço privilegiado do fazer profissional, desde que garanta a capacitação continuada dos profissionais em serviço social.

Para saber mais

Para um maior aprofundamento sobre a assessoria/consultoria, sugerimos a leitura do texto a seguir.

AMORIM, U. F.; TAVARES, M. A. da S. Serviço social: reflexões sobre as atuais tendências do mercado de trabalho do assistente social a partir de um estudo realizado com os alunos egressos do curso de Serviço Social – UniFOA. **Cadernos UniFOA**, Volta Redonda, n. 5, p. 51-67, dez. 2007. Disponível em: <http://revistas.unifoa.edu.br/index.php/cadernos/article/view/894/796>. Acesso em: 20 dez. 2021.

6.4 Serviço social e o exercício da docência

Não poderíamos deixar de refletir sobre outro campo profissional muito promissor e importante, o qual tem feito parte dos debates contemporâneos: o exercício da docência em serviço social. Pensar a realidade do ensino e da formação acadêmico-profissional do assistente social é ir à base da formação dos indivíduos sociais e da sociedade, avaliando e reavaliando continuamente seu papel nas instâncias formadoras, compreendendo o significado de universidade como um espaço crítico e democrático dos saberes.

> A formação acadêmico-profissional do Serviço Social é um processo que envolve diversos saberes (teóricos, éticos, políticos, técnicos e práticos) não só para um fazer profissional, mas também englobam inúmeros fatores da vida social e que possibilitam a experiência concreta para a construção de uma identidade profissional e de cidadania.
>
> [...] a universidade enquanto espaço de discussão, de construção de saberes e de formação acadêmico-profissional precisa ser compreendida em sua totalidade, entendendo a Educação como um bem social,

direito universal e de prioridade pública, enquanto desafio existencial na busca por respostas e enquanto possibilidade de liberdades. A formação envolve condições situacionais e de consciência ético-moral, frente aos compromissos ético-políticos e sociais assumidos pela profissão, o que inclui conflitos e tensões de uma dada conjuntura histórica e social. (Veroneze, 2019, p. 39)

O ensino superior, como se consolidou historicamente na tradição ocidental, visa atingir três objetivos essenciais, os quais são articulados entre si:

1. formação profissional das diferentes áreas aplicadas mediante o ensino-aprendizagem de habilidades e competências técnicas;
2. formação de cientistas mediante a disponibilização de métodos e conteúdos e de conhecimentos das diversas especialidades do saber;
3. formação do cidadão pelo estímulo à tomada de consciência por parte dos discentes, no sentido de suas existências histórica, pessoal e social.

Desse modo, a universidade, em seu sentido mais profundo, deve ser entendida como uma entidade, funcionária do conhecimento, que se destina a prestar serviços à comunidade no contexto social em que se situa. Deve ter um compromisso com a construção de uma sociedade na qual a vida individual seja marcada pelos indicadores de liberdade e cidadania, e a vida coletiva pelos indicadores da democracia e da justiça social.

O conceito de universidade está centrado na tríade ensino, pesquisa e extensão. A pesquisa deve ser entendida como a produção de conhecimento para uma comunidade de investigação e a extensão como uma forma de a universidade prestar serviços à comunidade, oferecendo cursos e atividades diversas e variadas. O ensino, por sua vez, pode ser compreendido como o momento de transmissão do conhecimento (Mattar, 2008). Essas atividades devem ser efetivamente articuladas entre si, de modo que cada uma assuma uma perspectiva de prioridade nas diversas circunstâncias histórico-sociais em que os desafios humanos são impostos. Muitos teóricos e especialistas em educação, assim como autoridades da área, não conseguem entender a necessidade da postura investigativa como inerente ao processo de ensino-aprendizagem. Por isso defendem a existência de dois tipos de universidades: as de ensino e as de pesquisa.

A Lei de Diretrizes e Base da Educação Nacional (LDBEN) – Lei n. 9.394, de 20 de dezembro de 1996 (Brasil, 1996) – consagrou essa ideia de divisão da universidade em duas frentes isoladas, dando valor legal a essa dicotomia. Assim, os centros universitários, por exemplo, devem cuidar apenas do ensino, ao passo que as universidades cuidam do ensino, da pesquisa e da extensão.

Para Severino (2007, p. 30-31), "não se trata de transformar a Universidade em Instituto de Pesquisa. Ela tem natureza diferente do Instituto de Pesquisa tanto quanto ela se diferencia de uma Instituição Assistencial". Na verdade, o que está em pauta é que a atividade de ensino, mesmo quando se trata de uma simples faculdade isolada, deve ser realizada sob uma atitude investigativa, ou seja, deve adotar uma postura de produção do conhecimento.

Podemos definir o **centro universitário** como uma categoria de instituição de ensino superior brasileira, de ensino pluricurricular, que abrange uma ou mais áreas do conhecimento. Caracteriza-se pela excelência do ensino oferecido, comprovada pela qualificação do seu corpo docente e pelas condições de trabalho acadêmico oferecidas à comunidade escolar, nos termos estabelecidos pelo Ministério da Educação (MEC) para o seu credenciamento.

Os centro universitários devem ter condições econômicas, financeiras e estruturais de manutenção de atividades de ensino de graduação com nível de razoabilidade profissional e técnica, de integração institucional com empresas públicas e privadas, conselhos, sindicatos e outras entidades organizadas em função de mercados de trabalho e de promoção do exercício profissional, bem como de programas de acompanhamento e de promoção da educação continuada para egressos e para atendimento às demandas sociais de formação, especialização, adaptação e atualização profissional. Além disso, deve ofertar regularmente cursos de graduação e pós-graduação em diferentes áreas do conhecimento, com estruturação pluridisciplinar integrada por meio de mecanismos apropriados de gestão acadêmica, concebidos e mantidos em estreita articulação com entidades organizadas em torno de empregos, carreiras e profissões técnicas e/ou intelectuais, bem como de representação e associação de profissionais liberais autônomos. Pelo menos um terço do corpo docente precisa ter titulação acadêmica de mestrado e doutorado e um quinto precisa atuar em regime de tempo integral.

Os centros universitários são credenciados pelo MEC e têm autonomia para criar, organizar e extinguir cursos e programas de educação superior em suas sedes. Poderão usufruir de outras atribuições da autonomia universitária devidamente definidas no ato de seu credenciamento. Por definição da LDBEN, as universidades gozam de autonomia plena, isto é, não precisam de autorização do MEC para criar novos cursos, sedes, aumentar ou diminuir o número de vagas, fechar cursos e expedir diplomas. Mais do que a formação na graduação, as universidades promovem pesquisa e extensão, sendo necessário um mínimo de 70% do corpo docente formado por professores titulados e o oferecimento de cursos em, pelo menos, cinco áreas do conhecimento.

Os centros universitários também têm certa autonomia e precisam ter 70% de professores titulados, mas não é preciso fazer pesquisa ou oferecer cursos de pós-graduação *stricto sensu* (mestrado e doutorado). Já as faculdades e os institutos de educação superior não gozam de nenhuma autonomia, ou seja, precisam de autorização do MEC para tomar decisões. Seus diplomas têm de ser registrados por uma universidade, os professores não precisam ser titulados e os cursos de graduação e pós-graduação oferecidos são *lato sensu* (especializações).

Nos últimos anos, a forma de transmissão do conhecimento mudou. Assim, o estudante não deve simplesmente absorver as informações transmitidas pelos professores, mas se empenhar na produção e formação de conhecimentos por meio de pesquisas e produção de artigos científicos. Também em razão da introdução de novas tecnologias da informação no ensino universitário, o professor é visto, atualmente, mais como um orientador de estudos, ao passo que do aluno se espera uma postura mais ativa, crítica e reflexiva.

Para Saviani (2009, p. 1), a grande questão que se coloca na atualidade se refere ao futuro daquilo que se espera da universidade:

> O primeiro corresponde à tendência que vem prevalecendo na qual a Universidade cada vez mais se verga ante as imposições do mercado. O segundo tem sua possibilidade condicionada à reversão da primeira expectativa, o que implica o redirecionamento do próprio projeto econômico em torno do qual gira a vida da sociedade atual.

Em outras palavras, podemos dizer que a primeira tendência corresponde à hegemonia do poder dominante da elite e do mercado, ao passo que a segunda tem a ver com o futuro do próprio capitalismo e da sociedade, portanto, seu conceito e seu porvir não são previsíveis – sua viabilidade é problemática, mas possível e desejável.

Em sentido amplo, podemos definir *universidade* como uma instituição educativa, isto é, não só de transmissão e assimilação de conhecimento, mas como o sentido de formar (*educare*, do latim "criar" ou "nutrir"). Nesse sentido, o aluno não só recebe um ensino organizado em diferentes disciplinas, mas é educado para a vida, ou seja, "educar para um mundo em que ainda nos é estranho" (Sacristán, 2007, p. 15).

> A educação pode seguir circunscrita à sua pretensão genuína de cultivar e desenvolver com suas práticas os conteúdos deduzidos do sentido "culto" do significado de cultura, mas opera sempre com pessoas transformadas pelos processos que têm lugar neste segundo sentido da cultura, pois esta é a base antropológica do ser humano. (Sacristán, 2007, p. 37)

Nesse sentido, o conceito de universidade compreende uma instituição educativa, chave do projeto de desenvolvimento de uma país, convertendo-se em uma prática articulada do ensino, da pesquisa e da extensão como principal instrumento instaurador do desenvolvimento da sociedade (Saviani, 2009). Desse modo, a universidade se justifica por ser a produtora da verdade, a guardiã da cultura e a formadora do ser humano integral, sendo a profissionalização um momento dessa educação global.

Chaui (1999a) menciona a universidade operacional, fruto da modernização e racionalização do Estado burguês. O pressuposto ideológico dessa proposição expressa o entendimento de que o mercado é portador da racionalidade necessária ao bem-estar da República, o qual deve ocorrer sob o signo da "flexibilização". Nesses termos e na linguagem do MEC,

> "flexibilizar" significa: 1) eliminar o regime único de trabalho, o concurso público e a dedicação exclusiva, substituindo-os por "contratos flexíveis"; 2) simplificar os processos de compras (as licitações), a gestão financeira e a prestação de contas (sobretudo para proteção das chamadas "outras fontes de financiamento", que não pretendem se ver publicamente expostas e controladas); 3) adaptar os currículos de graduação e pós-graduação às necessidades profissionais das diferentes regiões do país, isto é, às demandas das empresas locais (aliás, é sistemático nos textos da Reforma referentes aos serviços a identificação entre "social" e "empresarial"); 4) separar docência e pesquisa, deixando a primeira na universidade e deslocando a segunda para centros autônomos de pesquisa. (Chaui, 1999a, p. 5-6)

De outro modo, a justificativa para a existência da universidade operacional assenta-se no fato de ela ser concebida e gerida segundo a racionalidade do mercado, em conformidade com as regras do capitalismo. Nessa perspectiva, segundo Chaui (1999a), a universidade perde o *status* de "instituição" e se consolida como "organização social", cuja instrumentalidade a coloca na condição de atuar para alcançar fins particulares, voltada para si mesma, ao contrário do que ocorreria se permanecesse como instituição social. Ela deixa de ser assim caracterizada ao perder sua natureza de instituição e ao ganhar a condição de organismo, uma vez que a organização pertence à ordem biológica da plasticidade do comportamento adaptativo, noção que põe em risco a autonomia universitária (Chaui, 1999a).

Por outro lado, essa concepção de universidade operacional está automaticamente ligada à situação dos alunos ao chegarem na universidade. Eles vêm de um sistema de ensino centralizado que privilegia passar no vestibular ou em provas de concursos. Na maioria das vezes, a memorização é a tônica dominante desse processo de ensino-aprendizagem. Assim, o próprio sistema reforça o comportamento fundamentado na lógica da exclusão instrumental, com pouca criticidade e criatividade, dando ênfase às ações e às atividades pouco participativas, com turmas numerosas – especialmente as do "terceirão", como são denominados os cursos pré-vestibulares, em que a figura do "bom professor" é identificada com a de um *showman*, considerado, então, excelente pela sua capacidade de explicar os conteúdos de maneira sintética para garantir a atenção dos alunos.

Para além dessas constatações, é necessário diagnosticar com certa precisão como esses aspectos se manifestam na realidade para propor ações a serem conjuntamente efetivadas pelos professores e alunos tendo em vista a superação das insuficiências educacionais, além da revisão das próprias exigências que emanam das diversas disciplinas.

Essas noções preliminares são necessárias para situar a formação acadêmico-profissional do assistente social. Tais aspectos interferem no processo de ensino-aprendizagem e, por sua vez, no exercício da docência, o qual acrescenta outros fatores, como as pressões sofridas pelas instituições de ensino privado, a produtividade acadêmica, as horas trabalhadas em casa para a preparação de aulas, as correções de trabalhos e avaliações (que não são computadas), a necessidade de se desdobrar em várias instituições de ensino, entre outros desgastes e situações que afetam a qualidade de vida dos docentes.

Nos últimos anos, o ensino passou por profundas transformações, principalmente em relação à reforma do Estado burguês. O avanço das políticas públicas na área de assistência social, na legislação, na formulação de currículos, nas diretrizes, no processo de mercantilização do ensino, no desmonte do ensino e da pesquisa nas universidades públicas, na privatização do ensino, nas condições de vida dos alunos, que, em sua maioria, são trabalhadores diurnos e estudantes à noite.

Para Almeida (2021, p. 3),

> tanto a formação quanto o exercício profissional dependem de um conjunto de relações sociais e das mediações entre elas, que situam o Serviço Social em diferentes esferas da vida social, ou seja, como um

conjunto de práticas, valores e conhecimentos que, embora tenham no fazer cotidiano do assistente social, em sentido estrito, seu foco central, nele não se esgotam.

Portanto, compreender essa dinâmica já é um grande desafio para o assistente social, que, ao reconhecer a rotina, os instrumentos, os regulamentos e as relações estabelecidas no exercício do magistério, entre outras funções, requer um movimento para situar as particularidades do ensino superior sem perder de vista a dinâmica do ser social e da vida cotidiana.

6.4.1 Especificidades do exercício do magistério, da direção e da supervisão acadêmica em Serviço Social

Nos marcos da lógica da mercantilização da educação e da cultura deste país, o desempenho do magistério na educação superior, atualmente, tem sido um grande desafio para muitos assistentes sociais por integrar novas formas de organização do trabalho docente, a produção científica e os sistemas de avaliação, expressos, sobretudo, pelos organismos multilaterais, em particular pelo Banco Mundial (Almeida, 2021).

O magistério em Serviço Social compreende, assim, o trabalho de docência em cursos de graduação e pós-graduação em Serviço Social, a implantação das diretrizes curriculares estabelecidas pela Associação Brasileira de Ensino e Pesquisa em Serviço Social (Abepss) em seus respectivos projetos pedagógicos com base nas mudanças provenientes da LDBEN. Os docentes enfrentam, desde a Reforma do Ensino e do avanço das crises cíclicas e estruturais do capital, condições cada vez mais precárias e sucateadas de trabalho, exigências de produtividade acadêmica que são submetidas à autonomia intelectual, flexibilizando a capacidade criativa e as práticas pedagógicas em seu conjunto.

Por outro lado, há a maturidade intelectual da profissão alcançada por uma parcela significativa da categoria profissional, tendo em vista o processo de expansão da pós-graduação *stricto sensu* no Brasil, o que tem gerado uma produção acadêmica cada vez mais crescente e publicizada nos diversos encontros, congressos e seminários da categoria profissional, bem como em editoras espalhadas pelo país.

Para Almeida (2021, p. 11),

> O aumento dessa capacidade tornou-se um elemento decisivo para abordarmos os êxitos e as lacunas de um processo de formação profissional em suas estreitas conexões com o próprio exercício profissional. Essa tarefa, ainda em construção, exprime o quanto é fundamental pensar a formação e o exercício profissional como dimensões distintas, mas articuladas, da complexidade que o Serviço Social encerra como instituição.

Na área de pós-graduação, os intelectuais orgânicos da profissão têm consolidado estudos, pesquisas e processos de produção acadêmico-científica em serviço social nas mais diferentes áreas do conhecimento, de maneira crítica, propositiva e proativa, integrando-os ao mesmo tempo aos diversos movimentos e espaços sociais de militância política, fortalecendo o diálogo, as lutas e a resistência das classes subalternas e trabalhadoras, articulando-se entre diferentes frentes e grupos de disseminação das experiências coletivas.

No campo das extensões universitárias e direção acadêmica, os assistentes sociais não têm medido esforços para a formulação, execução e gestão de projetos de extensão, principalmente na área vinculada aos estágios supervisionados para desenvolver processo de produção e socialização de conhecimento científico, experiências profissionais e atenção à comunidade, destacando as áreas sociojurídica, ambiental, sociopedagógica e de assistência social e o trabalho com famílias e comunidades, apesar dos cortes orçamentários na área de educação superior.

No aspecto direcional e organizacional, os assistentes sociais têm encontrado um leque cada vez mais amplo para a atuação profissional em razão das demandas existentes no nível superior, apesar de enfrentarem, diante da crise atual, o fechamento de muitos cursos de graduação em Serviço Social em virtude da pouca procura em detrimento de outras áreas do saber. Além do mais, para muitos profissionais inseridos nos espaços socioassistenciais ou nas prefeituras, a docência é mais uma oportunidade de emprego, que, na maioria das vezes, passa a ser um "bico" e, como tal, não recebe dedicação intensiva por parte desse profissional.

> As discussões em torno do processo de reforma da universidade, os programas governamentais de ampliação do acesso por meio dos financiamentos, bolsas e políticas de ação afirmativa, a educação a distância, a participação nos processos de avaliação institucional e nos exames nacionais, têm ocupado a agenda de diferentes diretores de unidade acadêmicas na condição de assuntos urgentes, conflituosos em sua grande maioria com as referências construídas na profissão, que se colocam sempre na ordem do dia em razão de suas vinculações institucionais com as condições de sobrevivência das próprias unidades acadêmicas. (Almeida, 2021, p. 12)

No processo de supervisão de estágios, a dinâmica tem sido a de participação de diferentes sujeitos e instituições que compõem o universo articulador entre a formação acadêmica e o exercício profissional. A exigência é que o supervisor seja um assistente social, independentemente de sua especialidade, tanto de campo quanto acadêmica.

Almeida (2021) alerta que há uma preocupação na esfera da formação, em virtude do processo de sucateamento do ensino e da dificuldade em estabelecer uma relação amistosa entre a instituição de ensino e o campo de estágio, e, muitas vezes, a burocracia impede ou atrasa o ingresso dos alunos nesses campos, além de haver supervisores inseguros em receber os estagiários nas instituições.

Além do mais, outra preocupação recorrente é são "fundamentos éticos, políticos e teórico-metodológicos que informam o fazer profissional em determinada área de política social" (Almeida, 2021, p. 647), o que pode prejudicar a formação acadêmico-profissional do aluno.

Para Almeida (2021, p. 14),

> A supervisão constitui uma estratégica forma de amalgamar e atualizar o projeto profissional, em especial por proporcionar um confronto, permanente e sistemático, entre as reflexões e as alternativas construídas em diferentes esferas da profissão e a dinâmica da realidade. As preocupações com o desenvolvimento das atividades de investigação, de sistematização, de planejamento, avaliação e articulação com os movimentos de trabalhadores e usuários das políticas sociais podem compor um terreno rico de reflexões que, articuladas, potencializam a dimensão intelectual e política da profissão, a partir de polos diferentes, mas que são responsáveis pela construção do projeto profissional do Serviço Social.

Desse modo, é imprescindível que o debate contemporâneo não perca o foco do processo de formação do assistente social. Entretanto,

> é preciso levar em conta os limites institucionais, individuais, políticos, econômicos, emocionais e sociais dos profissionais em Serviço Social para não cairmos num processo de alienação e estranhamento da própria profissão ou em um teoricismo pragmático desvinculado dos pressupostos histórico-críticos da profissão. (Veroneze, 2019, p. 58)

A possibilidade de um novo debate sobre o projeto de formação acadêmico-profissional do serviço social diante dos desafios atuais evidencia a necessidade permanente de avaliação/revisão da formação e do exercício profissional.

Para saber mais

Para um maior aprofundamento sobre o campo de atuação profissional em serviço social, sugerimos a leitura do artigo a seguir.
CARVALHO NETO, C. T. de; BARROS, J. de M.; GAZOTTO, M. A. A docência em serviço social: espaço de atuação profissional. **Camine: Caminhos da Educação**, Franca, v. 3, n. 2, p. 1-16, 2011. Disponível em: <https://ojs.franca.unesp.br/index.php/caminhos/article/view/463/457>. Acesso em: 20 dez. 2021.

Síntese

Neste capítulo, discorremos sobre os principais espaços sócio-ocupacionais de inserção do assistente social nas esferas organizacionais e empresariais, buscando entender os meandros desses universos, a filantropia empresarial e a atuação do serviço social nas empresas. Demonstramos como a sociedade civil tem-se organizado perante o desmonte do Estado burguês e a concepção do chamado *terceiro setor*. Elucidamos também as propostas de assessoria, consultoria, auditoria e supervisão técnica encabeçadas por assistentes sociais nas esferas pública e privada e suas especificidades. Finalizamos o capítulo discutindo sobre o exercício da docência em Serviço Social, suas especificidades, a direção de cursos na área, os dilemas e desafios da graduação e pós-graduação em Serviço Social e os trabalhos de supervisão.

Questões para revisão

1. Relacione os termos da primeira coluna às definições da segunda coluna.
   1) Objetivação.
   2) Terceiro setor.
   3) Primeiro setor.
   4) Segundo setor.
   5) Orçamento participativo.

   ( ) Corresponde à esfera público-administrativa do Estado.
   ( ) Desenvolve-se a partir de uma estrutura especialmente montada para viabilizar o compartilhamento do controle social, colocando a gestão pública municipal a serviço de um projeto de cidade justa e equânime.
   ( ) Capacidade de transformar a realidade por meio da prévia ideação.
   ( ) Compreende a esfera empresarial e privada da sociedade.
   ( ) Composto por associações e fundações que geram bens e serviços públicos, mas sem fins lucrativos.

Agora, assinale a alternativa que apresenta a sequência correta:
a) 3 – 5 – 1 – 4 – 2.
b) 2 – 4 – 1 – 3 – 5.
c) 4 – 5 – 3 – 1 – 2.
d) 2 – 4 – 5 – 3 – 1.
e) 1 – 4 – 3 – 2 – 5.

2. Assinale a alternativa **incorreta**:
   a) O serviço social, historicamente, vem estabelecendo uma relação entre o Estado e a sociedade por meio da prestação de serviços no âmbito das políticas públicas e sociais.
   b) O esvaziamento da ação do Estado em virtude dos projetos neoliberal e neoconservador tem provocado, desde a década de 1990, o redirecionamento e a flexibilização do serviço social na esfera privada.
   c) O serviço social é, acima de tudo, uma profissão do plantão social.
   d) A crise é resultante do processo de exploração do capitalismo insaciável, que tem chegado a níveis preocupantes e descomunais de exploração.
   e) As políticas neoliberais estão contribuindo para o agravamento da situação histórica de exclusão social que as elites econômicas conformaram à população brasileira.

3. Analise as afirmações a seguir e assinale V para as verdadeiras e F para as falsas.

   ( ) O avanço da organização sindical e de suas resistências intensificou as tensões e pressões nas áreas estatal e empresarial.
   ( ) Os planos de ajustes fiscais e econômico-estruturais dos governos neoliberais de Fernando Collor e de Fernando Henrique Cardoso priorizaram o mercado, embora não tenham alterado as políticas sociais.
   ( ) A discussão sobre o "terceiro setor" perpassa as funções do Estado, do mercado, dos poderes público e privado e das organizações não governamentais (ONGs) da sociedade civil organizada.

( ) O Estado, por meio de seus mecanismos burocráticos, busca a concordância de toda a sociedade para suas decisões.
( ) Por meio de parcerias entre o público e o privado, as ONGs podem desenvolver ações públicas em benefício das empresas.

Agora, assinale a alternativa que apresenta a sequência correta:
a) V – F – V – V – F.
b) F – V – V – F – F.
c) V – V – V – V – F.
d) F – F – F – F – F.
e) V – V – V – V – V.

4. Quais são os limites do trabalho do assistente social dentro das empresas?
5. Para Almeida (2021), a supervisão constitui uma estratégia profissional. Por quê?

Questões para reflexão

1. Qual o significado da filantropia empresarial para as empresas e para as comunidades?
2. Quais os ganhos de uma empresa ao assumir a responsabilidade social?

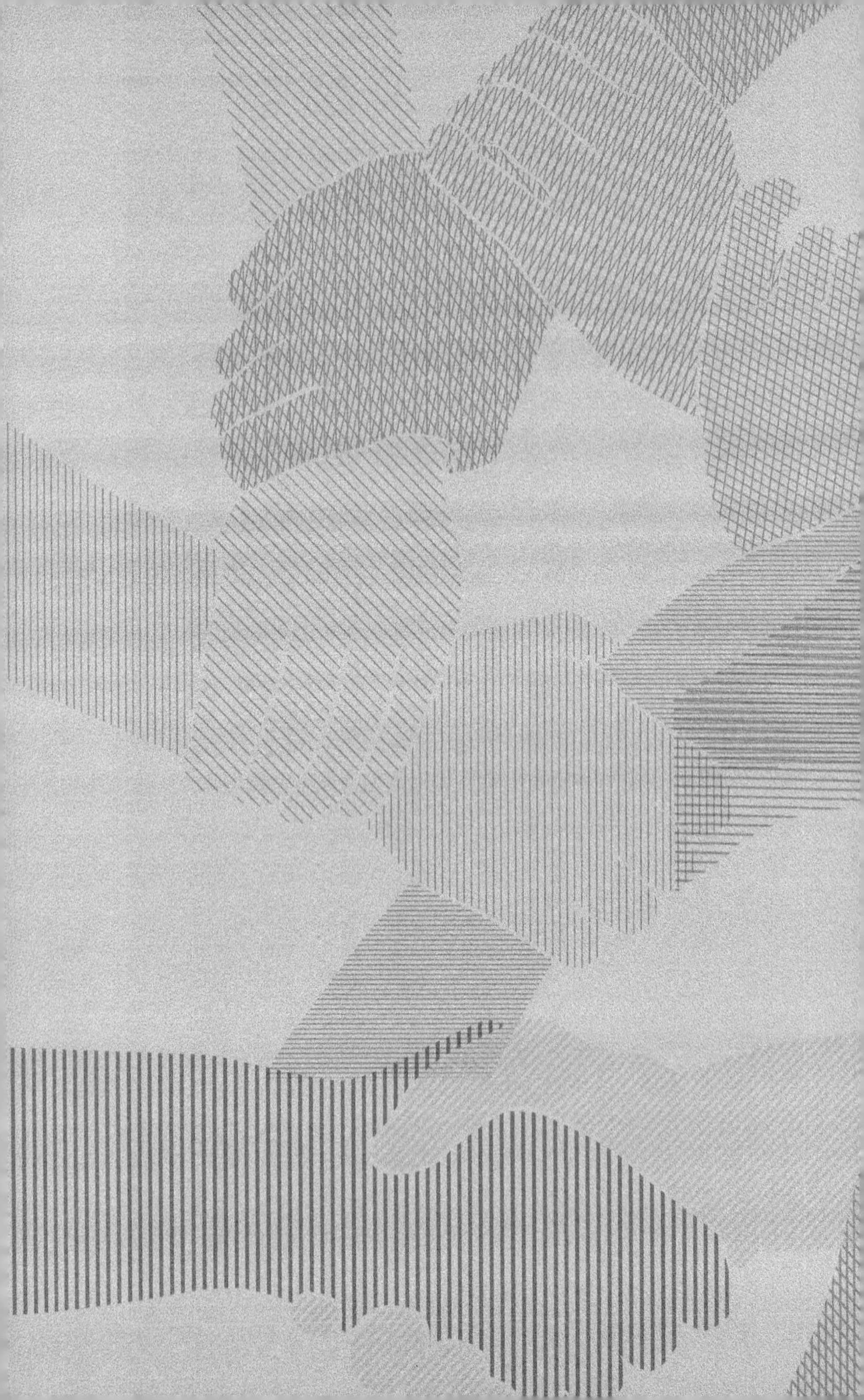

CAPÍTULO 7

Particularidades do serviço social e a questão socioambiental

Conteúdos do capítulo:

- Contexto do serviço social e a questão socioambiental.
- Conservação ambiental e o desenvolvimento sustentável.
- Meio ambiente e educação ambiental.
- O papel do assistente social na Política Nacional de Meio Ambiente.
- Embates e desafios para a intervenção profissional na área socioambiental.
- Serviço social no contexto indígena.

Após o estudo deste capítulo, você será capaz de:

1. identificar as principais demandas da prática profissional na área socioambiental;
2. reconhecer a importância da educação ambiental e da preservação da natureza;
3. entender os desafios ético-políticos postos ao serviço social no contexto socioambiental;
4. apontar os principais desafios e demandas da intervenção profissional na área socioambiental diante das transformações societárias contemporâneas;
5. analisar a invisibilidade da temática indígena no âmbito do serviço social.

> "É preciso ensinar o povo a se aterrorizar diante de si mesmo, a fim de nele incutir coragem".
> Karl Marx.

> "Se planejarmos para um ano, devemos plantar cereais. Se planejarmos para décadas, devemos plantar árvores. Se planejarmos para toda a vida devemos educar o homem".
> Kwanstsu, China III a.C.

7.1 A crise ambiental e o serviço social

A evolução do trabalho e da sociabilidade, em decorrência do avanço das inovações tecnológicas e do desenvolvimento de sua capacidade produtiva, envolve a utilização dos recursos naturais, bem como a adaptação do meio ambiente aos desejos, às carências e às necessidades humanas. Por conseguinte, a exploração desenfreada dos recursos e das riquezas naturais provocam mudanças substanciais na configuração natural dos ecossistemas, colocando em risco a vida no planeta.

Na medida em que os seres humanos foram agrupando-se e construindo sociedades, desenvolveram sua racionalidade, criando instrumentos e tecnologias cada vez mais sofisticados, modificando tudo que estivesse ao seu redor. A exploração do ser humano pelo trabalho é antiga e, com o passar do tempo, tornou-se cada vez mais evidente.

As capacidades humanas de transformar a natureza nos bens necessários ao desenvolvimento da humanidade e, por conseguinte, da sociedade permitiram, ao longo de milênios, aperfeiçoar conhecimentos e habilidades que foram tornando-se cada vez mais sofisticados, complexos e bastante distantes daqueles mais primitivos (Lessa, 1999).

Os hábitos isolados de coleta de alimentos das tribos primitivas terminaram por dar origem às sofisticadas técnicas de caça e pesca coletiva, envolvendo toda uma organização e coordenação mais desenvolvida da capacidade humana de se adaptar, mas, ao mesmo tempo, avançar para novas formas de transformação e criação. O aparecimento da agricultura, pela primeira vez, permitiu aos indivíduos se fixarem em determinado local e produzir mais do que o necessário para sua sobrevivência, abrindo as portas para o avanço das forças produtivas, a formação das primeiras sociedades e dos complexos estruturais e sociais, passando pelo período da acumulação primitiva até a organização das sociedades industriais (Lessa, 1999).

A **acumulação primitiva**, segundo os pressupostos desenvolvidos por Marx (2006) em *O Capital*, é um processo de exploração, centralização e concentração de riquezas, o que possibilitou grandes transformações econômicas na Revolução Industrial na Europa do século XVIII, além do desenvolvimento de dois pressupostos: (1) a concentração de riquezas (dinheiro, ouro, prata e terras) nas mãos de poucos proprietários e (2) a formação de um grande contingente de indivíduos despossuídos de bens e obrigados a vender sua força de trabalho aos donos de terras e manufaturas.

Para saber mais

Para saber mais sobre o primado do fator econômico na condução da história e o processo das formações econômicas da sociedade pré-capitalista, sugerimos a leitura do livro a seguir.
MARX, K. **Formação econômica pré-capitalista**. 7. ed. Tradução de João Maia. São Paulo: Paz e Terra, 2011.

Com o surgimento do capitalismo em meados dos séculos XV e XVI, as desigualdades sociais aumentaram e o consumismo desenfreado tornou-se um elemento destruidor da natureza, pois a produção de mercadorias passou a ter seu valor determinado pela vontade humana em termos de sua satisfação. Assim, o capital, que surgiu para expandir, segue seu propósito desde a primeira transação comercial realizada com a utilização de moedas.

As mudanças gradativas no estilo de vida da humanidade, influenciadas pelas transformações mundiais da sociedade moderna, têm trazido consequências incomensuráveis para as esferas econômica, política, cultural, social e ambiental. As contradições do capitalismo, alicerçadas desde sua consolidação, trouxeram consigo a "questão social" e a "questão ambiental".

Como já ressaltamos, a "questão social" diz respeito ao conjunto de desigualdades sociais provocado pelo aumento cada vez mais crescente da produção, o que tem como um de seus agravantes a "questão ambiental". A situação de vulnerabilidade social, somada à degradação ambiental, diminui significativamente a qualidade de vida e põe em risco a vida do planeta e, consequentemente, do ser humano (Prado, 2013).

O maior problema ambiental, atualmente, não é o ar poluído, os mares sujos ou a escassez e a contaminação da água doce, mas a ameaça de extinção da espécie humana, em razão do agudo processo de empobrecimento da qualidade de vida de homens e mulheres habitantes deste planeta. A maior parte da população mundial hoje vive em cidades, e sua contribuição à contaminação dos elementos que favorecem ou prejudicam a vida são enormes. O consumo tem-se convertido em um fim em si mesmo, ao ponto de definir a atual organização social como **sociedade do consumo**. Imersos nesse universo predatório e consumista, esquecemos seus efeitos sobre a vida e o planeta.

Esse cataclisma social não é inocente nem natural, mas é o resultado direto de um tipo de desenvolvimento que não mede suas consequências sobre a natureza e as relações sociais. Um exemplo muito triste é o que ocorre na Amazônia. No começo do século XX, muitas empresas enriqueceram com a exploração do látex e deixaram em seu lugar um rastro de miséria. A exploração de celulose e madeira da floresta tem deixado como herança uma terra devastada e o solo esgotado, quase convertido em deserto. Isso é o que pretende repetir o lucrativo agronegócio, interessado em desmatar a selva para plantar soja e criar gado.

Contudo, um dos piores negócios contemporâneos – e, talvez, o mais avassalador da iniciativa privada –, que causa impactos ambientais muito destrutivos, são os empreendimentos de mineração.

Um exemplo é o caso da mina de manganês da Serra do Navio, no Amapá, em plena região amazônica. Apesar de Drummond (2000) trazer, em seu texto, resultados positivos sobre o processo de preservação da biodiversidade daquela região, há notícias da devastação que o empreendimento causou ao meio ambiente.

Entre os anos de 1957 e 1998, a Indústria e Comércio de Minérios S. A. (Icomi) extraiu cerca de 60 milhões de toneladas de minério de manganês da mina de Serra do Navio, até seu esgotamento. A concessão de exploração desse minério pelo governo do Estado previa o desenvolvimento do Amapá; porém, apesar do sucesso do empreendimento, essas esperanças não se materializaram. Segundo Drummond (2000), a cada dólar investido no Amapá, a Icomi recebeu uma receita bruta de seis dólares.

Os impactos causados por esse tipo de empreendimento são incalculáveis. "Nenhum uso dos recursos naturais ocorre sem efeitos sobre o ambiente natural. Atividades extrativas, antigas e recentes, anteriores à implantação da Icomi no Amapá deixaram suas marcas nas paisagens natural e humana do estado" (Drummond, 2000, p. 766). A grande questão é que Serra do Navio vendia quase toda sua produção para o exterior, e, muitas vezes, o país importou o mesmo minério de outros países.

Hoje, a herança de Serra do Navio são as denúncias de contaminação com arsênio de um vilarejo de pescadores que moram em palafitas no Rio Amazonas. O material teria se desprendido do manganês extraído pela mineradora durante o processo de purificação, além da poluição e do assoreamento dos igarapés, em virtude da lama acumulada em suas margens. Outro problema é o desmatamento de uma grande área da floresta nativa por causa das escavações, o que também deixou muitos buracos, alterando a paisagem natural. Esse problema é considerado pelos moradores como um dos maiores desse tipo de empreendimento, principalmente em virtude da retirada da vegetação nativa, o que afeta significativamente os povos da floresta.

Com o esgotamento da jazida de manganês, os moradores dos arredores da mineradora ficaram desolados, provocando um processo migratório intenso. Sem perspectivas de emprego, muitas famílias se deslocaram para a capital, Macapá, e para o município de Santana. A Icomi tem sido responsabilizada pelos problemas gerados na região.

A floresta Amazônica representa um terço das florestas tropicais do mundo, desempenhando papel imprescindível na manutenção do clima, dos ecossistemas e da biodiversidade. Especialistas alertam que as mudanças ambientais que se anunciavam para o ano de 2050 já começaram com profundas alterações climáticas, perda dos solos férteis, desaparecimento das florestas e dos animais, surgimento de novas doenças, perda da qualidade de vida e uma profunda sensação de que o tempo encolheu. Estamos envolvidos de tal forma em nossas tarefas sempre urgentes que não paramos para refletir sobre o suicídio coletivo que representa o atual estilo de vida, no qual está imersa a maior parte das pessoas.

A forma de produção e apropriação da riqueza socialmente produzida gera desigualdades sociais e explorações de todas as ordens, algo que resulta da relação estabelecida pelos seres humanos de transformação e apropriação da natureza, transformando-os em destruidores do próprio meio e de si mesmos. Ao longo dos anos, tanto as mudanças quanto as relações sociais foram importantes para a nova configuração e conformação social. Mudanças drásticas nos modelos de produção e exploração alteraram a vida dos sujeitos sociais, diminuindo a qualidade de vida e ocasionando a aglutinação de um número considerável de pessoas nos centros urbanos, em condições, muitas vezes, degradantes e subumanas, tendo em vista o processo e os efeitos da industrialização sem precedentes e da falta de planejamento.

Partindo do contexto global, é possível perceber que o meio ambiente, diante das necessidades criadas pela vida moderna e pelo avanço do capitalismo, vinculado à aceleração da produção e aliado ao consumo desenfreado, vem exaurindo e prejudicando a natureza e, consequentemente, degradando as condições de sobrevivência em um mundo à beira de um colapso.

Problemas causados pela poluição, pela falta de saneamento, pela maneira de alocação dos lixos industrial e doméstico – principalmente nos grandes centros populacionais –, pelos desmatamentos, pelas escavações do solo, pela erosão, pelas queimadas, pelo assoreamento de rios, pela emissão de gases tóxicos, pelas poluições generalizadas, pela contaminação dos mananciais e dos reservatórios de água potável etc. têm provocado problemas de saúde, como doenças respiratórias, problemas cardíacos, depressões, câncer, infecções, entre outras doenças que agravam as condições de vida, além de produzir a degradação do meio ambiente. Desse modo, a urgência da questão ambiental impõe desafios às várias esferas governamentais, à sociedade civil e às gerações futuras em implementar ações que possam eliminar esse modelo político-econômico destrutivo e de consumo, de modo a viabilizar a preservação da natureza e a recuperação dos danos causados até agora – o que, talvez, seja uma tarefa impossível, já que há danos irreversíveis à natureza.

No tocante à evolução do capitalismo, podemos perceber que o incentivo ao desenvolvimento e à aquisição de mercadorias aumenta consideravelmente o número de resíduos sólidos (lixo) alocados e descartados, na maioria das vezes, em locais incorretos, prejudicando, assim, os ecossistemas naturais, além de intensificar o processo predatório dos recursos naturais.

É preciso entender que somente a coexistência entre seres humanos e natureza pode garantir a sobrevivência da humanidade. Encontrar o equilíbrio entre as dimensões da economia, da sociedade, da política, da cultura e do meio ambiente é o grande desafio da atualidade para alcançar o desenvolvimento pleno e, de certa forma, sustentável. É preciso vincular políticas públicas de preservação e educação ambiental ao gerenciamento integrado de resíduos sólidos, além de proporcionar a inclusão social, no sentido de propiciar uma maior qualidade de vida à população e a construção de uma consciência crítica e ético-política sobre a relação ser humano e natureza (Prado, 2013).

Com base nesses apontamentos é que o serviço social pode contribuir com as transformações sociais da população, em seu aspecto pedagógico e técnico-operacional, levando suas metodologias de ação e incorporando o entendimento da "questão social" às ações de recuperação das áreas degradadas, em uma proposta inter/multidisciplinar. A educação ambiental é uma das alternativas elencadas pelos envolvidos na gestão pública de resíduos sólidos que, por meio de equipes inter/multidisciplinares, podem delimitar ações para atingir tanto os geradores de resíduos quanto os responsáveis por sua alocação (Prado, 2013).

Contudo, há de se ter em mente que os grandes causadores da devastação e degradação do meio ambiente são os próprios capitalistas, produtores desenfreados, que almejam somente o aumento de seu poder de lucratividade e acumulação de capital. Por isso, os referenciais crítico-propositivos do serviço social podem contribuir para o despertar da consciência ética e política na defesa do meio ambiente e da vida na direção de uma nova sociabilidade.

Neste capítulo, analisaremos os grandes problemas causados pela devastação e degradação da natureza, as formas e a polêmica do "desenvolvimento sustentável", o papel do serviço social nessa área e a situação dos primeiros moradores das terras brasileiras: os indígenas, uma população que enfrenta problemas descomunais, em um cenário adverso e controverso, em que ações governamentais têm prejudicado a situação desses povos em território nacional.

7.2 Consciência ética e política na preservação do meio ambiente: caminhos para o desenvolvimento sustentável

De acordo com Oliveira (2013, p. 14), "podemos admitir que a problemática ambiental se configura também como um reflexo das determinações hegemônicas no contexto sócio-histórico, sentida até os dias atuais" e que tem implicações diretas com a "questão social". A "questão ambiental" é resultante da dominação socioambiental, que provoca a destruição do meio ambiente, decorrente das transformações da natureza pela ação do ser humano mediante sua dominação e exploração, o que ocasiona "os processos de destruição ecológica mais devastadores, assim como de degradação socioambiental (perda da fertilidade dos solos, marginalização social, destruição, pobreza e miséria extrema, entre outras implicações)" (Oliveira, 2013, p. 14).

> Os processos de destruição ecológica [...] têm sido o resultado das práticas inadequadas do uso do solo e dos recursos naturais, que dependem de padrões tecnológicos e de um modelo depredador de crescimento, que maximizam lucros em curto prazo, revertendo seus custos sobre os sistemas naturais e sociais. (Vieira; Maimon, 1993, citado por Sauer; Ribeiro, 2012, p. 391)

Portanto, a "questão ambiental", assim como a "questão social", diz respeito às expressões multifacetadas dos processos de destruição e exploração da natureza pelo ser humano. De acordo com Sauer e Ribeiro (2012, p. 391), ela é "reconhecida como uma problemática de caráter predominantemente social e político": social porque compreende a relação do humano com a natureza em seu processo de construção e constituição, ou seja, em seu processo de hominização e humanização social, convivendo com os demais seres vivos, transformando a natureza ao mesmo tempo que se transforma; e político, "pois depende em muito das decisões e ações das quais nos valemos diariamente, da forma como nos relacionamos com a natureza", não sendo, assim, um espaço exterior ao ser humano, mas, ao contrário, "nós – seres humanos – somos o meio ambiente, assim como todas as outras vidas deste planeta" (Sauer; Ribeiro, 2012, p. 391).

Além do mais, podemos dizer que a "questão ambiental" tem uma dimensão predominantemente ética e política, pois implica não só a preservação da natureza, mas da vida no planeta. A dimensão ética só adquire efetividade histórica quando combinada com a vontade e direção política, ou seja, em determinada visão e valoração de mundo e da vida, permeada pelos valores e compromissos que assumimos para a própria existência.

Diante dessas questões, os movimentos ambientalistas e demais movimentos sociais, preocupados com a vida no planeta, desde o final do século XX e início do século XXI, vêm discutindo essa temática, no sentido de encontrar formas para reverter esse quadro caótico que tem levado à destruição da biosfera e da biodiversidade do planeta.

Andrade (1999) apresenta alguns marcos históricos das discussões sobre a emergência da "questão ambiental" e que refletem, de certa forma, a questão do desenvolvimento autossustentável, incorporando o debate ético-político sobre o meio ambiente:

- Relatório do Clube de Roma e a Conferência de Estocolmo (1972);
- Proposta do Ecodesenvolvimento (1973);
- Declaração de Cocoyok (1974);
- Relatório Dag-Hammarskjöld (1975);
- Relatório Brundtland (1987);
- Conferência da Organização das Nações Unidas, também conhecida como *Eco-92*, *Cúpula da Terra* e *Rio-92*, realizada no Rio de Janeiro (1992);
- Cúpula Mundial sobre o Desenvolvimento Sustentável, também conhecida como *Rio+10*, realizada em Joanesburgo, África do Sul (2002);
- Conferência da ONU sobre o Desenvolvimento Sustentável, também conhecida como *Rio+20*, realizada no Rio de Janeiro (2012).

A preocupação com a "questão ambiental" na contemporaneidade é de ordem mundial (Foster, 2005). De acordo com Mendes (2009), o processo de globalização, a aceleração da indústria, o avanço da tecnologia, o desejo de crescimento e o desenvolvimento rápido da economia a qualquer custo têm levado à exaustão das fontes de recursos naturais utilizados na produção de bens de valor e de troca pela humanidade.

Contudo, os problemas ambientais não surgem nem terminam com o capitalismo, que se funda na apropriação privada dos meios de produção, na exploração e no assalariamento da força de trabalho, na acumulação do capital e no uso intensivo e indiscriminado da natureza para a acumulação de riquezas e na produção de bens de consumo. A raiz do problema ambiental é de ordem histórico-social. Contudo, é no capitalismo, principalmente nos dois últimos séculos, que a degradação do meio ambiente tem sido mais avassaladora (Foster, 2005).

A fase da industrialização, em meados do século XVIII, trouxe, em seu desenvolvimento, a emergência da questões social e ambiental. O desmatamento, a nova maneira de manipular os recursos naturais e a poluição generalizada iniciaram uma nova fase de interlocução e conflito entre a tecnologia, o desenvolvimento, o meio ambiente e a vida em sociedade. A aceleração industrial impulsionou o aumento de cidades populosas e concentradoras da miséria, conjuntamente com as condições insalubres que surgiram ao redor dos grandes centros urbanos industriais. Os bairros morbíficos, sem infraestrutura ou condições adequadas de higiene e saneamento básico, sempre foram os maiores causadores de muitas doenças e mortes.

Na sociedade do século XXI, a humanidade experimenta a intensificação dos problemas ambientais, causados, sobretudo, pela maneira como o capitalismo se desenvolveu. As soluções criadas ao longo desse processo buscaram resolver os problemas temporariamente ou de modo pontual. Fertilizantes, inseticidas, fungicidas, criação de aves e animais em uma dinâmica de produção em grande escala, aplicação de hormônios, alimentos geneticamente modificados, poluição, entre outros fatores, também são decorrentes da dinâmica da vida moderna sob a lógica do capital, que compõem as novas expressões da "questão ambiental".

Ao longo de sua história, os seres humanos não foram capazes de fornecer respostas e soluções adequadas e necessárias para um desenvolvimento sustentável da natureza, de modo a possibilitar que o planeta se renovasse e absorvesse o incomensurável número de resíduos produzidos diariamente, como consequência do consumo exagerado, do aumento da produção e da exploração dos recursos naturais. Entretanto, é preciso deixar claro que a natureza sobrevive e se recupera sem os humanos, ainda que, até o presente momento, estes não vivam sem a natureza e os recursos que ela proporciona. Não estamos falando somente dos recursos materiais, minerais e biológicos, mas também da preservação das nascentes de água, de produção do ar, de fontes de energia, entre outros fatores externos que, direta e indiretamente, afetam a vida no planeta.

A dinâmica produtiva, em seu processo de desenvolvimento acelerado, aliada ao consumo exacerbado, tem atingido todos os elementos que compõem a biosfera e o meio ambiente. O solo, o ar e a água, elementos essenciais para a manutenção da vida vegetal, animal e humana, têm sido afetados de maneira descomunal e descontrolada. Embora o ser humano demonstre ter alcançado um elevado padrão de desenvolvimento tecnológico, informacional e econômico, ignora, em grande medida, os valores humanos e ético-morais inerentes à sua sobrevivência e do ecossistema, criando enormes contradições provenientes do avanço do capitalismo, causando, assim, implicações paradoxais à vida social e à natureza.

Nessa perspectiva, o serviço social tem como premissa ético-política participar ativamente na formulação de estratégias coletivas para o processo de mudança e consciência social, no sentido de unir-se aos movimentos sociais, lideranças e agentes sociais de mudança para a aglutinação de forças e resistências a curto, médio e longo prazos, buscando enfrentar e denunciar a onda destrutiva e avassaladora do capitalismo e do imperialismo selvagens, na direção de uma nova sociabilidade.

Desse modo, a dimensão ecológica, vinculada à destruição do meio ambiente, está diretamente ligada à prática e aos pressupostos teórico-metodológicos, ético-políticos e técnico-operativos da profissão, bem como de outros profissionais compromissados com a defesa do ecossistema e da biodiversidade. Além do mais, organizações não governamentais (ONGs), movimentos sociais, grupos populares, partidos políticos etc. se unem para lutar contra a degradação e os desastres ambientais, como no caso do rompimento das barragens da mineradora Samarco e do vazamento de óleo que atingiu principalmente o litoral nordestino em 2019, causando uma catástrofe ambiental incalculável e sem precedentes.

Outro problema é a questão do destino do lixo produzido pela sociedade. O consumo constante de produtos tem gerado outra necessidade, que é o aumento do descarte e, consequentemente, a produção de mais lixo – resíduos que permanecerão por muito tempo depositados no solo. Quando não havia grande concentração populacional nas cidades, a quantidade de lixo gerada não era motivo de preocupação nem trazia grande risco, mas, na contemporaneidade, além da grande quantidade, a composição química não biodegradável agride o meio ambiente, causando impactos à saúde e às futuras gerações.

De acordo com Mészáros (1989, p. 16, grifo do original),

> é, pois, extremamente problemático o fato de que, ultrapassado certo ponto na história do "capitalismo avançado", este processo – que é intrínseco ao avanço produtivo em geral – esteja completamente **revertido** e da forma mais intrigante. Ou seja, que a "**sociedade descartável**" encontre o equilíbrio, entre a produção e consumo necessário para a sua contínua reprodução, somente se ela puder artificialmente "**consumir**" em grande velocidade (isto é, descartar prematuramente) grandes quantidades de mercadorias, que anteriormente pertenciam à categoria de bens relativamente **duráveis**. Desse modo, ela se mantém como sistema produtivo manipulando até mesmo a aquisição dos chamados "**bens de consumo duráveis**", de tal sorte que estes necessariamente tenham que ser lançados ao lixo (ou enviados a gigantescos "cemitérios de automóveis" como ferro-velho, etc.) muito antes de esgotada sua vida útil.

A busca incessante para a satisfação das carências e necessidades humanas geradas pelo próprio capitalismo, cada vez mais complexas, provoca um processo de extração de recursos da natureza que ocorre em fontes finitas. Desse modo, quanto mais intensa for a produção de mercadorias, maior será a possibilidade de exaustão desse patrimônio natural.

No capitalismo, a produção e o consumo de mercadorias representam os elos de uma cadeia produtiva em que a integração resulta em domínios econômicos e ambientais. Pela ótica exploratória do capitalismo, Silva (2010) explica que a propriedade da terra (natureza) está submetida aos desígnios do capital como mercadoria ou objeto de especulação: trata-se da a natureza servindo aos propósitos da acumulação, exploração, circulação e consumo (Prado, 2013).

Para Mendes (2009), é indiscutível que o modo capitalista de produzir se associa permanentemente à afirmação da dominação exercida pelo ser humano sobre a natureza. Esse controle pode ser notado na fase da industrialização quando as questões ambiental e social se manifestaram de forma nefasta.

Nos períodos anteriores ao advento do capitalismo, as cidades eram menores e mais harmonizadas com a natureza, mesmo quando construídas em locais ambientalmente inadequados e que comprometiam minimamente as características inerentes ao meio ambiente. A partir da Revolução Industrial, os centros urbanos atraíram grande contingente de trabalhadores que se aglomeravam ao redor das fábricas, tendo como principal característica a oferta de oportunidade de trabalho, já que foram expropriados das terras e dos meios de produção com a consolidação da propriedade privada e a apropriação indébita dos meios de produção e subsistência. O crescimento das cidades, os altos investimentos em progresso e desenvolvimento e o acúmulo de riquezas comprometeram a relação do ser humano com os fatores bióticos e abióticos (Prado, 2013).

> **Fatores bióticos:** são todos os organismos vivos presentes no ecossistema de uma região e suas relações.
> **Fatores abióticos:** conjunto de fatores físicos que podem influenciar as comunidades de seres vivos em determinada região, como a luz e a temperatura.

A produção e o consumo de produtos sem limites, peculiar aos moldes do capitalismo, deram margem à crescente geração de resíduos poluentes, algo que afetou e afeta os ecossistemas aquáticos, terrestres e o ar atmosférico. Isso acontece, sobretudo, pela geração de resíduos poluentes, provenientes do processo de industrialização, que, por não oferecer o devido tratamento antes de devolver ou descartar esses resíduos na natureza, gera montanhas de "lixo". Essa poluição global está presente em todos os países e localidades do planeta, e, como se isso não bastasse, atinge também as camadas atmosféricas.

> **Importante!**
>
> É oportuno salientar que a história do desenvolvimento do capitalismo foi marcada por várias crises de superprodução, reflexo dos moldes de produção que, além de desvalorizar a classe trabalhadora, têm destruído de maneira subsequente a natureza em detrimento da acumulação do capital.

Essa dominação social e ambiental delineia os contornos da "questão ambiental", que, segundo Silva (2010), refere-se ao conjunto das manifestações da destrutibilidade ambiental, resultante da apropriação indébita e privada da natureza, mediada pelo trabalho humano. No que se refere à crise ecológica, Chesnais e Serfati (2003) salientam que as consequências ambientais da acumulação do capital financeiro, no quadro da dominação mundial, tendem a materializar-se de modo extremamente grave e em um ritmo que se intensifica progressivamente. Para Nunes (2013, p. 200),

> em função disso, os países passaram a pactuar as formas de enfrentamento da referida problemática onde, principalmente na década de 1970, identificou-se uma intensificação de manifestações, convenções, protocolos, dedicados a inserir a problemática socioambiental no centro das políticas públicas enquanto um mecanismo de reparação e de preservação do meio ambiente.

Assim, cresceu a ação dos movimentos ambientalistas para minimizar os problemas desencadeados pela conduta do ser humano, sendo motivados, em um primeiro momento, pelo crescimento da poluição atmosférica e pela crise energética, em virtude da escassez dos combustíveis não renováveis.

Combustíveis não renováveis: são substâncias que liberam energia derivada de recursos naturais.

Dessa forma, de acordo com Sauer e Ribeiro (2012, p. 391), "a questão socioambiental deve ser expandida para além da ideia de preservação das áreas naturais, como resultado de uma análise das desigualdades na atualidade". Além do mais, ela está relacionada à incipiente estruturação de políticas públicas, econômicas, de planejamento e urbanização que fazem uso de um modelo de desenvolvimento e crescimento depredador dos recursos naturais, o que coloca na pauta das discussões do serviço social a emergência da intervenção profissional nessa área, uma vez que o atendimento às demandas da sociedade e dos cidadãos de direito engloba "necessariamente o espaço em que estes habitam e os recursos disponíveis para atendê-los" (Sauer; Ribeiro, 2012, p. 392).

No entanto, a tomada de consciência ética e política para o enfrentamento da "questão socioambiental" – assim como para o enfrentamento da "questão social" – só pode ser a superação do "medo" pela "liberdade", desfazendo-se das tutelas paternalistas, dos sistemas consuetudinários (ou conservadores) e dos acordos por conveniência ou interesses. Implica, sobretudo, uma proposição/afirmação diante da vida e do mundo. De outro modo, implica um ato de coragem perante si mesmo – como sujeito social criador e transformador da realidade – e perante a vida social – como processo de autocriação da práxis social, ou seja, como modo de ser, agir e pensar na e para a vida social. Segundo Heller (2004, p. 117), "não podemos transformar o mundo se, ao mesmo tempo, não nos transformarmos a nós mesmos".

7.3 Ecossocialismo contra a barbárie ambiental

A luta pelo meio ambiente tem mobilizado milhares de pessoas e movimentos sociais a irem às ruas, sobretudo uma camada jovem preocupada com o futuro do planeta. O Brasil, em 2019, passou por três catástrofes ambientais: Brumadinho no início do ano, as queimadas na Amazônia e no Cerrado, e o caso de derramamento de petróleo que atingiu um terço da costa brasileira, afetando todo um ecossistema.

O governo Bolsonaro tem-se mostrado cada vez mais ao lado do grande capital e de quem lucra com a devastação e a destruição do meio ambiente ao cortar verbas para a fiscalização e negar frequentemente os problemas ambientais, tentando criar "bodes expiatórios" imaginários, como culpar as ONGs pelas queimadas ou o Greenpeace e a Venezuela pelo vazamento de petróleo.

O Instituto Nacional de Pesquisa Espacial (Inpe)[1] divulga anualmente dados sobre o aumento do desmatamento nos noves Estados da região Norte do país, principalmente no estado do Amazonas, nos últimos anos. Desse modo, a pauta socioambiental precisa ser incorporada na agenda dos movimentos sociais para o enfrentamento das políticas governamentais destrutivas, construindo uma alternativa ao modelo capitalista de produção que está se mostrando insustentável para o planeta.

Outro dado que merece destaque é o de que a mineração no Brasil teve o extraordinário crescimento de 550% na primeira década do século XXI. Já em 2020, o setor teve uma alta de 36% em relação a 2019, em que o total de exportação do país foi de 33%, tendo o valor da produção saltado de US$ 10 bilhões, em 2000, para US$ 50 bilhões em 2011, chegando a um faturamento de 209 bilhões em 2020, segundo os dados divulgados pelos Instituto Brasileiro de Mineração (Ibram, 2020).

Além disso, o consumo de água utilizado pelo setor tem crescido vertiginosamente em relação ao aumento da produção, que chega a um volume cinco vezes maior do que a demanda de abastecimento público, o que implica uma maior quantidade de dejetos poluentes derramados nos rios e no assoreamento de afluentes, o que inviabiliza a agricultura familiar (Primi, 2015).

---

1 Para mais informações, consultar: INPE – Instituto Nacional de Pesquisa Espacial. **A taxa consolidada de desmatamento por corte raso para os nove estados da Amazônia Legal em 2020 foi de 10.851 km².** 21 maio de 2021. Disponível em: <http://www.inpe.br/noticias/noticia.php?Cod_Noticia=5811>. Acesso em: 20 dez. 2021.

Para Primi (2015), outro problema é que o crescimento do setor de mineração tem afetado as reservas indígenas e quilombos, que tem suas terras invadidas pelas mineradoras. Além disso, há relatos de insegurança no trabalho, com registros de acidentes frequentes e problemas de saúde na população do entorno. Além do mais, já foi identificada a contaminação nas áreas de riscos por metais tóxicos, como zinco, cádmio, chumbo, cobre, cromo e níquel, nos sedimentos dos rios.

Outro problema grave é a devastação das unidades de conservação ambiental e de projetos de assentamentos na Amazônia, fruto da intensa operação ilegal de madeireiras na Transamazônica, no Pará, envolvendo dois outros crimes: a grilagem de terras e o roubo de madeiras, o que provoca a degradação das áreas exploradas e de porção da floresta remanescente (Branford, 2012).

Em entrevista a Aray Nabuco para a revista *Caros Amigos*, Michel Löwy fez duras críticas à dinâmica do capitalismo ao dizer que esta "leva à destruição do meio ambiente, ao envenenamento do solo, à destruição das florestas" (Nabuco, 2014, p. 18). Nesse sentido, a palavra *sustentabilidade* sofre um esvaziamento de sentido, por ser amplamente comentada, mas não posta em prática. Segundo Löwy (Nabuco, 2014), para que exista sustentabilidade, é preciso transformar radicalmente as estruturas econômicas, sociais, culturais e políticas, bem como as formas de energia, de produção e de consumo. O capitalismo não comporta a sustentabilidade. A relação do capitalismo com a natureza é destruidora e assassina.

Löwy, cientista social e defensor do ecossocialismo, esclarece que, para resolver os problemas econômicos, ecológicos e sociais é preciso mudar o sistema, por ele concentrar o domínio econômico, financeiro, industrial, tecnológico e da mídia em uma oligarquia financeira sem precedentes. As pessoas que se mobilizam começam a tomar consciência da problemática. No Brasil, reivindicar o desmatamento zero para a Amazônia vai de encontro aos interesses sistêmicos e do agronegócio (Nabuco, 2014).

Löwy tem defendido uma proposta de ecossocialismo que implica destruir o aparelho do Estado burguês e criar outro tipo de poder. O ecossocialismo é uma proposta estratégica que resulta na convergência da reflexão ecológica e socialista atrelada ao pensamento marxista. Essa proposta demanda a reorganização do modo de produção e de consumo, fundamentado nas necessidades reais da população e na defesa do equilíbrio do ecossistema.

De modo geral, a crise socioambiental não só tem afetado a população mundial, mas também tem comprometido, significativamente, as condições de sobrevivência no e do planeta. Poluição, desmatamento, devastação, extração exacerbada dos elementos naturais, aumento de produção, enfim, há uma série de fatores que desencadeiam mudanças climáticas, cataclismos, tsunamis, entre outros fenômenos que, na maioria das vezes, são provocados pela ação humana e afetam diretamente as leis gerais da natureza. Além disso, as imprudências humanas levam a desastres descomunais que afetam centenas de vidas.

Mészáros (2015) aponta que, somente se houver mudanças radicais nas bases substantivas e estruturais do sistema e da lógica do capital, na direção de uma proposta socialista, de modo a criar a "necessidade radical" de derrubar esse sistema, é que poderemos evitar o colapso total do planeta. Nessa onda avassaladora de destruição, a natureza tem-se tornado puro objeto para a exploração e dominação humana, deixando de ser reconhecida como "poder em si", e o próprio conhecimento científico e teórico de suas leis próprias aparecem "unicamente como ardil para submetê-la às necessidades humanas, seja como objeto de consumo, seja como meio de produção" (Marx, 2011b, p. 334).

Os defensores do ecossocialismo oferecem uma alternativa radical. Seu núcleo está firmado sobre o conceito de planejamento democrático ecológico, no qual a própria população toma as decisões sobre a economia. Conforme essa proposta, a extração de combustíveis fósseis, por exemplo, deve ser suprimida, dando lugar à produção de energia biodegradável e natural. Além do mais, o poder de decisão deve ser colocado sob domínio público, para que sejam justificados como e onde os recursos deverão ser investidos. O valor de uso seria o único critério para a produção de bens e serviços, devendo o debate plural e democrático ocorrer em todos os níveis. De modo geral, seria uma nova sociedade fundada sobre as bases de uma racionalidade ecológica, do controle democrático, da igualdade social e da supremacia do valor de uso em detrimento do valor de troca, em que a produção se firmaria sobre as bases da direção e da produção coletiva.

Nesse sentido, a educação ambiental tem um papel relevante na luta pela preservação do meio ambiente e da difusão do ecossocialismo. Carvalho (2004) aborda que a educação ambiental é uma questão de justiça social e ambiental, haja vista que quem mais sofre com a degradação do meio ambiente são, principalmente, as classes mais subalternizadas. É sempre bom destacar que o ser humano não vive fora desse sistema. A natureza não precisa do ser humano para se recuperar, mas o ser humano não vive sem a natureza. Portanto, destruir a natureza é destruir a si mesmo.

Para saber mais

Para aprofundar seus estudos sobre o ecossocialismo, sugerimos a leitura do texto a seguir.

LÖWY, M. A alternativa ecossocialista. **Revista Caros Amigos**, São Paulo, ano 18, n. 73, p. 38-39, abr. 2015. Disponível em: <http://rio20.net/pt-br/documentos/a-alternativa-ecossocialista/>. Acesso em: 20 dez. 2021.

7.4 Sustentabilidade ou insustentabilidade?

O planeta Terra aloja, já com dificuldade, uma população que cresce em ritmo alarmante e ininterrupto, o que requer um balanço adequado entre a capacidade real de recursos naturais disponíveis no planeta, a diversidade biológica, as tecnologias e, sobretudo, uma gestão eficaz de comunidades cada vez mais robustas.

Principalmente a partir da Revolução Industrial, o crescimento populacional ocorre em proporções aritméticas e geométricas, e economistas e pensadores têm advertido sobre as possíveis consequências desse processo. Desde as teorias malthusianas, que expressam uma fatal divergência entre o crescimento populacional (geométrico) e de recursos (aritmético), os defensores e detratores vêm discutindo a real capacidade do planeta de sustentar a vida em função do número de habitantes.

Chesnais e Serfati (2003, p. 40, grifo do original) apontam que

> Se nós (entendido, aqui, como a civilização humana) entramos numa fase da história do capitalismo em que as consequências ambientais da acumulação no quadro da dominação mundial do capital financeiro tendem a materializar-se sob formas extremamente graves e num ritmo que se acelera, os mecanismos que levaram a essa situação estavam presentes **desde as origens** do capitalismo. Para entender as relações do capitalismo com suas condições de produção "externas", é necessário retornar às origens e aos fundamentos sociais desse modo de produção e de dominação social.

A dominação social e ambiental ao longo da história e do desenvolvimento do capitalismo foi delineando os contornos da "questão socioambiental", que alcançou maior visibilidade com a crise ecológica no início do século XIX, mas atingiu seu clímax no século XX, quando o ritmo acelerado de produção e do consumo prejudicaram as características naturais do meio ambiente.

Segundo Chagas (2021), o problema da degradação ambiental tem amplitude necessária para mover os sentimentos de todos os habitantes do planeta, pois é transnacional. A **transnacionalidade** do problema pode ser uma bandeira de luta dos movimentos socioambientalistas para unir esforços e diminuir o conflito entre as sociedades mais ricas e as em desenvolvimento, embora esse **cassino internacional e globalizado** não tenha rosto, nem ética e nem moral. É preciso que esse problema possa nortear o planejamento de políticas eficazes para combater a degradação do meio ambiente.

Na segunda metade do século XX, a sensibilização dos problemas ambientais foi debatida pela comunidade científica e teve início a onda dos movimentos ambientalistas². Após essas discussões, ocorreram ao redor do mundo as primeiras manifestações ambientais para conter as ações antrópicas.

> **Ações antrópicas:** resultam basicamente da ação do ser humano na natureza, de modo a provocar grandes alterações no meio ambiente, como erosão, contaminação do solo e dos mananciais de água potável.

Nessa ocasião, a "questão socioambiental" esteve presente nas discussões políticas de todos os segmentos da sociedade em caráter mundial, preocupadas com o futuro do meio ambiente e das condições da vida no planeta.
Para Dias (2002, p. 35),

> os modelos de desenvolvimento e os padrões de consumo adotados pelos países mais ricos do mundo e impostos aos países em desenvolvimento continuam produzindo, em consequência dos altos requerimentos energético-materiais para a manutenção do seu colossal metabolismo, profundas agressões e alterações na biosfera e cruéis deformações socioambientais (desigualdades sociais, desemprego, fome, miséria, violência) cujas consequências ainda não estão claras.

A partir da década de 1980, começou a crescer a ação dos movimentos ambientalistas para minimizar os problemas desencadeados pela conduta do ser humano no planeta. Foi na Eco-92 que a ideia de desenvolvimento sustentável foi disseminada, tendo em vista que o encontro reuniu representantes de várias nações em um debate com vários objetivos. Esses objetivos foram apontados por Mendes (2009) da seguinte forma:

> examinar a situação ambiental mundial desde 1972 e suas relações com o estilo de desenvolvimento vigente; estabelecer mecanismos

---
2 Entende-se por *ambientalismo* as diferentes correntes de pensamento de um movimento social que tem na defesa do meio ambiente sua principal preocupação (Barbieri, 2004, citado por Silva, 2010).

> de transferências de tecnologias não poluentes aos países subdesenvolvidos; examinar estratégias nacionais e internacionais para incorporação ambiental ao processo de desenvolvimento; estabelecer um sistema de cooperação internacional para prever ameaças ambientais e prestar socorro em casos emergenciais e reavaliar os sistemas de organismos da ONU. (Mendes, 2009, p. 162)

A discussão ateve-se às mudanças comportamentais e ao comprometimento das nações em diminuir a exploração ambiental, delineando ações mitigatórias e em prol da conservação ecológica. No entanto, essas demandas já constavam em relatórios anteriores, como o da Primeira Comissão de Brundtland, realizada em 1987, que lembrava que os problemas ambientais não podiam ser separados da pobreza, do subdesenvolvimento, do consumo excessivo e do desperdício dos recursos naturais. Em outras palavras, essa controvérsia já vinha se arrastando, e seus efeitos têm levado à eminente extinção da vida no planeta.

Nesse sentido,

> o capital do final do século XX e início do século XXI esbarra em barreiras ecológicas no nível da biosfera que não podem ser superados, como acontecia anteriormente, mediante o "ajuste espacial" da exploração e expansão geográficas. O imperialismo ecológico – o crescimento do centro do sistema a taxas insustentáveis mediante a contínua degradação ecológica da periferia – está gerando um conjunto de contradições ecológicas em escala planetária que põe em risco a biosfera em sua totalidade. (Foster, 2005, citado por Silva, 2010, p. 101)

Essas evidências pressupõem a não separação da "questão socioambiental" e da "questão social", visto que ambas se coadunam. Não existe desenvolvimento sustentável se não houver esforços na eliminação dos agravantes do modo de produção capitalista e suas mazelas.

Contudo, o conceito de desenvolvimento sustentável é muito complexo e altamente questionável. Na verdade, segundo Andrade (1999), o antagonismo entre sustentabilidade, desenvolvimento e preservação do meio ambiente reside nos diferentes projetos societários. Portanto, a questão implica fundamentalmente um processo sociopolítico: "não se pode, portanto, descolar o debate da sustentabilidade do campo das lutas sociais e dos projetos societários pretendidos" (Andrade, 1999, p. 193), pois a produção ocorre por intermédio da apropriação da natureza para a reprodução social do próprio sistema capitalista.

A categoria *desenvolvimento* está tomada pela área da economia capitalista. Isso implica um desenvolvimento profundamente combinado e desigual, criando uma acumulação apropriada por poucos às custas da exploração e do prejuízo da grande maioria. Por outro lado, a categoria *sustentabilidade* provém de outra direção: está relacionada à biologia e à ecologia e se refere à capacidade que um ecossistema tem de incluir todos, de manter um equilíbrio dinâmico que permita a subsistência da maior biodiversidade possível, sem explorar, destruir ou excluir.

Como é possível perceber, sustentabilidade e desenvolvimento capitalista se negam mutuamente; os interesses da produção humana não combinam com os interesses de conservação. É preciso uma sociedade sustentável em que ocorra um desenvolvimento que satisfaça as necessidades de todos e do entorno biótico; em que o planeta seja sustentável e possa manter seu equilíbrio dinâmico, refazendo-se e mantendo-se aberto a outras formas de desenvolvimento.

De acordo com Alcantara (2013, p. 204), desde 1987, a Comissão Mundial de Meio Ambiente e Desenvolvimento apresentou, por solicitação do secretário-geral da ONU, o Relatório "Nosso Futuro Comum", conceituando o desenvolvimento sustentável como aquele que atende às necessidades do presente sem comprometer as habilidades das gerações futuras de preencher as próprias demandas.

Para Waldman (2002, citado por Alcantara, 2013. p. 209), "as ações em torno do desenvolvimento sustentável significam apenas algumas medidas paliativas no que se refere à maior preservação do meio ambiente, haja vista que não se traduziram em diretrizes do sistema como um todo". A "questão socioambiental" é reduzida a um mero problema técnico, com respostas no nível do desenvolvimento de tecnologias limpas ou "ecologicamente aceitáveis" que não alterem a estrutura de um sistema baseado na exploração de uma classe sobre a outra.

Para Alcantara (2013, p. 209),

> o desenvolvimento sustentável, nesse sentido, serve como um dos elementos para alicerçar a hegemonia das políticas neoliberais na condução de políticas econômicas globais, na medida em que, sob o lema da satisfação das necessidades das gerações presentes, sem comprometer as gerações futuras de satisfazerem suas próprias necessidades, reafirma e dá consistência à ideia da responsabilização dos indivíduos pelos agravos ambientais, a partir da solidariedade das gerações presentes para com as gerações futuras.

A utilização intensa dos recursos naturais, visando atender à produção de mercadorias, leva ao esgotamento das reservas naturais e à destruição dos ecossistemas naturais, pois a resiliência do meio ambiente fica comprometida com as intensas e incessantes ações antrópicas a ele empregadas. A relação do ser humano com a natureza é muito mais estreita e destrutiva do que a capacidade da natureza em refazer-se (Prado, 2013).

Nesse sentido, as experiências associativas se acentuaram no final do século XX e no início do século XXI, por meio de incentivos das esferas da sociedade civil organizada, ONGs e instituições de ensino, e o Estado terceirizou sua responsabilidade de equilíbrio ecológico. De acordo com Alcantara e Leite (2019, p. 88),

> o Estado, na verdade, funciona como indutor do crescimento econômico com a imposição de custos sociais e ambientais e sem a devida redistribuição das riquezas produzidas socialmente. A concentração de renda e de capital se acirram, e as multinacionais se beneficiam com a exportação das benesses frente à internalização dos impactos socioambientais negativos.

Essa conjuntura aumenta, portanto, as expressões da "questão social". Nesse sentido, para desenvolver sociedades sustentáveis, é preciso estabelecer práticas que corroborem um modelo de sociedade distinto do atual e, consequentemente, ofereçam o mínimo de sustentabilidade social às populações.

Por conseguinte,

> os seres humanos são o centro das preocupações do desenvolvimento social; o desenvolvimento social só pode ser sustentável se a sociedade escolher ela mesma seu modelo e estratégia, levando em conta a dinâmica da mudança social que lhe é própria; o desenvolvimento social só pode se manter sustentável se os efeitos de ruptura e desequilíbrio induzidos pela mudança social forem minimizados. (Vargas; Ribeiro, 2004, p. 36)

No momento em que tentamos adaptar a teoria do desenvolvimento sustentável às peculiaridades da sociedade capitalista contemporânea, atualizamos a expressão *desenvolvimento sustentável* para *desenvolvimento sustentado*, que reflete não somente o desejo, mas o efetivo emprego da sustentabilidade nas ações que visam ao próprio desenvolvimento. Para oferecer as mesmas condições ambientais para as presentes e futuras gerações, é preciso acompanhar os níveis de alterações antrópicas e desenvolver uma percepção crítica das ações em todas as esferas das sociedades, não apenas nas governamentais (Prado, 2013).

Para Lankester (1913, citado por Foster, 2005, p. 307-308), os resultados destrutivos da expansão humana podem ser percebidos por muitas alterações ambientais em todo o mundo, como

> o envenenamento dos rios e a consequente extinção dos seus peixes e de quase todos os seres vivos, exceto o lodo e as bactérias putrefacientes. No Tâmisa não tarda há fazer cem anos que o homem, com seus procedimentos imundos, acabou com o glorioso salmão e assassinou os inocentes das espécies das enguias. Até no seu momento de maior imundice, porém, o lodo do Tâmisa era vermelho-sangue (realmente "vermelho-sangue", pois a cor se devia aos mesmos cristais sanguíneos que dão cor ao nosso próprio sangue) com os magotes de um pequeno delicado verme semelhante à minhoca, dotado de um poder excepcional de viver em águas imundas e nutrir-se de um lodo pútrido... Nos rios menores, sobretudo nos distritos mineiros e manufatureiros da Inglaterra, o homem progressista que ganha dinheiro converteu as mais belas coisas da natureza – os riachos de

trutas – em corrosivos esgotos químicos, absolutamente mortos. A visão de um desses valões negros e assolados pela morte causa arrepios quando surge, na nossa mente, o quadro de um mundo em que todos os rios e cursos d'água do litoral ficarão assim dedicados a uma acre esterilidade, e os campos e encostas estarão encharcados de adubos químicos nauseabundos. É possível que esse estado de coisas esteja sendo preparado para gerações e gerações! Não cabe à ciência a culpa desses horrores que, caso se concretizem, serão devidos à desmedida cobiça e ao mero crescimento em escala de inseto da humanidade.

A partir da análise dos fatos, fica claro que a sociedade contemporânea precisa de uma mudança radical, tendo em vista as consequências e os frequentes impactos causados pelo capitalismo, pois, "além das incertezas do desemprego, da desproteção social, da precarização do trabalho, a maioria da população brasileira encontra-se hoje exposta a fortes riscos ambientais, seja nos locais de trabalho, de moradia ou no ambiente em que circula" (Rede de Justiça Ambiental, 2004, citada por Mendes, 2009, p. 41).

> O processo civilizatório da modernidade fundou-se em princípios de racionalidade econômica e instrumental que moldaram as diversas esferas do corpo social: os padrões tecnológicos, as práticas de produção, a organização burocrática e os aparelhos ideológicos do Estado. A problemática ecológica questiona os custos socioambientais derivados de uma racionalidade produtiva fundada no cálculo econômico, na eficácia dos sistemas e de seus meios tecnológicos. (Silva, 2010, p. 70)

Para tanto, à medida que o Poder Público e os donos de empresas negam os fundamentos da "questão socioambiental", reafirmam as desigualdades societárias e se afastam das classes sociais menos favorecidas, uma vez que as condições de apropriação da natureza estão sempre nas mãos dos capitalistas, que não computam os avanços da destrutibilidade que causam em virtude da acumulação de capital.

O que observamos, na prática, é uma ideia paliativa de ajuste do capitalismo e de exploração das reservas naturais, chamada de *sustentabilidade*, uma formulação abertamente incorporada pelo alto empreendedorismo industrial e financeiro, aprumando o equilíbrio neoliberal de quatro vetores: o ambiental, o social, o econômico e o propagandista. Nesse sentido, com essa alcunha, as empresas não buscam rever seus métodos, nem mesmo a sociedade os revê, mas aproveita para ajustar ou mesmo justificar os caminhos para a manutenção da lógica fria da economia em benefício de uns e em detrimento do todo social, não visando somente ao lucro, mas à manutenção de seu *status quo* na produção e reprodução social. Com efeito, a burguesia industrial e financeira cooptou, de tal maneira, uma questão tão importante e necessária para a vida no planeta.

7.5 Serviço social e a responsabilidade socioambiental

No último quartel do século XX, o capitalismo passou por profundas modificações geopolíticas no âmbito da produção e da organização dos processos de trabalho, na forma de consumo, na ação do Estado burguês e nas estratégias de poder, o que ocasionou a total reestruturação do capitalismo internacional e, consequentemente, do capitalismo brasileiro. Um regime de financeirização da economia sob o controle das grandes instituições financeiras em âmbito global, mediante créditos e manipulação de dívidas, provocou a necessidade de expansão dos seus domínios (Alcantara, 2013), conforme demonstramos no Capítulo 4 deste livro.
De acordo com Alcantara (2013, p. 199),

> o aumento da dívida em todo o mundo, principalmente nos países pobres da América Latina, África e Ásia, possibilitou às nações hegemônicas beneficiarem-se, pela possibilidade de manipulação da dívida dos países fornecedores, de recursos naturais em favor próprio, a partir da imposição, pelo organismos financeiros, de políticas estruturais e do ajuste das contas públicas, em geral por meio de cortes na área social e ambiental, visando ao alcance das metas de superávit primário para garantia do pagamento da dívida em dólar.

Tais fatores impulsionaram uma nova recolonização imperialista dos países hegemônicos, ocasionando impactos socioambientais de toda ordem, principalmente nos países periféricos, em razão da divisão do sistema produtivo mundial. Desse modo, é possível compreender que a "questão socioambiental" constitui uma das expressões do imperialismo, principalmente o estadunidense, como uma das facetas da exploração de algumas nações sobre outras.

Essa irracionalidade nos padrões de produção e consumo tem-se voltado somente para o crescimento econômico, relegando à natureza e à cultura de uma educação ambiental meras externalidades, levando os países periféricos ao esgotamento dos recursos naturais.

As iniciativas ambientalistas que buscam a legitimidade ecológica, em sua maioria, não questionam as formas de produção, os modelos de consumo, tampouco os paradigmas econômicos vigentes. Propagam, sobretudo, um consumo "ecologicamente correto", mas que não reduz a quantidade de resíduos sólidos poluentes – por exemplo, o uso de material descartável que não é biodegradável, como é o caso do isopor ou do plástico –, colocando apenas nos indivíduos a responsabilidade de "salvaguardar o meio ambiente", desprezando, assim, os setores produtivos que são os maiores responsáveis pela poluição, destruição e devastação da natureza.

O Estado burguês, por sua vez, na ótica neoliberal, em vez de fiscalizar e criar políticas de proteção ambiental, desresponsabiliza-se e transfere às ONGs o encargo para a condução de políticas de proteção e fiscalização. O capital, de acordo com Alcantara (2013, p. 207), "só se interessa pela natureza em duas situações: quando ela pode ser transformada em lucro ou quando sua escassez abre perspectivas de renda para os que controlam o seu acesso".

Outra questão que raramente entra em pauta está diretamente vinculada à exploração de terras, ou seja, à propriedade privada e à extração ilegal de recursos naturais, principalmente a madeira, o que coloca em evidência a relação com os povos da floresta; isto é, indígenas, seringueiros, castanheiros, extratores, pescadores, caboclos, quilombolas, ribeirinhos, entre outros indivíduos que retiram seu alimento e o sustento de suas famílias diretamente das florestas, do mar, dos rios e da terra sem danificar os ecossistemas. A expulsão desses povos, ou mesmo seu extermínio – mormente dos indígenas –, de seus *habitats* naturais ou de demarcações para a instalação de fábricas, latifúndios ou grandes empresas, tem sido estimulado pelo governo Bolsonaro.

Exemplo dessa conjuntura foi a ação reivindicatória, ocorrida no dia 18 de janeiro de 2020, no Estado do Mato Grosso, com mais de 600 líderes indígenas, convocados pelo chefe Raoni Metuktire. O objetivo era formar uma união sagrada contra a política ambiental do atual governo, que autorizou a exploração mineira e energética em áreas de proteção ambiental e terras indígenas, de modo a denunciar essas ações como genocídio, etnocídio e ecocídio (Indígenas..., 2020).

Para Alcantara (2013, p. 214), "a atenção às questões socioambientais responde aos interesses técnicos, financeiros e econômicos". Não considerar esses fatores pode desencadear barreiras alfandegárias, dificuldades na obtenção de créditos em instituições financeiras e falta de credibilidade, com impacto nos resultados econômicos. Outra questão destacada pela autora é a negligência com a poluição de rios ou do ar, o que pode

> acarretar consequências sérias tanto ao meio ambiente quanto para a saúde das populações, causando prejuízos para atividades comerciais, como a pesca ou o turismo, gastos nas questões de saúde e recuperação ambiental, além de onerosas multas pagas pelas empresas que causam o impacto socioambiental. (Alcantara, 2013, p. 214)

Além disso, os impactos socioambientais têm sido agravados pelo aquecimento global, outro problema que tem sido debatido ininterruptamente nas últimas décadas. Em 2015, os líderes mundiais de 195 países assinaram o texto final da 21ª Conferência Mundial do Clima (COP21), que ficou conhecido como o *Acordo de Paris*, um esforço coletivo de todas as nações para limitar a emissão de gases tóxicos e diminuir o efeito do aquecimento global. Após 13 dias de debates, os representantes presentes no encontro chegaram, pela primeira vez na história, a um acordo global sobre o clima. O Acordo de Paris entrou em vigor em 4 de novembro de 2016.

A principal meta do Acordo é manter o aumento da temperatura do planeta abaixo dos 2 °C. Para alcançar esse objetivo, é preciso baixar a emissão de gás carbono, isto é, reduzir a queima de combustíveis fósseis (petróleo, gás e carvão mineral), emitidos principalmente pela indústria, pelo transporte urbano, pela geração de energia elétrica, pelas atividades agrícolas e pelo desmatamento das florestas tropicais.

O planeta vive, atualmente, um cenário de urgência climática. A temperatura da Terra teve um aumento de 1 °C com relação aos níveis pré-industriais, o que leva a graves impactos na biodiversidade, na água, nos oceanos, na produção de alimentos e nos eventos naturais extremos. O Acordo de Paris prevê metas para 2025 ou 2030 para a maioria dos países, com revisão e avaliação de 5 em 5 anos. Contudo, até o final de 2020, apenas 75 signatários (o que representa 30% dos emissores de gás carbono) submeteram à ONU suas Contribuições Nacionalmente Determinadas (NDCs), documentos em que os governantes especificam quais metas e medidas serão implementadas a curto, médio e longo prazos para diminuir a emissão de gases causadores do efeito estufa. Na avaliação do órgão, a percepção geral foi de iniciativas insuficientes, apontando, ainda, que os governos estão longe de atingir as metas do Acordo. Por isso, a orientação da ONU é que sejam refeitas as metas e que as medidas sejam efetivamente cumpridas nos próximos 10 anos.

O Brasil, apesar do destaque que teve na COP21, ficou de fora da lista de nações que integram a Cúpula da Ambição Climática 2020. Além disso, o país teve aumento na emissão de gases tóxicos ao meio ambiente, evidenciando um profundo retrocesso em relação a 2015 por parte do governo federal.

Apesar das declarações do chanceler francês Laurent Fabius ao afirmar que o acordo era diferenciado, justo, durável, dinâmico, equilibrado e legalmente vinculante, ele não atacava o problema central: o capitalismo. Não há dúvidas de que esse foi um acordo histórico, sendo o primeiro dessa magnitude, mas, ainda assim, as soluções parecem minimalistas e ineficientes diante da gravidade do problema. Aliás, esse acordo lembra a Declaração Universal dos

Direitos Humanos, de 1948, um acordo conjunto entre as nações, mas que ficou em aberto para que cada país tivesse a decisão de ratificá-lo ou não.

O Acordo de Paris também deixa essencialmente nas mãos de cada país, de maneira voluntária, a decisão sobre ampliar as ações de corte de emissões e o financiamento aos países menos desenvolvidos, o que o torna insuficiente e não ataca o problema central, ou seja, o modo de vida baseado na produção e no consumo desenfreados, no crescimento contínuo da economia e no acúmulo insustentável. De modo geral, a configuração atual da economia no planeta está esgotando as chances de sobrevivência da humanidade, provocando, na visão de muitos ecologistas e ambientalistas, uma nova era geológica, já denominada de *Antropocênica*, que tem como característica predominante a alteração da geografia pelos humanos.

O que está em jogo vai além de questões político-ideológicas. Atinge, sobremaneira, desejos, sonhos, conceitos e projetos de desenvolvimento e progresso. É possível que um novo mundo renasça das cinzas, mas com recursos naturais empobrecidos e conflituosos e em uma perspectiva ainda pior para os mais pobres. A natureza tem sinalizado seu desgaste por meio de eventos extremos, como secas, chuvas, migração de patógenos e pragas, derretimento de geleiras, elevação dos oceanos, aumento de temperaturas, entre outras situações, causando graves alterações climáticas em todo o globo.

O representante da China na COP21, Xie Zhenhua, considerou o acordo justo, ambicioso e equitativo, porém, a China é um dos países que mais emite gases nocivos ao meio ambiente no mundo e onde a população tem sofrido com os efeitos da poluição. Fica difícil entender como um país que não cuida de si mesmo poderá fazer alguma coisa em prol da humanidade.

A Eco-92, ou simplesmente Rio-92, conforme já apontamos, foi um evento ambiental fundamental para tratar das mudanças climáticas até aquele período. Nessa conferência, promovida pela ONU, realizaram-se aqueles que foram considerados os mais importantes acordos ambientais globais da história, entre eles destacam-se a Declaração de Princípios para Florestas, a Convenção sobre

Biodiversidade Biológica, a Convenção do Clima e a Agenda 21. Apesar da importância de tais compromissos assumidos, o uso sustentável dos recursos naturais continua sendo insustentável. Portanto, há uma necessidade histórica de reverter esse processo. Não precisamos de tantos acordos para o óbvio, mas de mais ação, comprometimento e responsabilidade para o futuro da humanidade e do planeta.

Os impactos das mudanças climáticas já são uma realidade. As temperaturas estão mais altas, e as chuvas, mais irregulares. Segundo Primi (2014, p. 16),

> até o momento, os cientistas registraram aquecimento de 1 °C na América Central e na América do Sul em um século, maior do que a média mundial, que está em 0,74 °C. O primeiro impacto visível, não apenas nas Américas, é o derretimento das geleiras, que também aumenta e pode fazer com que desapareçam.

Para 2021, estima-se que o aquecimento global chegue a 1,07%. Os efeitos desse fenômeno podem acarretar uma cadeia de outros que afetam a vida de milhões de pessoas, como a diminuição do abastecimento de água, a formação dos aquíferos no subsolo, a desertificação de determinadas áreas e o aumento do nível do mar.

Outro fenômeno que tem contribuído para aumentar as incertezas sobre o cenário futuro é a alteração nas correntes de ar em virtude do aquecimento irregular do planeta. Mudando a direção dos ventos, que levam e trazem umidade, podemos ter estações muito secas em determinada época do ano, com pouca umidade, ou períodos com chuvas irregulares, o que provocaria impactos no plantio e no trato do solo, além do aumento de desastres naturais, alergias e doenças infecciosas causadas por eventos externos, mudanças climáticas e pela radiação ultravioleta. Tais problemas, para os pesquisadores, são gerados pelos erros brutais na geração de recursos hídricos, o que coloca as gerações futuras em alerta.

Nesse sentido, exigem-se novos paradigmas e alternativas para a superação da lógica do capital, além de planejamento para evitar a maior vulnerabilidade das populações mais empobrecidas. Entre as medidas possíveis e necessárias, podemos citar a arborização urbana, cuidados com os reservatórios, diminuição da poluição e utilização de materiais térmicos para as construções. Em síntese, para que um acordo climático ofereça chances de sucesso, é preciso ter um sistema de governança social global, caso contrário, será apenas mais um tratado inscrito em um papel sem grandes implicações práticas.

Como é possível perceber, os impactos socioambientais não estão desconectados dos impactos socioeconômicos e ideopolíticos. É evidente que, diante da magnitude do problema, o serviço social pareça pouco contribuir para o enfrentamento dessas questões. No entanto, segundo Alcantara e Leite (2019, p. 103), "o Serviço Social frente aos conflitos socioambientais poderá responder tanto a demanda do capital quanto a do trabalho, partindo dos mecanismos de dominação e exploração e tendo de dar respostas às necessidades de sobrevivência da classe trabalhadora".

7.6 Respostas do serviço social aos conflitos socioambientais

Segundo Alcantara (2013, p. 216), "no cerne das instituições empresariais, verifica-se a inserção dos assistentes sociais na emergente área de Responsabilidade Socioambiental, conectada a novas atividades estruturadas pelo empresariado". Entretanto, é preciso ter em mente os posicionamentos ético-políticos defendidos pela profissão para não cair em ciladas e armadilhas da lógica empresarial de sustentabilidade, conforme já apontamos neste capítulo.

O assistente social pode contribuir para a emissão de diagnósticos socioambientais e socioeconômicos, demonstrando os impactos sociais nas populações e nos trabalhadores envolvidos. Além disso, por meio de seus instrumentais técnico-operativos e de seu conhecimento teórico, pode detectar os "impactos sociais, diretos e indiretos, decorrentes da desapropriação de terras, desalojamento das populações e demais situações de conflito provocadas pela atividade empresarial em uma determinada região" (Alcantara, 2013, p. 216).

Nesse sentido, o assistente social torna-se protagonista na interlocução da empresa com as populações envolvidas, antecipando e mediando os conflitos em suas diferentes naturezas. A realização de negociações desse tipo abre um campo sócio-ocupacional para o assistente social ao se inserir na área empresarial. Para Alcantara (2013, p. 218),

> o trabalho do assistente social é demandado também para facilitar a entrada de determinadas empresas em comunidades que sofrem forte atuação do poder paralelo (tráfico, por exemplo), a partir do desenvolvimento de atividades socioeducativas sobre questões relacionadas à preservação de recurso de água e energia, além de acompanhar outros problemas que surgem nas relações entre a empresa e a população, amenizando os conflitos.

Como é possível perceber, esse campo de atuação exige do assistente social muita estratégia para não se tornar mero mediador de conflitos e interesses, visando constituir-se em um profissional da linha de frente entre os interesses das instituições empresariais e as populações subalternizadas, levando em conta sua capacidade de aproximação dos cidadãos de direito.

Para Alcantara (2013, p. 220), "é fundamental um olhar crítico e qualificado sobre o contexto social no qual se está atuando, tendo em vista não reproduzir o discurso dominante, que porta um viés totalmente ideologizante em torno do interesse de não levar os indivíduos ao questionamento do sistema social vigente". Além do mais, há sempre a possibilidade de o assistente social trabalhar em cooperativas, associações, instituições, movimentos sociais, entre outras áreas sócio-ocupacionais ligadas à proteção do meio ambiente.

Nesse sentido,

> o assistente social deve ter a habilidade de identificar as relações e os processos sociais escamoteados, visto que não é claro, não é factível e vem oculto por um apelo enorme da mídia, que impregna a opinião pública com o olhar da "parceria" para salvar o planeta, independente das diferenciadas formas de exploração dos recursos

naturais. Ou seja, os conhecimentos racional e crítico-dialético são imprescindíveis para desvelar a imediaticidade dos fenômenos sociais. (Alcantara, 2013, p. 221)

As formas de enfrentamento da "questão social" e da "questão socioambiental" são permeadas por possibilidades de intervenção técnico-políticas que perpassam a educação ambiental, como o manejo com as cooperativas de catadores de recicláveis, que podem contribuir para o enfrentamento de muitas das questões aqui levantadas.

Os movimentos de educação ambiental atuais vêm ganhando visibilidade em todos os tipos de sistemas econômicos e políticos. Trata-se de um trabalho de percepção ambiental que parte da premissa de entender o ciclo da poluição. A elaboração de programas de educação ambiental, segundo Persich e Silveira (2011), possibilita desenvolver na população uma consciência diferenciada sobre as questões econômicas e ambientais, transformando participantes ativos ética e politicamente no processo de preservação ambiental. Contudo, o processo de conscientização deve ser generalizado, tendo em vista que os grandes poluentes do meio ambiente ainda se concentram nas indústrias, que são as maiores causadoras das ações antrópicas (Valderramas et al., 2019).

Para Alcantara e Leite (2019, p. 92),

> uma intervenção do Serviço Social na direção dos direitos da população estaria na promoção de sua participação nos espaços de participação institucionalizados (audiências públicas do licenciamento, fóruns e conselhos de meio ambiente) de modo atuante para a reivindicação de seus direitos, o que torna essencial o apoio às populações para maior compreensão das consequências do empreendimento sobre suas vidas, sobre os interesses capitalistas subjacentes aos empreendimentos e sobre os diferentes discursos e práticas em torno da sustentabilidade ambiental, tendo em vista a construção de estratégias reivindicativas.

No Brasil, a Constituição Federal de 1988 garante o direito aos espaços democráticos e à participação popular. De fato, para que o processo de elaboração e implementação de políticas públicas de proteção ao meio ambiente seja democrático, é imprescindível a participação popular na formulação, na implementação, na fiscalização e na avaliação dessas políticas. Isso só é possível por meio dos conselhos de direitos, de fóruns de debates, de conferências, entre outros espaços que se constituem como ambientes de participação paritária e deliberativa entre a sociedade civil e o Poder Público, funcionando como canais de escolhas, de prioridade e de alocação dos recursos públicos.

Segundo Alcantara e Leite (2019, p. 93),

> o Serviço Social sempre defendeu a participação dos profissionais nos conselhos e conferências de direitos e políticas ou no apoio aos usuários para representar suas necessidades, a fim de que estes se posicionem crítica e propositivamente, de modo que sejam de fato incluídas as demandas da maioria da população. Entretanto, a realidade atual vem demonstrando que tais espaços não garantem a efetivação da democracia, sendo muitas vezes utilizados como possibilidades de o capitalismo neutralizar o conflito.

O Programa Nacional de Educação Ambiental (Pronea), no âmbito da Política Nacional de Educação Ambiental – Lei n. 9.795, de 27 de abril de 1999 (Brasil, 1999) –, garante a presença do assistente social como um dos agentes para o desenvolvimento de oficinas que enfatizem questões como saúde, meio ambiente e bem-estar social em escolas públicas e locais acessíveis à comunidade. Também o assistente social pode contribuir com as análises socioeconômicas das populações afetadas pelos impactos socioambientais (Alcantara; Leite, 2019).

Por meio de consultorias e do trabalho inter/multidisciplinar, a função pedagógica e socioeducativa do assistente social inscreve-se no rol das práticas profissionais educativas e formadoras da cultura de proteção socioambiental. Contudo, Alcantara e Leite (2019, p. 95) alertam que essas atividades podem tanto viabilizar "a reprodução do discurso dominante quanto [...] possibilitar um reforço às formas de organização e resistência da população usuária". Nesse sentido, essa atuação esvaziada de transformação pode ser evitada por meio da dimensão ético-política do assistente social.

É importante destacar que a atuação do assistente social no campo socioambiental se justifica pelas expressões multifacetadas da "questão social", e sua presença nos vários espaços sócio-ocupacionais nessa área é fundamental para a apreensão crítica da realidade, bem como para a formação de movimentos de luta e resistência aos apelos do capital e à destruição e devastação do meio ambiente.

7.7 O excesso de resíduos e a "questão socioambiental"

Não poderíamos deixar em aberto a discussão sobre o trato e o manejo dos resíduos sólidos e suas implicações com relação à "questão socioambiental". Define-se como *resíduo sólido*, em conformidade com as Normas da ABNT, todo e qualquer material descartado ou indesejável que se encontra em estado sólido ou semissólido (de origem agrícola, comercial, doméstica, hospitalar, de serviços, entre outros), podendo ser classificado a partir de três critérios: de natureza física (seco ou molhado); de composição química (orgânico ou inorgânico); ou de composição infectocontagiosa (perigoso, inerte ou não inerte), que são descartados na natureza (Valderramas et al., 2019).

Muitos desses resíduos sólidos demoram anos para se decompor, como é o caso do plástico, que ultrapassa 400 anos; do vidro, que leva mais de 1.000 anos; e da borracha, com tempo de decomposição indeterminado. A consciência de que o lixo permanecerá no solo por muito tempo, conforme aponta Mendes (2009), é compartilhada por pesquisadores que acreditam na criação de mecanismos de gerenciamento e gestão que possam atenuar os efeitos da retenção desses resíduos na natureza.

O acúmulo desses resíduos no meio ambiente, muitos deles tóxicos, pode ocasionar a morte em massa de ecossistemas em determinadas regiões, ou mesmo, em casos extremos, destruir por completo a flora e a fauna locais. Um exemplo disso, no Brasil, foi o rompimento da barragem do Fundão, em Mariana, Minas Gerais, que devastou a vida do Rio Doce, em 2015, e atingiu um grande número de pessoas e cidades ribeirinhas (Valderramas et al., 2019).

Os desastres ambientais vêm sendo discutidos em esferas nacionais e internacionais, buscando alertar para a importância do descarte correto de resíduos e do destino do lixo produzido pela população. Desde agosto de 2010, por meio da Política Nacional de Resíduos Sólidos (PNRS) – Lei n. 12.305, de 2 de agosto de 2010 (Brasil, 2010) –, todos os cidadãos do país são responsáveis pelo descarte correto de seus resíduos. As medidas trazem benefícios socioambientais, e cabe aos governos fiscalizar e incentivar o descarte correto dos resíduos sólidos. Ainda assim, estamos muito longe do resultado esperado por essas medidas.

Na busca por soluções, é necessário que cotidianamente sejam implementados planos de gerenciamento e gestão que tragam reflexos positivos nos âmbitos social, ambiental e econômico, de modo que haja a diminuição do consumo, a extração sustentável dos recursos naturais e a conscientização da população, possibilitando abrir novas oportunidades de trabalho para muitas pessoas, gerando renda e diminuindo os impactos ambientais. Algumas formas de gerir esses impactos consistem em realizar a coleta seletiva de lixo e, com a ajuda dos catadores de materiais recicláveis, separar aqueles que podem ganhar outra finalidade.

Preste atenção!

Coleta seletiva é a coleta diferenciada de resíduos que já foram previamente selecionados pelas pessoas em seus lares ou em estabelecimentos comerciais por suas características similares (plástico, vidro, papel, metal e orgânico). De acordo com a PNRS, a coleta seletiva é de obrigação dos municípios, sendo um instrumento importante para permitir ao país avanços significativos no enfrentamento das questões ambientais. Além de incentivar a prática de hábitos de consumo sustentável, propõe um conjunto de instrumentos para proporcionar o aumento da reciclagem, da reutilização dos resíduos sólidos e da destinação ambiental adequada dos rejeitos, ou seja, aquilo que não pode ser reciclado ou reutilizado (Brasil, 2010).

Outro fator relevante trazido pela PNRS é a instituição da responsabilidade compartilhada dos geradores de resíduos, isto é, dos fabricantes, importadores, distribuidores, comerciantes, entre outros. Cria, ainda, metas essenciais que deverão contribuir para a eliminação dos lixões, instituindo instrumentos de planejamento nas esferas nacional, estadual, microrregional, intermunicipal, metropolitano e municipal, além de impor Planos de Gerenciamento de Resíduos Sólidos, o que coloca o Brasil em patamar de igualdade com os principais países desenvolvidos (Brasil, 2010).

Cada tipo de resíduo tem seu próprio processo de reciclagem e, quando misturado, torna-se cada vez mais onerosa e inviável sua reciclagem. Por esse motivo, a PNRS estabeleceu que a coleta seletiva nos municípios deve permitir, no mínimo, a segregação entre resíduos recicláveis secos e rejeitos (não orgânicos). De acordo com a PNRS, os resíduos recicláveis secos são compostos, principalmente, de metais, papéis, papelão, plásticos e vidros. Já os rejeitos de resíduos não recicláveis, como lixos de banheiro, de cozinha não orgânicos, entre outros, devem ser tratados de modo especial. Os resíduos orgânicos, como restos alimentares, resíduos de jardinagem, entre outros, devem ser descartados separadamente para que se tornem adubos na forma de compostagem (Brasil, 2010).

Em algumas cidades, os resíduos são separados em três tipos: recicláveis secos, resíduos orgânicos e rejeitos. Quando existe a coleta seletiva, os resíduos recicláveis secos são encaminhados para galpões de triagem, onde são separados e vendidos para indústrias de reciclagem. Já os resíduos orgânicos são convertidos em adubos orgânicos, e os rejeitos são depositados em aterros sanitários. As formas mais comuns de coleta são: a de porta em porta, em que um caminhão passa recolhendo todo o lixo das residências; e a por pontos de entrega voluntária (PEV), em que o cidadão leva seu lixo a pontos específicos, que, em geral, são pontos estratégicos conhecidos como PEV.

Mendes (2009) desenvolveu uma importante pesquisa sobre os catadores de materiais recicláveis e reutilizáveis, mostrando que estes desempenham um papel fundamental na PNRS, pincipalmente na gestão integrada de resíduos sólidos. Contudo, em muitos casos, esses catadores trabalham em condições precárias, coletando individualmente nas ruas, em lixões ou em cooperativas e associações, e, muitas vezes, não contam com o amparo e a proteção do poder governamental, empresarial ou mesmo da sociedade.

A Gestão Integrada de Resíduos Sólidos é um conjunto de metodologias que visam reduzir a produção desses resíduos em sua origem, em um acompanhamento contínuo do ciclo produtivo, de modo a minimizar a toxicidade dos produtos, além de dar um direcionamento aos materiais recicláveis (Pedroso; Ceruti, 2009). De acordo com Mendes (2009, p. 271), em sua maioria, o interesse em organizar cooperativas ou associações "não parte da vontade dos catadores, o que ocasiona que muitos voltem à condição de catadores nas ruas, devido à dificuldade destes em entenderem e aceitarem a filosofia de trabalho da cooperativa que implica em dividir os resultados financeiros".

Percebemos, ainda, a falta de políticas públicas de incentivo à organização e gestão das cooperativas e associações de catadores de material reciclável, sendo estas importantes alternativas de trabalho e renda. O trabalho com recicláveis recebe muitas influências das questões econômicas globais e do movimento do comércio. As crises geram instabilidades nos preços, o que ocasiona momentos de grande coleta e outros de pouca coleta, afetando diretamente os ganhos dos catadores. Além do mais, a maioria dos trabalhadores é informal, sem visibilidade social. Muitas vezes, esses trabalhadores são tratados de maneira preconceituosa, sendo relegados à condição de miserabilidade, não só econômica, mas também social e cultural. O trabalho do assistente social nessa área é imprescindível, tendo em vista sua contribuição na organização das cooperativas e associações ou mesmo no trabalho pedagógico-educacional (Valderramas et al., 2019).

Apesar desses fatores, a atuação dos catadores de material reciclável contribui satisfatória e positivamente para o aumento da vida útil dos aterros sanitários e, sobretudo, para a redução do uso de recursos naturais. Desse modo, os resíduos sólidos oriundos do processo de desenvolvimento e crescimento econômico devem ser vistos como um problema da sociedade civil, do Poder Público e do setor privado, bem como de toda a população.

Além do poder destrutivo da sociedade na natureza, seu gerenciamento, até o momento, é pouco discutido, pois requer investimento de todas as esferas da sociedade (Mendes, 2009). Fazem parte do gerenciamento etapas como a redução, a reutilização e a reciclagem dos produtos (Cunha Junior, 2005). O maior problema com relação aos resíduos é a falta de conscientização da população, que, muitas vezes, não realiza a separação de modo consciente, dificultando muito a reciclagem. Zaneti e Sá (2003) trabalham a educação ambiental como uma possibilidade de a sociedade modificar a realidade atual e reconstruir sua história, tendo em vista um maior cuidado com a natureza. Isso significa minimizar os efeitos da degradação ecológica causada pelo excesso de resíduos e pela falta de consciência ambiental da sociedade.

Conforme esclarece Dias (2002), nosso conhecimento da sociedade sobre o mundo natural precisa ser ampliado. Não se sabe realmente o que está em jogo e não se pode analisar a sociedade separada da natureza, muito menos o comportamento dos seres humanos desvinculados do ambiente. Além do mais, os modelos-padrão de desenvolvimento de consumo adotados pelas nações ricas para a manutenção do metabolismo produtivo têm causado "profundas agressões e alterações na biosfera e cruéis deformações socioambientais" (Dias, 2002, p. 35).

Nesse sentido, podemos afirmar que o ser humano não é parte da natureza, como normalmente é tratado, mas é, sim, também a natureza. Degradar o meio ambiente implica, necessária e conjuntamente, degradar a própria vida no planeta. As alterações perturbadoras que assolaram o planeta nas últimas décadas trouxeram consigo uma consciência ética de que a natureza não é infinita e de que o sistema de produção deve ser reconsiderado. Trata-se de um debate importante sobre a ótica da "questão socioambiental", a qual aponta as ações humanas como causa da insustentabilidade (Valderramas et al., 2019).

Para Dias (2002, p. 32),

> a expansão dos ecossistemas urbanos é acompanhada por incríveis aumentos de consumo energético, dissipação de calor, impermeabilidade dos solos, alterações microclimáticas, fragmentação e destruição de hábitats, expulsão e/ou eliminação de espécimes da flora e da fauna, acumulação de carbono, poluição atmosférica e sonora, aumento da concentração de ondas eletromagnéticas, além de uma fabulosa produção de resíduos sólidos, líquidos e gasosos, inconvenientemente despejados na atmosfera, nos corpos d'água e nos solos.

Assim, nesse contexto, a capacidade dinâmica do ecossistema de se recompor é importante para garantir a sustentabilidade da vida no planeta e requer atenção de todos. Analisando a crise atual, é possível perceber a necessidade urgente e radical de tomar consciência de que a tecnologia e o humanismo não se contrapõem. Reafirmar o compromisso ético e político com a procura da qualidade de vida e o desenvolvimento econômico, social e ambiental sustentável é uma necessidade imediata.

A educação ambiental busca conscientizar que o desenvolvimento e as conquistas humanas na contemporaneidade são de responsabilidade de cada indivíduo social, e que cada um deve contribuir para a preservação ambiental. Essa responsabilidade deve ser introduzida no pensamento social e regulamentada em defesa do meio ambiente. Assim, é preciso argumentar sobre as questões que estão relacionadas ao procedimento educacional, função da sociedade e do Estado, que, no processo de gestão ambiental, devem participar de maneira integrada da implementação de um sistema de gerenciamento de resíduos sólidos (Valderramas et al., 2019). De modo geral, conscientizar a população sobre esse problema não deve restringir-se ao uso de cartilhas, palestras, informativos ou outros meios, mas sim deve ser uma ação ampliada às esferas políticas governamentais e empresariais. Disciplinas e ações sobre a preservação do meio ambiente precisam ser mais enfáticas nos currículos escolares, não só para as crianças e para os adolescentes, mas também no ensino superior, devendo-se destacar principalmente a importância da reciclagem e da reutilização de objetos. Além disso, é preciso intensificar as políticas públicas e de fiscalização, de modo a torná-las mais eficazes, aplicando multas em quem persistir em não realizar a separação correta ou mesmo dando benefícios a quem realiza a separação de maneira eficiente (Valderramas et al., 2019).

Ao analisar a evolução dos processos de gestão de resíduos sólidos, incorporada à realidade capitalista, fica claro que essa política só alcançará seus objetivos e resultados se for trabalhada paralelamente aos projetos e programas sociais abrangentes, contando, sobretudo, com a participação dos cidadãos na elaboração e na execução das ações de sustentabilidade. Essas atividades podem trazer melhorias para a relação do ser humano com os fatores bióticos e abióticos, além de esclarecer que o meio ambiente é fonte esgotável de recursos naturais.

Nesse sentido, é fundamental a consciência ambiental e ecológica por parte de todos os profissionais aliados às inúmeras ações de caráter preventivo, educativo e de manejo dos recursos naturais e dos resíduos produzidos pela sociedade, para que, assim, viabilize-se a educação ambiental como forma de conscientização ética e política na preservação e conservação da natureza, utilizando-se os recursos de modo consciente sem findá-los (Prado; Mendes, 2011). Afinal, a destruição da natureza é a destruição do "homem pelo próprio homem".

7.8 Educação e gestão socioambiental

Conforme demonstramos neste capítulo, o debate acerca do modelo de "desenvolvimento" adotado nos leva a refletir sobre a opulência e a exclusão social. Isso nos permite considerar a crise de percepção: para mantermos o atual estilo de vida, destruímos tudo o que está ao nosso redor e que dá suporte à vida do e no planeta. Poluímos as águas que bebemos, o ar que respiramos e o solo que produzimos nossos alimentos. Acabamos com as florestas que garantem a água, o clima ameno, o ar puro e o solo produtivo. Por último, dizimamos animais que compõem nossa cadeia alimentar, tornando alguns deles escravos para servirem aos nossos desejos e propósitos. Além do mais, alteramos a composição química dos alimentos e modificamos geneticamente sua estrutura. Como se isso ainda não bastasse, somos responsáveis pelo genocídio, etnocídio e ecocídio dos povos das florestas, que mantêm uma relação harmoniosa com a natureza.

O analfabetismo socioambiental tem levado a espécie humana à própria falência e extinção. A capacidade natural dos ecossistemas de se superarem já foi eliminada, em consequência do contínuo metabolismo urbano-industrial, extrapolando todos os limites que a ignorância permite. Como consequência, percebe-se a perda da qualidade de vida, de modo generalizado, em todo o mundo, o que demonstra a incapacidade de controlar ou eliminar a violência e a autoviolência do ser humano.

Os desafios estão postos. A esta altura, a dimensão socioambiental já deveria ter sido incorporada em todas as esferas heterogêneas da sociedade, com vistas a mudar a cultura dominante para uma cultura de proteção e preservação do meio ambiente. Tal iniciativa é um grande desafio para o serviço social na contemporaneidade.

Nenhum outro momento histórico revelou de maneira tão nítida a necessidade de se criar formas e instrumentos para uma educação ambiental, no sentido de levar a todos a responsabilidade social e ecológica, a fim de gerar soluções sustentáveis que corroborem a valoração dos princípios éticos e políticos da preservação do meio ambiente. Nesses termos, desenvolver programas e projetos que busquem informar e sensibilizar pessoas, governos e empresários sobre a complexa temática ambiental, estimulando seu envolvimento em ações que promovam hábitos saudáveis e sustentáveis de uso dos recursos naturais, além de propiciar reflexões sobre as relações entre ser humano e meio ambiente, é um dos desafios postos ao serviço social na atualidade.

Em conformidade com a Política Nacional de Educação Ambiental (Pnea), a educação ambiental é percebida como um processo permanente em que os indivíduos e a comunidade tomam consciência de seu papel e do meio ambiente, de modo a adquirir conhecimentos, valores, habilidades, experiência e determinação que os tornem aptos a resolver – individual e coletivamente – problemas ambientais, presentes e futuros. Contudo, ela só pode ser efetiva se todos os membros da sociedade participarem das múltiplas tarefas de melhoria das relações sociais com o meio ambiente – sobretudo o Poder Público, as instâncias governamentais e os empresários industriais –, e se forem conscientizados de seu envolvimento e de suas responsabilidades.

A educação ambiental tem como finalidade promover a compreensão da existência e da importância da interdependência econômica, política, social e ecológica da sociedade a todas as pessoas, para que, assim, construa-se o interesse ativo para proteger e melhorar a qualidade de vida e o meio ambiente, buscando alternativas e soluções para o enfrentamento das questões social e socioambiental. Nessa perspectiva, a educação ambiental deve orientar a disposição inadequada de resíduos sólidos; alertar sobre os perigos da poluição atmosférica, das incinerações irregulares, do desperdício de combustíveis e de energia, da poluição sonora e desperdícios de toda ordem; informar sobre o manejo incorreto de áreas verdes, o uso de venenos, a eliminação da flora nativa, as mutilações de árvores nativas, o plantio inadequado, os maus tratos à fauna silvestre; incentivar o aproveitamento de materiais recicláveis, de reflorestamentos, a criação de coletas seletivas e de espaços coletivos para a reciclagem e compostagens; e promover ações que busquem, de alguma forma, a consciência ética e política dos agentes poluidores.

Entretanto, de acordo com Giometti e Silva (2017, p. 6),

> a crise ecológica contemporânea vem permeando um novo quadro na esfera social acrescido pelas manifestações da questão socioambiental, englobando os problemas sociais e os ambientais, significando uma indissociabilidade em que o primeiro está diretamente interligado ao outro. Desse modo, quando nos deparamos com questões particularizadas à miséria, pobreza, desigualdade social, violência, desemprego, precarização do trabalho, falta infraestrutura (saneamento básico) habitacional, subnutrição, proliferação de doenças, e entre outros, também poderá ser essa uma questão que estará diretamente relacionada a outras situações advindas da poluição, [...] esgotamentos de recursos naturais, problemas originados do consumo de descartáveis, o descumprimento das leis de proteção ambiental [...] etc.

Para as autoras,

> evidência que entre os diversos horizontes da qual permeiam a educação ambiental, verifica a presença simultânea de duas vertentes, onde estão situadas: aquela em que está vinculada à gestão da questão ambiental e à manutenção de suas vertentes, versus outra, que elabora a educação ambiental crítica, e que apresenta as concepções das contradições do sistema hegemônico e aponta uma perspectiva transformadora do sujeito. (Giometti; Silva, 2017, p. 9)

Conhecer a "questão ecológica" de maneira crítica, propositiva, proativa e em sua totalidade leva o indivíduo a sair da alienação que manipula a situação de acordo com os interesses alheios. Assim, além da conscientização, é de suma importância que haja um processo de articulação entre sociedade civil organizada e o Poder Público. As práticas educacionais fundamentadas na ótica socioambiental devem fazer parte do planejamento de ações dos órgãos públicos, priorizando o desenvolvimento de valores e comportamentos que levem à participação ativa e contínua de métodos de gestão ambiental.

7.9 Serviço social e os povos da floresta

Como já discutido brevemente nas seções anteriores, a questão dos povos da floresta está intrinsecamente ligada à "questão socioambiental". Apesar de o campo de atuação profissional do assistente social estar concentrado, predominantemente, nos espaços urbanos, nos últimos anos tem-se ampliado esses lugares de trabalho, ultrapassando as fronteiras das cidades, no rastro do acirramento das desigualdades sociais. Populações antes desprotegidas pela ação do Estado, hoje, têm suas necessidades atendidas pelos equipamentos sociais por meio de políticas públicas, como os Centros de Referência de Assistência Social (CRAS) Itinerantes, que atendem as populações indígenas, ribeirinhas, de pescadores, castanheiros, enfim, os povos tradicionalmente da floresta.

Antes do processo de colonização, milhares de povos de diferentes culturas, línguas e costumes viviam espalhados pelo continente americano. Com a chegada dos colonizadores, muitos desses povos foram dizimados, escravizados ou tiveram suas culturas sobrepostas pelos princípios e valores de uma cultura dita "civilizada", marcada, principalmente, pelo imperialismo europeu. Entretanto, a condição de "inferioridade" desses povos permaneceu ao longo dos séculos. Em nome de uma "civilização", muito desses povos foram descaracterizados com relação à sua cultura, à sua crença, aos seus princípios, aos seus costumes e à sua identidade, demarcando suas fronteiras e reduzindo seu número.

Para aqueles que sobreviveram ao massacre colonizador, mas que agora enfrentam o massacre do agronegócio e de políticos descomprometidos com os valores culturais, foram definidos alguns critérios para que pudessem autodefinir-se como indígenas, a saber: continuidade histórica como sociedades pré-coloniais; estreita vinculação com o território; existência de sistemas sociais, econômicos e políticos bem estruturados; e língua, cultura e crenças definidas (CFESS, 2012a).

O CFESS (2012a) estabelece que "a organização da população indígena brasileira ganhou força especialmente nas duas últimas décadas, e muitos grupos ou etnias considerados extintos estão reivindicando o reconhecimento de sua identidade étnica, fenômeno este conhecido como 'etnogênese' ou 'reetinização'".

Hoje, são reconhecidas mais de 225 etnias indígenas, falando aproximadamente 180 línguas distintas, com uma diversidade de costumes e expressões culturais incomensuráveis, espalhadas por todo o território nacional. Estima-se que haja um total de 817 mil indígenas espalhados pelo país, concentrados, em sua maioria, na região Norte do Brasil.

Com o processo de redemocratização do país, em meados da década de 1980, o movimento indígena teve intensa mobilização, garantindo, assim, seu espaço na nova Carta Magna do país, que, em seus arts. 231 e 232, estabelece que é de responsabilidade da União demarcar suas terras, proteger e fazer respeitar todos os seus bens, materiais e imateriais. Ficou, assim, estabelecida a "cidadania indígena", rompendo a perspectiva de integração desses povos à sociedade nacional, amplamente discutida, questionada, defendida e rebatida nos meios intelectuais e jurídicos.

Contudo, o que temos visto na atualidade é um total desrespeito aos cânones constitucionais quando os interesses e as disputas políticas e econômicas entram em cena, principalmente quando a demarcação de terras indígenas se contrapõe aos interesses do capital, com a expansão do agronegócio, que promove o desmatamento das áreas protegidas. Sem embargo, os indígenas, assim como outros povos da floresta, têm sofrido perseguições, diversas formas de violência e sido vítimas de homicídios e extermínio em massa.

Apesar dessas violências, o Estado, no campo das políticas sociais, tem atendido essas populações mediante uma rede de proteção social, assegurando-lhes cobertura previdenciária, atendimento à saúde pelo SUS – por meio da Lei n. 9.836/1999 –, assistência social – por meio dos CRAS indígenas ou CRAS em terras indígenas –, inserção nos programas de transferência de renda, entre outras proteções dos direitos sociais às populações subalternizadas, fruto de muita luta e resistência para a garantia de seus direitos.

A inserção do assistente social no universo indígena e, consequentemente, dos povos da floresta implica a atuação em uma área bastante complexa e que envolve especificidades étnicas bem demarcadas. Essas particularidades exprimem desafios cotidianos e exigem a busca de mecanismos dinâmicos para a intervenção profissional, principalmente quando as estatísticas apontam a incidência de morbidade e mortalidade nas áreas indígenas.

Apesar de as populações indígenas não estarem inscritas diretamente no processo de produção capitalista, os efeitos da expansão desse sistema afetam, sobremaneira, a dinâmica desses povos. Estamos inseridos em uma ordem societária, cujos "limites geofísicos, geopolíticos, sociais e culturais abrem-se para além do seu entorno" (Oliveira; Rosa; Pompeu, 2015, p. 379). Nesse sentido, as determinantes sociais, culturais, econômicas e políticas podem afetar as estruturas e a qualidade de vida das populações minoritárias e subalternizadas, tendo em vista as particularidades de uma sociedade mercantil, predatória e excludente.

Desse modo, concordamos com Oliveira, Rosa e Pompeu (2015, p. 82) ao proporem que o serviço social necessita incorporar e pensar a "cultura indígena como uma categoria histórica, transversal à sua prática". Por meio dessa visão, a "discussão sobre cultura, ao ser inserida na prática social e institucional do Serviço Social, passa a ser, sistematicamente, objeto de verificação e contextualização quando se trata de relações complexas, envolvendo os múltiplos pertencimentos identitários e suas diferenças" (Oliveira; Rosa; Pompeu, 2015, p. 382), de modo a entender suas conexões humanas, suas vivências e seus conflitos.

Por meio das pesquisas de Oliveira, Rosa e Pompeu (2015), podemos detectar que existe uma falta de perspectiva de vivência cotidiana dos indígenas em virtude das situações de vulnerabilidade em que se encontram, como situação de pobreza extrema, expropriação de sua cultura e de sua terra, analfabetismo, preconceito, doenças, entre outras expressões de subalternidade às quais os povos indígenas estão expostos.

Segundo Yazbek (2012), partindo dos dados do Plano Brasil Sem Miséria, estima-se que, dos 817.963 indígenas no país, 326.375 vivem em situação de extrema pobreza. Somam-se a esse problema o alcoolismo, a depressão, o suicídio, a violência, o extermínio e a discriminação (Bilar; Amaral, 2019).

Nesse sentido, a questão étnico-racial constitui o elemento estruturante das relações sociais, e a questão indígena clama por prioridades em consonância com o despotismo do Estado burguês e com as investidas do capital que afetam as populações da floresta. Nos debates contemporâneos e nos instrumentos legais, formativos e informativos da categoria profissional, a questão indígena tem sido pouco ou quase nunca debatida no âmbito do serviço social, sendo timidamente citada em alguns textos, pesquisas e artigos. Bilar e Amaral (2019, p. 7) apontam para essa defasagem no debate profissional, denunciando o "desconhecimento, o não reconhecimento e a ausência de sistematização acerca da existência e da quantidade de profissionais indígenas que atuam a nível estadual e federal".

Por fim, a "questão indígena", tão emblemática e urgente, deve ser mais debatida pelos assistentes sociais, seja no interior da profissão, seja nos diversos eventos acadêmicos, vislumbrando uma produção teórica substancial do tema no serviço social.

Para saber mais

O artigo a seguir é de extrema importância. Fruto de profunda pesquisa na base de dados das principais revistas e encontros do serviço social, reúne uma série de referência a artigos que permeiam a temática indígena. Vale a pena conferir na íntegra.

BILAR, J. A. B.; AMARAL, W. R. do. A temática indígena no serviço social; caminhos a trilhar na afirmação do compromisso ético-político da profissão. In: CONGRESSO INTERNACIONAL DE POLÍTICA SOCIAL E SERVIÇO SOCIAL, 3.; SEMINÁRIO NACIONAL DE TERRITÓRIO E GESTÃO DE POLÍTICAS SOCIAIS, 4.; CONGRESSO DE DIREITO À CIDADE E JUSTIÇA AMBIENTAL, 3., 2019, Londrina. **Anais...** Londrina: UEL, 2019. Disponível em: <https://www.congressoservicosocialuel.com.br/trabalhos2019/assets/46137d~1.pdf>. Acesso em: 20 dez. 2021.

Para um maior aprofundamento sobre a "questão indígena" no Brasil, sugerimos a leitura dos textos a seguir.

BARATA, J. Etnias amazônicas: confrontos culturais e intercorrências no campo jurídico. **Serviço Social e Sociedade**, São Paulo, n. 133, p. 501-514, set./dez. 2018. Disponível em: <http://www.scielo.br/pdf/sssoc/n133/0101-6628-sssoc-133-0501.pdf>. Acesso em: 20 dez. 2021.

SILVA, E. C. de A. Povos indígenas e o direito à terra na realidade brasileira. **Serviço Social e Sociedade**, São Paulo, n. 133, p. 480-500, set./dez. 2018. Disponível em: <http://www.scielo.br/pdf/sssoc/n133/0101-6628-sssoc-133-0480.pdf>. Acesso em: 20 dez. 2021.

Síntese

Neste capítulo, buscamos esclarecer os grandes problemas causados pela devastação e degradação da natureza, as formas e as polêmicas do "desenvolvimento sustentável", bem como o papel do serviço social nessa área de atuação profissional. Também abordamos a situação dos primeiros moradores das terras brasileiras: os povos indígenas, que enfrentam problemas descomunais em um cenário adverso e controverso, em que ações governamentais e políticas econômicas têm prejudicado a situação em território nacional. Buscamos refletir, ainda, sobre o despertar para uma consciência ética e política com relação à preservação do meio ambiente, às estratégias do ecossocialismo, às responsabilidades do serviço social diante dos problemas ambientais e sociais, aos problemas causados pelo descarte de resíduos sólidos na natureza e aos desafios postos à profissão na atualidade com relação à "questão socioambiental".

Questões para revisão

1. A "questão socioambiental" é reconhecida como uma problemática:
   a) de caráter predominantemente social e político.
   b) de caráter exclusivamente da natureza.
   c) de caráter humano.
   d) que envolve somente a poluição do meio ambiente.
   e) climática.

2. No ano de 2019, houve três grandes tragédias no Brasil que envolveram a destruição de seu ecossistema. Foram elas:
   a) as queimadas na Amazônia e no Cerrado; as enchentes no Estado do Rio de Janeiro; e o derramamento de petróleo que atingiu um terço da costa brasileira.
   b) as queimadas no Sul do país; o rompimento de barragem em Brumadinho; e o derramamento de petróleo que atingiu um terço da costa brasileira.

c) o rompimento de barragem em Brumadinho; as queimadas na Amazônia e no Cerrado; e o derramamento de petróleo que atingiu um terço da costa brasileira.
d) o desmatamento na Serra do Navio; o rompimento de barragem em Brumadinho; e o derramamento de petróleo que atingiu um terço da costa brasileira.
e) os desastres de Mariana; o fogo que atingiu o Cerrado; e as enchentes em São Paulo.

3. Segundo dados divulgados pelo Instituto Nacional de Pesquisas Espaciais (Inpe), um dos principais problemas que tem afetado a região Norte do Brasil nos últimos anos é:
a) o assoreamento do Rio Amazonas.
b) o desmatamento.
c) a pesca predatória.
d) a diminuição das populações ribeirinhas.
e) a extinção de animais.

4. De acordo com Michel Löwy, o que é necessário para que exista sustentabilidade?
5. Qual é o grande problema ambiental da atualidade?

Questões para reflexão

1. Explique o significado da "questão ambiental" para o serviço social.
2. Explique o significado da "questão indígena" no Brasil.

Considerações finais

Conforme ressalta Iamamoto (2005), na atualidade, decifrar os determinantes e as múltiplas expressões da "questão social", eixo fundante da profissão, é um requisito básico para avançar na direção de uma sociedade justa e equânime. A gênese da "questão social" encontra-se enraizada nas condições fundamentais que demarcam a sociedade capitalista, assumindo, atualmente, roupagens distintas em relação às épocas passadas. Ainda assim, permanece como conjunto das expressões de desigualdade da sociedade capitalista madura, que tem por base uma produção cada vez mais coletiva, em que o trabalho é ampliado socialmente. Contudo, a apropriação da riqueza socialmente produzida ainda continua nas mãos de uma parcela minoritária e privada da sociedade, que monopoliza os bens, a produção e o poder.

A globalização incentiva a produção em larga escala do mercado concorrencial e monopolizado. Hoje, é possível ter acesso a produtos de várias partes do mundo, cujos componentes são fabricados em países distintos. Essa produção, fruto de um trabalho coletivo, contrasta com a desigual distribuição da riqueza socialmente produzida entre grupos e classes sociais desses vários países, questão que sofre a decisiva interferência da ação do Estado e dos governos.

Finalizando esta obra, gostaríamos de chamar a atenção para a importância de realizar uma leitura crítica da realidade, associada às políticas públicas e à efetivação dos direitos civis, políticos, sociais e culturais dos sujeitos sociais. Os debates contemporâneos são muitos, mas buscamos priorizar as questões mais relevantes que têm sido pauta de discussões, pesquisas e publicações no âmbito do serviço social brasileiro. Certamente, há outros temas importantes que compõem o debate contemporâneo na prática do serviço social, os quais procuramos citar de modo transversal para conhecimento e motivação de futuras pesquisas e discussões, como: processo de democratização; pobreza e educação; familismo; situações de vulnerabilidade e de violência à família, à mulher, às crianças, aos adolescentes, aos idosos e às minorias; política de assistência social do país; diversidade sexual e de gênero; pesquisas em serviço social; reorganização da política sindical no país; autoritarismo; formação profissional; seguridade social; migração; identidades étnico-raciais; pandemia de covid-19; impasses e desafios postos à profissão; entre outros. Fica aqui o convite para tantas reflexões necessárias à área e à sociedade como um todo.

Também abordamos questões pertinentes à formação sócio-histórica brasileira, à prática profissional e à produção de conhecimento na área social. Para isso, apresentamos as principais tendências teórico-metodológicas, ético-políticas e técnico-operativas que fundamentam a práxis profissional, além das demandas atuais da profissão e seus respectivos campos de intervenção. Destacamos o mercado de trabalho do assistente social na esfera estatal, instituições públicas, empresas capitalistas, fundações empresariais, organizações privadas não lucrativas, organizações não governamentais (ONGs), instituições de educação superior, prestação de consultoria, assessoria, auditoria e supervisão técnica, bem como tratamos do serviço social na educação socioambiental e seus desafios. Enfatizamos, ainda, as áreas sócio-ocupacionais culturais, educacionais, sociojurídicas e demais áreas afins.

Esses debates buscam aprimorar os caminhos dos estudos, das pesquisas e das reflexões em torno de temáticas relevantes para enfrentar as múltiplas expressões da "questão social", fio condutor da discussão proposta neste livro. A "questão social" é um assunto desafiador, tendo em vista a atual conjuntura política, econômica, social e cultural de nosso país. Os temas aqui expostos convidam a refletir sobre a atuação profissional do assistente social em um cenário adverso e controverso, em que a precarização das relações de trabalho, os desmontes das políticas públicas e as contrarreformas do Estado burguês vêm desconstruindo os direitos historicamente conquistados, principalmente nas áreas da Previdência Social, da saúde, da assistência social e da educação.

A categoria organizada da profissão convoca ao debate sobre o papel do assistente social na defesa dos direitos humanos, sociais e culturais das populações mais subalternizadas e a qualidade dos serviços prestados, defendendo, ainda, que é preciso coletivizar as demandas e lutas sociais.

No que se refere às questões sociais recorrentes, é preciso mobilizar e resistir, entre elas: o acirramento das desigualdades sociais, o aumento da miséria, a criminalização da pobreza, dos movimentos e das manifestações sociais, a degradação das condições de trabalho e de vida, o racismo, o extermínio da juventude pobre, negra e periférica, a xenofobia, a LGBTfobia, o sexismo, o desamparo à população indígena, o preconceito, a discriminação e a primazia da violência generalizada, a eugenia social, a militarização da vida social, o desmonte das políticas sociais, a crise econômica e política, as corrupções, os altos índices de desemprego e, ainda, o avanço do neoconservadorismo na sociedade e na profissão, a lógica do capital e do imperialismo e a expropriação dos recursos naturais e ambientais, sobretudo contra a destruição da natureza e da vida no planeta.

O momento nos chama, trabalhadores e trabalhadoras, a levantar nossas bandeiras, lutar e resistir na direção de renovar todas as medidas que afetam os direitos, compondo estratégias e agendas unificadas para transformar a cultura política deste país. Estamos convencidos de que a resistência maior está firmada na contra-hegemonia do Estado burguês, que, para manter a elite no poder, propõe-se a reduzir ao mínimo as políticas públicas e os direitos sociais. Não se pode equilibrar as contas do governo cortando os investimentos nos serviços públicos que atendem, sobremaneira, a população mais empobrecida deste país. De modo geral, não é certo que os mais injustiçados paguem a conta, enquanto setores empresariais e da burguesia continuam lucrando com a crise que avançou sobre o Brasil nos últimos anos.

Além do mais, há valores europeus enraizados em nossa história e em nossos valores socioculturais, os quais são impostos cotidianamente por meio do mito fundador, do sentido de colonização, do trabalho escravo e do desenvolvimento desigual e combinado. Crescemos com a visão e os valores padronizados de determinada estética, porte físico e cor da pele que moldam os padrões de beleza – que, em reflexo, determinam o caráter pela aparência –, passados e repassados, muitas vezes, pela escola, pela religião e pela família, reproduzidos pela mídia falaciosa, entre outras circunstâncias. Ainda, veiculam-se valores culturais e sociais que procuram inferiorizar as populações negra e indígena, o que leva a um tratamento de indiferença e descaso por parte da sociedade, além de se alimentar estereótipos discriminatórios.

O que nos admira é que, em um país multirracial e multicultural como o nosso, em que a miscigenação é grandiosa, esses comportamentos continuem se reafirmando e sendo reproduzidos cotidianamente. Qual a lógica que os sustenta? Diante dessa realidade, não podemos nos calar.

A lógica burguesa só pensa o futuro como preservação do passado, e não como um mundo alternativo sem o capital e a lógica capitalista, primando pela manutenção de seu caráter conservador e, muitas vezes, reacionário. Nossa governabilidade está fundamentada na conciliação de interesses que se sustentam por uma coalização presidencialista pluripartidária e plutocrática. Nessa conjuntura, a corrupção não é apenas um grande problema da sociedade brasileira, mas contribui para o agravamento de uma questão ainda mais fundamental e urgente de ser combatida: a desigualdade social.

O modelo econômico adotado no Brasil e na maior parte do mundo não avança sem gerar desigualdades, segregações e violências. Assim, o papel do assistente social é estratégico não apenas no sentido de se posicionar de maneira contrária às violações de direitos humanos e sociais, mas também de elaborar propostas práticas para, ao menos, minimizar o problema. Contudo, a ação de muitos profissionais do serviço social tem sido minada pelas limitações institucionais que contribuem para a precarização do trabalho profissional, o desgaste cotidiano, o adoecimento e a burocratização, bem como para um sistema educacional deficitário, a politicagem, entre outros fatores que emperram a atuação profissional qualificada. Por isso, é preciso resistir sempre.

Para finalizar esta obra, lembramos uma fala de Leandro Konder (2000, p. 107) sobre uma passagem de *Alice no País das Maravilhas*, de Lewis Carroll. Alice quer sair do lugar onde está e pergunta ao Gato como pode achar a saída. O Gato responde: Depende de onde você quer ir. A menina explica que não quer ir para nenhum lugar determinado, apenas quer sair do local onde os dois estão. O Gato, então, diz ironicamente que, se ela quer ir para qualquer lugar, pode caminhar em qualquer direção e, se andar durante tempo suficiente, chegará com certeza a algum lugar. A questão aqui colocada é que, para sairmos do lugar (ou situação) no qual estamos, basta dar o primeiro passo ou caminhar por outras vias. O problema é: Para onde queremos ir? Que direção queremos tomar? Estamos convencidos de que a melhor solução é a superação do capitalismo. O destino da sociedade, doente ou sadia, está sendo decidido na luta diária contra a exploração daqueles que não se conformam em chamar de vida algo que se resume a trabalho e consumo, e de Estado uma estrutura corrompida e carcomida pela macrocorrupção que tomou conta do Brasil nos últimos anos, mas que, desde seu descobrimento (ou "invenção"), alimenta os interesses e a hegemonia da classe burguesa.

Lista de siglas

ABEPSS   Associação Brasileira de Ensino e Pesquisa do Serviço Social
CCQ   Círculo de Controle de Qualidade
CAD-CAM   *Computer-aided design* e *computer-aided manufacturing*
CFESS   Conselho Federal de Serviço Social
CFP   Conselho Federal de Psicologia
CRAS   Centros de Referência de Assistência Social
Creas   Centros de Referência Especial de Assistência Social
CRESS   Conselho Regional de Serviço Social
DPESP   Defensoria Pública do Estado de São Paulo
EAD   Ensino a distância
Enesso   Executiva Nacional dos Estudantes de Serviço Social

FENPB	Fórum de Entidades Nacionais da Psicologia
FHC	Fernando Henrique Cardoso
Fies	Fundo de Financiamento Estudantil
Geformss	Grupo de Estudos e Pesquisa sobre Formação Profissional em Serviço Social
Gepesse	Grupo de Estudos e Pesquisas sobre Serviço Social na Educação da Universidade Estadual Paulista
GTSSEDU	Grupo de Trabalho de Serviço Social na Educação da Universidade Federal do Recôncavo da Bahia
IBGE	Instituto Brasileiro de Geografia e Estatística
Ibram	Instituto Brasileiro de Mineração
Inpe	Instituto Nacional de Pesquisa Espacial
LDBEN	Lei de Diretrizes e Bases da Educação Nacional
OECD	Organisation for Economic Co-operation and Development
ONG	Organização não governamental
PEV	Ponto de Entrega Voluntária
Pisa	Programa Internacional de Avaliação de Alunos
Pnea	Política Nacional de Educação Ambiental
PNRS	Política Nacional de Resíduos Sólidos
Pronea	Programa Nacional de Educação Ambiental
S.A.	Sociedade anônima
Saeb	Sistema de Avaliação da Educação Básica
SUAS	Sistema Único de Assistência Social
SUS	Sistema Único de Saúde
UFRB	Universidade Federal do Recôncavo da Bahia
Unesp	Universidade Estadual Paulista

Referências

ABBAGNANO, N. **Dicionário de filosofia**. 5. ed. São Paulo: M. Fontes, 2007.

ABEPSS – Associação Brasileira de Ensino e Pesquisa em Serviço Social. **Diretrizes gerais para o curso de serviço social**. Rio de Janeiro, 1996. Disponível em: <http://www.abepss.org.br/arquivos/textos/documento_201603311138166377210.pdf>. Acesso em: 20 dez. 2021.

ABÍLIO, L. C. Uberização: a era do trabalho *just-in-time*? **Estudos Avançados**, v. 34, n. 98, p. 111-126, Jan./Apr. 2020. Disponível em: <https://www.scielo.br/scielo.php?script=sci_arttext&pid=S0103-40142020000100111>. Acesso em: 20 dez. 2021.

ABRAMIDES, M. B. C. **O projeto ético-político do serviço social brasileira**: ruptura com o conservadorismo. São Paulo: Cortez, 2019.

ABREU, M. M. **Serviço social e a organização da cultura**: perfis pedagógicos da prática profissional. São Paulo: Cortez, 2002.

ABREU, H. B. As novas configurações do Estado e da sociedade civil. CAPACITAÇÃO EM SERVIÇO SOCIAL E POLÍTICA SOCIAL. Brasília: CEAD, 1999. p. 34-43. Módulo 1: crise contemporânea, questão social e serviço social.

ALCANTARA, G. O. de. Novos espaços de atuação sócio-ocupacional do serviço social: a responsabilidade socioambiental em perspectiva. In: GUERRA, Y.; LEITE, J. L.; ORTIZ, F. G. (Org.). **Temas contemporâneos**: o serviço social em foco. São Paulo: Outras Expressões, 2013. p. 195-224.

ALCANTARA, G. O. de; LEITE, J. L. Serviço social e meio ambiente: a mobilização de políticas sociais como respostas aos conflitos socioambientais. In: GUERRA, Y.; LEITE, J. L.; ORTIZ, F. G. (Org.). **Temas contemporâneos em serviço social**: uma análise de seus fundamentos. Campinas: Papel Social, 2019. p. 85-106.

ALENCAR, M. T. de. **O trabalho do assistente social nas organizações privadas não lucrativas**. Brasília, 2009. p. 1-15. Disponível em: <http://www.cressrn.org.br/files/arquivos/4UkPUxY8i39jY49rWvNM.pdf>. Acesso em: 20 dez. 2021.

ALMEIDA, N. L. T. de O serviço social na educação. **Revista Inscrita**, Brasília, n. 6, p. 19-24, jul. 2000. Disponível em: <https://issuu.com/cfess/docs/revistainscrita-cfess__6_>. Acesso em: 20 dez. 2021.

ALMEIDA, N. L. T. de. **O serviço social na educação**: novas perspectivas sócio-ocupacionais. Belo Horizonte, 2007. Disponível em: <https://necad.paginas.ufsc.br/files/2012/07/O_Servico_Social_na_Educacao_perspectivas_socio_ocupacionais1.pdf>. Acesso em: 20 dez. 2021.

ALMEIDA, N. L. T. de. **Magistério, direção e supervisão acadêmica**. Disponível em: <http://cressrn.org.br/files/arquivos/R0lxH2EYR45424qcA690.pdf>. Acesso em: 20 dez. 2021.

AMARAL, M. **O trabalho do assistente social nas organizações privativas não lucrativas**. Disponível em: <http://www.cressrn.org.br/files/arquivos/4UkPUxY8i39jY49rWvNM.pdf>. Acesso em: 20 dez. 2021.

AMARAL, A. S. do; CESAR, M. **O trabalho do assistente social nas empresas capitalistas**. Disponível em: <http://cressrn.org.br/files/arquivos/G2cm832r29W2oX2IHY6P.pdf>. Acesso em: 20 dez. 2021.

AMARAL, A. S. do; CESAR, M. O trabalho do assistente social nas fundações empresariais. In: CFESS/ABEPSS. (Org.). **Serviço social**: direitos sociais e competências profissionais. Brasília: CFESS/ABEPSS, 2009, v. 1. p. 429-448.

AMORIM, U. F.; TAVARES, M. A. da S. Serviço social: reflexões sobre as atuais tendências do mercado de trabalho do assistente social a partir de um estudo realizado com os alunos egressos do curso de Serviço Social – UniFOA. **Cadernos UniFOA**, Volta Redonda, n. 5, p. 51-67, dez. 2007. Disponível em: <http://revistas.unifoa.edu.br/index.php/cadernos/article/view/894/796>. Acesso em: 20 dez. 2021.

ANDERSON, P. Balanço do neoliberalismo. In: SADER, E.; GENTILI, P. (Org.). **Pós-neoliberalismo**: as políticas sociais e o Estado democrático. 10. ed. Rio de Janeiro: Paz e Terra, 2010. p. 9-23.

ANDRADE, J. B. T. de. Desenvolvimento sustentado e meio ambiente. In: CAPACITAÇÃO EM SERVIÇO SOCIAL E POLÍTICA SOCIAL. Brasília, DF: CEAD, 1999. Módulo 4: O trabalho da assistente social e as políticas sociais. p. 188-195.

ANTUNES, R. Introdução: a substância da crise. In: MÉSZÁROS, I. **A crise estrutural do capital**. São Paulo: Boitempo, 2011. p. 9-16.

ANTUNES, R. Crise capitalista contemporânea e as transformações no mundo do trabalho. In: CAPACITAÇÃO EM SERVIÇO SOCIAL E POLÍTICA SOCIAL. Brasília: CEAD, 1999. Módulo 1: Crise contemporânea, questão social e serviço social. p. 18-31.

ANTUNES, R. **Os sentidos do trabalho**: ensaio sobre a afirmação e a negação do trabalho. São Paulo: Boitempo, 2005.

ANTUNES, R.; ALVES, G. As mutações no mundo do trabalho na era da mundialização do capital. **Educação e Sociedade**, Campinas, v. 25, n. 87, p. 335-351, maio/ago. 2004. Disponível em: <https://www.nescon.medicina.ufmg.br/biblioteca/imagem/0184.pdf>. Acesso em: 20 dez. 2021.

BARATA, J. Etnias amazônicas: confrontos culturais e intercorrências no campo jurídico. **Serviço Social e Sociedade**, São Paulo, n. 133, p. 501-514, set./dez. 2018. Disponível em: <http://www.scielo.br/pdf/sssoc/n133/0101-6628-sssoc-133-0501.pdf>. Acesso em: 20 dez. 2021.

BARROCO, M. L. S. Barbárie e neoconservadorismo: os desafios do projeto ético-político. **Revista Serviço Social e Sociedade**, São Paulo, n. 106, p. 205-218, abr./jun. 2011.

BARROCO, M. L. S. Ética e serviço social: fundamentos ontológicos. 3. ed. São Paulo: Cortez, 2005.

BATISTA, P. N. **O Consenso de Washington**: a visão neoliberal dos problemas latino-americanos. 1994. Disponível em: <http://professor.pucgoias.edu.br/sitedocente/admin/arquivosUpload/17973/material/Consenso%20de%20Washington.pdf>. Acesso em: 20 dez. 2021.

BAPTISTA, M. V. Prática social/prática profissional: a natureza complexa das relações profissionais cotidianas. In: BAPTISTA, M. V.; BATTINI, O. (Org.). **A prática profissional do assistente social**: teoria, ação, construção do conhecimento. 2. ed. São Paulo: Veras, 2014. v. 1. p. 13-28.

BAUM, G. A modernidade: perspectiva sociológica. **Revista Concilium**, Petrópolis, n. 244, 1992.

BEHRING, E. R. **Brasil em contra-reforma**: desestruturação do Estado e perda de direitos. São Paulo: Cortez, 2003.

BILAR, J. A. B.; AMARAL, W. R. do. A temática indígena no Serviço Social; caminhos a trilhar na afirmação do compromisso ético-político da profissão. In: CONGRESSO INTERNACIONAL DE POLÍTICA SOCIAL E SERVIÇO SOCIAL, 3.; SEMINÁRIO NACIONAL DE TERRITÓRIO E GESTÃO DE POLÍTICAS SOCIAIS, 4.; CONGRESSO DE DIREITO À CIDADE E JUSTIÇA AMBIENTAL, 3., 2019, Londrina. **Anais**... Londrina: UEL, 2019. Disponível em: <https://www.congressoservicosocialuel.com.br/trabalhos2019/assets/46137d~1.pdf>. Acesso em: 20 dez. 2021.

BOÉTIE, E. de la. **O discurso da servidão voluntária ou O contra um**. 1563. Disponível em: <https://resistir.info/livros/discurso_da_servidao_voluntaria_etienne_de_la_boetie.pdf>. Acesso em: 20 dez. 2021.

BOGO, A. **Identidade e luta de classes**. São Paulo: Expressão Popular, 2008.

BONETTI, D. A. (Org.). **Serviço social e ética**: convite a uma nova práxis. São Paulo: Cortez, 2006.

BORGIANNI, E. de. Para entender o serviço social na área sociojurídica. **Serviço Social e Sociedade**, São Paulo, n. 115, p. 407-442, jul./set. 2013. Disponível em: <http://www.scielo.br/pdf/sssoc/n115/02.pdf>. Acesso em: 20 dez. 2021.

BOSCHETTI, I. Condições de trabalho e a luta dos(as) assistentes sociais pela jornada semanal de 30 horas. **Serviço Social e Sociedade**, São Paulo, n. 107, p. 557-584, jul./set. 2011. Disponível em: <http://www.scielo.br/scielo.php?script=sci_arttext&pid=S0101-66282011000300010>. Acesso em: 20 dez. 2021.

BOTELHO, I. Dimensões da cultura e políticas públicas. **São Paulo em Perspectiva**, São Paulo, v. 15, n. 2, p. 73-83, abr./jun. 2001. Disponível em: <http://www.scielo.br/scielo.php?script=sci_arttext&pid=S0102-88392001000200011>. Acesso em: 20 dez. 2021.

BOTTOMORE, T. **Dicionário do pensamento marxista**. 2. ed. Rio de Janeiro: J. Zahar, 2012.

BRAGA, R. **A política do precariado**: do populismo à hegemonia lulista. São Paulo: Boitempo, 2012. (Mundo do Trabalho).

BRANFORD, S. Devastação e resistência na transamazônica. **Revista Caros Amigos**, São Paulo, ano 16, n. 189, p. 10-14, dez. 2012.

BRASIL. Constituição da República Federativa do Brasil de 1988. **Diário Oficial da União**, Poder Legislativo, Brasília, DF, 5 out. 1988. Disponível em: <http://www.planalto.gov.br/ccivil_03/constituicao/constituicao.htm>. Acesso em: 20 dez. 2021.

BRASIL. Lei n. 8.662, de 7 de junho de 1993. **Diário Oficial da União**, Poder Legislativo, Brasília, DF, 8 jun. 1993. Disponível em: <http://www.planalto.gov.br/ccivil_03/leis/l8662.htm#:~:text=LEI%20No%208.662%2C%20DE,(Mensagem%20de%20veto).&text=O%20PRESIDENTE%20DA%20REP%C3%9ABLICA%20Fa%C3%A7o,as%20condi%C3%A7%C3%B5es%20estabelecidas%20nesta%20lei>. Acesso em: 20 dez. 2021.

BRASIL. Lei n. 9.394, de 20 de dezembro de 1996. **Diário Oficial da União,** Poder Legislativo, Brasília, DF, 23 dez. 1996. Disponível em: http://www.planalto.gov.br/ccivil_03/leis/l9394.htm. Acesso em: 20 dez. 2021.

BRASIL. Lei n. 9.795, de 27 de abril de 1999. **Diário Oficial da União,** Poder Legislativo, Brasília, DF, 28 abr. 1999. Disponível em: <http://www.planalto.gov.br/ccivil_03/leis/l9795.htm>. Acesso em: 20 dez. 2021.

BRASIL. Lei n. 12.305, de 2 de agosto de 2010. **Diário Oficial da União,** Poder Legislativo, Brasília, DF, 3 ago. 2010. Disponível em: <http://www.planalto.gov.br/ccivil_03/_ato2007-2010/2010/lei/l12305.htm>. Acesso em: 20 dez. 2021.

BRASIL. Lei n. 13.935 de 11 de dezembro de 2019. **Diário Oficial da União,** Poder Legislativo, Brasília, DF, 12 dez. 2019. Disponível em: <http://www.planalto.gov.br/ccivil_03/_ato2019-2022/2019/lei/L13935.htm>. Acesso em: 20 dez. 2021.

CAMPELLO, L. M. F. **Serviço social organizacional**: teoria e prática em empresa. São Paulo: Cortez, 1983.

CARVALHO NETO, C. T. de; BARROS, J. de M.; GAZOTTO, M. A. A docência em serviço social: espaço de atuação profissional. **Camine: Caminhos da Educação,** Franca, v. 3, n. 2, p. 1-16, 2011. Disponível em: <https://ojs.franca.unesp.br/index.php/caminhos/article/view/463/457>. Acesso em: 20 dez. 2021.

CARVALHO, I. C. de M. **Educação ambiental**: a formação do sujeito ecológico. São Paulo: Cortez, 2004.

CARVALHO, M. B. de; MARCELINO, C. A. da A. S. **Trabalho e sociabilidade**. Curitiba: InterSaberes, 2019. (Série Formação Profissional em Serviço Social).

CASTRO, M. M. **História do serviço social na América Latina**. 6. ed. São Paulo: Cortez, 2003.

CESAR, M. de J. A experiência do serviço social nas empresas. In: CAPACITAÇÃO EM SERVIÇO SOCIAL E POLÍTICA SOCIAL. Brasília, DF: CEAD, 1999. Módulo 2: reprodução social, trabalho e Serviço Social. p. 165-179.

CFESS – Conselho Federal de Serviço Social. **PL Educação é aprovado na Câmara dos Deputados e vai à sanção presidencial**. Brasília, 12 set. 2019. Disponível em: http://www.cfess.org.br/visualizar/noticia/cod/1619. Acesso em: 20 dez. 2021.

CFESS – Conselho Federal de Serviço Social. **Atuação de assistentes sociais no Sociojurídico**: subsídios para reflexão. Brasília, DF, 2014. Disponível em: <http://www.cfess.org.br/arquivos/CFESSsubsidios_sociojuridico2014.pdf>. Acesso em: 20 dez. 2021.

CFESS – Conselho Federal de Serviço Social. **CFESS Manifesta**: Dia da Luta Indígena. Brasília, 19 abr. 2012a. Disponível em: <http://www.cfess.org.br/arquivos/cfessmanifesta2012_lutaindigena-SITE.pdf>. Acesso em: 20 dez. 2021.

CFESS – Conselho Federal de Serviço Social. **Código de Ética do/a Assistente Social. Lei 8.662/93**. 10. ed rev. e atual. Brasília, 2012b. Disponível em: <http://www.cfess.org.br/arquivos/CEP_CFESS-SITE.pdf>. Acesso em: 20 dez. 2021.

CFESS – Conselho Federal de Serviço Social. **Serviço social na educação**. Brasília, DF, 2001. Disponível em: < http://www.cfess.org.br/arquivos/SS_na_Educacao(2001).pdf>. Acesso em: 20 dez. 2021.

CFESS – Conselho Federal de Serviço Social. **Subsídios para o debate sobre serviço social na educação**. Brasília, 2011. Disponível em: <http://cfess.org.br/arquivos/subsidios-servico-social-na-educacao.pdf>. Acesso em: 20 dez. 2021.

CHAGAS, H. **Degradação ambiental, globalização da economia e os limites do judiciário**. Disponível em: http://www.sedep.com.br/artigos/degradacao-ambiental-globalizacao-da-economia-e-os-limites-do-judiciario/. Acesso em: 20 dez. 2021.

CHAUI, M. A universidade operacional. **Revista Adunicamp – Desafios da Universidade Pública**, Campinas, ano 1, n. 1, p. 6-9, jun. 1999a.

CHAUI, M. **Brasil**: mito fundador e sociedade autoritária. 9. ed. São Paulo: Fundação Perseu Abramo, 2000.

CHAUI, M. **Convite à filosofia**. 12. ed. São Paulo: Ática, 1999b.

CHAUI, M. Sociedade brasileira: violência e autoritarismo por todos os lados (entrevista). **Revista Cult**, São Paulo, n. 209, ano 19, p. 8-17, fev. 2016.

CHESNAIS, F.; SERFATI, C. "Ecologia" e condições físicas da reprodução social: alguns fios condutores marxistas. **Crítica Marxista**, Campinas, n. 16, p. 1-40, 2003. Disponível em: <http://www.ifch.unicamp.br/criticamarxista/arquivos_biblioteca/artigo9539_merged.pdf>. Acesso em: 20 dez. 2021.

CHUAIRI, S. H. Assistência jurídica e serviço social: reflexões interdisciplinares. **Revista Serviço Social e Sociedade**, São Paulo, ano 22, n. 67, p. 124-144, 2001.

COSTA, M. H. M. da. A diferença entre as categorias alienação e estranhamento nos manuscritos econômico-filosóficos de Karl Marx de 1844. **Verinotio**, ano 2, n. 3, p. 1-7, out. 2005a. Disponível em: <http://www.verinotio.org/conteudo/0.5432116534032.pdf>. Acesso em: 20 dez. 2021.

COSTA, M. H. M. da. A exteriorização da vida nos escritos econômico-filosóficos de 1844. **Ensaios Ad Hominem**, São Paulo, n. 1, tomo IV, p. 165-212, 2001.

COSTA, M. H. M. da. Alienação e estranhamentos: categorias complementares ou contrapostas? In: COLÓQUIO MARX E ENGELS, 4., 2005, Campinas. **Anais**... Campinas: Centro de Estudos Marxistas (CeMARX); IFCH/Unicamp, 2005b. p. 199-215.

CRESS-MG – Conselho Regional de Serviço Social de Minas Gerais. **Contribuição para o exercício profissional de assistente social**: coletânea de Leis. Belo Horizonte, 2013.

CUNHA, E. P. Contribuição ao debate da questão social em Marx. In: MOLJO, C. B.; SANTOS, C. M. dos (Org.). **Serviço social e questão social**: implicações no mundo do trabalho e no exercício profissional do assistente social em Juiz de Fora. Juiz de Fora: Ed. da UFJF, 2014. p. 15-55.

CUNHA, R. S. **Manual de direito penal**: parte geral – arts. 1º ao 120. 8. ed. Salvador: JusPODIVM, 2020.

CUNHA JUNIOR, N. B. (Coord.). **Cartilha de gerenciamento de resíduos sólidos para a construção civil**. Belo Horizonte: Sinduscon, 2005.

DIAS, G. F. **Pegada ecológica e sustentabilidade humana**. São Paulo: Gaia, 2002.

DRUMMOND, J. A. Investimentos privados, impactos ambientais e qualidade de vida num empreendimento mineral amazônico: o caso da mina de manganês de Serra do Navio (Amapá). **História, Ciências, Saúde**, Manguinhos, v. 6, p. 753-792, set. 2000. Disponível em: <http://www.scielo.br/scielo.php?script=sci_arttext&pid=S0104-59702000000500002>. Acesso em: 20 dez. 2021.

DUARTE, J. L. do N. Resistência e formação no serviço social: ação política das entidades organizativas. **Revista Serviço Social e Sociedade**, São Paulo, n. 154, p. 161-178, jan./abr. 2019. Disponível em: <https://www.scielo.br/j/sssoc/a/VMN7ZczLZ3gKWRGBzHRnkdc/?format=pdf&lang=pt>. Acesso em: 20 dez. 2021

ELY, F. R. Serviço social e interdisciplinaridade. **Revista Katálysis**, v. 6, n. 1, Florianópolis, p. 113-117, jan./jun. 2003. Disponível em: <https://periodicos.ufsc.br/index.php/katalysis/article/view/7123/6625>. Acesso em: 20 dez. 2021.

ENGELS, F. Esboço de uma crítica da economia política. 1844. Tradução de Ronaldo Vielmi. **Verinotio – Revista Online de Filosofia e Ciências Humanas**, Rio das Ostras, ano XV, v. 26, n. 2, p. 263-287, jul./dez. 2020. Disponível em: <http://www.verinotio.org/sistema/index.php/verinotio/article/view/589/500>. Acesso em: 20 dez. 2021.

FAUSTO, B. **História do Brasil**. 2. ed. São Paulo: Edusp, 1995.

FÁVERO, E. Serviço social no sociojurídico: requisições conservadoras e resistências na defesa de direitos. **Serviço Social e Sociedade**, São Paulo, n. 131, p. 51-74, jan./abr. 2018. Disponível em: <http://www.scielo.br/pdf/sssoc/n131/0101-6628-sssoc-131-0051.pdf>. Acesso em: 20 dez. 2021.

FERREIRA, N. J.; ROMANELLI, P. C. da S.; VERONEZE, R. T. Serviço Social e a interface com a Educação. In: ENCONTRO NACIONAL DE PESQUISADORES EM SERVIÇO SOCIAL (ENPESS), 14., 2014, Natal. **Anais**... Natal, 2014.

FOSTER, J. B. **A ecologia de Marx**: materialismo e natureza. Rio de Janeiro: Civilização Brasileira, 2005.

FRANCISCO, E. A.; BITTENCOURT, L. Afeto e arte como forma de resistência. In: MARTINELLI, M. L. et al. **A história oral na pesquisa em serviço social**: da palavra ao texto. São Paulo: Cortez, 2019. p. 195-212.

FRANCO, M. S. de C. **Homens livres na ordem escravocrata**. 4. ed. São Paulo: Ed. da Unesp, 1997.

FRANCO, T.; DRUCK, G.; SELIGMAN-SILVA, E. As novas relações de trabalho, o desgaste mental do trabalhador e os transtornos mentais no trabalho precarizado. **Revista Brasileira de Saúde Ocupacional**, São Paulo, v. 35, n. 122, jul./dez. 2010. Disponível em: <http://www.scielo.br/scielo.php?script=sci_arttext&pid=S0303-76572010000200006>. Acesso em: 20 dez. 2021.

FREDERICO, C. **Marx, Lukács**: a arte na perspectiva ontológica. Natal: EDUFRN, 2005.

FREIRE, L. M. de B. **O serviço social na reestruturação produtiva**: espaços, programas e trabalho profissional. 2. ed. São Paulo: Cortez, 2006.

FUKUYAMA, F. **O fim da história e o último homem**. São Paulo: Rocco, 1999.

GENTILLI, R. **Representações e práticas**: identidade e processo de trabalho no serviço social. 2. ed. São Paulo: Veras, 2006.

GIOMETTI, A. B. dos R.; SILVA, T. P. da. O serviço social frente a questão socioambiental: reflexões acerca do trabalho profissional. In: CONGRESSO INTERNACIONAL DE POLÍTICA SOCIAL E SERVIÇO SOCIAL, 2.; SEMINÁRIO NACIONAL DE TERRITÓRIO E GESTÃO DE POLÍTICAS SOCIAIS, 3.; CONGRESSO DE DIREITO À CIDADE E JUSTIÇA AMBIENTAL, 2., 2017, Londrina. **Anais**... Londrina: UEL, 2017. Disponível em: <https://www.congressoservicosocialuel.com.br/anais/2017/assets/128205.pdf>. Acesso em: 20 dez. 2021.

GLOBAL Wealth Report: riqueza global aumenta 2,6%, impulsionada por EUA e China, apesar da tensão comercial. **Credit Suisse**. Disponível em: <https://www.cshg.com.br/publico/conteudo/global_wealth_report_201910>. Acesso em: 20 dez. 2021.

GOMES, N. A. **Serviço social e interdisciplinaridade**: confluências e desafios. Belo Horizonte: CRESS-MG, 2016.

GORENDER, J. **O escravismo colonial**. 4. ed. São Paulo: Fundação Perseu Abramo, 2010.

GRAMSCI, A. **Maquiavel, a política e o Estado moderno**. Rio de Janeiro: Civilização Brasileira, 1976.

GRAMSCI, A. **Os intelectuais e a organização da cultura**. Rio de Janeiro: Civilização Brasileira, 1979.

GRANEMANN, S. Processos de trabalho e serviço social. In: CAPACITAÇÃO EM SERVIÇO SOCIAL E POLÍTICA SOCIAL. Brasília: CEAD, 1999. Módulo 2: Crise contemporânea, questão social e Serviço Social. p. 153-166.

GUERRA, Y. **A instrumentalidade do serviço social**. 3. ed. São Paulo: Cortez, 2002.

GUERRA, Y. Instrumentalidade no trabalho do assistente social. In: CAPACITAÇÃO EM SERVIÇO SOCIAL E POLÍTICA SOCIAL. Brasília: CEAD, 2000. Módulo 4: o trabalho do assistente social e as políticas públicas. p. 51-63.

HARVEY, D. **Cidades rebeldes**: do direito à cidade à revolução urbana. São Paulo: M. Fontes, 2014.

HARVEY, D. **Condição pós-moderna**: uma pesquisa sobre as origens da mudança cultural. 18. ed. São Paulo: Loyola, 2009.

HARVEY, D. **O enigma do capital e as crises do capitalismo**. São Paulo: Boitempo, 2011.

HELLER, A. **A filosofia radical**. São Paulo: Brasiliense, 1983.

HELLER, A. **O cotidiano e a história**. São Paulo: Paz e Terra, 2004.

HELLER, A. **Para mudar a vida**: felicidade, liberdade e democracia. São Paulo: Brasiliense, 1982. Entrevista concedida a Ferdinando Adornato.

HELOANI, R. **Organização do trabalho e administração**: uma visão multidisciplinar. 5. ed. São Paulo: Cortez, 2006.

IAMAMOTO, M. V. **O serviço social na contemporaneidade**: trabalho e formação profissional. 8. ed. São Paulo: Cortez, 2005.

IAMAMOTO, M. V. O trabalho do assistente social frente às mudanças do padrão de acumulação e de regulação social. In: CAPACITAÇÃO EM SERVIÇO SOCIAL E POLÍTICA SOCIAL. Brasília: CEAD, 1999. Módulo 1: Crise contemporânea, questão social e serviço social. p. 111-128.

IAMAMOTO, M. V. **Renovação e conservadorismo no serviço social**: ensaios críticos. São Paulo: Cortez, 2004.

IAMAMOTO, M. V. **Serviço social em tempo de capital fetiche**: capital financeiro, trabalho e questão social. 3. ed. São Paulo: Cortez, 2008.

IAMAMOTO, M. V. **Trabalho e indivíduo social**. 2. ed. São Paulo: Cortez, 2006.

IANNI, O. **A ideia do Brasil moderno**. São Paulo: Brasiliense, 2004.

IASI, M. L. **Ensaios sobre consciência e emancipação**. São Paulo: Expressão Popular, 2011.

IBGE – Instituto Brasileiro de Geografia e Estatística. **Censo Demográfico 2010**. Rio de Janeiro, 2011. Disponível em: <https://biblioteca.ibge.gov.br/visualizacao/periodicos/93/cd_2010_caracteristicas_populacao_domicilios.pdf>. Acesso em: 20 dez. 2021.

IBGE – Instituto Brasileiro de Geografia e Estatística. **Pesquisa Nacional por Amostra de Domicílios (PNAD) 2019**. Rio de Janeiro, 2020. Disponível em: <https://biblioteca.ibge.gov.br/visualizacao/livros/liv101707_informativo.pdf>. Acesso em: 20 dez. 2021.

IBRAM – Instituto Brasileiro de Mineração. **Relatório do setor de mineração – 2020**. Brasília DF: IBRAM, 2020.

INDÍGENAS acusam Bolsonaro de "genocídio, etnocídio e ecocídio". **Euronews**, 18 jan. 2020. Disponível em: <https://pt.euronews.com/2020/01/18/indigenas-acusam-bolsonaro-de-genocidio-etnocidio-e-ecocidio?fbclid=IwAR3vvQK6pcUuwWI_sODKoc7F8gZJ2ysybrcXsqw9dPKLoZFIntTNYvstn_g>. Acesso em: 20 dez. 2021.

KOMEYAMA, N. Filantropia empresarial e entidades da sociedade civil. In: CAPACITAÇÃO EM SERVIÇO SOCIAL E POLÍTICA SOCIAL. Brasília: CEAD, 1999. Módulo 4: O trabalho do assistente social e as políticas social. p. 198-213.

KONDER, L. **Marx**: vida e obra. 7. ed. São Paulo: Paz e Terra, 2011. (Coleção Vida & Obra).

KONDER, L. **Os sofrimentos do "homem burguês"**. São Paulo: Senac, 2000. (Coleção Livre Pensar, v. 2).

LEFEBVRE, H. **Marxismo**. Porto Alegre: L&PM, 2009. (Coleção L&PM Pocket, v. 784).

LÊNIN, V. I. **O desenvolvimento do capitalismo na Rússia**: o processo de formação do mercado interno para a grande indústria. Tradução de José Paulo Netto. Revisão de Paulo Bezerra. São Paulo: Abril Cultural, 1982.

LESSA, S. O processo de produção/reprodução social: trabalho e sociabilidade. In: CAPACITAÇÃO EM SERVIÇO SOCIAL E POLÍTICA SOCIAL. Brasília: CEAD, 1999. Módulo 2: Crise contemporânea, questão social e serviço social. p. 19-33.

LIMA, C. P. et al. Psicologia e serviço social: parcerias possíveis com a educação. **Revista Quadrimestral da Associação Brasileira de Psicologia Escolar e Educacional**, São Paulo, v. 19, n. 1, p. 193-196, jan./abr. 2015. Disponível em: <http://www.scielo.br/pdf/pee/v19n1/2175-3539-pee-19-01-00193.pdf>. Acesso em: 20 dez. 2021.

LÖWY, M. A alternativa ecossocialista. **Revista Caros Amigos**, São Paulo, ano 18, n. 73, p. 38-39, abr. 2015.

LÖWY, M. A teoria do desenvolvimento desigual e combinado. **Actuel Marx**, n. 18, out. 1995. Disponível em: <http://www.afoiceeomartelo.com.br/posfsa/Autores/Lowy,%20Michael/a%20teoria%20do%20desenvolvimento%20desigual%20e%20combinado.pdf>. Acesso em: 20 dez. 2021.

LUCENA, J. P. F. O assistente social e a política de cultura: reflexões sobre a inserção do profissional do Serviço Social. In: JORNADA INTERNACIONAL POLÍTICAS PÚBLICAS, 7., 2015, São Luís. **Anais**... São Luís: UFMA, 2015. Disponível em: <http://www.joinpp.ufma.br/jornadas/joinpp2015/pdfs/eixo5/o-assistente-social-e-a-politica-de-cultura-reflexoes-sobre-a-insercao-do-profissional-de-servico-social.pdf>. Acesso em: 20 dez. 2021.

LUKÁCS, G. **As bases ontológicas do pensamento e da atividade do homem**. 1978. Disponível em: <http://www.gestaoescolar.diaadia.pr.gov.br/arquivos/File/sem_pedagogica/fev_2009/bases_ontologicas_pensamento_atividade_homem_lukacs.pdf>. Acesso em: 20 dez. 2021.

LYOTARD, J.-F. **A condição pós-moderna**. Rio de Janeiro: J. Olympio, 2000.

MACHADO, L. A. R. **Ethos profissional**: hegemonia possível. São Paulo: Cultura Acadêmica, 2012.

MALAGODI, E. A correspondência de Marx com Vera Sassulitch. **Revista Raízes**, v. 22, n. 2, p. 10-14, jul./dez. 2003. Disponível em: <http://raizes.revistas.ufcg.edu.br/index.php/raizes/article/view/216>. Acesso em: 20 dez. 2021.

MARCO, P. S. de. Orçamento participativo: lócus do fazer político-pedagógico. In: CAPACITAÇÃO EM SERVIÇO SOCIAL E POLÍTICA SOCIAL. Brasília, DF: CEAD, 1999. Módulo 4: o trabalho do assistente social e as políticas sociais. p. 152-161.

MARQUES, S.; OLIVEIRA, T. Educação, ensino e docência: reflexões e perspectivas. **Revista Reflexão e Ação**, Santa Cruz do Sul, v. 24, n. 3, p. 189-211, set./dez. 2016. Disponível em: <https://online.unisc.br/seer/index.php/reflex/article/view/7346>. Acesso em: 20 dez. 2021.

MARTINELLI, M. L. A pergunta pela identidade profissional do serviço social: uma matriz de análise. **Serviço Social e Saúde**, Campinas, v. 12, n. 2 (16), p. 145-156, jul./dez. 2013. Disponível em: <https://periodicos.sbu.unicamp.br/ojs/index.php/sss/article/view/8639491/7064>. Acesso em: 20 dez. 2021.

MARTINELLI, M. L. História oral: exercício democrático da palavra. In: MARTINELLI, M. L. et al. **A história oral na pesquisa em serviço social**: da palavra ao texto. São Paulo: Cortez, 2019. p. 27-39.

MARTINELLI, M. L. **Serviço social**: identidade e alienação. 8. ed. São Paulo: Cortez, 2003.

MARTINELLI, M. L.; ON, M. L. R.; MUCHAIL, S. T. (Org.). **O uno e o múltiplo nas relações entre as áreas do saber**. 3. ed. São Paulo: Cortez, 2001.

MARTINS, E. B. C. O serviço social no âmbito da política educacional: dilemas e contribuições da profissão na perspectiva do projeto ético-político. In: SILVA, M. M. J. da (Org.). **Serviço social na educação**: teoria e prática. Campinas: Papel Social, 2012. p. 33-54.

MARTINS, J. de S. **Uma sociologia da vida cotidiana**: ensaios na perspectiva de Florestan Fernandes, de Wright e de Henrí Lefebvre. São Paulo: Contexto, 2014.

MARTINS, E. B. C.; ALMEIDA, N. L. T. de (Org.). **Anais do I Seminário Internacional de Serviço Social na Educação**; V Fórum Serviço Social na Educação do GEPESSE: a Educação e o Serviço Social no Contexto de Crise do Capital; III Encontro do Grupo de Pesquisas e Estudos sobre o Serviço Social na Área da Educação (GEPESSE). Franca: Unesp, 2019. Disponível em: <https://www.franca.unesp.br/Home/Publicacoes/final-jul_2019_seminario-internacional-de-servico-social-na-educacao-anais-profa-eliana-1.pdf>. Acesso em: 20 dez. 2021.

MARTINS, E. B. C.; SOARES, N.; ALMEIDA, N. L. T. de (Org.). **Anais do III Fórum Serviço Social na Educação**: experiências profissionais do serviço social em diferentes níveis e modalidades da política de educação. Franca: Unesp-FCHS, 2016a. Disponível em: <https://www.franca.unesp.br/Home/Publicacoes/iiiforumdessona-educacao.pdf>. Acesso em: 20 dez. 2021.

MARTINS, E. B. C.; SOARES, N.; ALMEIDA, N. L. T. de (Org.). **Anais do IV Fórum Serviço Social na Educação**: política de educação e o mundo do trabalho "movimentos e resistências". Franca: Unesp, 2016b. Disponível em: <https://www.franca.unesp.br/Home/Publicacoes/iv-forum-sso-na-educacao.pdf>. Acesso em: 20 dez. 2021.

MARX, K. **Formação econômica pré-capitalista**. 7. ed. Tradução de João Maia. São Paulo: Paz e Terra, 2011a.

MARX, K. **Grundrisse**: manuscritos econômicos de 1857-1858, esboço da crítica da economia política. São Paulo: Boitempo; Rio de Janeiro: Ed. da UFRJ, 2011b.

MARX, K. **Manuscritos econômico-filosóficos**. São Paulo: Boitempo, 2004.

MARX, K. **O 18 Brumário e cartas a Kugelmann**. 7. ed. Rio de Janeiro: Paz e Terra, 2002.

MARX, K. **O capital**: crítica da economia política – o processo global da produção capitalista. São Paulo: Boitempo, 2017. Livro III: Edição de Friedrich Engels.

MARX, K. **O capital**: crítica da economia política. 24. ed. Rio de Janeiro: Civilização Brasileira, 2006. Livro I. v. I.

MARX, K. **Para a crítica da economia política**. São Paulo: Nova Cultural, 2005. (Coleção Os Pensadores).

MARX, K.; ENGELS, F. **A ideologia alemã**: crítica da novíssima filosofia alemã em seus representantes Feuerbach, Bruno Bauer e Stirner, e do socialismo alemão em seus diferentes profetas. Rio de Janeiro: Civilização Brasileira, 2007.

MATOS, M. C. **Assessoria, consultoria, auditoria, supervisão técnica**. Disponível em: <http://www.cressrn.org.br/files/arquivos/ZK2736DP7w8MI96Qb63f.pdf>. Acesso em: 20 dez. 2021.

MATOS, M. C. Assessoria e consultoria: reflexões para o serviço social. In: BRAVO, M. I. S.; MATTOS, M. C. (Org.). **Assessoria, consultoria e serviço social**. Rio de Janeiro: 7 Letras; Faperj, 2006.

MATTAR, J. **Metodologia científica na era da informática**. São Paulo: Saraiva, 2008.

MELO, A. I. C. de; ALMEIDA, G. E. S. de. Interdisciplinaridade: possibilidade e desafios para o trabalho profissional. In: CAPACITAÇÃO EM SERVIÇO SOCIAL E POLÍTICA SOCIAL. Brasília: CEAD, 1999. Módulo 4: crise contemporânea, questão social e Serviço Social. p. 225-239.

MENDES, J. M. R. **Tendências teóricas, epistemológicas e metodológicas para a formação profissional do assistente social no Brasil**. Disponível em: <http://ts.ucr.ac.cr/binarios/congresos/reg/slets/slets-018-005.pdf>. Acesso em: 20 dez. 2021.

MENDES, R. de C. L. de O. **O social e ambiental na lógica do capitalismo**. Franca: Ed. da Unesp, 2009.

MÉSZÁROS, I. **A montanha que devemos conquistar**: reflexões acerca do Estado. São Paulo: Boitempo, 2015.

MÉSZÁROS, I. **Produção destrutiva e estado capitalista**. São Paulo: Ensaio, 1989.

MINAS GERAIS. Lei n. 16.683, de 10 de janeiro de 2007. Belo Horizonte, 10 jan. 2007. Disponível em: <https://leisestaduais.com.br/mg/lei-ordinaria-n-16683-2007-minas-gerais-autoriza-o-poder-executivo-a-desenvolver-acoes-de-acompanhamento-social-nas-escolas-da-rede-pubica-de-ensino-do-estado>. Acesso em: 20 dez. 2021.

MONTAÑO, C.; DURIGUETTO, M. L. **Estado, classe e movimento social**. São Paulo: Cortez, 2010. (Biblioteca Básica do Serviço Social, v. 5).

MOTA, A. E. **O feitiço da ajuda**: as determinações do serviço social na empresa. 6. ed. São Paulo: Cortez, 2010.

NABUCO, A. Por um novo mundo, sem capitalismo – Entrevista com Michael Löwy. **Revista Caros Amigos**, São Paulo, ano 18, n. 211, p. 16-20, out. 2014.

NAGOYA, O. Não teremos mais paz econômica. **Caros Amigos**, São Paulo, ano 16, n. 184, p. 20-22, jul. 2012.

NASSIF, A. Estratégias de desenvolvimento em países de industrialização retardatária: modelos teóricos, a experiência do Leste Asiático e lições para o Brasil. **Revista do BNDES**, Rio de Janeiro, v. 12, n. 23, p. 138-176, jun. 2005. Disponível em: <https://web.bndes.gov.br/bib/jspui/bitstream/1408/11457/2/RB%2023%20Estrat%C3%A9gias%20de%20Desenvolvimento%20em%20Pa%C3%ADses%20de%20Industrializa%C3%A7%C3%A3o%20Retardat%C3%A1ria_Modelos%20Te%C3%B3ricos_P_BD.pdf>. Acesso em: 20 dez. 2021.

NETTO, J. P. **A construção do projeto ético-político do serviço social**. 2017. Disponível: <http://www.ssrede.pro.br/wp-content/uploads/2017/07/projeto_etico_politico-j-p-netto_.pdf>. Acesso em: 20 dez. 2021.

NETTO, J. P. **Capitalismo e reificação**. São Paulo: Ciências Humanas, 1981.

NETTO, J. P. **Ditadura e serviço social**: uma análise do serviço social no Brasil pós-64. 8. ed. São Paulo: Cortez, 2005a.

NETTO, J. P. **Capitalismo monopolista e serviço social**. 4. ed. São Paulo: Cortez, 2005b.

NETTO, J. P. Cinco notas a propósito da "questão social". **Revista Temporalis**, Brasília, ano 2, n. 3, p. 41-49, jan./jul. 2001.

NETTO, J. P. **Crise do socialismo e ofensiva neoliberal**. 4. ed. São Paulo: Cortez, 2007. (Coleção Questões da Nossa Época, v. 20).

NETTO, J. P. Transformações societárias e serviço social – notas para uma análise prospectiva da profissão no Brasil. **Revista Serviço Social e Sociedade**, São Paulo, ano XVII, n. 50, p. 87-132, abr. 1996.

NETTO, J. P.; BRAZ, M. **Economia política**: uma introdução crítica. 2. ed. São Paulo: Cortez, 2007. (Biblioteca Básica do Serviço Social, v. 1).

NOGUEIRA NETO, W. Judicialização da questão social: desafios e tensões na garantia dos direitos. In: SEMINÁRIO NACIONAL: O SERVIÇO SOCIAL NO CAMPO SOCIOJURÍDICO NA PERSPECTIVA DA CONCRETIZAÇÃO DE DIREITOS, 2., 2012, Brasília. **Anais**... Brasília: CFESS, 2012. p. 22-55. Disponível em: <http://www.cfess.org.br/arquivos/SEM_SS_SOCIOJURIDICO-CFESS.pdf>. Acesso em: 20 dez. 2021.

NUNES, L. S. A questão socioambiental e a atuação do assistente social. **Revista Textos e Contextos**, Porto Alegre, v. 12, n. 1, p. 196-212, jan./jun. 2013. Disponível em: <http://revistaseletronicas.pucrs.br/ojs/index.php/fass/article/viewFile/13337/9623>. Acesso em: 20 dez. 2021.

QUINTÃO, A. **Acompanhamento social na educação**. Belo Horizonte, 2013. Disponível em: <https://www.andrequintao.com.br/wp-content/uploads/2013/05/cartilha_acompanhamentosocial.pdf>. Acesso em: 21 out. 2021.

OLIVEIRA, C. A. H. da S. Prefácio. In: MARTINS, E. B. C.; ALMEIDA, N. L. T. de. **Anais do IV Fórum Serviço Social na Educação**: política de educação e o mundo do trabalho "movimentos e resistências". Franca: UNESP, 2016. Disponível em: <https://www.franca.unesp.br/Home/Publicacoes/iv-forum-sso-na-educacao.pdf>. Acesso em: 20 dez. 2021.

OLIVEIRA, M. B. S. **Os desafios socioambientais na "nova" questão urbana**: as perspectivas da política de educação ambiental no município de Rio das Ostras. Trabalho de Conclusão de Curso (Graduação em Serviço Social) – Universidade Federal Fluminense, Rio das Ostras, 2013.

OLIVEIRA, R. N. da C.; ROSA, L. C. dos S.; POMPEU, J. R. A. Serviço social no contexto indígena: as transformações societárias e os desafios da profissão. **Revista O Social em Questão**, ano 18, n. 33, p. 371-392, 2015. Disponível em: <http://osocialemquestao.ser.puc-rio.br/media/OSQ_33_SL3_Oliveira_Rosa_Pompeu.pdf>. Acesso em: 20 dez. 2021.

OUTHWAITE, W.; BOTTOMORE, T. **Dicionário do pensamento social do século XX**. Rio de Janeiro: J. Zahar, 1996.

PAZ, R. D. O. As organizações não governamentais e o trabalho do assistente social. In: CAPACITAÇÃO EM SERVIÇO SOCIAL E POLÍTICA SOCIAL. Brasília, DF: CEAD, 1999. Módulo 2: reprodução social, trabalho e serviço social. p. 168-180.

PEDROSO, K.; CERUTI, F. C. Programa de gerenciamento de resíduos sólidos urbanos: uma proposta para pequenos municípios brasileiros. In: SEMANA DE ENGENHARIA AMBIENTAL, 7., 2009, Irati. **Anais**... Irati, 2009.

PEREIRA, P. A. P. **Estado, sociedade e esfera pública**. Disponível em: <http://cressrn.org.br/files/arquivos/8jWy8e5p39eA46R2v6H9.pdf>. Acesso em: 20 dez. 2021.

PEREIRA, R. M. **Terceiro setor e religião**: caridade, ética e direito na construção da cidadania. Curitiba: Juruá, 2011.

PERSICH, J. C.; SILVEIRA, D. D. da. Gerenciamento de resíduos sólidos: a importância da educação ambiental no processo de implantação da coleta seletiva de lixo – o caso de Ijuí/RS. **REGET**, v. 4, n. 4, p. 416-426, out. 2011. Disponível em: <https://periodicos.ufsm.br/reget/article/view/3858/2264>. Acesso em: 20 dez. 2021.

PESTANA, A. B. Cultura como prática de cidadania: uma perspectiva ampliada do conceito. **Serviço Social em Revista**, Londrina, v. 13, n. 2, p. 85-103, jan./jun. 2011. Disponível em: <https://www.uel.br/revistas/uel/index.php/ssrevista/article/view/7779/9109>. Acesso em: 20 dez. 2021.

PRADO, A. C. S. **A questão ambiental e a proposta de um desenvolvimento sustentável**: metamorfoses do mundo do trabalho e os catadores de material recicláveis. Trabalho de Conclusão de Curso (Especialização em Gestão Ambiental e Desenvolvimento Sustentável) – Centro Universitário da Fundação Educacional Guaxupé, Guaxupé, 2013.

PRADO, A. C. S.; MENDES, R. de C. L. de O. Projeto de Pesquisa e Extensão Visão e a Proposta do Trabalho Socioambiental em Guaxupé. In: SEMANA DE SERVIÇO SOCIAL DO UNIFEG, 8., 2011, Guaxupé. **Anais**... Guaxupé, 2011.

PRATES, J. C. A questão dos instrumentais técnicos-operativos numa perspectiva dialética crítica de inspiração marxiana. **Revista Textos e Contextos**, Porto Alegre, ano II, n. 2, p. 1-8, dez. 2003. Disponível em: <http://revistaseletronicas.pucrs.br/ojs/index.php/fass/article/viewFile/948/728>. Acesso em: 20 dez. 2021.

PRIMI, L. E o chão se abriu. **Revista Caros Amigos**, São Paulo, ano 18, n. 214, p. 24-28, abr. 2015.

PRIMI, L. Impactos das mudanças climáticas. **Revista Caros Amigos**, São Paulo, ano 18, n. 72, p. 16-19, dez. 2014.

RAICHELIS, R.; ARREGUI, C. O trabalho no fio da navalha: nova morfologia no serviço social em tempos de devastação e pandemia. **Serviço Social e Sociedade**, São Paulo, n. 140, p. 134-152, jan./abr., 2021. Disponível em: <https://www.scielo.br/scielo.php?pid=S0101-66282021000100134&script=sci_abstract&tlng=pt>. Acesso em: 20 dez. 2021.

RAICHELIS, R. O assistente social como trabalhador assalariado: desafios frente às violações de seus direitos. **Serviço Social e Sociedade**, São Paulo, n. 107, p. 420-437, jul./set. 2011. Disponível em: <http://www.scielo.br/scielo.php?script=sci_arttext&pid=S0101-66282011000300003>. Acesso em: 20 dez. 2021.

ROUANET, S. P. **Mal-estar na modernidade**. São Paulo: Companhia das Letras, 1993.

SÁ, J. L. M. de (Org.). **Serviço social e interdisciplinaridade**: dos fundamentos filosóficos à prática interdisciplinar no ensino, pesquisa e extensão. 7. ed. São Paulo: Cortez, 2008.

SAAD FILHO, A. Crise no neoliberalismo ou crise do liberalismo. **Crítica e Sociedade: Revista de Cultura Política**, Uberlândia, v. 1, n. 3, p. 6-19, 2011.

SACRISTÁN, J. G. **A educação que ainda é possível**: ensaios sobre uma cultura para a educação. Porto Alegre: Artmed, 2007.

SÁNCHEZ VÁZQUEZ, A. **Ética**. 29. ed. Rio de Janeiro: Civilização Brasileira, 2007.

SANTOS, A. M. dos. **A política de educação no Brasil**: implantação do serviço social escolar. Disponível em: <https://meuartigo.brasilescola.uol.com.br/educacao/a-politica-educacao-no-brasil-implantacao-servico-.htm>. Acesso em: 20 dez. 2021.

SANTOS, B. de S. **Pela mão de Alice**: o social e o político na pós-modernidade. São Paulo: Cortez, 1995.

SANTOS, C. M. dos. **Na prática a teoria é outra?** Mitos e dilemas na relação entre teoria, prática, instrumentos e técnicas no serviço social. 2. ed. Rio de Janeiro: Lumen Juris, 2012.

SÃO PAULO (Estado). Defensoria Pública do Estado de São Paulo. Vamos falar sobre a saúde das mulheres negras? Mulheres negras, acesso à saúde e racismo. **Cartilha voltada para mulheres negras e população geral**. São Paulo: DPESP, 2020. Disponível em: <https://www.defensoria.sp.def.br/dpesp/repositorio/39/cartilha_SaudeMulheresNegras_Internet.pdf>. Acesso em: 20 dez. 2021.

SAUER, M.; RIBEIRO, E. M. Meio ambiente e serviço social: desafios ao exercício profissional. **Textos e Contextos**, Porto Alegre, v. 11, n. 2, p. 390-398, ago./dez. 2012. Disponível em: <http://revistaseletronicas.pucrs.br/ojs/index.php/fass/article/viewFile/12585/8650>. Acesso em: 20 dez. 2021.

SAVIANI, D. **O futuro da universidade entre o possível e o desejável**. 10 nov. 2009. Disponível em: <http://www.gr.unicamp.br/ceav/revista/content/pdf/o_futuro_da_universidade_dermeval_saviani.pdf>. Acesso em: 20 dez. 2021.

SCHERER, G. A. **Serviço social e arte**: juventudes e direitos humanos em cena. São Paulo: Cortez, 2013.

SERRA, R. M. S. **Crise de materialidade no serviço social**: repercussões no mercado profissional. São Paulo: Cortez, 2000.

SEVERINO, A. J. **Metodologia do trabalho científico**. 22. ed. São Paulo: Cortez, 2007.

SILVA, A. A. da. As relações Estado-sociedade e as formas de regulação social. In: CAPACITAÇÃO EM SERVIÇO SOCIAL E POLÍTICA SOCIAL. Brasília: CEAD, 1999. Módulo 2: Crise contemporânea, questão social e serviço social. p. 55-71.

SILVA, E. C. de A. Povos indígenas e o direito à terra na realidade brasileira. **Revista Serviço Social e Sociedade**, São Paulo, n. 133, p. 480-500, set./dez. 2018. Disponível em: <http://www.scielo.br/pdf/sssoc/n133/0101-6628-sssoc-133-0480.pdf>. Acesso em: 20 dez. 2021.

SILVA, J. F. S. da. Serviço social e tendências teóricas atuais. **Revista Katálysis**, Florianópolis, v. 20, n. 1, p. 65-74, jan./abr. 2017. Disponível em: <http://www.scielo.br/pdf/rk/v20n1/1414-4980-rk-20-01-00067.pdf>. Acesso em: 20 dez. 2021.

SILVA, M. das G. **Questão ambiental e desenvolvimento sustentável**: um desafio ético-político ao serviço social. São Paulo: Cortez, 2010.

SILVA, M. M. J. da (Org.). **Serviço social na educação**: teoria e prática. Campinas: Papel Social, 2012.

SIMIONATTO, I. **Gramsci**: sua teoria, incidência no Brasil, influência no serviço social. 4. ed. São Paulo: Cortez, 2011.

SIMÕES, C. **Curso de Direito do Serviço Social**. 2. ed. São Paulo: Cortez, 2008. (Biblioteca Básica de Serviço Social, v. 3).

SINDIQUIMICA – Sindicato dos trabalhadores na Indústria Petroquímica de Duque de Caxias. **O que é reestruturação produtiva?** Duque de Caxias, [S.d.].

SOARES SANTOS, J. **"Questão social"**: particularidades no Brasil. São Paulo: Cortez, 2012. (Coleção Biblioteca Básica de Serviço Social, v. 6).

STANDING, G. **O precariado**: a nova classe perigosa. Belo Horizonte: Autêntica, 2014a.

STANDING, G. O precariado e a luta de classe. **Revista Crítica de Ciências Sociais**, Coimbra, n. 103, p. 9-24, maio 2014b. Disponível em: <https://rccs.revues.org/5521>. Acesso em: 20 dez. 2021.

SWEEZY, P. M. **Teoria do desenvolvimento capitalista**: princípios de economia política marxista. São Paulo: Abril Cultural, 1983. (Coleção Os Economistas).

TEIXEIRA, J. B.; BRAZ, M. **O projeto ético-político do serviço social**. Disponível em: <http://www.abepss.org.br/arquivos/anexos/teixeira-joaquina-barata_-braz-marcelo-201608060407431902860.pdf>. Acesso em: 20 dez. 2021.

TORRES, A. A. Direitos humanos e sistema penitenciário brasileiro: desafios ético e político do serviço social. **Revista Serviço Social e Sociedade**, São Paulo, ano 22, n. 67, p. 76-92, 2001.

TROTSKY, L. **A história da revolução russa**. 2. ed. São Paulo: Paz e Terra, 1977. v. 1.

VALDERRAMAS, G. da S. et al. **Consciência ética e política de preservação do meio ambiente**: caminhos para o desenvolvimento sustentável. Guaxupé: Prelo, 2019.

VARGAS, H. C.; RIBEIRO, H. (Org.). **Novos instrumentos de gestão ambiental urbana**. São Paulo: Edusp, 2004.

VERONEZE, R. T. **"Liberdade ainda que tardia"**: Agnes Heller e a teoria das "necessidades radicais" frente à devassa da devassa brasileira. Tese (Doutorado em Serviço Social) – Pontifícia Universidade Católica de São Paulo, São Paulo, 2018.

VERONEZE, R. T. **Agnes Heller, indivíduo e ontologia social**: fundamentos para a consciência ética e política do ser social. Dissertação (Mestrado em Serviço Social) – Pontifícia Universidade Católica de São Paulo, São Paulo, 2013.

VERONEZE, R. T. O assistente social e a interdisciplinaridade: a arte, um elo entre as correntes do saber. In: SIMPÓSIO MINEIRO DE ASSISTENTES SOCIAIS – NAS TRILHAS DOS DIREITOS HUMANOS PARA COMBATER AS DESIGUALDADES, 2., 2009, Belo Horizonte. **Anais**... Belo Horizonte, 2009.

VERONEZE, R. T. **Pesquisa em serviço social**: dimensão constitutiva do trabalho do assistente social. Curitiba: InterSaberes, 2020. (Série Formação Profissional em Serviço Social).

VERONEZE, R. T. Questões atuais da escola e o serviço social. **Revista Extra Classe**, Belo Horizonte, n. 3, v. 2, p. 88-110, jul./dez. 2010.

VERONEZE, R. T. Serviço social e formação acadêmico-profissional em revista: debates e desafios contemporâneos. In: ALBIERO, C. E. et al. (Org.). **Políticas sociais e formação profissional**: debates e críticas. São Paulo: Fontenele, 2019. p. 35-64.

VERONEZE, R. T.; MARTINELLI, M. L. Identidade e consciência política da "classe que vive do trabalho". In: SILVA, A. A. da; PAZ, R. D. O. da (Org.). **Políticas públicas e direitos sociais no contexto da crise capitalista contemporânea**. São Paulo: Paulinas, 2020. p. 251-272.

XAVIER, A.; MIOTO, R. C. T. Reflexões sobre a prática profissional do assistente social: relação teoria-prática, historicidade e materialização cotidiana. **Texto e Contexto**, Porto Alegre, v. 13, n. 2, p. 355-365, jul./dez. de 2014. Disponível em: <https://revistaseletronicas.pucrs.br/ojs/index.php/fass/article/view/18520/12517>. Acesso em: 20 dez. 2021.

WILLIAMS, R. **Palavras-chave**: um vocábulo de cultura e sociedade. São Paulo: Boitempo, 2007.

YAZBEK, M. C. Pobreza no Brasil contemporâneo e formas de seu enfrentamento. **Serviço Social e Sociedade**, São Paulo, n. 110, p. 288-322, abr./jun. 2012. Disponível em: <https://www.scielo.br/j/sssoc/a/X7pK7y7RFsC8wnxB36MDbyx/?lang=pt&format=pdf>. Acesso em: 20 dez. 2021.

YAZBEK, M. C. A dimensão política do trabalho do assistente social. **Serviço Social e Sociedade**, São Paulo, n. 120, p. 677-693, out./dez. 2014. Disponível em: <http://www.scielo.br/pdf/sssoc/n120/05.pdf>. Acesso em: 20 dez. 2021.

YAZBEK, M. C. **Os fundamentos históricos e teórico-metodológicos do serviço social brasileiro na contemporaneidade**. Disponível em: <http://cressrn.org.br/files/arquivos/ZxJ9du2bNS66joo4oU0y.pdf>. Acesso em: 20 dez. 2021.

ZANETI, I. C. B. B.; SÁ, L. M. **A educação ambiental como instrumento de mudança na concepção de gestão dos resíduos sólidos domiciliares e na preservação do meio ambiente**. Disponível em: <https://smastr16.blob.core.windows.net/cea/cea/Texto_Zaneti.pdf>. Acesso em: 20 dez. 2021.

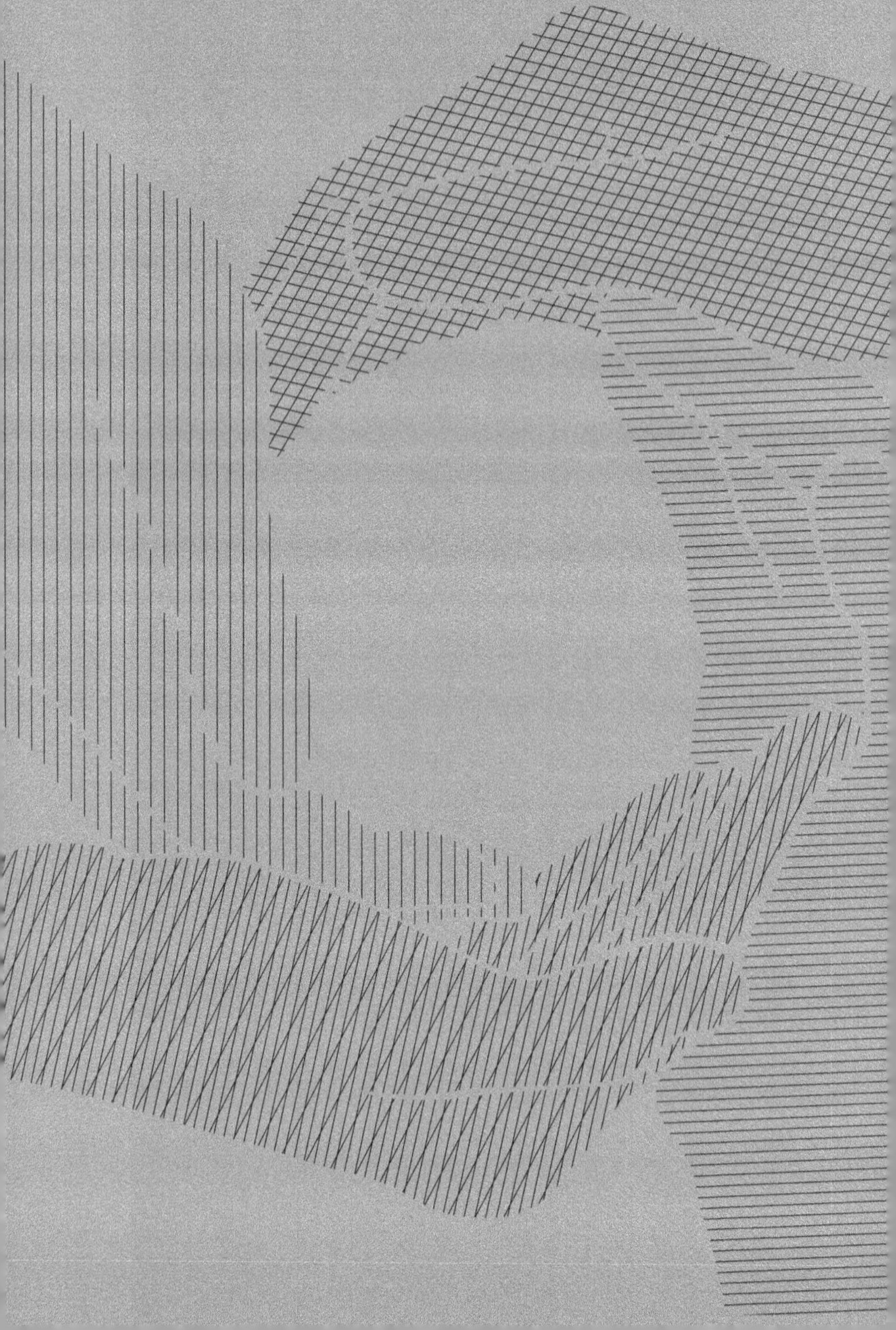

Respostas

Capítulo 1

Questões para revisão

1. d
2. b
3. c
4. Os fatores que caracterizam o desenvolvimento sócio-histórico do Brasil, a produção e o consumo encontraram sua razão de ser na atividade mercantil. Além disso, o autoritarismo e o poder de dominação se impuseram como poder político e social. Já a gênese da "questão social" é explicitada pelo processo de acumulação ou reprodução ampliada do capital, ao passo que a ordem jurídica da época impunha aos nativos, considerados inferiores, a ideia de propriedade privada.
5. O sentido da colonização, o trabalho escravo e o desenvolvimento desigual e combinado.

A base material do desenvolvimento sócio-histórico do Brasil era constituída, nos períodos Colonial, Imperial e República, pela economia extrativista e agrária, baseada no latifúndio e no trabalho escravo. Nesse sentido, a organização da sociedade brasileira ocorria com base nessas relações de produção. Contudo, essa configuração espacial e exponencial de expansão gerou um paradoxo entre desenvolvimento, crescimento e desigualdades sociais de toda ordem, que levou a um desenvolvimento desigual e combinado.

Capítulo 2

Questões para revisão

1. e
2. c
3. e
4. Os vetores que os teóricos da pós-modernidade apontam são o ecletismo, o hedonismo, o narcisismo, o individualismo, o pessimismo, o rompimento com as metanarrativas e a ausência de valores.
5. A acumulação flexível é caracterizada pela volatilidade do trabalho, pelo aumento da competição e pelo estreitamento das margens de lucro, o que empurra para as ruas um número considerável de trabalhadores, além de impor um regime de trabalho e de contratos mais flexível. Soma-se a esses fatores a redução do emprego regular com carteira assinada em detrimento do trabalho em tempo parcial, temporário ou regulamentado por subcontratos de trabalhos, situação que atinge tanto a esfera pública quanto a privada, o que implica a perda de direitos da classe trabalhadora.

Capítulo 3

Questões para revisão

1. b
2. e
3. b

4. São constantes as denúncias de profissionais sobre violações de seus direitos, bem como de ampliação de situações de adoecimentos.
5. A crescente segmentação das atividades profissionais dos assistentes sociais e a diferenciação progressiva das condições de trabalho nos diversos espaços sócio-ocupacionais públicos e privados requerem maior qualificação e melhor desempenho profissional por parte dos assistentes sociais. Nesse sentido, as exigências imediatas do mercado de trabalho, a competitividade, os embates ideopolíticos, a autonomia relativa, o sucateamento das condições operativas de trabalho, os cortes orçamentários, a burocratização e o pragmatismo funcional das tarefas cotidianas, entre outras demandas da prática profissional, têm exigido o deslocamento de suas funções e o redimensionamento dos espaços de atuação profissional.

Capítulo 4

Questões para revisão

1. a
2. c
3. d
4. O projeto neoliberal retoma a proposta neoconservadora de uma sociedade marcada pelo coronelismo, pelo populismo e pelas formas políticas conservadoras e reacionárias que impulsionam os interesses de grupos particulares em detrimento da classe trabalhadora, retomando as bases ideológicas do sentido da colonização, do trabalho escravo e do desenvolvimento desigual e combinado, tendo como características principais o desmantelamento de todas as formas de social-democracia – portanto, o que impera é a derrubada dos direitos sociais.
5. O debate trazido por Guy Standing aborda uma nova classe social em ascensão e formação, também denominada de *classe perigosa*: o precariado. Segundo as análises do autor, essa nova classe é composta por sete grupos, nem todos constituídos como *classes* na acepção marxista do termo. A condição prevalente do precariado

é a instabilidade, tendo relações bem definidas "na medida em que depende quase exclusivamente de salários nominais, estando normalmente sujeito a flutuações e não dispondo de um rendimento seguro" (Standing, 2014b, p. 13). Dada sua condição de informalidade ou de *part-time*, o precariado detém menos direitos do que os demais trabalhadores formalizados.

Capítulo 5

Questões para revisão

1. e
2. d
3. b
4. O serviço social defende uma educação de qualidade, pública, laica, presencial e gratuita, em que os assistentes sociais valorizem os espaços interdisciplinares no ambiente escolar. A educação é concebida como direito social que visa ao pleno desenvolvimento cultural e intelectual dos sujeitos sociais, seu preparo para exercer a cidadania e oportunidade de qualificação profissional, bem como atua como organismo gerador de cultura e conhecimento.
5. Na contemporaneidade, o serviço social está desafiado a consolidar um projeto ético-político baseado, fundamentalmente, na afirmação da democracia nas várias dimensões da vida em sociedade, o que implica lutar pela eliminação de todas as formas de preconceito, pela ampliação da cidadania e da esfera pública, assim como pelo fomento à cultura pública, democrática e libertária, alargando os canais de interferência da população. Portanto, o projeto ético-político profissional preza uma sociedade justa, igualitária, libertária e democrática, que se materializa no cotidiano profissional do trabalho dos assistentes sociais.

Capítulo 6

Questões para revisão

1. a
2. c
3. b
4. A finalidade do assistente social nas empresas é, sobretudo, apaziguar as relações entre empregados e empregadores. Desse modo, a problematização e a intervenção do assistente social são pautadas nos limites dos objetivos da empresa, excluindo-se a possibilidade de tais manifestações serem expressão da negação do trabalhador.
5. Para Almeida (2021), a supervisão se constitui em uma estratégica, visto que possibilita o exercício reflexivo sobre os fundamentos teórico-metodológicos, ético-políticos e técnico-operativos que informam o fazer profissional em determinada área de atuação ou política de intervenção. Permite, também, proporcionar um confronto, permanente e sistemático, entre as reflexões e as alternativas constitutivas e construídas nas diferentes áreas de intervenção profissional na conjuntura dinâmica da realidade social, o que implica potencializar a dimensão intelectual e política da profissão a partir de polos diferentes, mas que são responsáveis pela construção do projeto profissional do serviço social.

Capítulo 7

Questões para revisão

1. a
2. c
3. b
4. Para que exista sustentabilidade, é necessário transformar radicalmente as estruturas econômicas, sociais, culturais e políticas e as formas de energia e de produção, bem como diminuir seu consumo.

5. O grande problema da atualidade é o analfabetismo ambiental, que tem levado a espécie humana à própria falência e extinção. A capacidade natural dos ecossistemas de se autorregenerar tem sido solapada em virtude do desenvolvimento das forças produtivas e do metabolismo urbano-industrial capitalista que extrapola seu poder de destruição. Como consequência, percebe-se a perda da qualidade de vida de modo generalizado em todo o planeta, o que traduz a incapacidade e a irracionalidade em controlar ou eliminar a violência e a autoviolência do ser humano.

Sobre o autor

Renato Tadeu Veroneze é assistente social, pós-doutorando em Serviço Social pela Pontifícia Universidade de São Paulo (PUC/SP) e doutor e mestre em Serviço Social pela mesma instituição. Tem pós-graduação *lato sensu* em Educação, Metodologia e Didática do Ensino Superior pelo Centro Universitário da Fundação Educacional Guaxupé (Unifeg) e em Filosofia Contemporânea pela Pontifícia Universidade Católica de Minas Gerais (PUC-Minas), campus de Poços de Caldas. É graduado em Serviço Social pelo Unifeg (2007).

Atuou como docente do curso de Serviço Social do Unifeg de 2008 a 2014, nas disciplinas Ética Profissional, Política Social, Oficina do Trabalho Profissional, Movimentos Sociais e Realidade Social. É pesquisador das seguintes áreas: mundo do trabalho, ontologia e estética, ética e direitos humanos, formação profissional, políticas sociais, questão de gênero e sexualidade.

Foi coordenador e facilitador do Curso de Capacitação para Profissionais da Assistência Social, promovido pela Secretaria do Desenvolvimento Social do Estado de Minas Gerais (Sedese), de 2008 a 2010. Atuou como monitor do curso Ética em Movimento, promovido pelo Conselho Regional de Serviço Social (CRESS/MG – 6ª Região). Além disso, ministrou cursos de formação político-sindical no Sindicato dos Trabalhadores nas Indústrias Químicas, Farmacêuticas, Plásticas e Similares de São Paulo.

É membro do Comitê Científico de Serviço Social do Centro de Investigação de Estudos Transdisciplinares (CET) Latino-Americano da Bolívia e membro do Núcleo de Estudos e Pesquisa sobre Identidade (Nepi), coordenado pela Profª. Drª. Maria Lúcia Martinelli, da PUC-SP.

Realiza palestras e conferências nacionais e internacionais sobre o Sistema Único de Assistência Social (SUAS), política social, questão de gênero, sexualidade e formação profissional. Tem formação artística e musical, atuando como professor de piano e articulista na área político-social do Jornal da Região (Guaxupé/MG). É autor do livro *Pesquisa em serviço social: dimensão constitutiva do trabalho do assistente social*, publicado pela Editora InterSaberes (2020).

Os papéis utilizados neste livro, certificados por instituições ambientais competentes, são recicláveis, provenientes de fontes renováveis e, portanto, um meio **respons**ável e natural de informação e conhecimento.

Impressão: Reproset
Dezembro/2022